ཇོ་མོ་གླང་མ།
珠穆朗瑪峰

ཕོ་བྲང་པོ་ཏ་ལ།
拉薩布達拉宮

ཨླ་ས་འི་ཇོ་ཁང་གི་གསེར་གྱི་རྒྱ་ཕིབས།

拉薩大昭寺金頂

英國國家圖書館藏
敦煌西域藏文文獻

③
IOL.Tib.J.VOL.15—19

主 編
金雅聲 趙德安 沙 木

編 纂
西北民族大學
上海古籍出版社
英國國家圖書館

上海古籍出版社
上海 2012

監 製

馬景泉 王興康

學術顧問

王 堯 多 識 陳 踐 華 侃（中國）

吳芳思 Burkhard Quessel（英國）

主 編

金雅聲 趙德安（中國）

沙 木（英國）

副主編

才 讓 束錫紅 嘎藏陀美 塔哇扎西當知 府憲展

責任編輯

呂瑞鋒

裝幀設計

李曄芳

དབྱིན་ཇིའི་རྒྱལ་གཉེར་དཔེ་མཛོད་ཁང་དུ་ཉར་བའི་
ཅུན་ཏོང་དང་རྱབ་སྟོངས་ཀྱི་བོད་ཡིག་ཡིག་ཚགས།

③

IOL.Tib.J.VOL.15—19

གཙོ་སྒྲིག་པ།
ཅིན་ཕུ་ཐིན། ག་ལོ་དྲེ་ལྱུན། ཟིམ་བན་སི་ཀེ་ཁྱུ།

སྒྲིག་སྒྱུར་སྟེ་ཁག
ཞུབ་བྱུང་མི་རིགས་སློབ་གྲྭ་ཆེན་མོ།
ཐྲང་ཧེ་དཔེ་རྙིང་དཔེ་སྐྲུན་ཁང་།
དབྱིན་ཇིའི་རྒྱལ་གཉེར་དཔེ་མཛོད་ཁང་།

ཐྲང་ཧེ་དཔེ་རྙིང་དཔེ་སྐྲུན་ཁང་།

2012

ལྟ་ཞིབ་པ།

སྐུ་ཚབ་ཚོན། ༄༅ ཤང་ཞིན་ཁང་།

བློ་འདྲིས།

དབང་རྒྱལ། དོར་ཞི་གདོང་དྲུག་སྐྱེམས་བློ། བསོད་ནམས་སྐྱིད། དུ་ཁབ། (ཀྱང་གོ)

བཅུ་ཡི་སྐྱང་། ཕུར་ཁུ་ཏུར་ཅི་ · ཞིའུ་ཅེ་ལོ། (དཔྱིན་ཇེ)

གཙོ་སྒྲིག་པ།

ཚེན་ཡུ་ཞིན། གཡོ་དེ་ཞུན། (ཀྱང་གོ)

ཇེམ་བན་ཡེ་ཀེ་ཁྱུ། (དཔྱིན་ཇེ)

གཙོ་སྒྲིག་པ་གཞན་པ།

ཚོ་རིང་། ཧཱུ་ཞི་ཆུང་། སྐལ་བཟང་ཐོགས་མེད། མཐའ་བ་བཀྲ་ཤིས་དོན་འགྲུབ། སྲུ་ཡུ་ཞེན་ཀྲག།

དཔེ་སྒྲིག་འགན་འཁུར་བ།

ལའི་རོས་སྟུན།

མཛོས་རིས་ཧྲས་འགོད་པ།

ལི་དབྱེ་སྐྱང་།

TIBETAN DOCUMENTS FROM
DUNHUANG AND OTHER CENTRAL ASIAN
IN
THE BRITISH LIBRARY

③

IOL.Tib.J.VOL.15—19

EDITORS IN CHIEF

Jin Yasheng   Zhao De'an   Sam van Schaik

PARTICIPATING INSTITUTION

The British Library

Northwest University for Nationalities

Shanghai Chinese Classics Publishing House

SHANGHAI CHINESE CLASSICS PUBLISHING HOUSE

Shanghai 2012

第三冊目録

IOL.Tib.J.VOL.15—19

དཀར་ཆག

IOL.Tib.J.VOL.15—19

英 IOL.Tib.J.VOL.15   1. དམ་ཆོས་ཐོར་བུ།

1.佛經   (85—1)

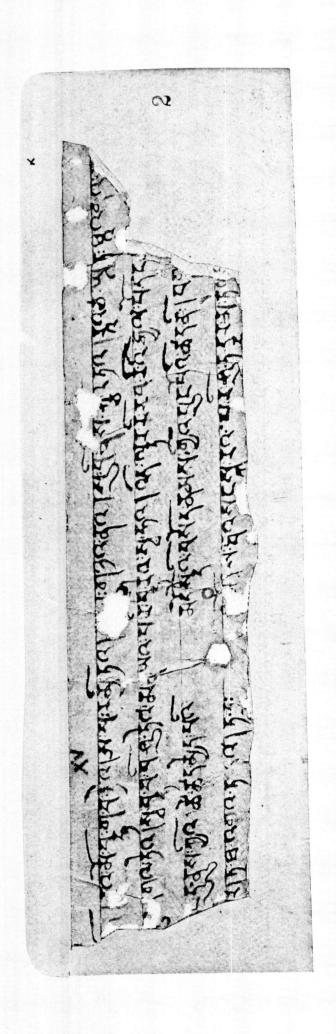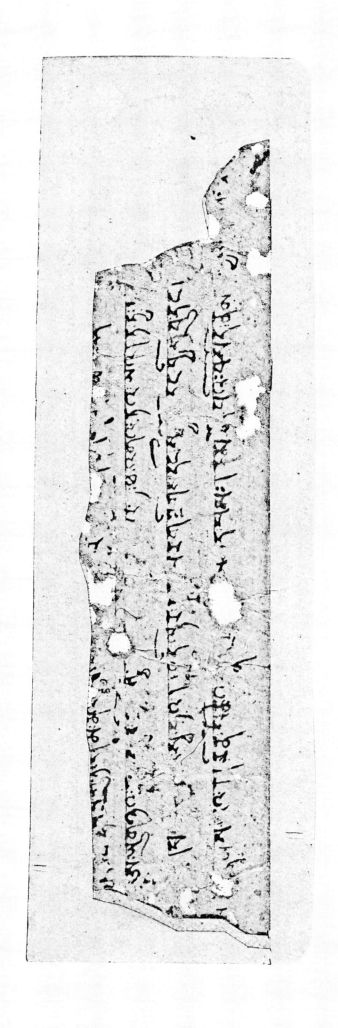

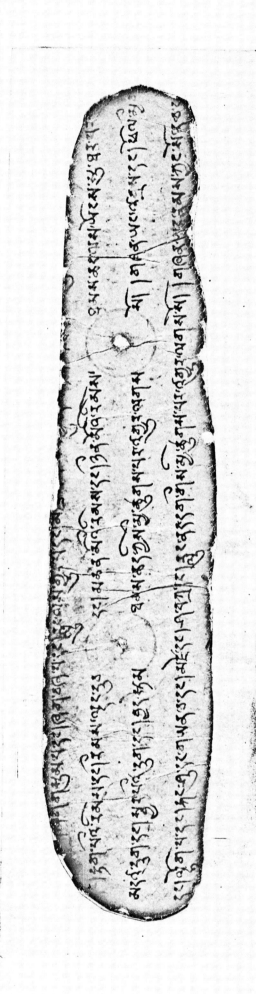

英 IOL.Tib.J.VOL.15　3.ང་ལ་ཆོས་ཐོར་རྒྱ།

3.佛經　　　(85—3)

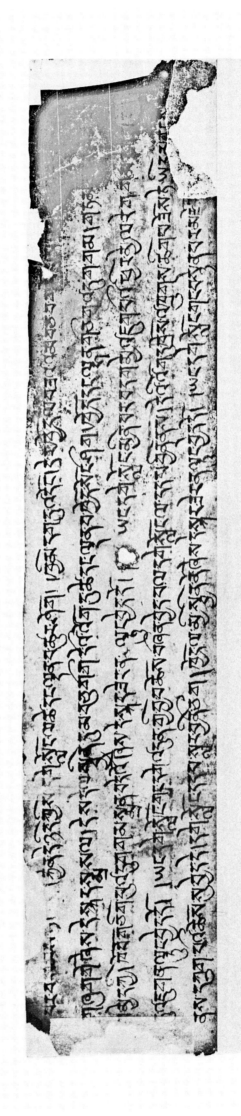

英 IOL.Tib.J.VOL.15　　4.སོ་སོ་ཐར་པའི་མདོ།

4.分別解脱戒經　　(85—4)

4

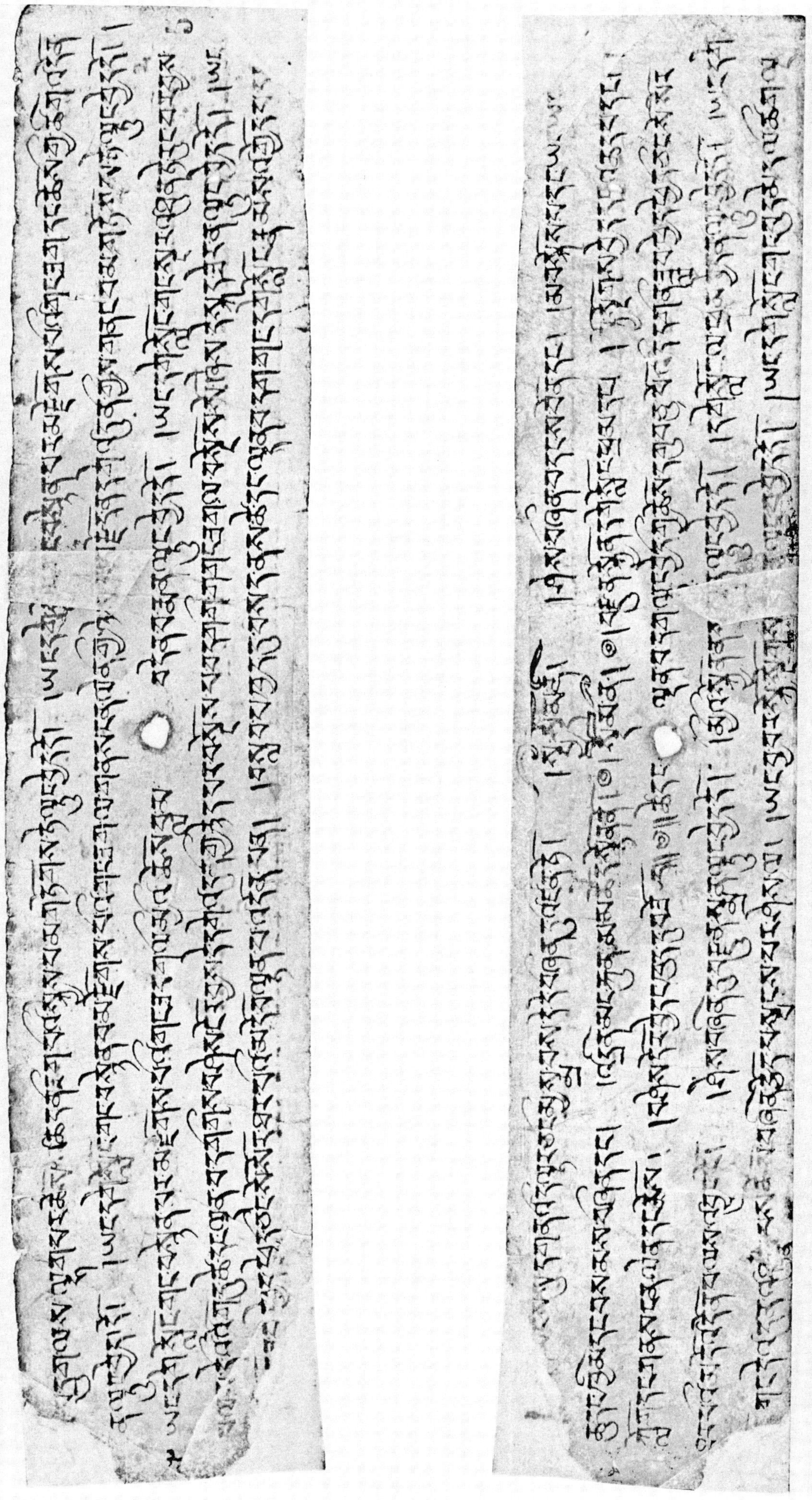

英 IOL.Tib.J.VOL.15　4.སོ་སོ་ཐར་པའི་མདོ།
4.分别解脱戒經　(85—5)

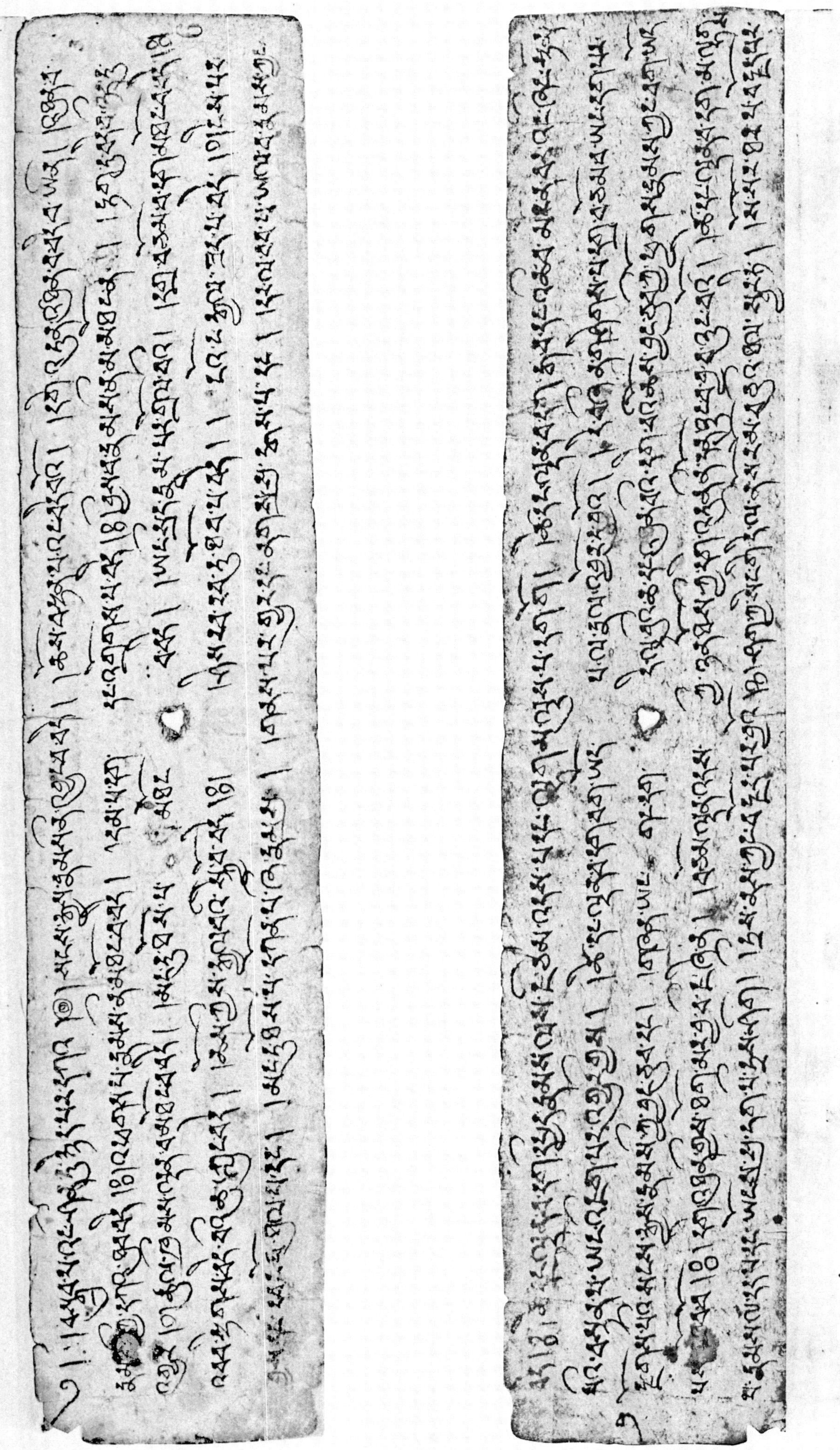

英 IOL.Tib.J.VOL.15　4.སོ་སོ་ཐར་པའི་མདོ།
4.分别解脱戒經　(85—6)

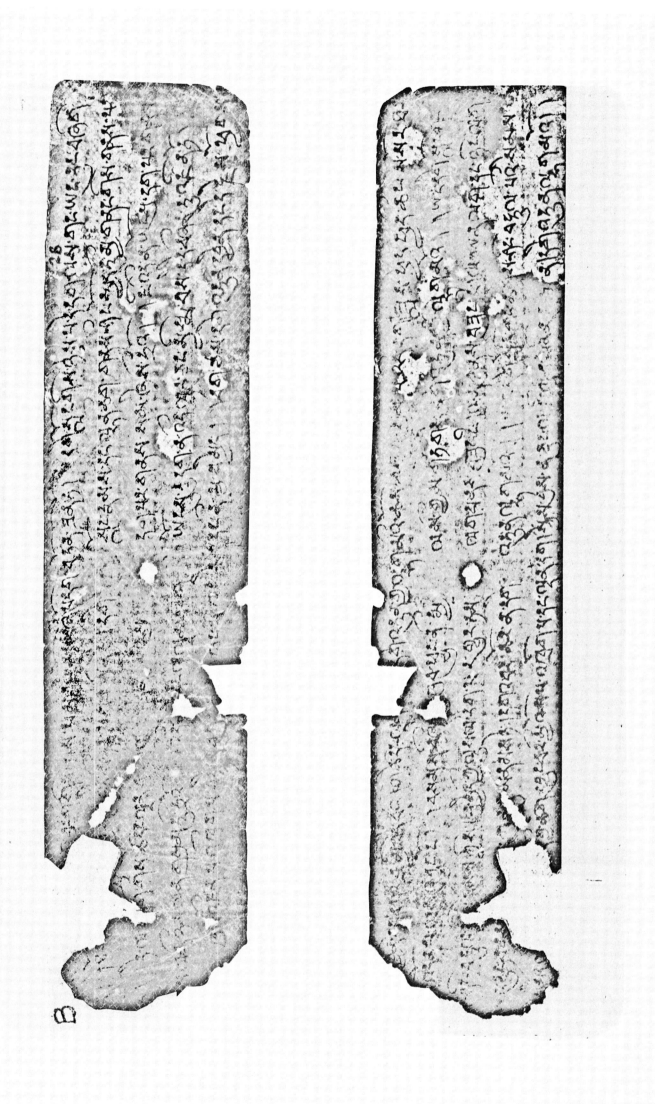

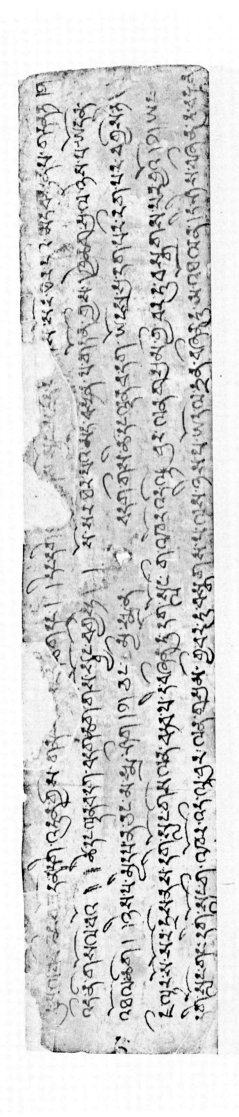

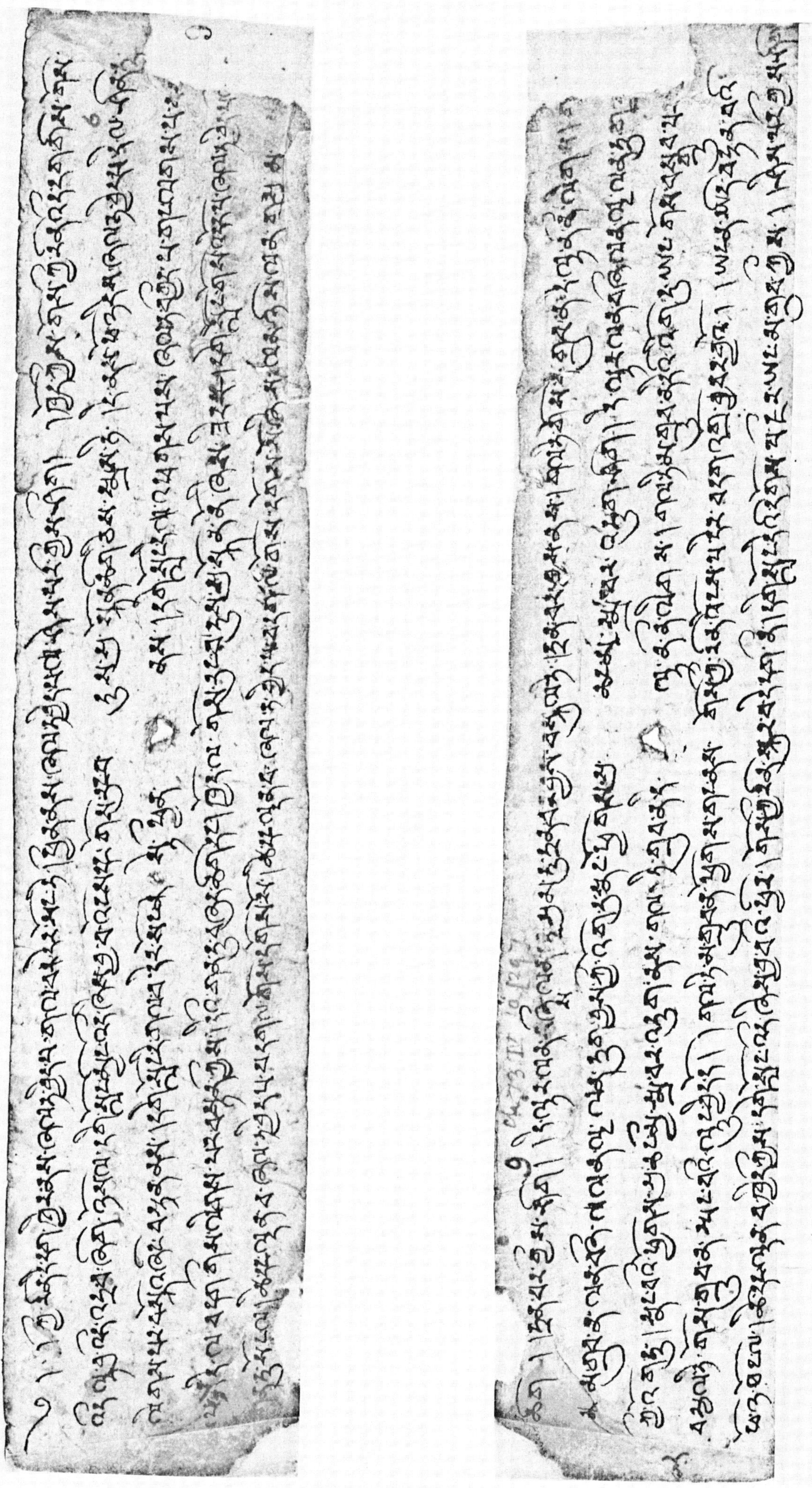

英 IOL.Tib.J.VOL.15　4.སོ་སོ་ཐར་པའི་མདོ།

4.分別解脫戒經　(85—9)

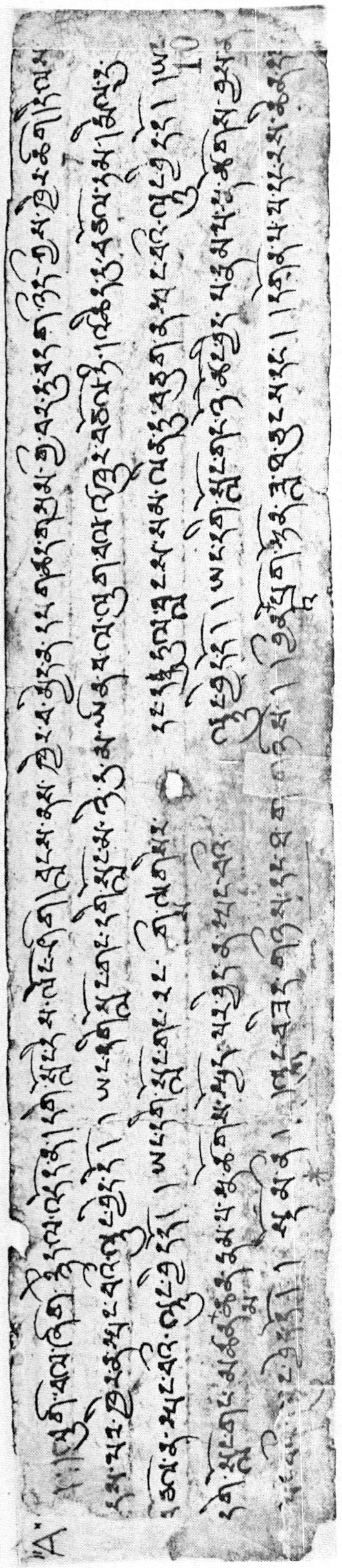

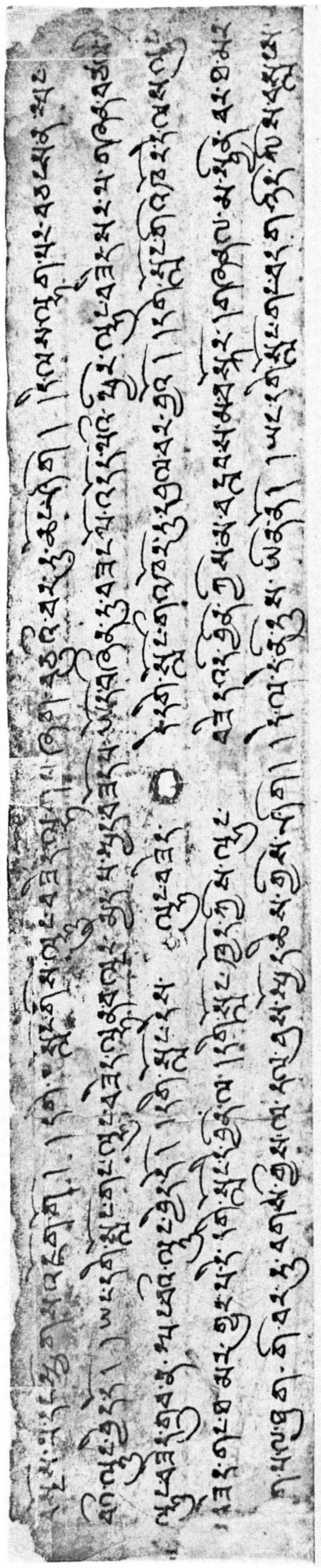

英 IOL.Tib.J.VOL.15　4.སོ་སོ་ཐར་པའི་མདོ།
4.分别解脱戒經　(85—10)

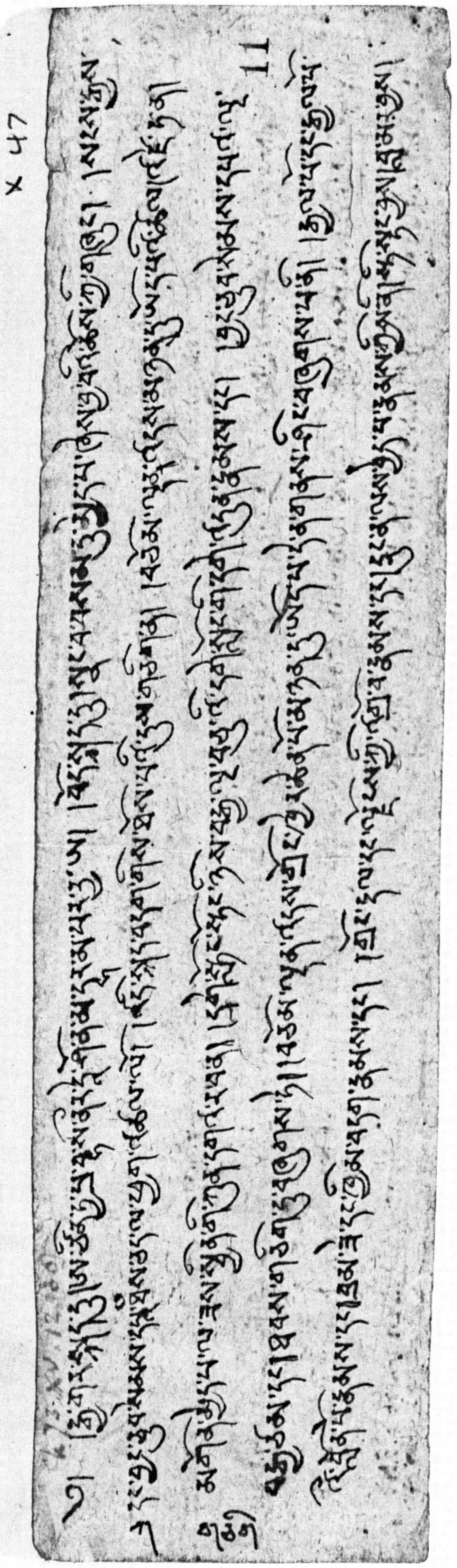

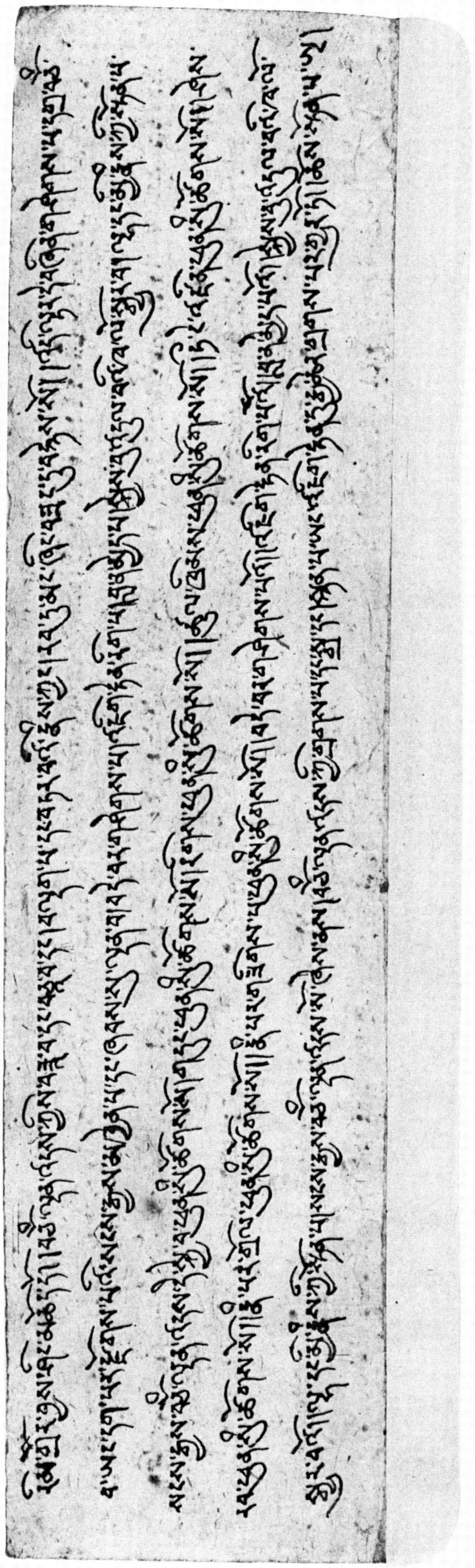

英 IOL.Tib.J.VOL.15　5.སྣང་བ་བསམས་དུ་མྱེད་པ་ཞེས་བྱ་བའི་ཆོས་ཀྱི་གཞུང་།

5.不思議光菩薩所説經　(85—11)

英 IOL.Tib.J.VOL.15　5.སྣང་བ་བསམ་དུ་མྱེད་པ་ཞེས་བྱ་བའི་ཆོས་ཀྱི་གཞུང་།

5.不思議光菩薩所説經　　(85—12)

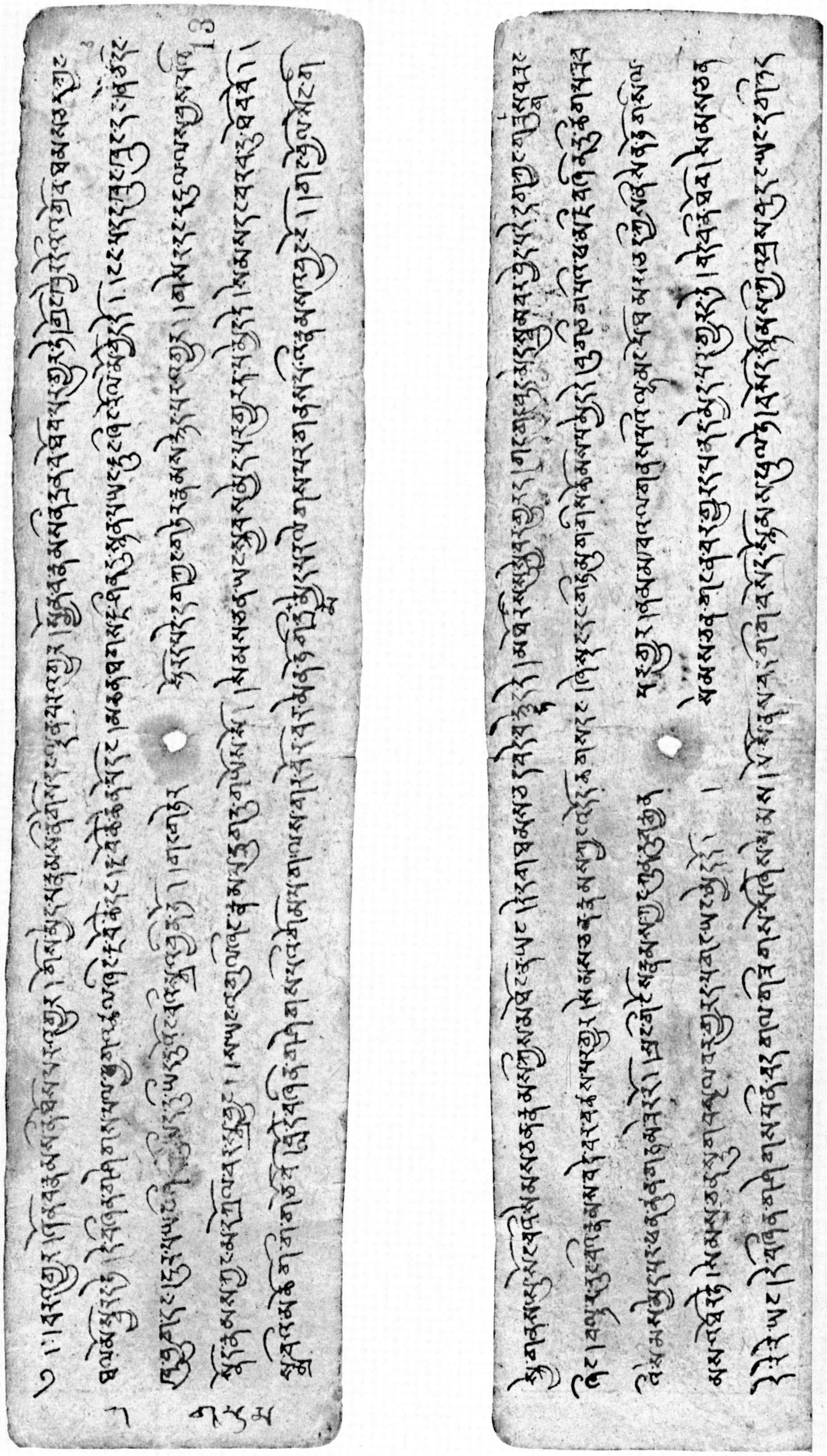

英 IOL.Tib.J.VOL.15　　5.སྣང་བ་བསམ་དུ་མྱེད་པ་ཞེས་བྱ་བའི་ཆོས་ཀྱི་གཞུང་།
5.不思議光菩薩所説經　　(85—13)

5.སྣང་བ་བསམ་དུ་མྱིད་པ་ཞེས་བྱ་བའི་ཆོས་ཀྱི་གཞུང་།

5.不思議光菩薩所説經　　(85—14)

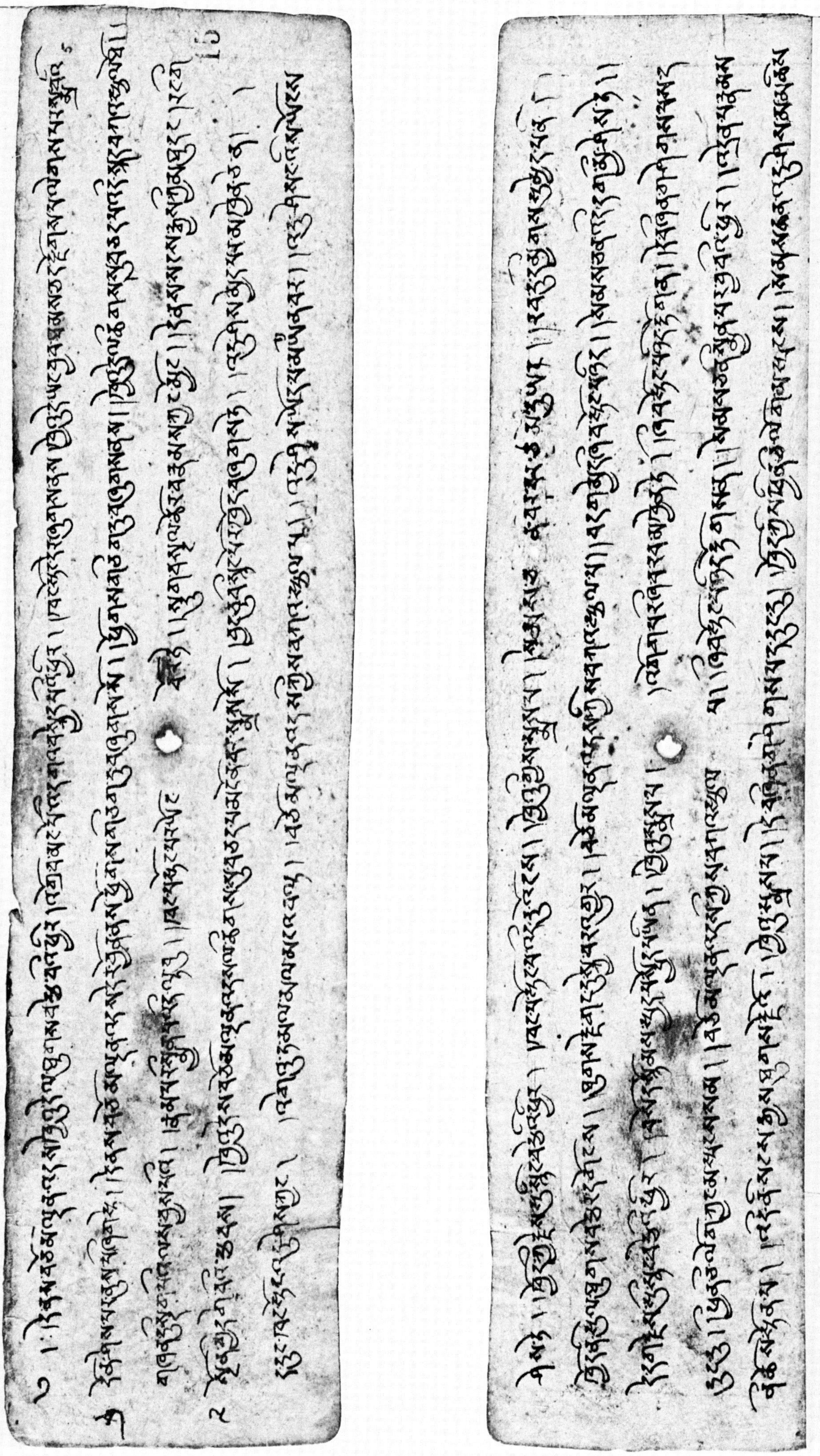

英 IOL.Tib.J.VOL.15　5.སྣང་བ་བསམ་དུ་མེད་པ་ཞེས་བྱ་བའི་ཆོས་ཀྱི་གཞུང་།

5.不思議光菩薩所説經　(85—15)

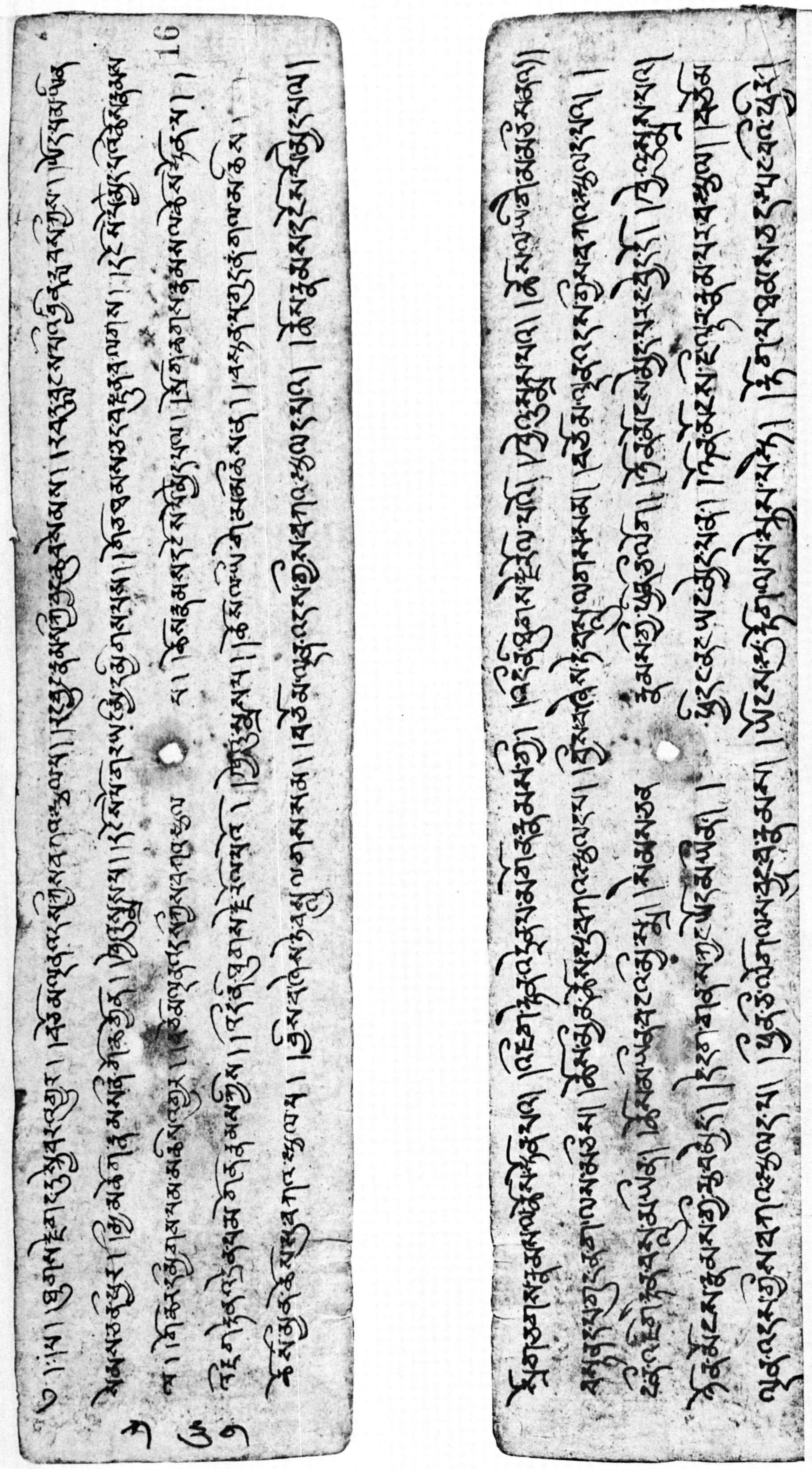

英 IOL.Tib.J.VOL.15　5.སྣང་བ་བསམ་དུ་མྱེད་པ་ཞེས་བྱ་བའི་ཆོས་ཀྱི་གཞུང་།

5.不思議光菩薩所說經　(85—16)

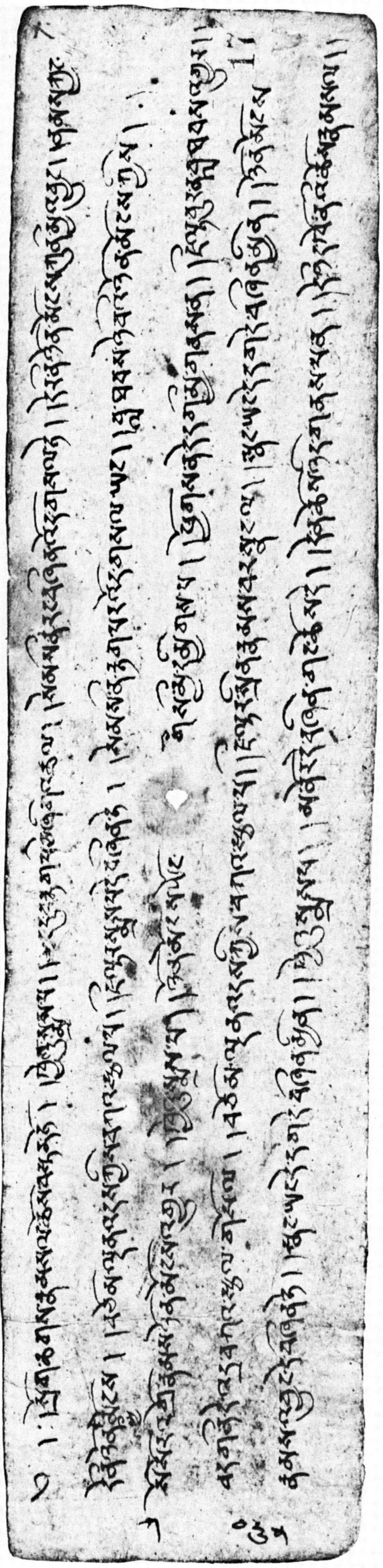

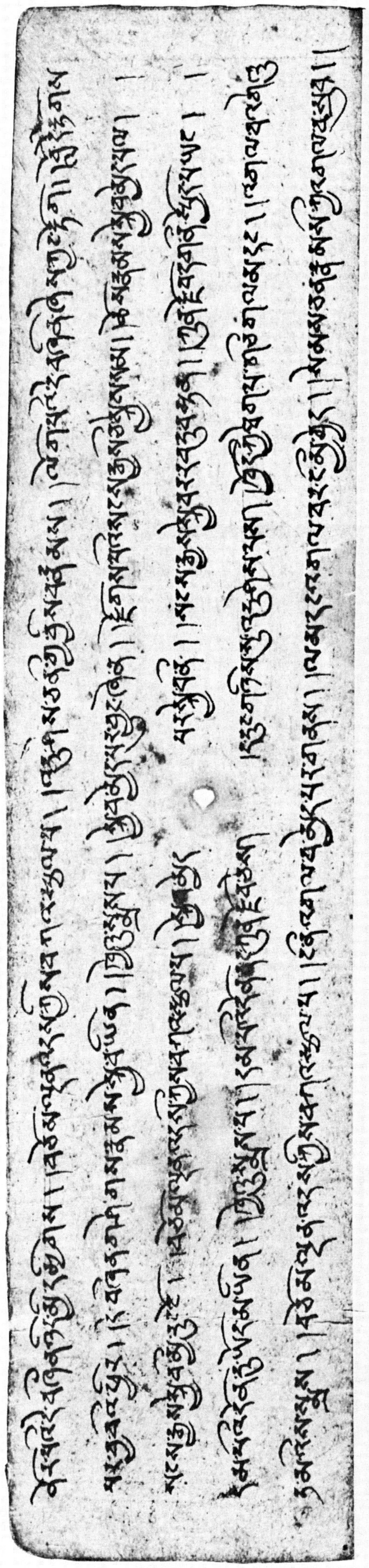

英 IOL.Tib.J.VOL.15　5.སྣང་བ་བསམ་དུ་མྱེད་པ་ཞེས་བྱ་བའི་ཆོས་ཀྱི་གཞུང་།

5.不思議光菩薩所説經　(85—17)

5.སྣང་བ་བསམ་དུ་མྱི་ཁྱབ་པ་ཞེས་བྱ་བའི་ཆོས་ཀྱི་གཞུང་།

5.不思議光菩薩所説經　　　(85—18)

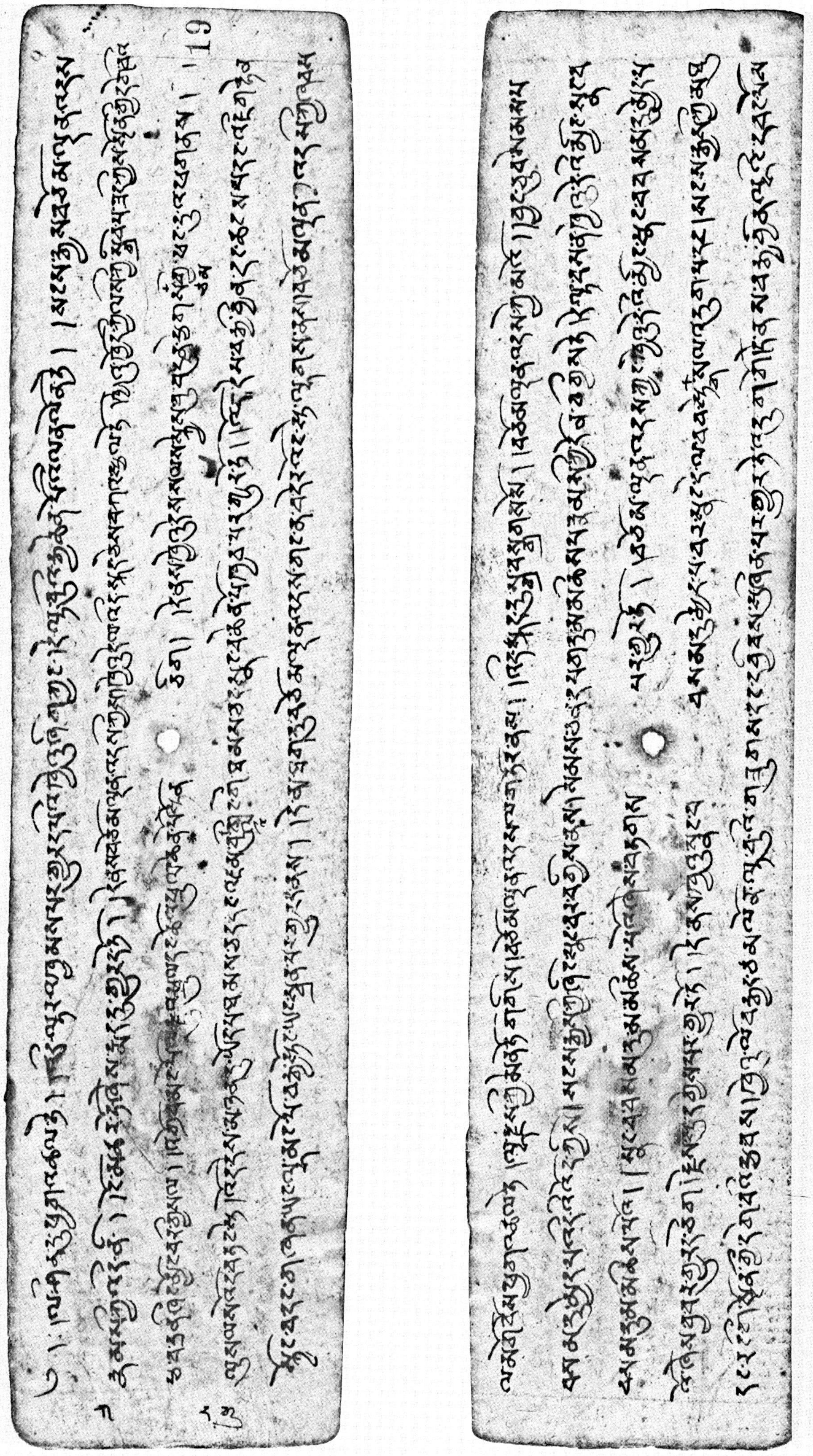

英 IOL.Tib.J.VOL.15　5.སྣང་བ་བསམ་དུ་མྱེད་པ་ཞེས་བྱ་བའི་ཆོས་ཀྱི་གཞུང་།
5.不思議光菩薩所説經　(85—19)

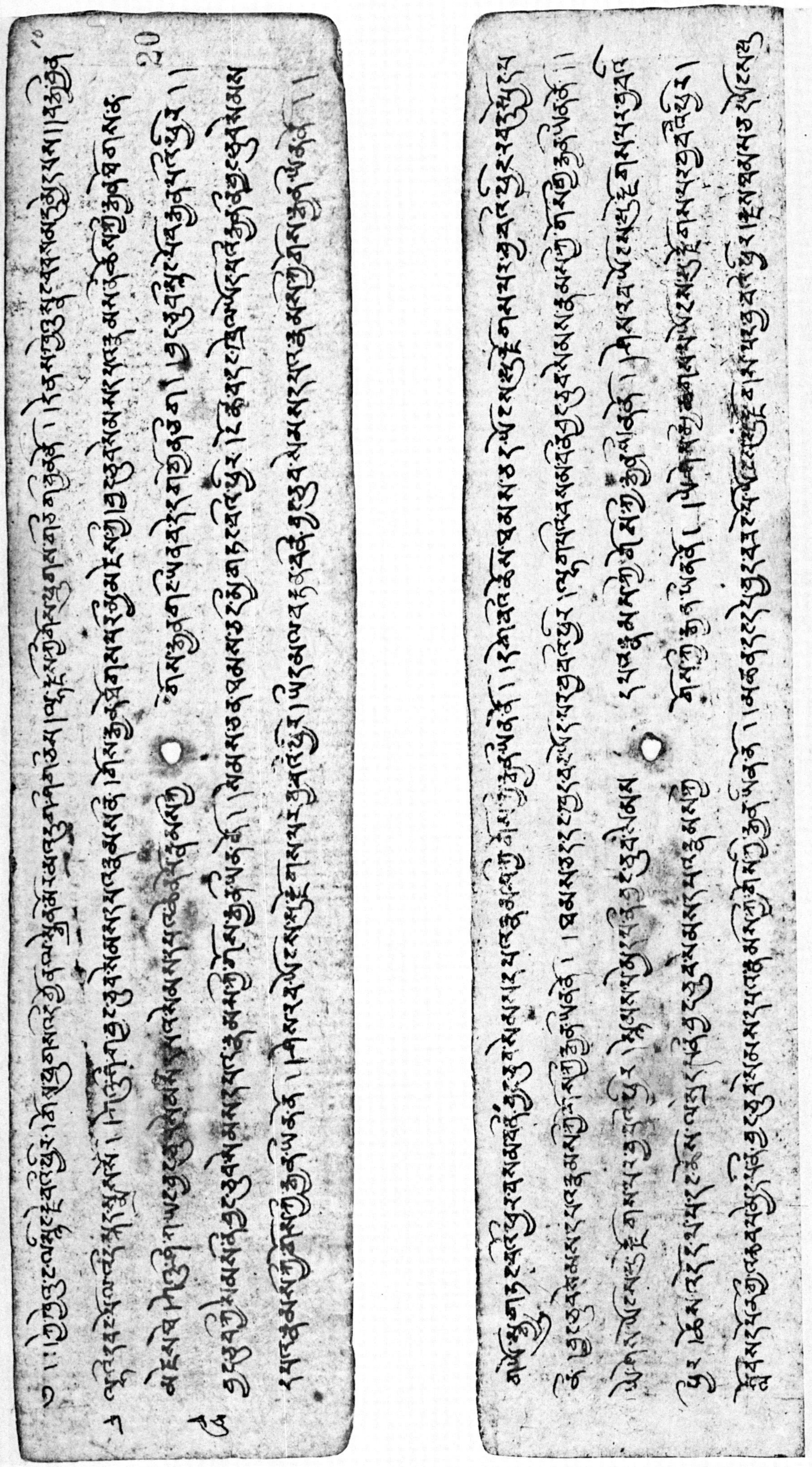

英 IOL.Tib.J.VOL.15　5.སྣང་བ་བསམ་དུ་མེད་པ་ཞེས་བྱ་བའི་ཆོས་ཀྱི་གཞུང་།

5.不思議光菩薩所説經　(85—20)

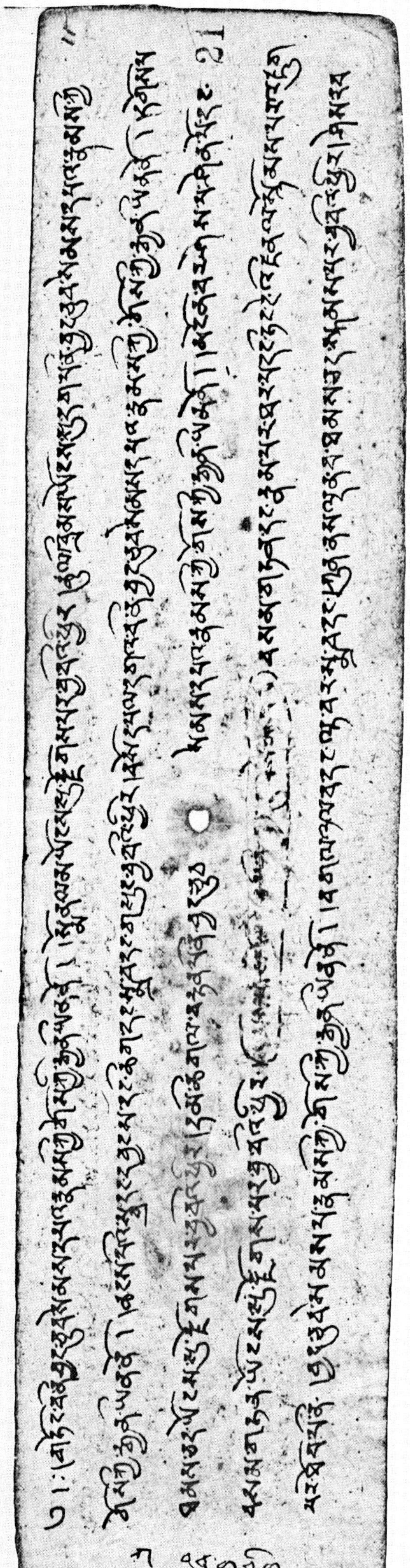

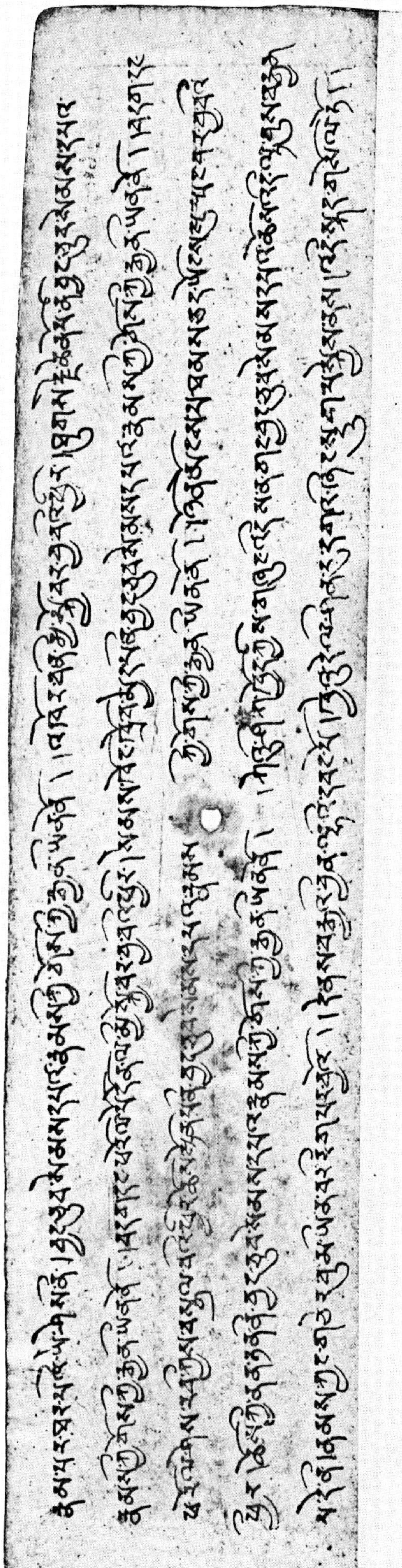

英 IOL.Tib.J.VOL.15　5.སྣང་བ་བསམ་དུ་མྱེད་པ་ཞེས་བྱ་བའི་ཆོས་ཀྱི་གཞུང་།
5.不思議光菩薩所説經　(85—21)

5.སྣང་བ་བསམ་དུ་མྱི་ཁྱབ་པ་ཞེས་བྱ་བའི་ཆོས་ཀྱི་གཞུང་།

5.不思議光菩薩所説經　　(85—22)

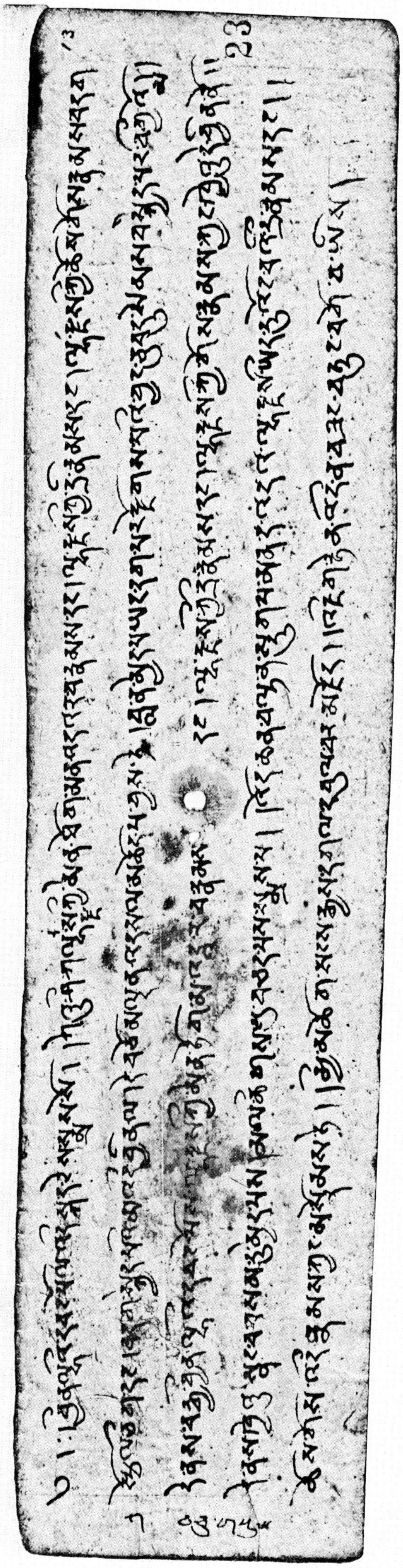

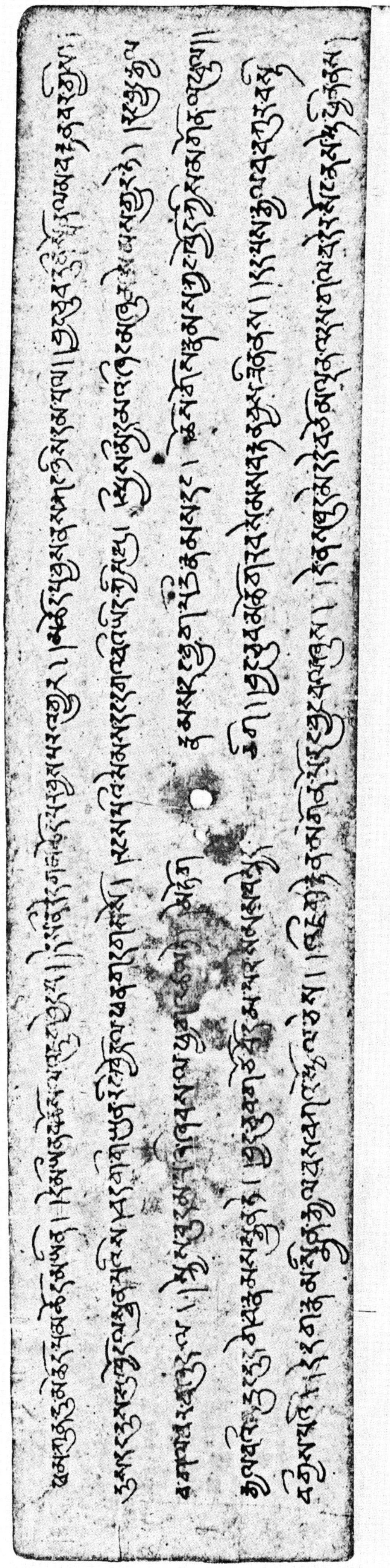

英 IOL.Tib.J.VOL.15　5.སྣང་བ་བསམས་དུ་མྱེད་པ་ཞེས་བྱ་བའི་ཆོས་ཀྱི་གཞུང་།
5.不思議光菩薩所説經　(85—23)

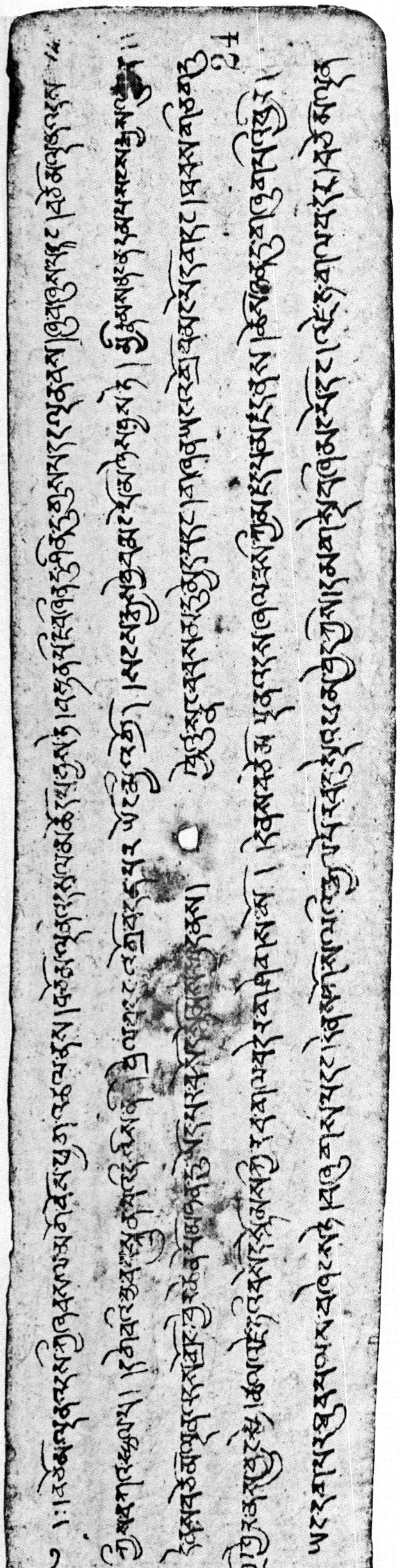

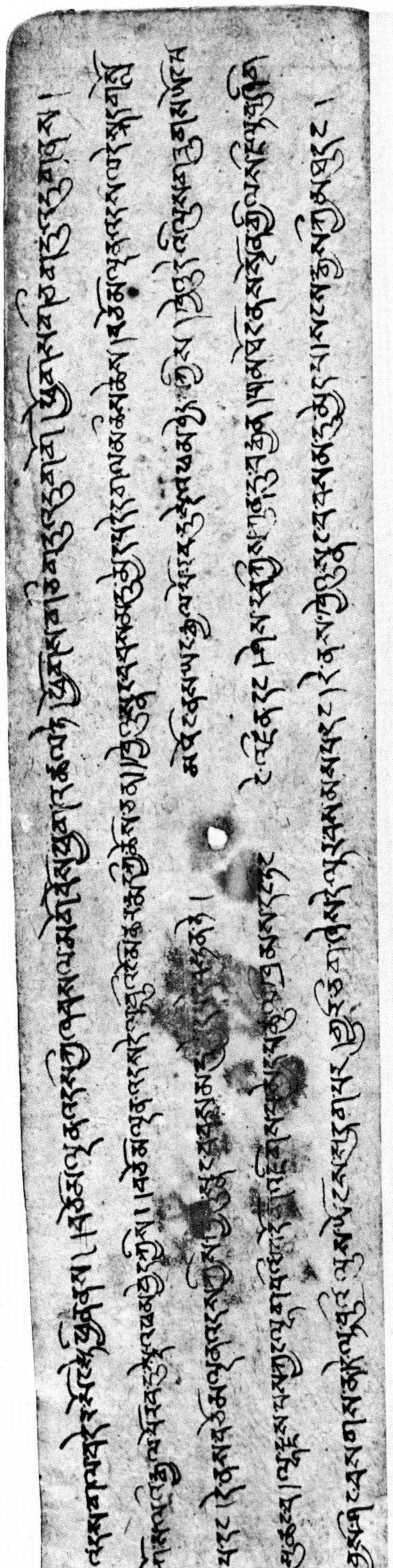

英 IOL.Tib.J.VOL.15　5.སྣང་བ་བསམ་དུ་མེད་པ་ཞེས་བྱ་བའི་ཆོས་ཀྱི་གཞུང་།

5.不思議光菩薩所説經　(85—24)

英 IOL.Tib.J.VOL.15　5.སྣང་བ་བསམ་དུ་མྱིད་པ་ཞེས་བྱ་བའི་ཆོས་ཀྱི་གཞུང་།

5.不思議光菩薩所説經　　　(85—25)

5.སྣང་བ་བསམ་དུ་མྱི་དཔ་པ་ཞེས་བྱ་བའི་ཆོས་ཀྱི་གཞུང་།

5.不思議光菩薩所説經　　　(85—26)

　5.སྣང་བ་བསམ་དུ་མྱེད་པ་ཞེས་བྱ་བའི་ཚེས་ཀྱི་གཟུངས།
5.不思議光菩薩所説經　　(85—27)

英 IOL.Tib.J.VOL.15　　5.སྣང་བ་བསམ་དུ་མྱེད་པ་ཞེས་བྱ་བའི་ཆོས་ཀྱི་གཞུང་།

5.不思議光菩薩所説經　　(85—28)

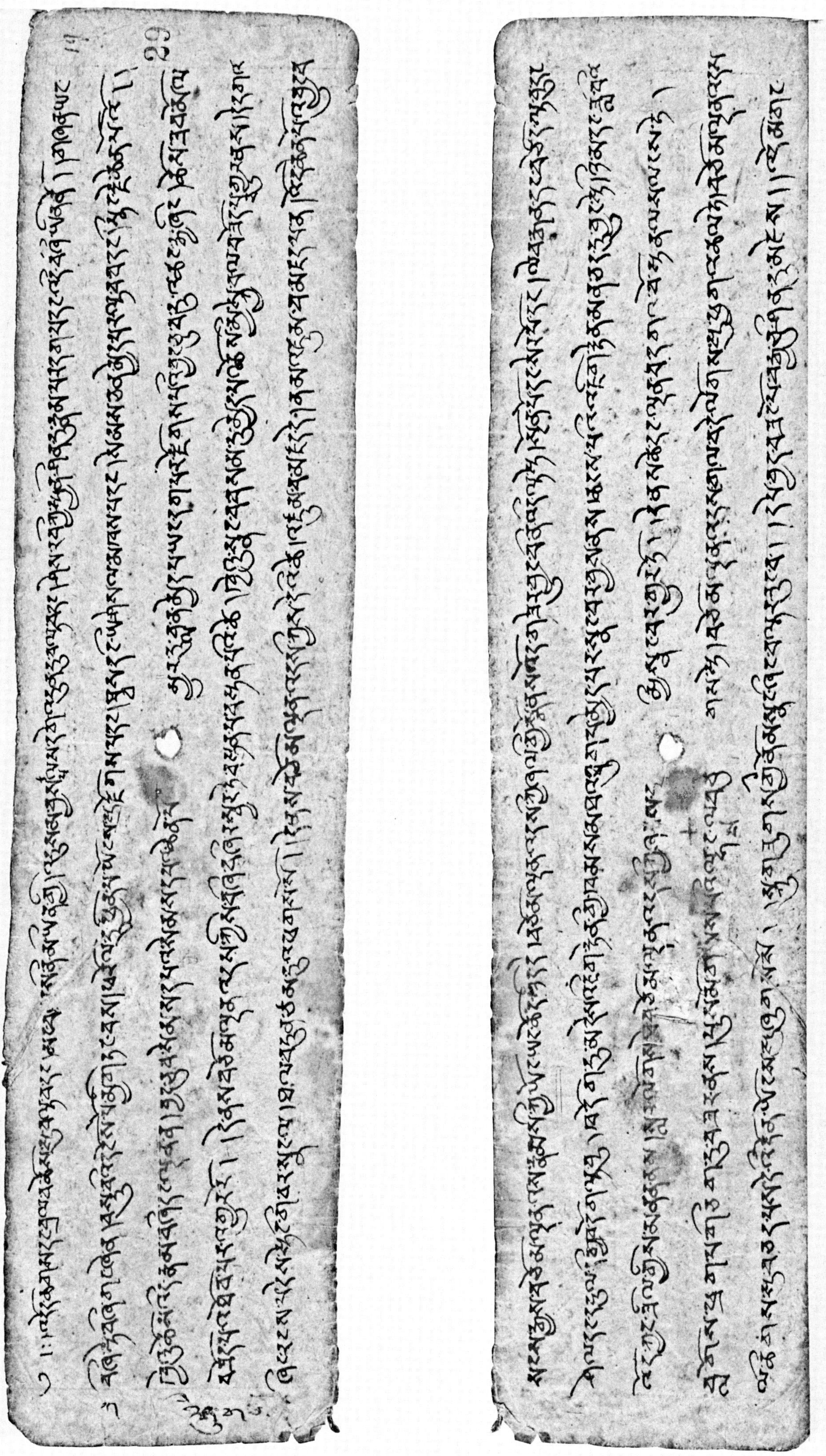

英 IOL.Tib.J.VOL.15　5.སྣང་བ་བསམ་དུ་མེད་པ་ཞེས་བྱ་བའི་ཆོས་ཀྱི་གཞུང་།

5.不思議光菩薩所説經　(85—29)

5.སྣང་བ་བསམ་དུ་མྱེད་པ་ཞེས་བྱ་བའི་ཆོས་ཀྱི་གཞུང་།

5.不思議光菩薩所説經　　　(85—30)

6.འཕགས་པའི་རྒྱལ་བའི་བློ་གྲོས་ཤེས་བྱ་བ་ཐེག་པ་ཆེན་པོའི་མདོ།

6.聖勝慧大乘經　　　（85—31）

6.འཕགས་པའི་རྒྱལ་བའི་བློ་གྲོས་ཞེས་བྱ་བ་ཐེག་པ་ཆེན་པོའི་མདོ། 7.སྤྱན་རས་གཟིགས་ཀྱི་གཟུངས།

6.聖勝慧大乘經　7.觀世音陀羅尼　　(85—32)

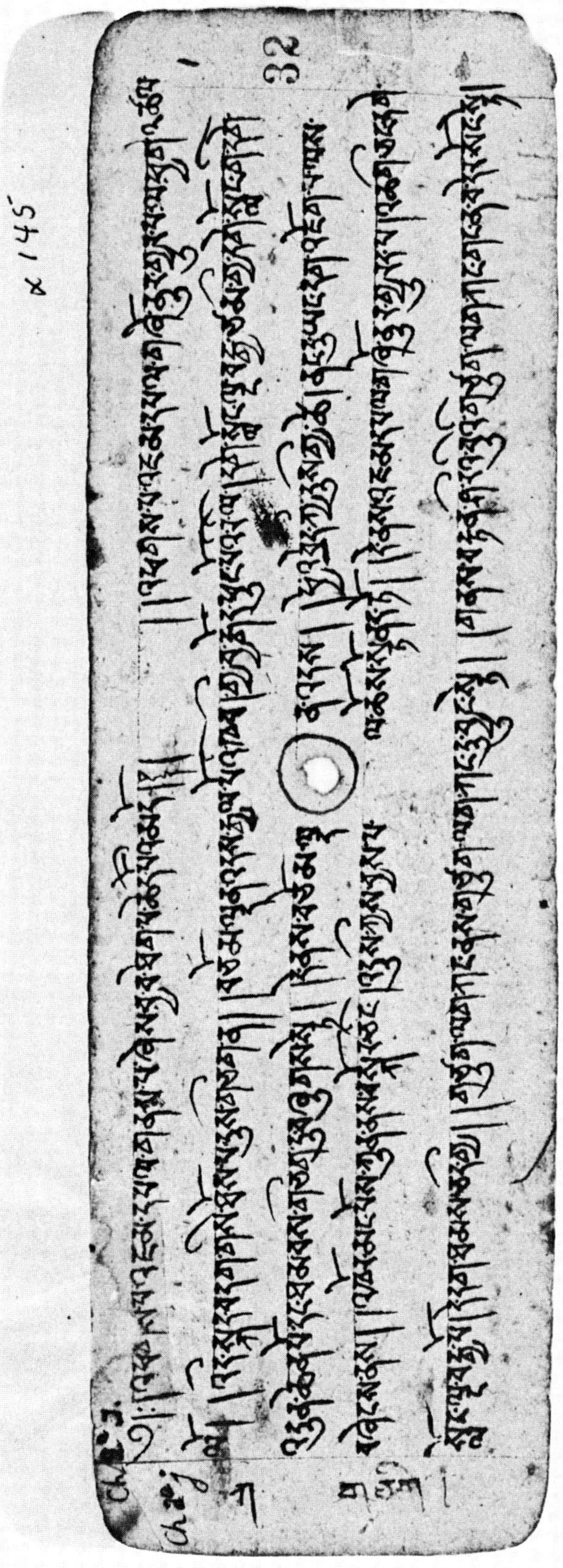

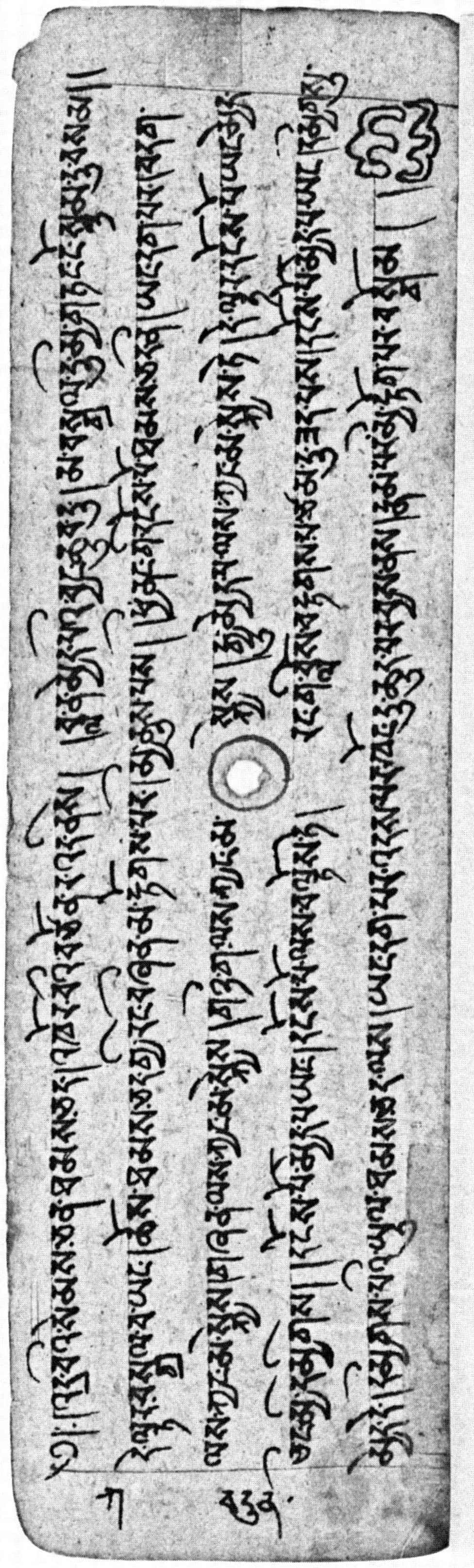

英 IOL.Tib.J.VOL.15　8.འཕགས་པ་འཇམ་དཔལ་གནས་པ་ཞེས་བྱ་བ་ཐེག་པ་ཆེན་པོའི་མདོ།
8.聖文殊居住大乘經　(85—33)

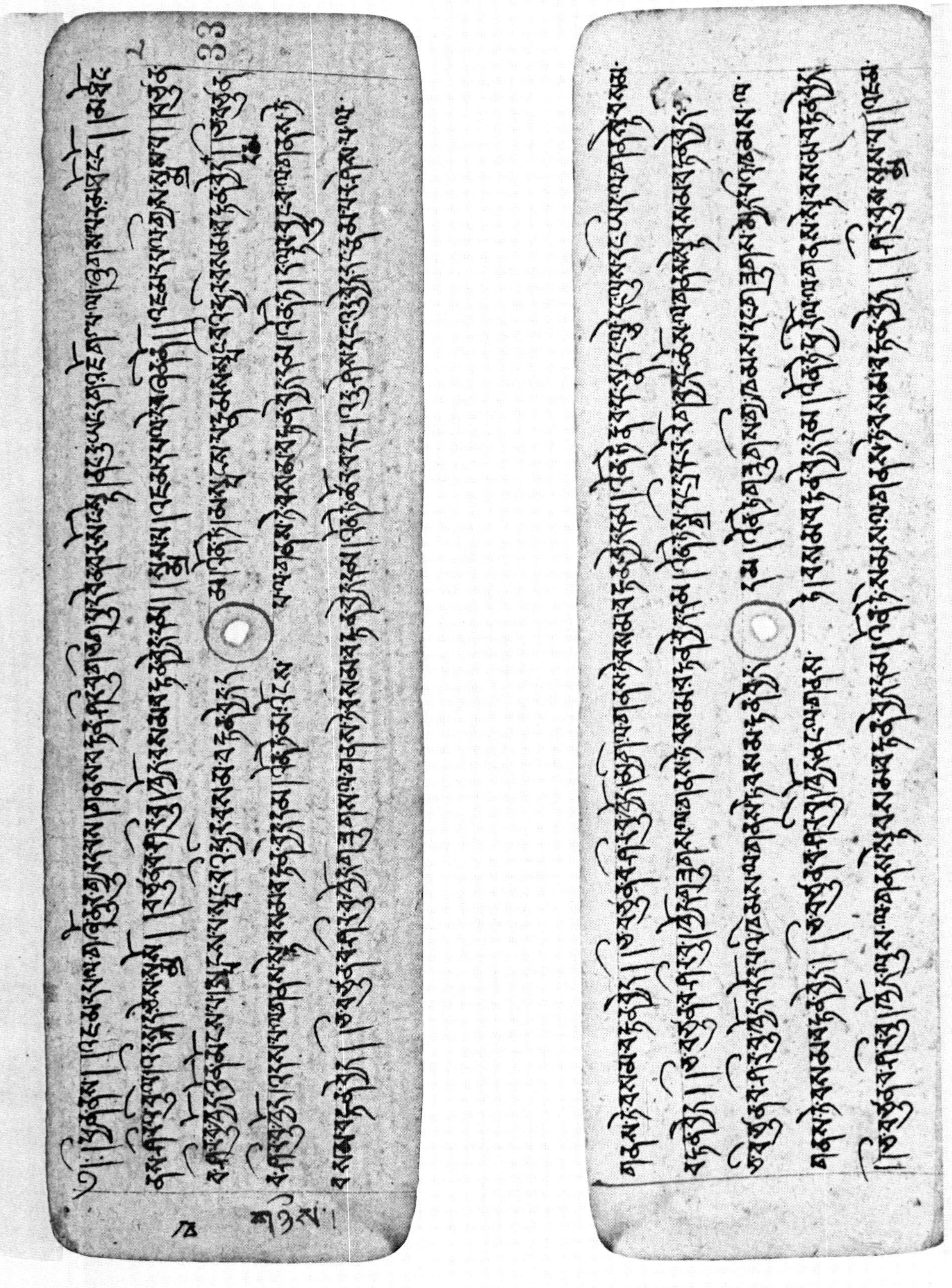

英 IOL.Tib.J.VOL.15　8.འཕགས་པ་འཇམ་དཔལ་གནས་པ་ཞེས་བྱ་བ་ཐེག་པ་ཆེན་པོའི་མདོ།
8.聖文殊居住大乘經　(85—34)

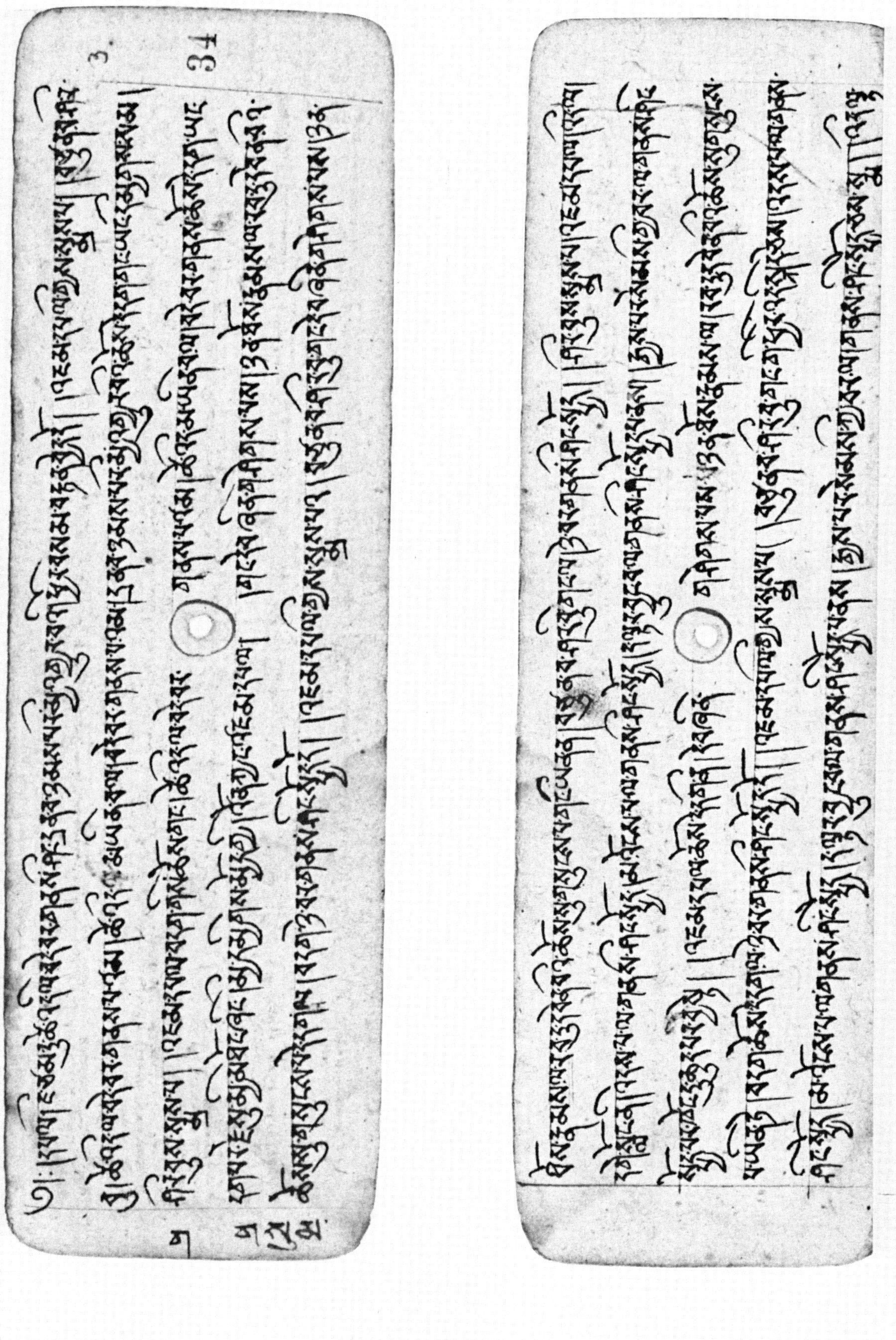

英 IOL.Tib.J.VOL.15　　8.འཕགས་པ་འཇམ་དཔལ་གནས་པ་ཞེས་བྱ་བ་ཐེག་པ་ཆེན་པོའི་མདོ།
8.聖文殊居住大乘經　　(85—35)

8.འཕགས་པ་འཇམ་དཔལ་གནས་པ་ཞེས་བྱ་བ་ཐེག་པ་ཆེན་པོའི་མདོ།

8.聖文殊居住大乘經　　(85—36)

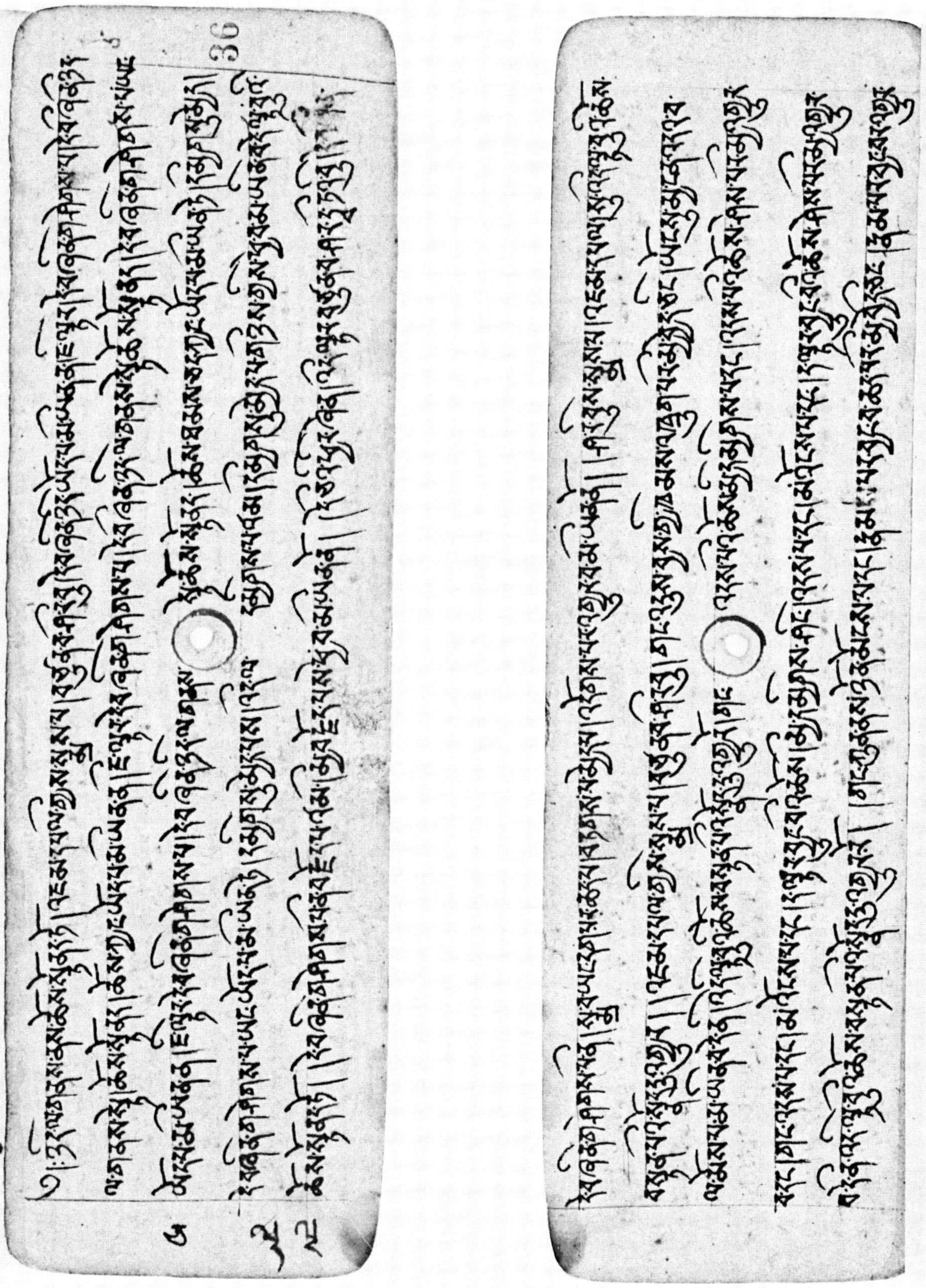

英 IOL.Tib.J.VOL.15　8.འཕགས་པ་འཇམ་དཔལ་གནས་པ་ཞེས་བྱ་བ་ཐེག་པ་ཆེན་པོའི་མདོ།

8.聖文殊居住大乘經　(85—37)

8.འཕགས་པ་འཇམ་དཔལ་གནས་པ་ཞེས་བྱ་བ་ཐེག་པ་ཆེན་པོའི་མདོ།

8.聖文殊居住大乘經　　　(85—38)

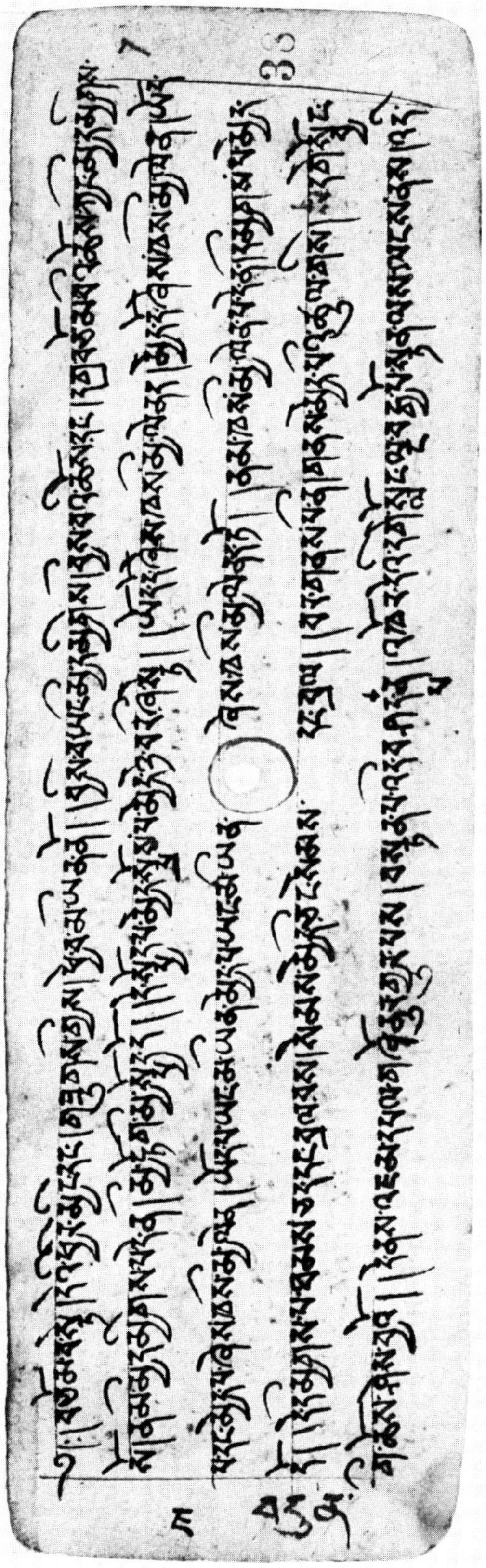

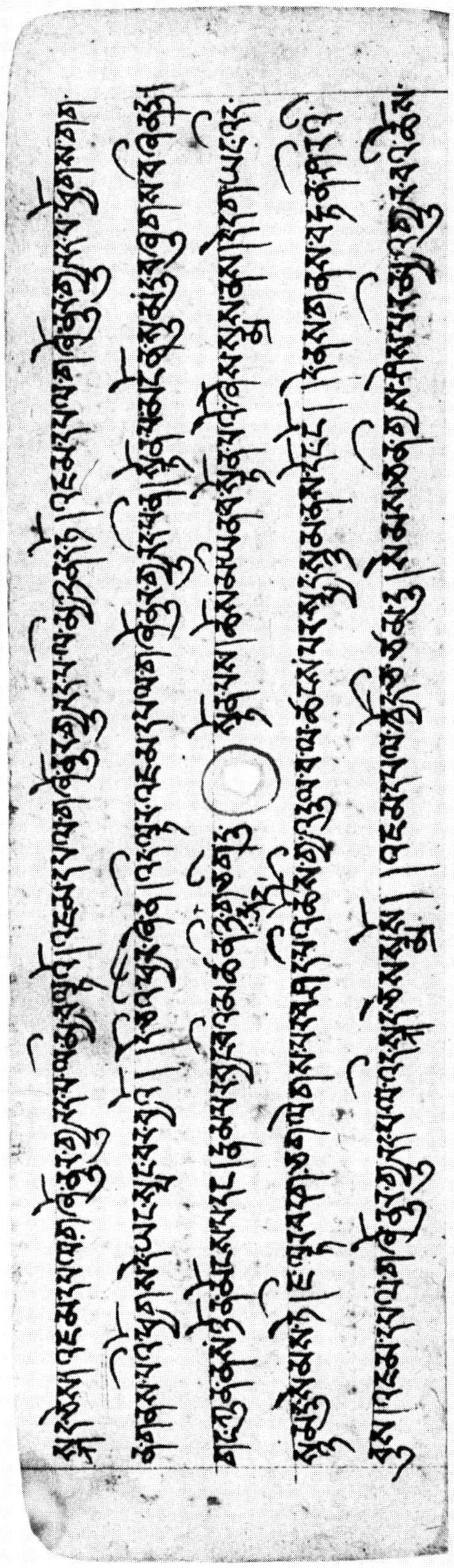

英 IOL.Tib.J.VOL.15　8.འཕགས་པ་འཇམ་དཔལ་གནས་པ་ཞེས་བྱ་བ་ཐེག་པ་ཆེན་པོའི་མདོ།

8.聖文殊居住大乘經　(85—39)

8.聖文殊居住大乘經　　(85—40)

英 IOL.Tib.J.VOL.15   8.འཕགས་པ་འཇམ་དཔལ་གནས་པ་ཞེས་བྱ་བ་ཐེག་པ་ཆེན་པོའི་མདོ།

8.聖文殊居住大乘經   (85—41)

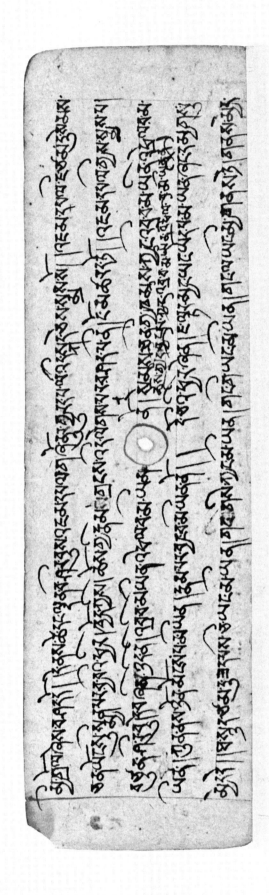

英 IOL.Tib.J.VOL.15　　8.འཕགས་པ་འཇམ་དཔལ་གནས་པ་ཞེས་བྱ་བ་ཐེག་པ་ཆེན་པོའི་མདོ།
　　　　　　　　　　　　8.聖文殊居住大乘經　　　(85—43)

8.འཕགས་པ་འཇམ་དཔལ་གནས་པ་ཞེས་བྱ་བ་ཐེག་པ་ཆེན་པོའི་མདོ།

8.聖文殊居住大乘經　　　(85—44)

8.འཕགས་པ་འཇམ་དཔལ་གནས་པ་ཞེས་བྱ་བ་ཐེག་པ་ཆེན་པོའི་མདོ།

9.ཕུད་བཅད་དེ་གསོལ་བའི་སྙིང་པོ། གཙང་གཏོར་གྱི་སྙིང་པོ། སྨྲ་གཏོར་གྱི་སྙིང་པོ།

8.聖文殊居住大乘經　9.獻供等之密咒　　(85—45)

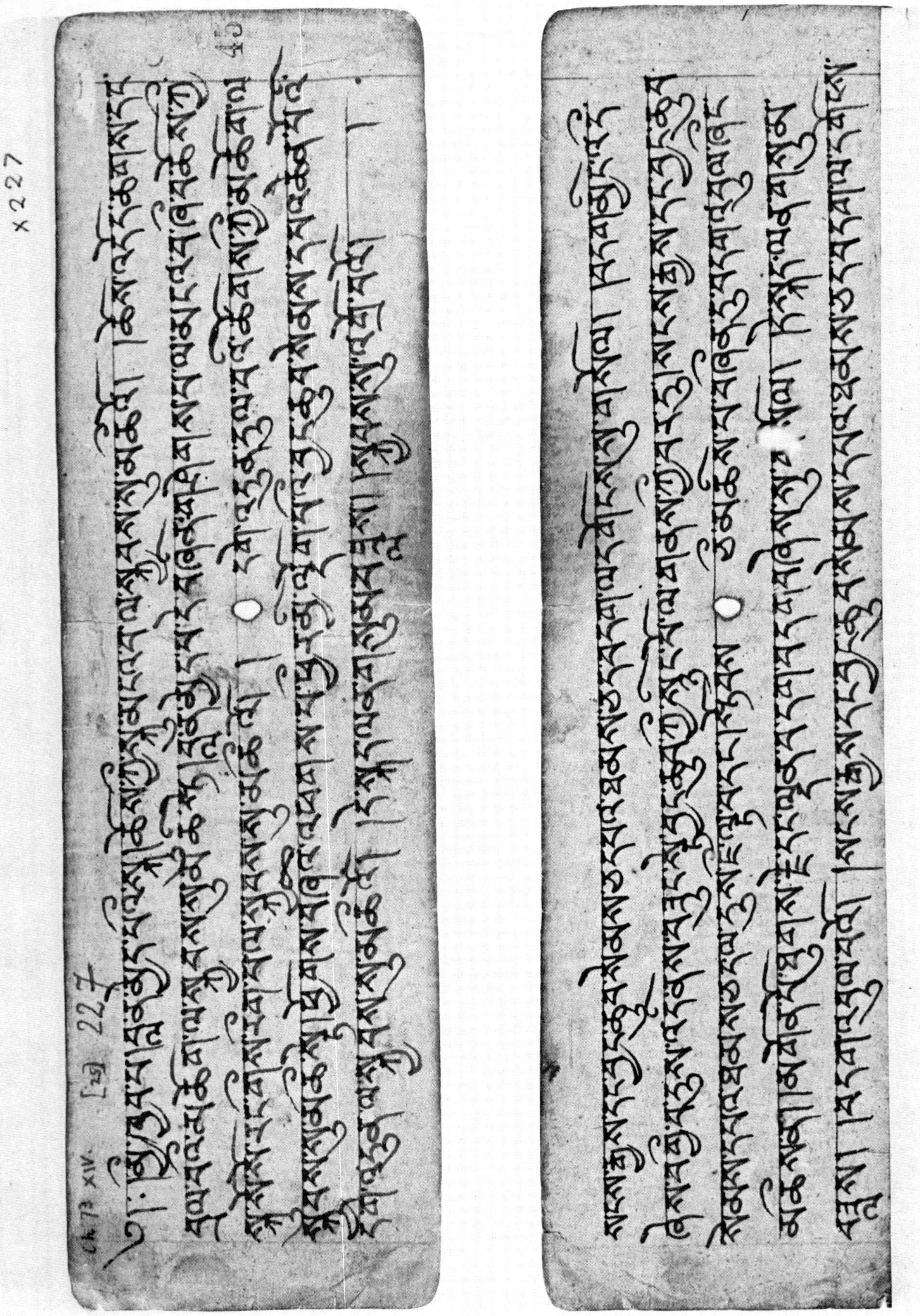

英 IOL.Tib.J.VOL.15 10.སྡོམ་པའི་ཆོ་ག་ཐོར་བུ།
10.皈依法儀軌 (85—46)

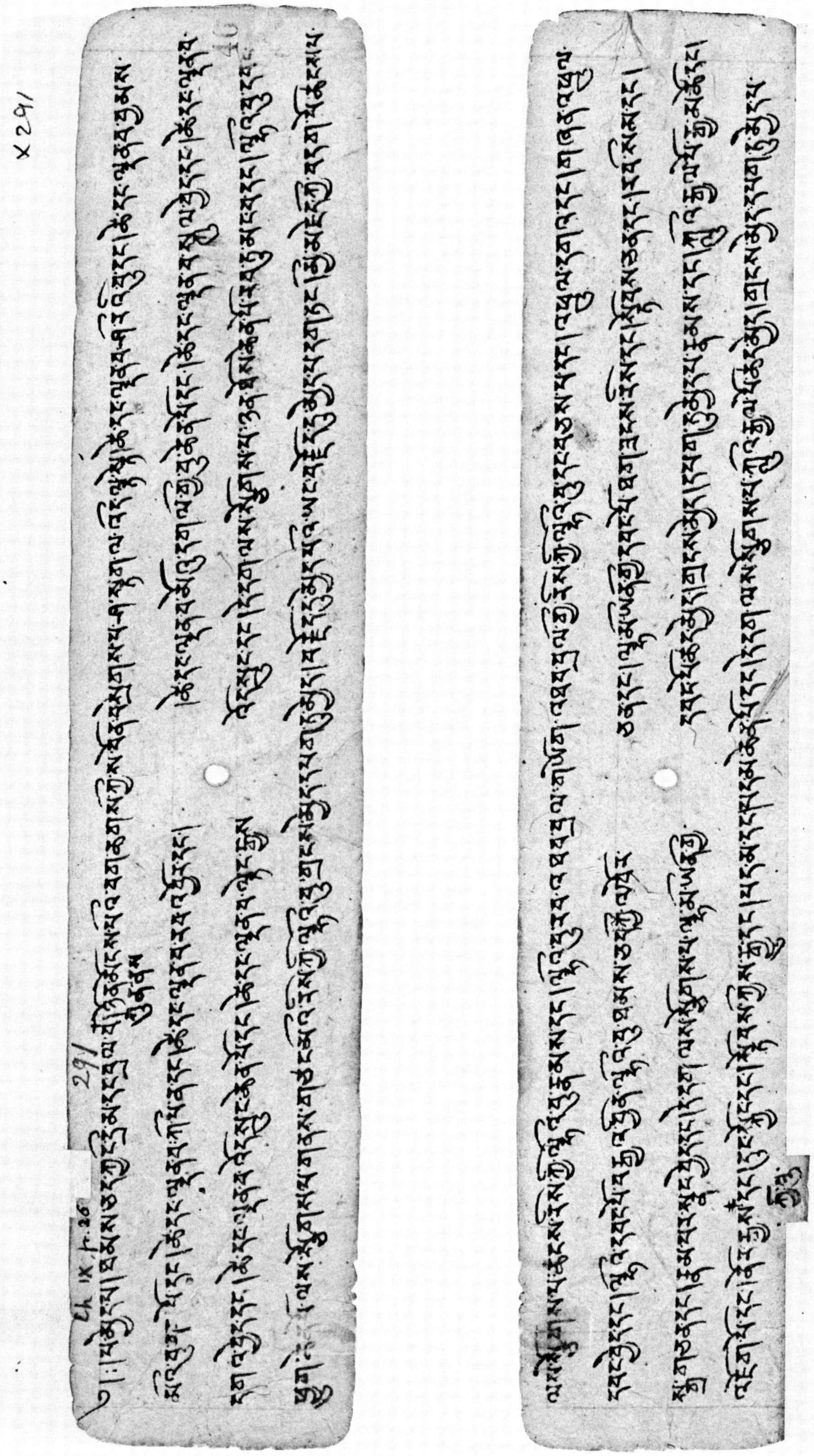

英 IOL.Tib.J.VOL.15　　11.དམ་ཆོས་ཐོར་བུ།
11.佛經　　(85—47)

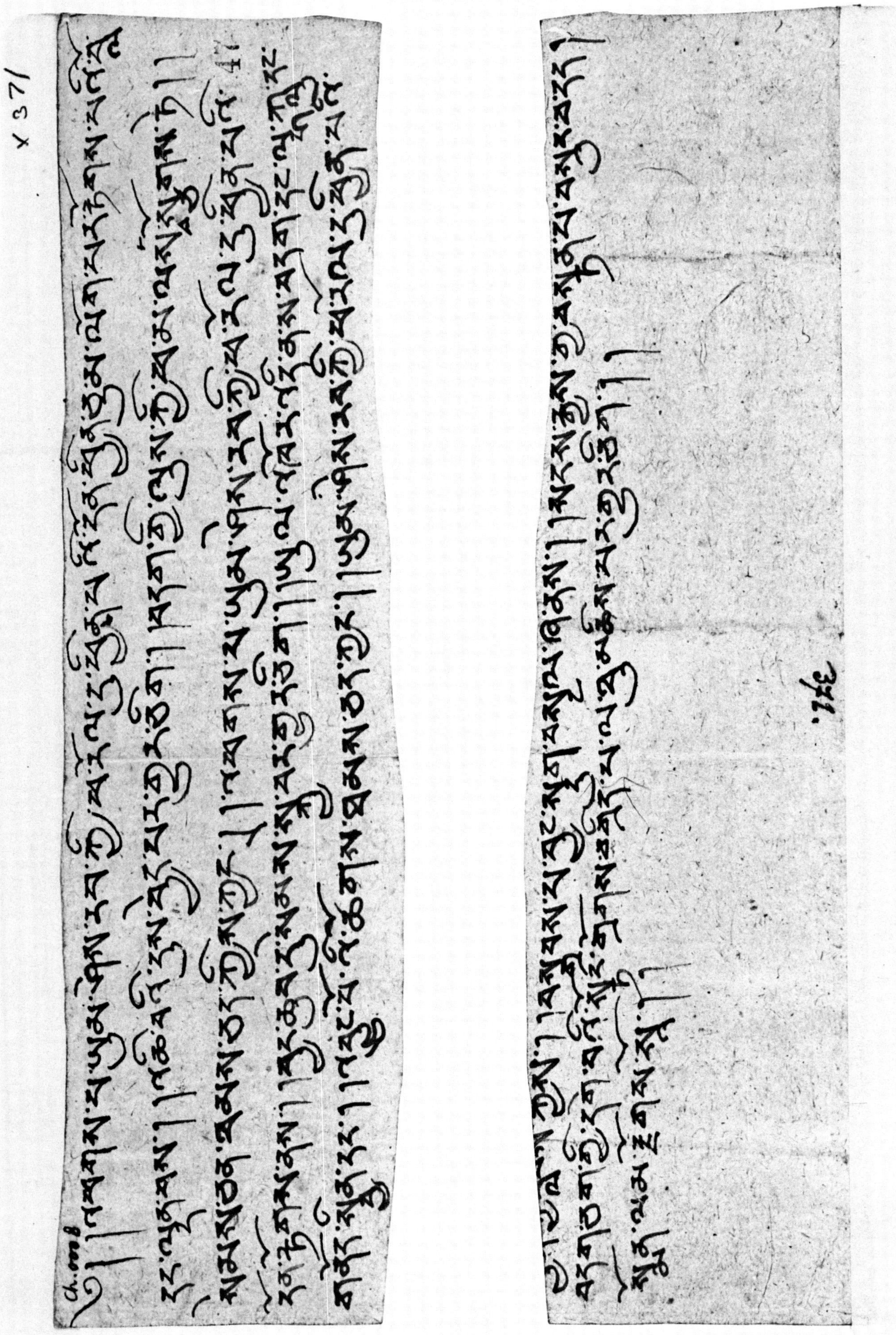

英 IOL.Tib.J.VOL.15　　12.སྨོན་ལམ།
12.祈願文　　(85—48)

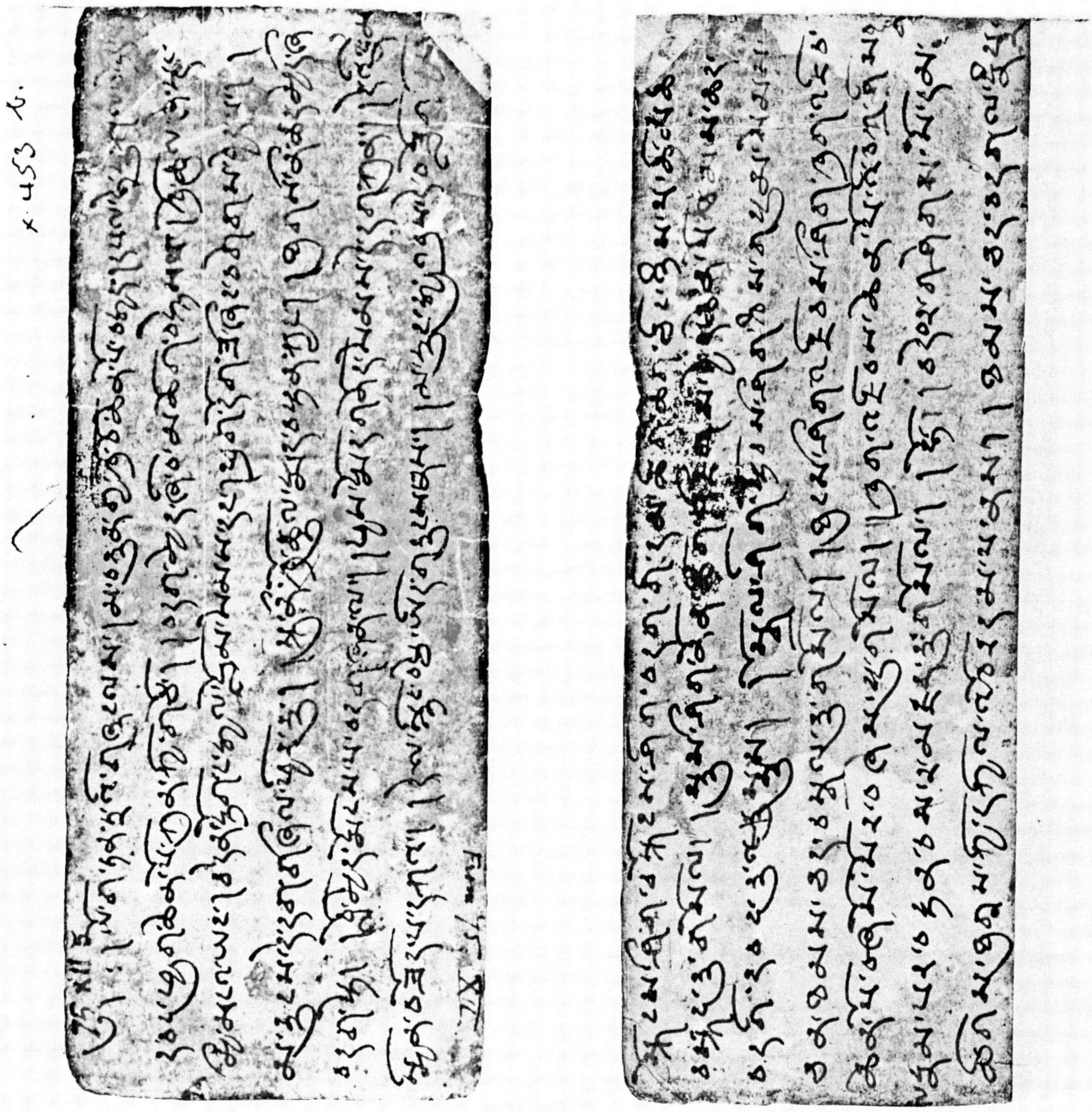

英 IOL.Tib.J.VOL.15　　13.རྒྱུད་ཐོར་བུ།
13.密宗經典　　(85—49)

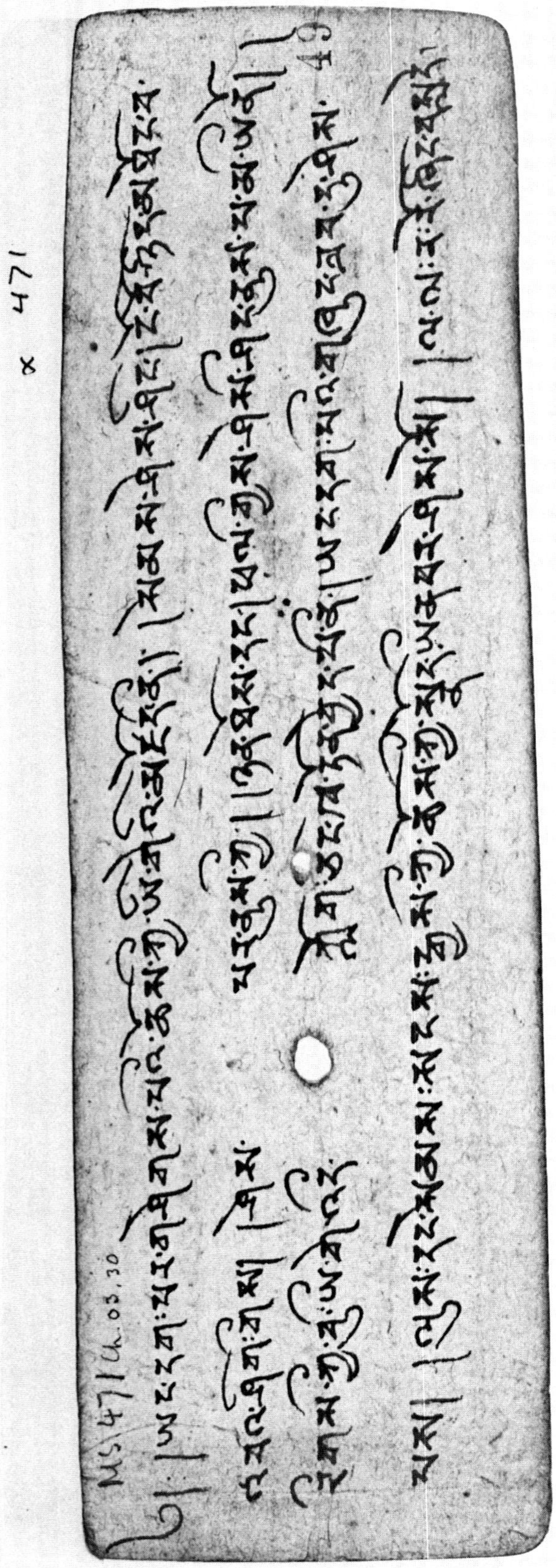

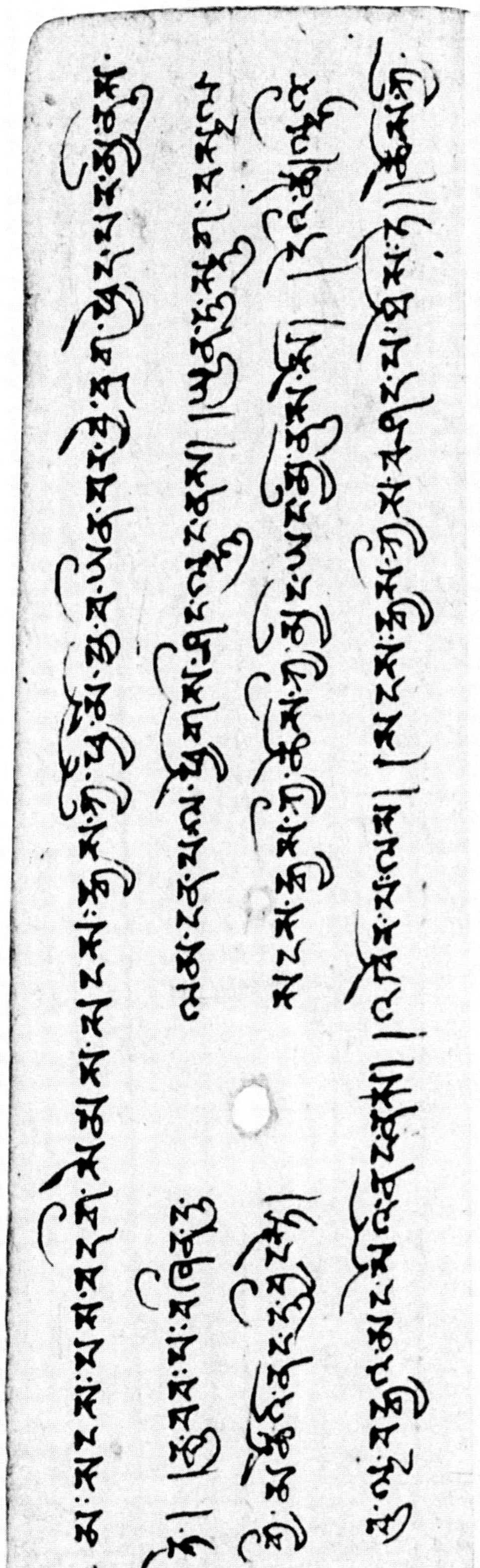

英 IOL.Tib.J.VOL.15　　14.དམ་ཆོས་ཐོར་བུ།
14.佛經　　(85—50)

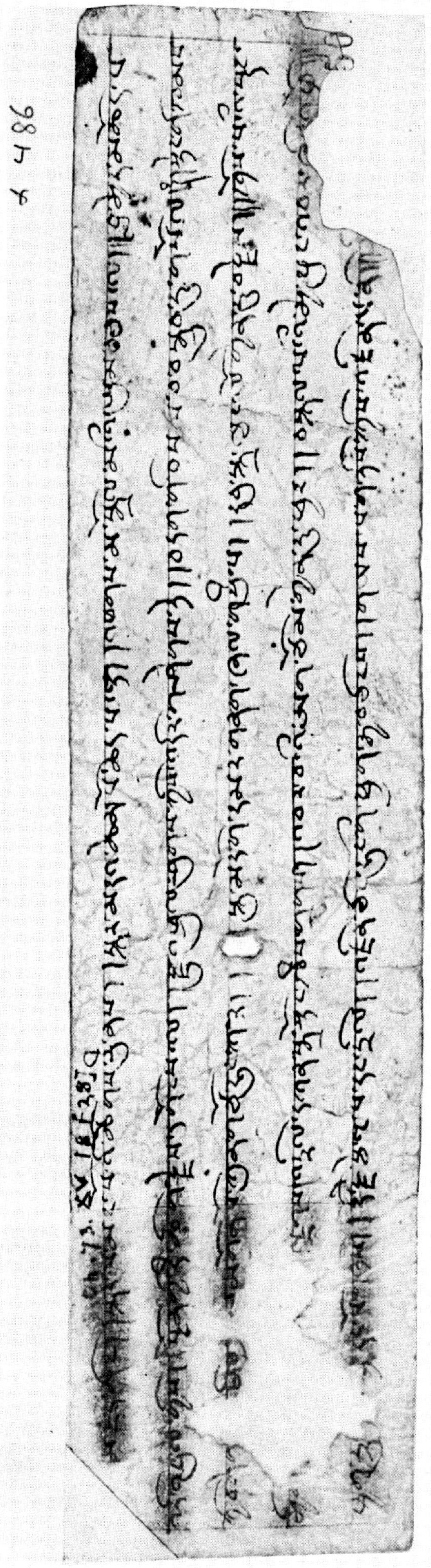

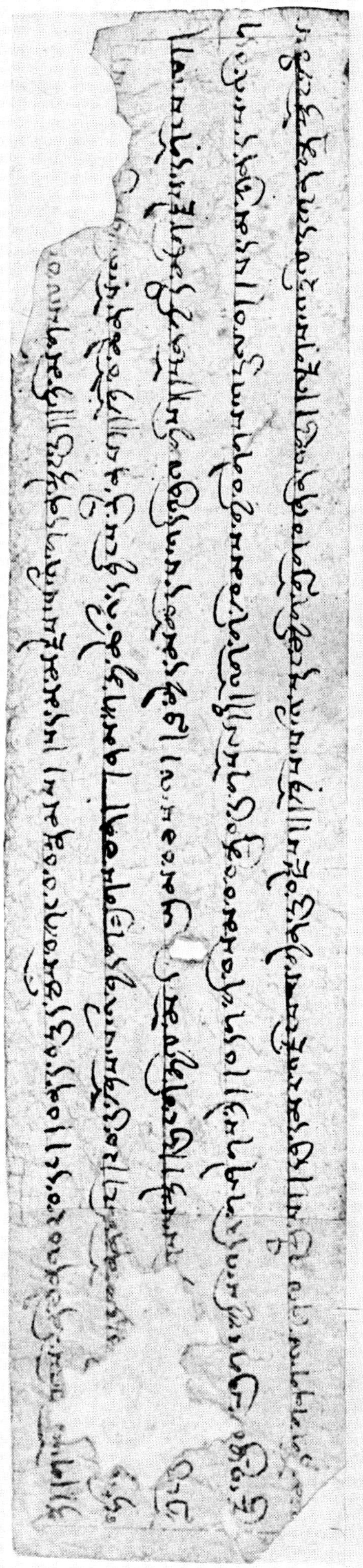

英 IOL.Tib.J.VOL.15　15.སྒྲོལ་མའི་འདོན་ཆོག

15.度母儀軌　(85—51)

英 IOL.Tib.J.VOL.15　　15.སྒྲོལ་མའི་འདོན་ཆོག

15.度母儀軌　　(85—52)

52

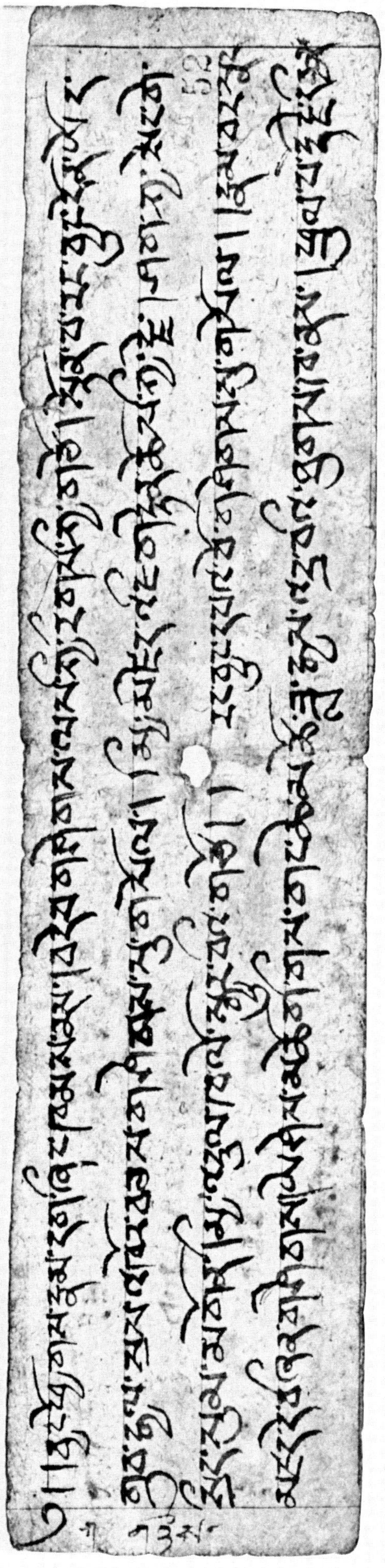

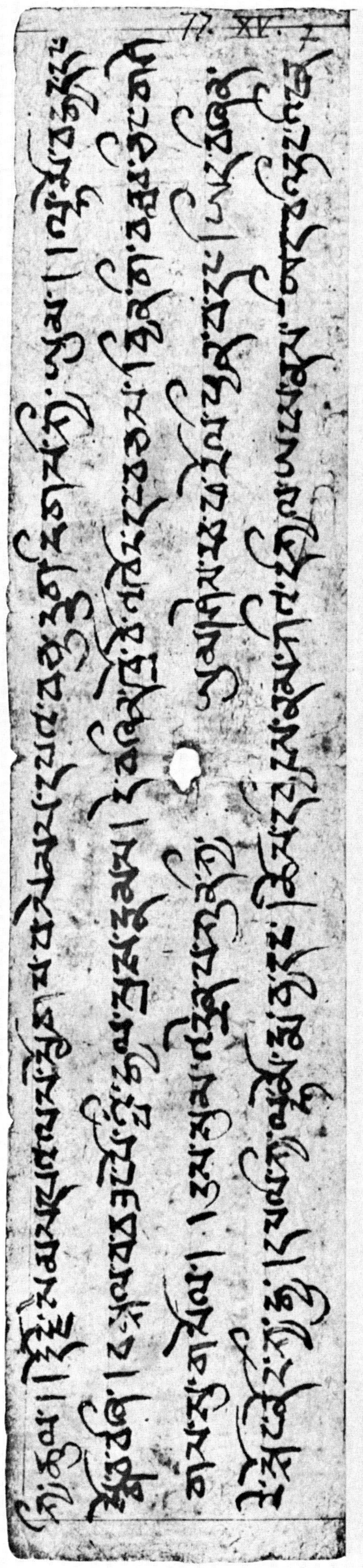

英 IOL.Tib.J.VOL.15　16.འདོན་ཆོག་ཐོར་བུ།
16.佛經　(85—53)

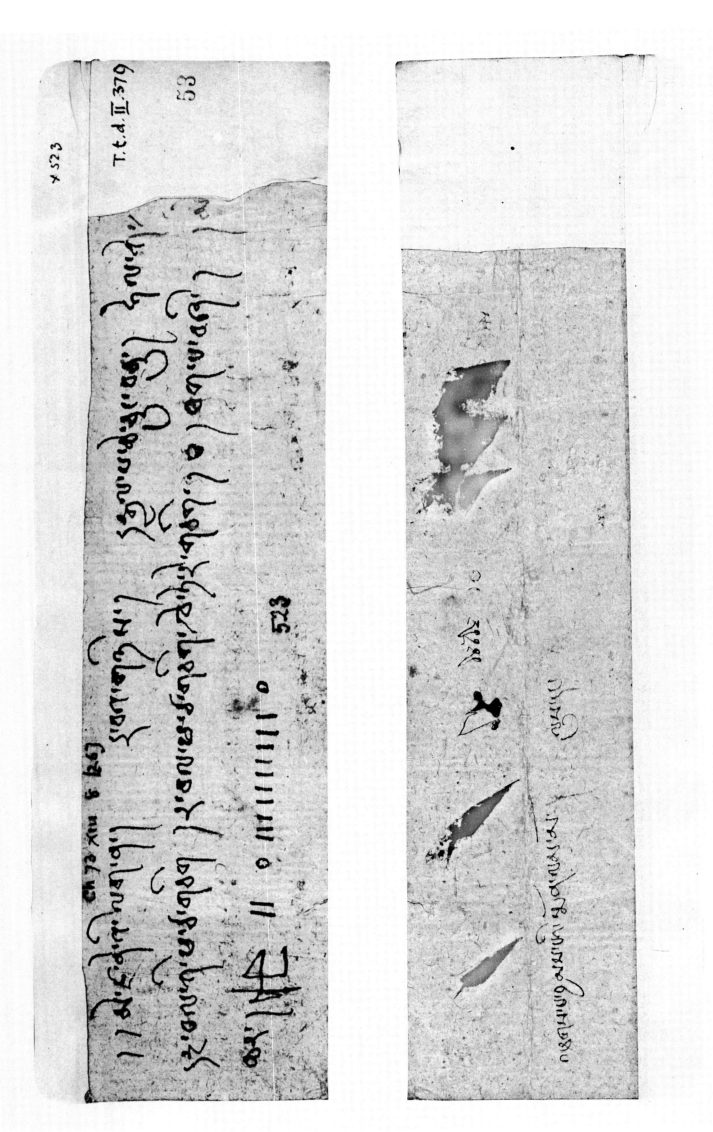

　17.ཚེས་ཐོ།　18.འཕགས་པ་བྱམས་པའི་སྨོན་ལམ་ཞེས་པའི་མཚན་བྱང་།

17.賬目　18."彌勒菩薩祈願文"等字　　　(85—54)

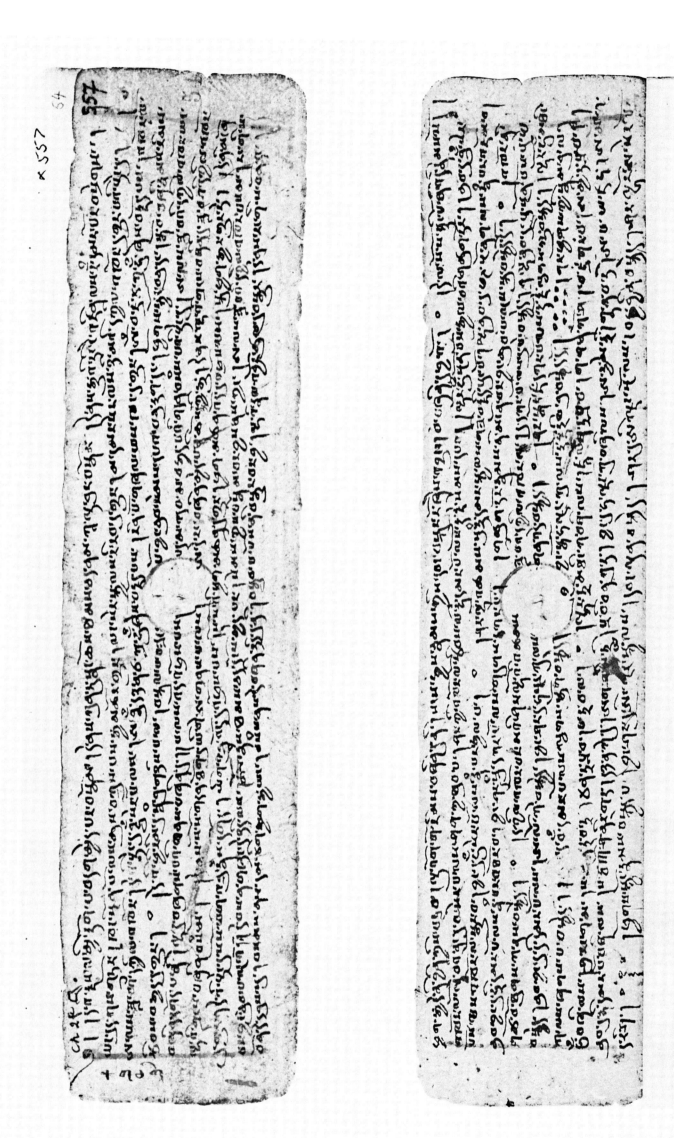

19.རྡོ་རྗེ་དྲིལ་བུའི་སྔགས་དང་ཕྱག་རྒྱ།

19.金剛鈴密咒及手印　　　(85—56)

19.རྡོ་རྗེ་དྲིལ་བུའི་སྔགས་དང་ཕྱག་རྒྱ།

20.འཕགས་པ་ངན་སོང་ཐམས་པར་སྦྱོང་བའི་གཏིང་གི་མཛོད་ཅུང་རིམ་པར་ཕྱེ་བ།

19.金剛鈴密咒及手印　20.聖浄治惡趣儀軌次第　　(85—57)

　　20.འཕགས་པ་ངན་སོང་ཐམས་པར་སྦྱོང་བའི་གཟི་གི་མཛད་བྱང་རིམ་པར་ཕྱེ་བ

20.聖浄治惡趣儀軌次第　　　(85—58)

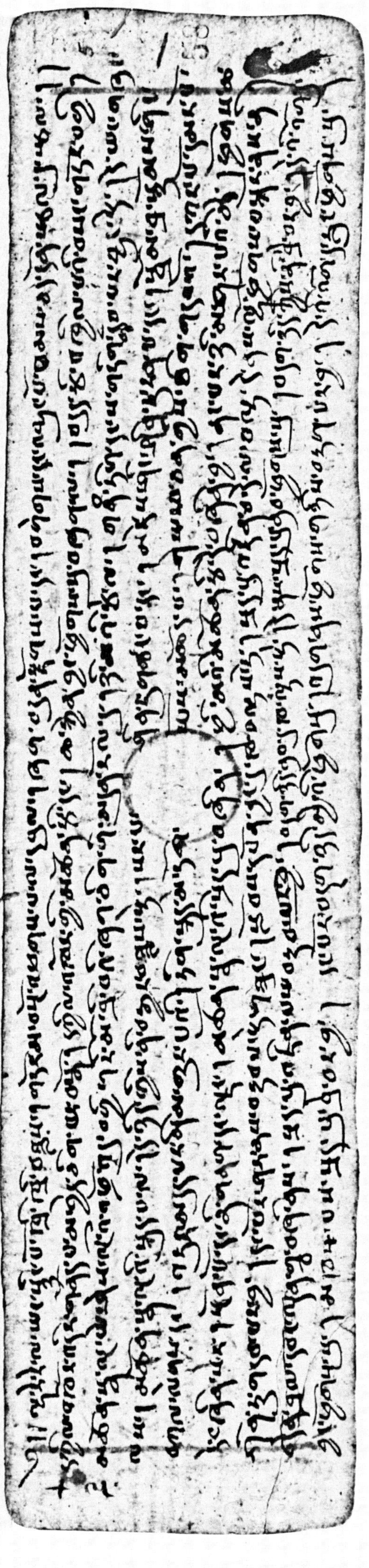

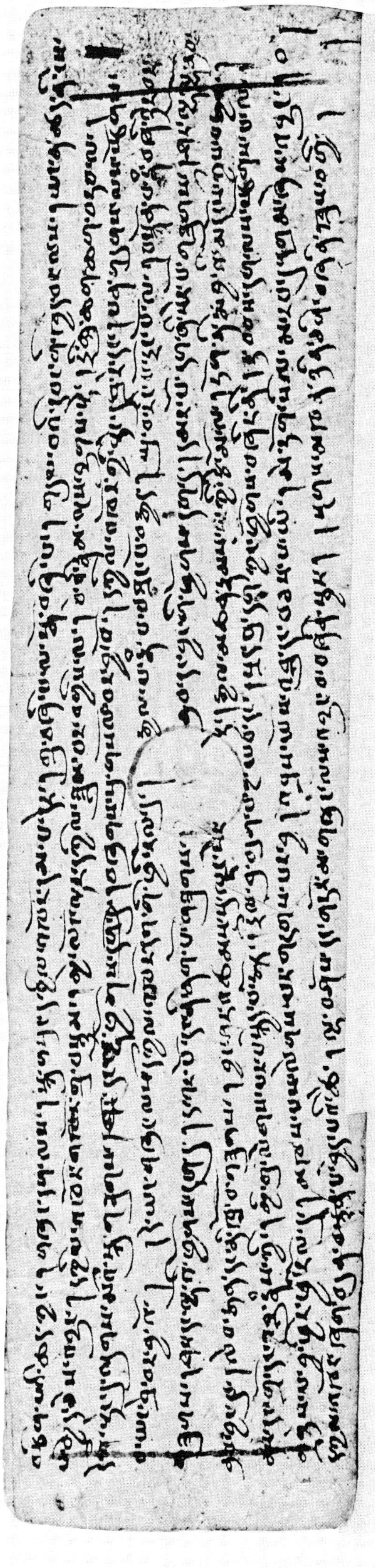

英 IOL.Tib.J.VOL.15　　20.འཕགས་པ་ངན་སོང་རྣམ་པར་སྦྱོང་བའི་གཉིད་ཀྱི་མཛོད་བྱང་རིམ་པར་ཕྱེ་བ།

20.聖淨治惡趣儀軌次第　　(85—59)

英 IOL.Tib.J.VOL.15　　20.འཕགས་པ་ངན་སོང་ཐམས་པར་སྦྱོང་བའི་གཟུངས་ཀྱི་མཛོད་བྱང་རིམ་པར་ཕྱེ་བ།

20.聖浄治悪趣儀軌次第　　　(85—60)

英 IOL.Tib.J.VOL.15　　20.འཕགས་པ་ངན་སོང་ཐམས་པར་སྦྱོང་བའི་གཏིང་གི་མཛོད་བྱང་རིམ་པར་ཕྱེ་བ
20.聖净治惡趣儀軌次第　　(85—61)

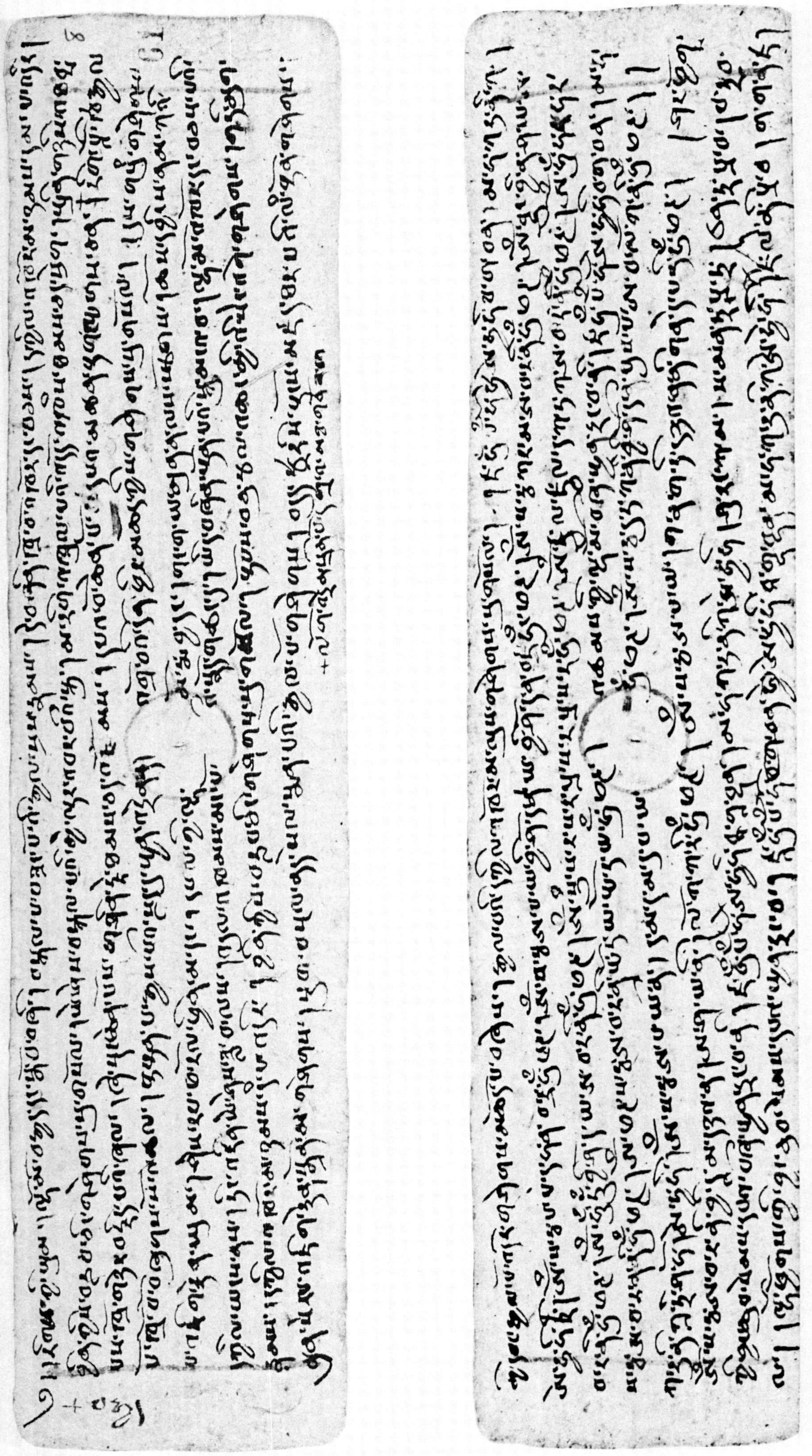

英 IOL.Tib.J.VOL.15　20.འཕགས་པ་ངན་སོང་རྣམ་པར་སྦྱོང་བའི་གཏིང་གི་མཛད་བྱང་རིམ་པར་ཕྱེ་བ།

20.聖浄治惡趣儀軌次第　(85—62)

英 IOL.Tib.J.VOL.15　　20.འཕགས་པ་ངན་སོང་ཐམས་པར་སྦྱོང་བའི་གཟི་ང་གི་མཚན་བྱད་རིམ་པར་ཕྱེ་བ།

20.聖净治惡趣儀軌次第　　　（85—63）

英 IOL.Tib.J.VOL.15　　20.འཕགས་པ་ངན་སོང་རྣམ་པར་སྦྱོང་བའི་གཏིང་གི་མཛད་བྱང་རིམ་པར་ཕྱེ་བ།

20.聖浄治悪趣儀軌次第　　(85—64)

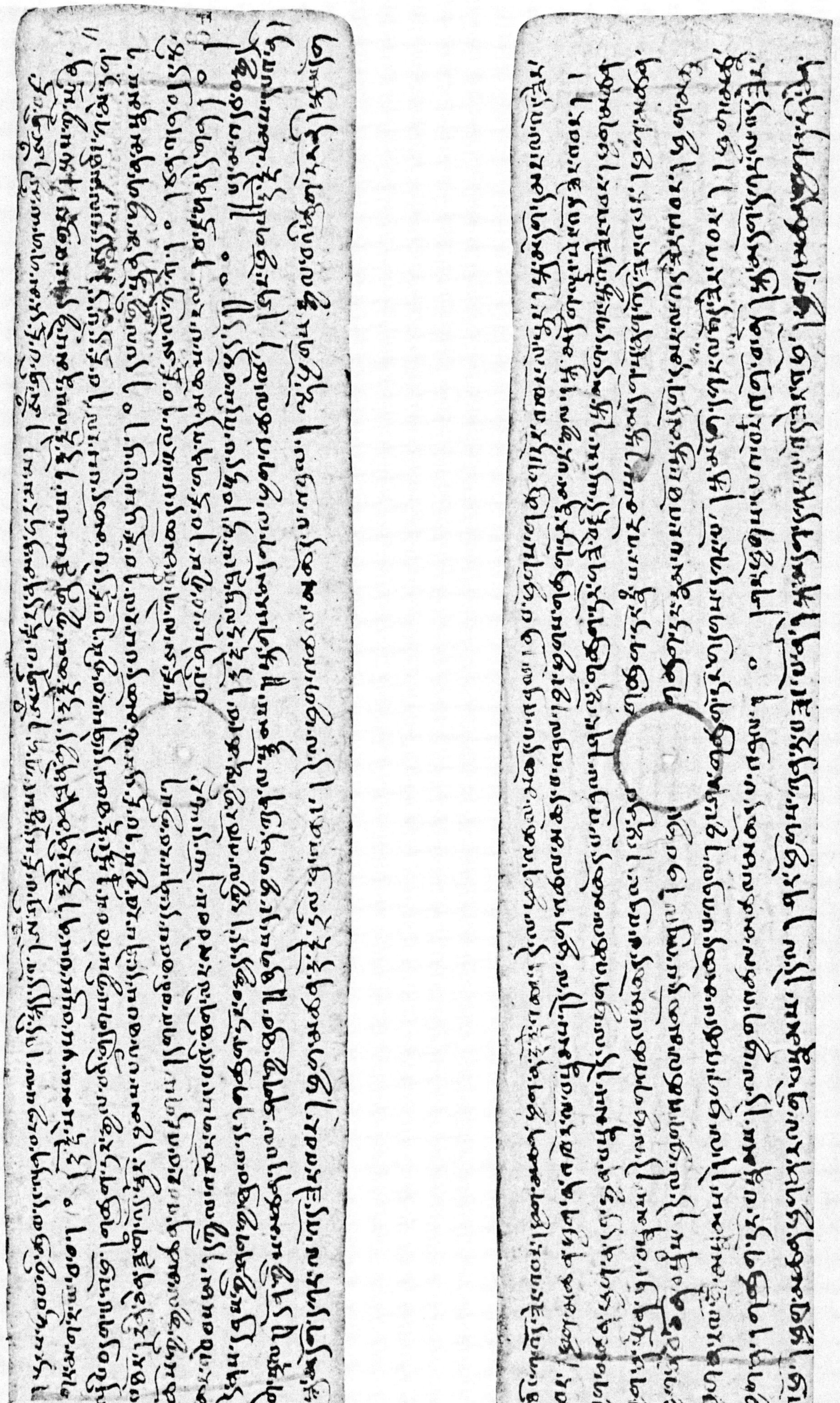

英 IOL.Tib.J.VOL.15　20.འཕགས་པ་ངན་སོང་རྣམ་པར་སྦྱོང་བའི་གཏིང་གི་མཛད་བྱང་རིམ་པར་ཕྱེ་བ།
20.聖淨治惡趣儀軌次第　(85—65)

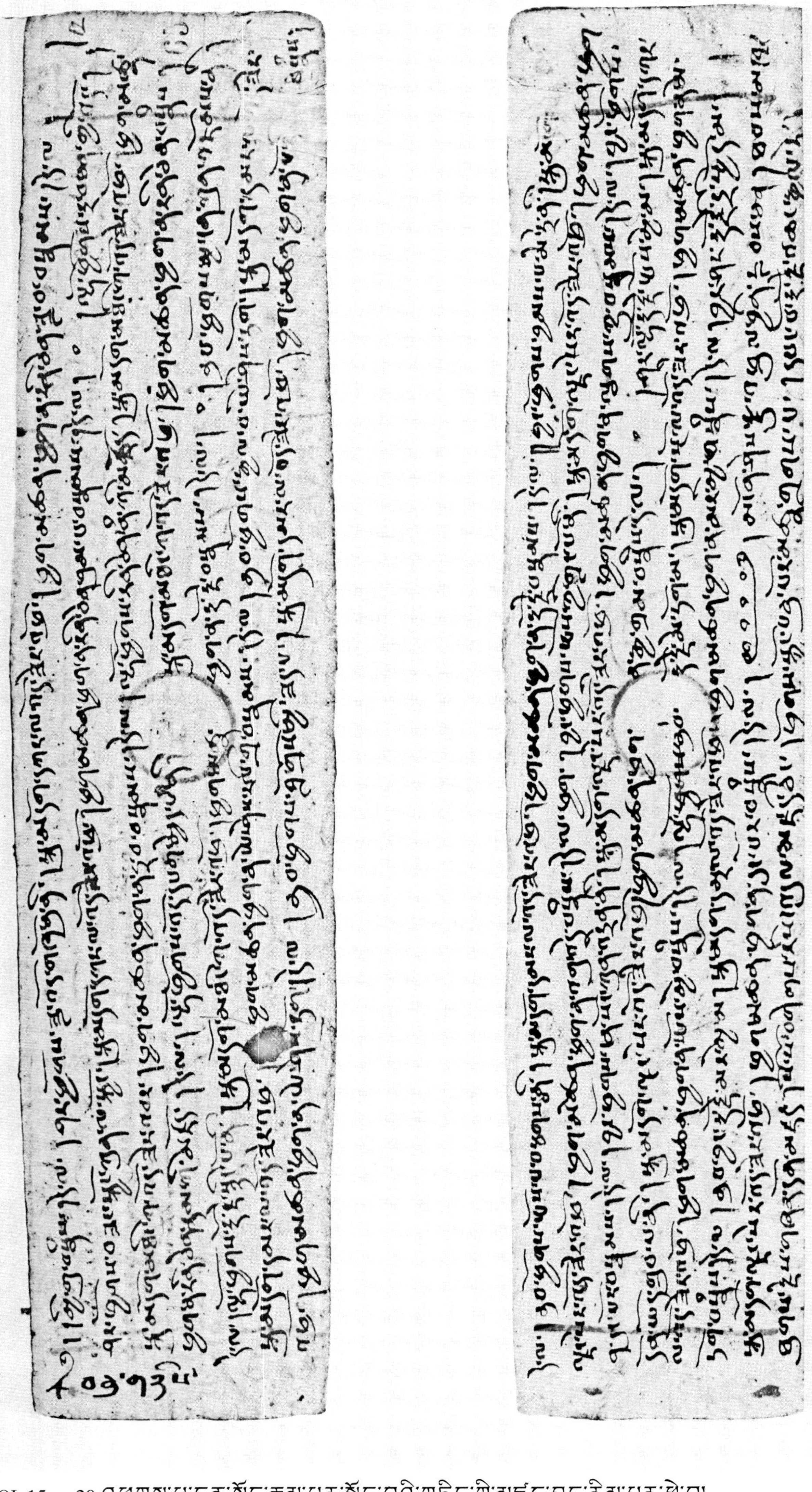

英 IOL.Tib.J.VOL.15　　20.འཕགས་པ་ངན་སོང་རྣམ་པར་སྦྱོང་བའི་གཉིད་གི་མཛད་བྱང་རིམ་པར་ཕྱེ་བ།
20.聖淨治惡趣儀軌次第　　(85—66)

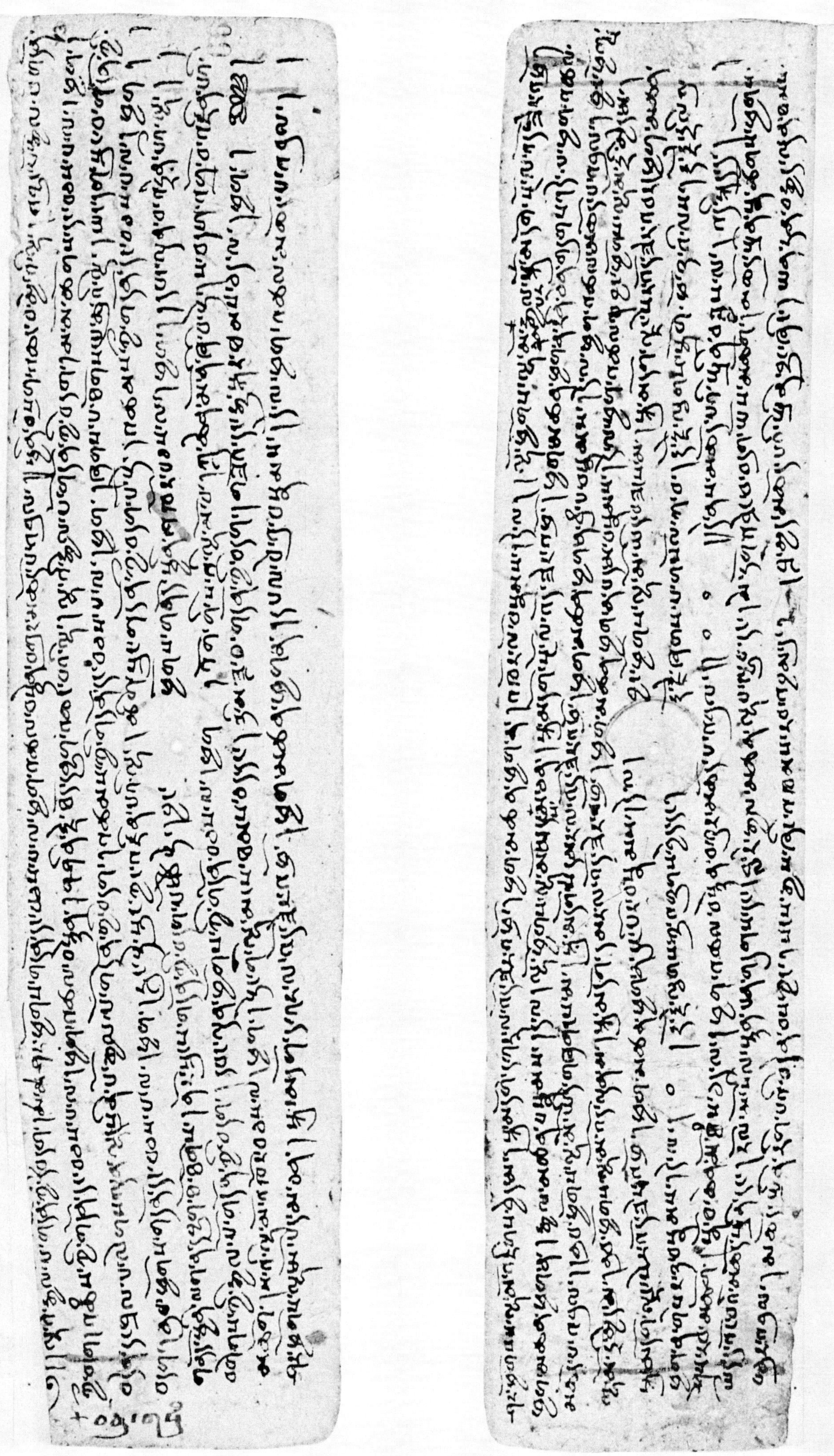

英 IOL.Tib.J.VOL.15　20.འཕགས་པ་ངན་སོང་རྣམ་པར་སྦྱོང་བའི་གཏིང་གི་མཛད་བྱང་རིམ་པར་ཕྱེ་བ།

20.聖淨治惡趣儀軌次第　(85—67)

英 IOL.Tib.J.VOL.15　　20.འཕགས་པ་ངན་སོང་རྣམ་པར་སྦྱོང་བའི་གཏིང་གི་མཛོད་བྱང་རིམ་པར་ཕྱེ་བ།

20.聖浄治惡趣儀軌次第　　(85—68)

20.འཕགས་པ་ངན་སོང་ཐམས་པར་སྦྱོང་བའི་གཟུངས་ཀྱི་མཚན་ཅུང་རིམ་པར་ཕྱེ་བ

20.聖淨治惡趣儀軌次第　　　　(85—69)

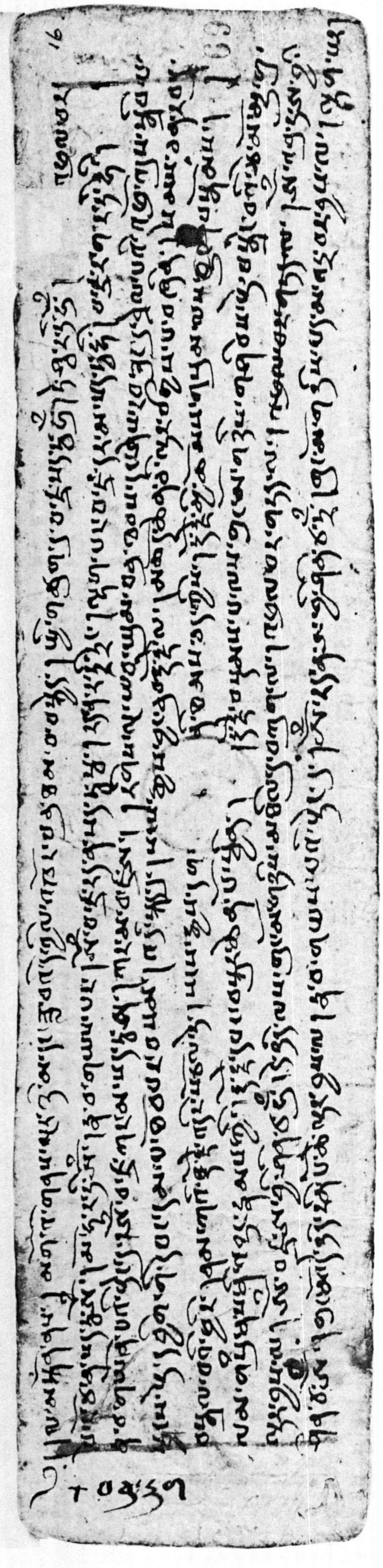

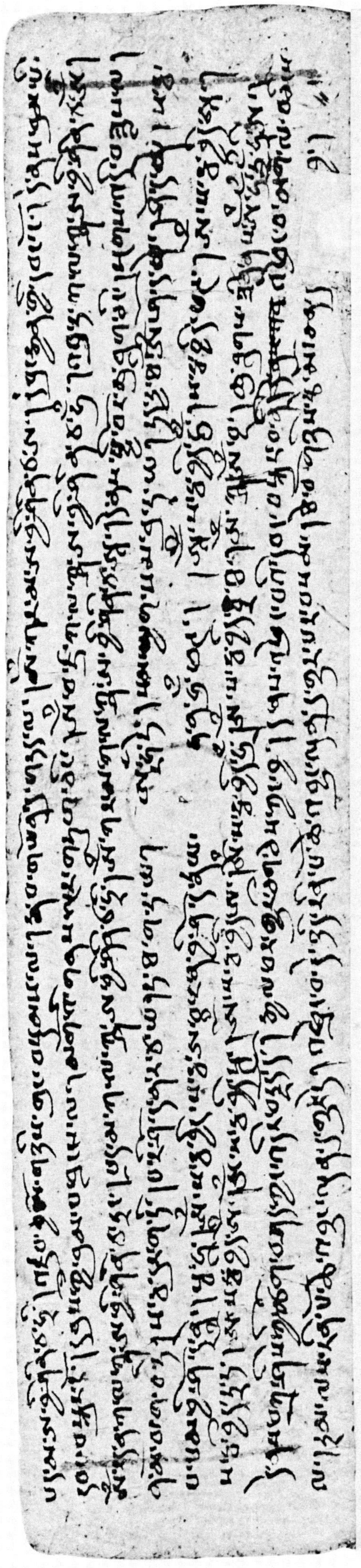

英 IOL.Tib.J.VOL.15 20.འཕགས་པ་ངན་སོང་རྣམ་པར་སྦྱོང་བའི་གཏིང་གི་མཛད་བྱང་རིམ་པར་ཕྱེ་བ།
20.聖淨治惡趣儀軌次第 (85—70)

英 IOL.Tib.J.VOL.15　　20.འཕགས་པ་ངན་སོང་ཐམས་པར་སྦྱོང་བའི་གཟུངས་ཀྱི་མཛོད་གྱུང་རིམ་པར་ཕྱི་བ།

20.聖淨治惡趣儀軌次第　　(85—71)

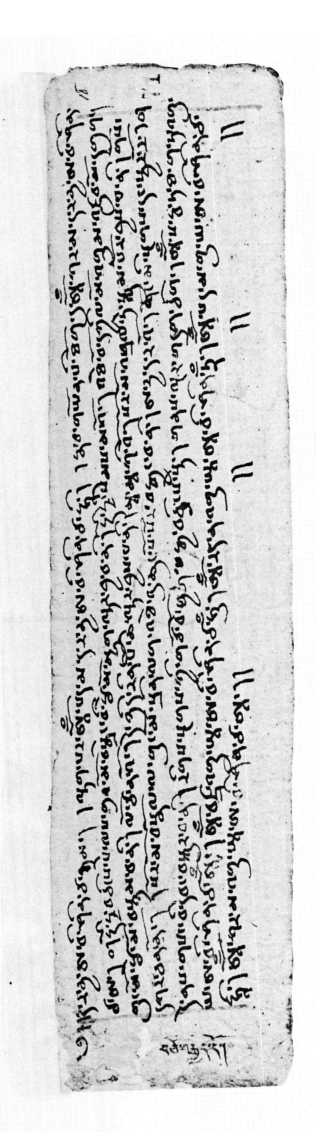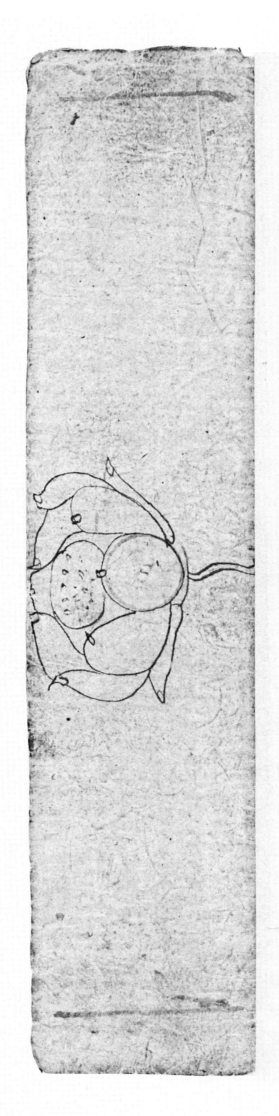

20.འཕགས་པ་ངན་སོང་ཐམས་པར་སྦྱོང་བའི་གཏིང་གི་མཛད་བྱང་རིམ་པར་ཕྱེ་བ

21.མེ་ཏོག་པད་མའི་དྱེ་ད་པེ་རིས།

20.聖净治恶趣仪轨次第 21.八瓣莲花图 (85—72)

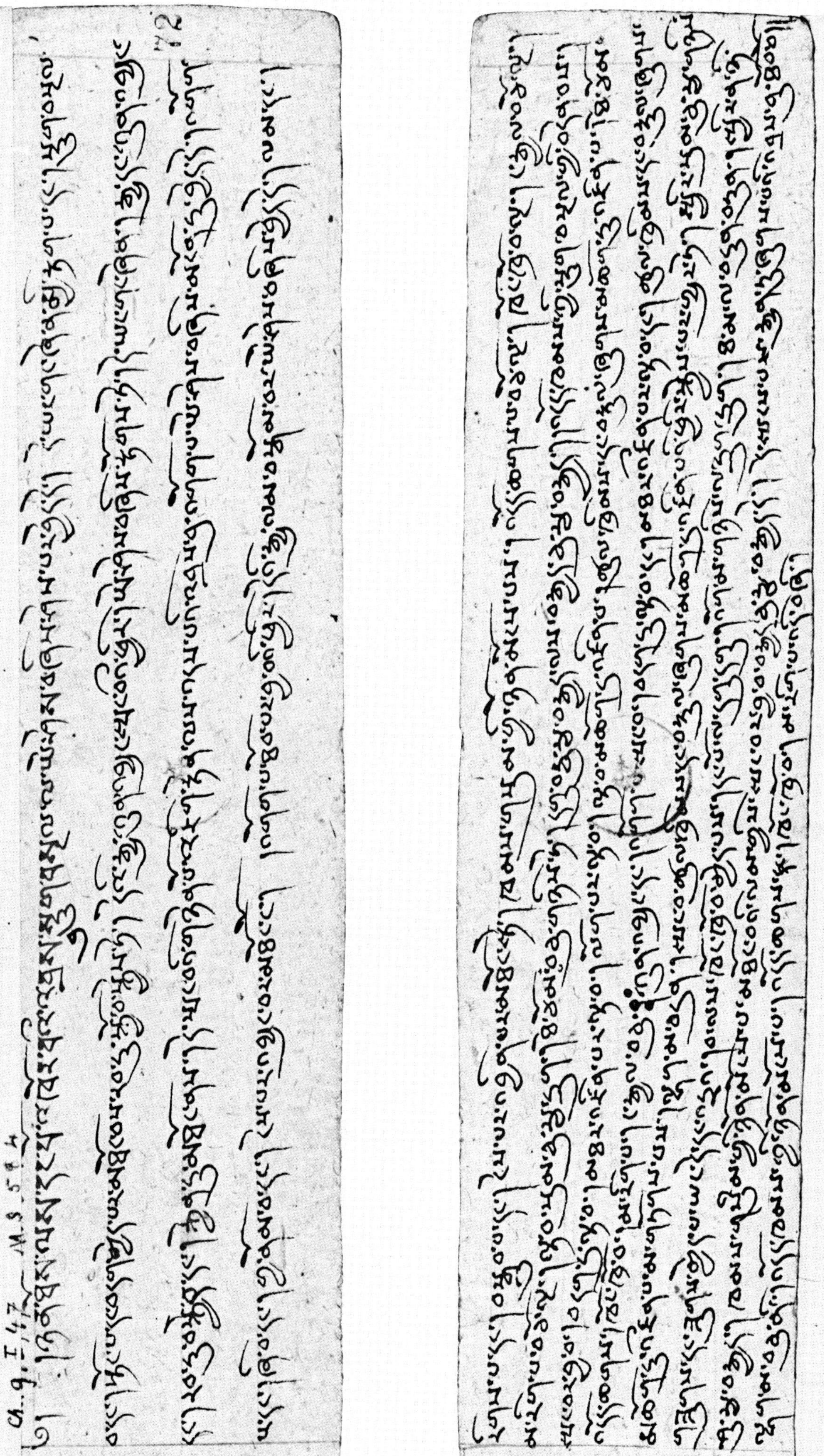

英 IOL.Tib.J.VOL.15　22.མཐོང་སྒོམ།
22.見修習法　(85—73)

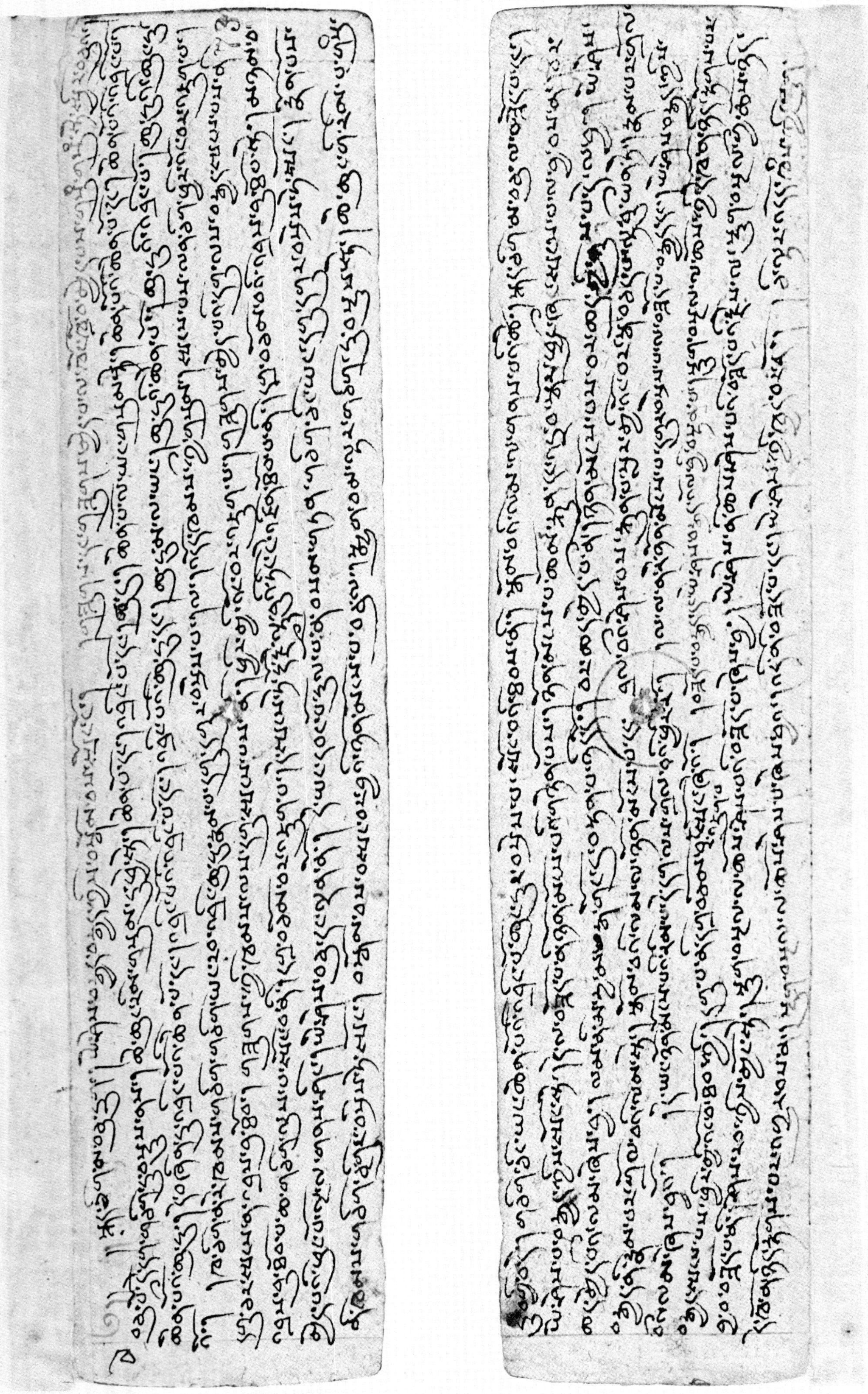

英 IOL.Tib.J.VOL.15　22.མཐོང་སྒོམ།
22.見修習法　(85—74)

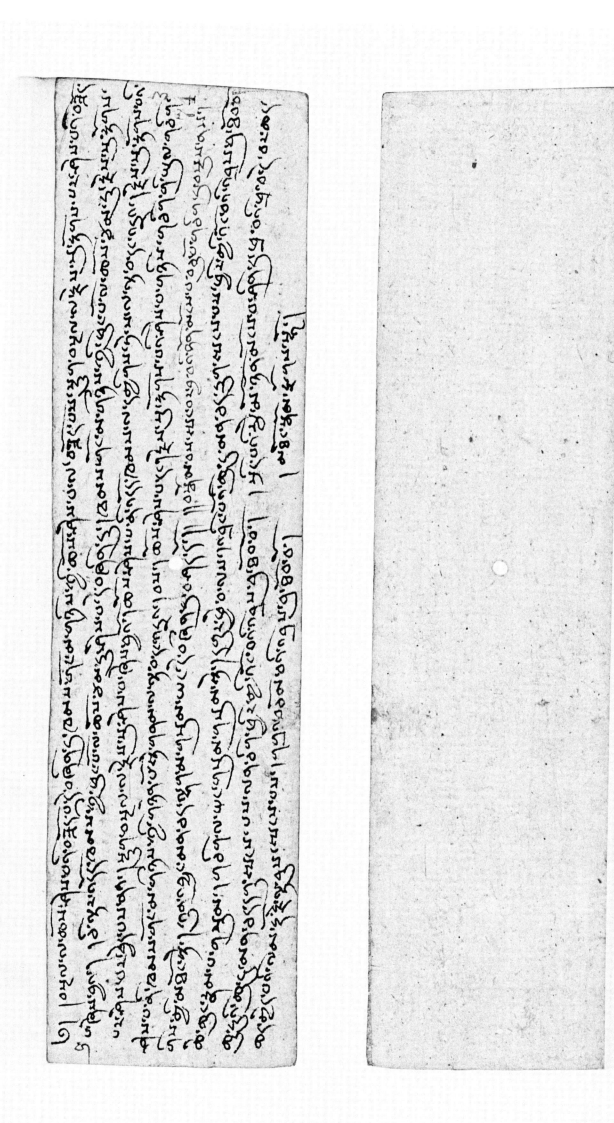

英 IOL.Tib.J.VOL.15　　22.མཐོང་སྒོམ།

22.見修習法　　　(85—75)

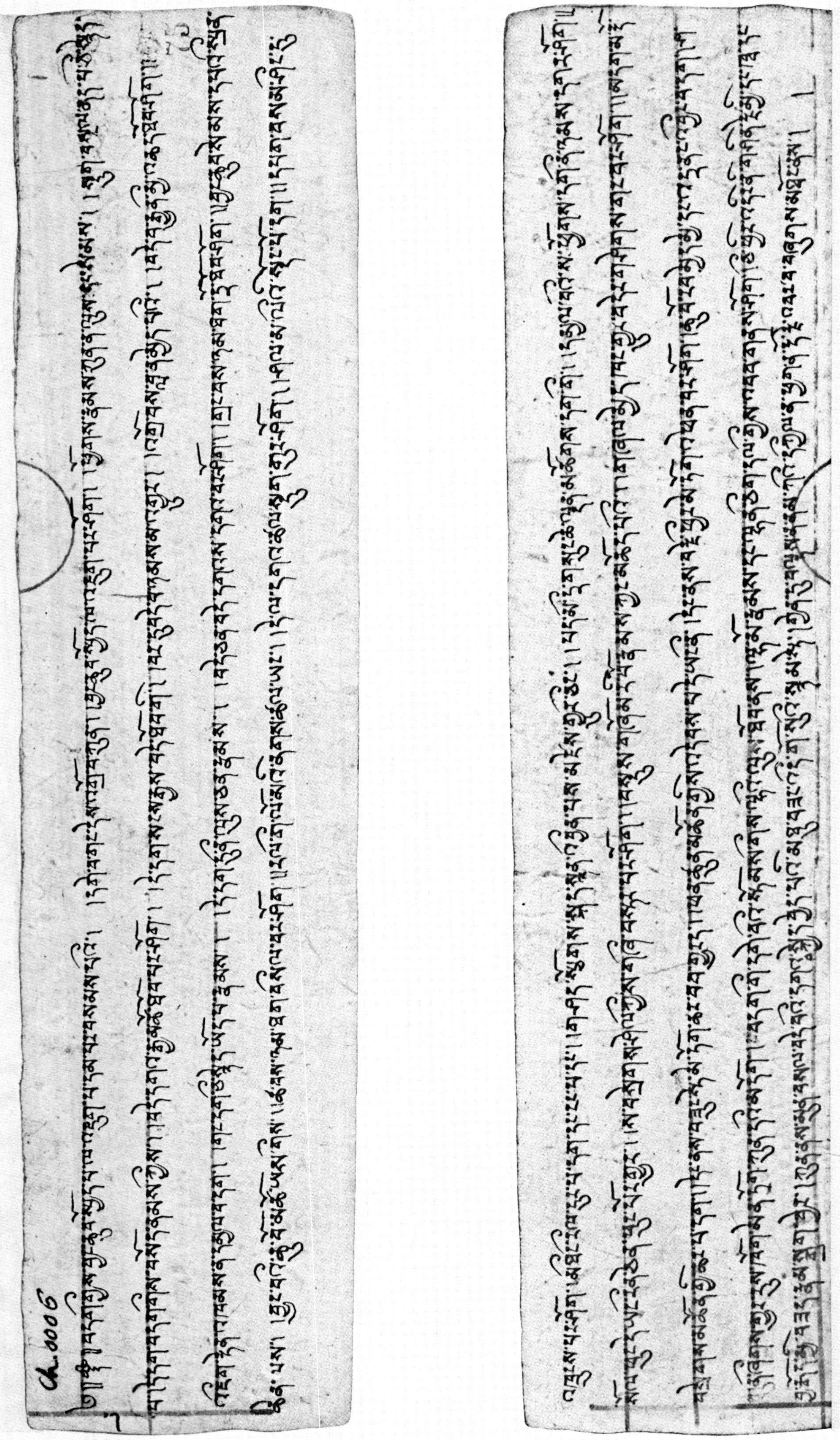

英 IOL.Tib.J.VOL.15 23.བྱང་ཆུབ་སེམས་དཔའི་སྤྱོད་པ་ལ་འཇུག་པ་ལས་ཡོངས་སུ་བསྔོ་བའི་ལེའུ་ཞེས་བྱ་བ།

23.入菩薩行論回向品 (85—76)

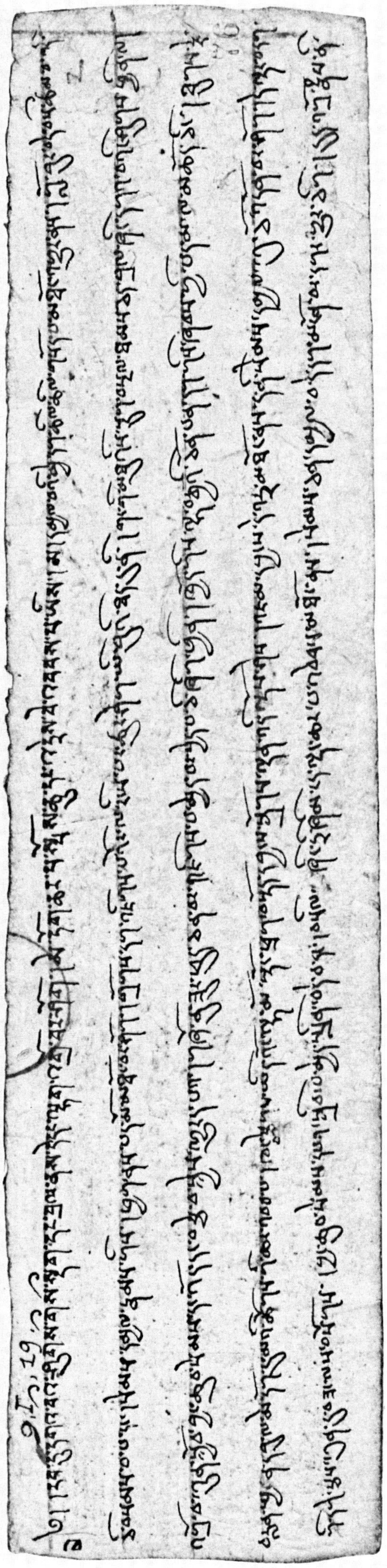

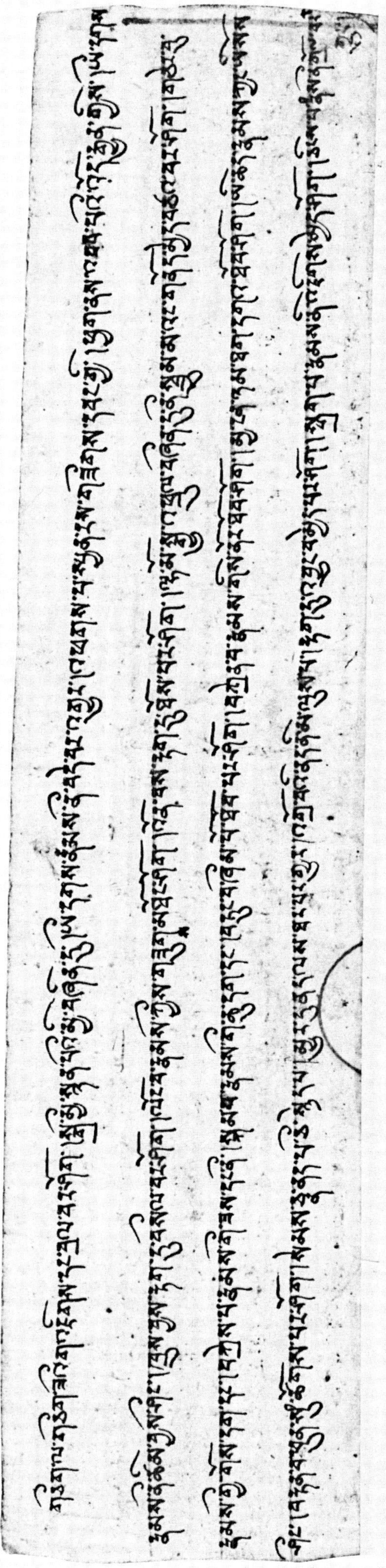

英 IOL.Tib.J.VOL.15　23.བྱང་ཆུབ་སེམས་དཔའི་སྤྱོད་པ་ལ་འཇུག་པ་ལས་ཡོངས་སུ་བསྔོ་བའི་ལེའུ་ཞེས་བྱ་བ།

23.入菩薩行論回向品　(85—77)

23.བྱང་ཆུབ་སེམས་དཔའི་སྤྱོད་པ་ལ་འཇུག་པ་ལས་ཡོངས་སུ་བསྔོ་བའི་ལེའུ་ཞེས་བྱ་བ།

23.入菩薩行論回向品　　(85—78)

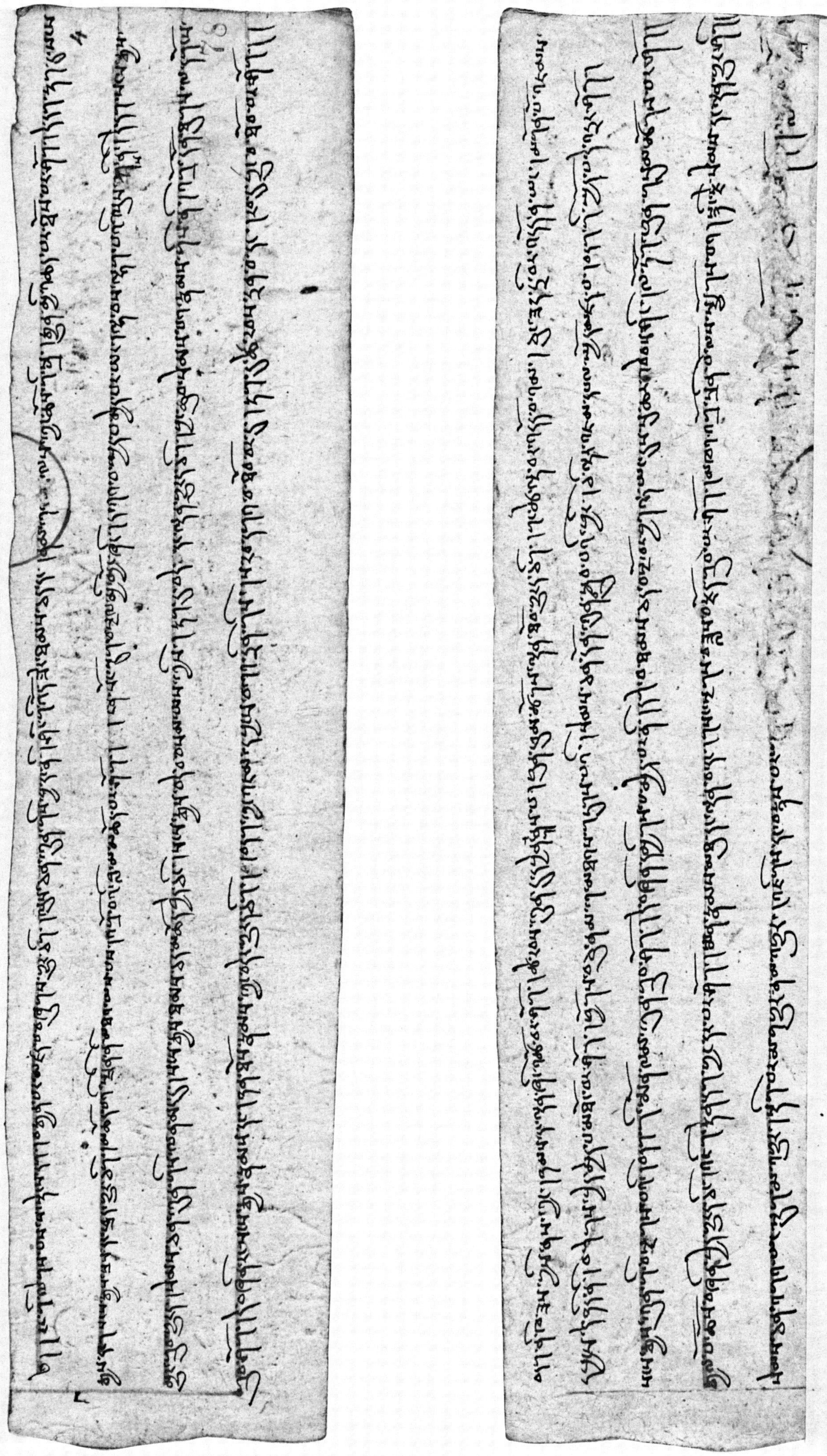

英 IOL.Tib.J.VOL.15　23.བྱང་ཆུབ་སེམས་དཔའི་སྤྱོད་པ་ལ་འཇུག་པ་ལས་ཡོངས་སུ་བསྔོ་བའི་ལེའུ་ཞེས་བྱ་བ།

23.入菩薩行論回向品　(85—79)

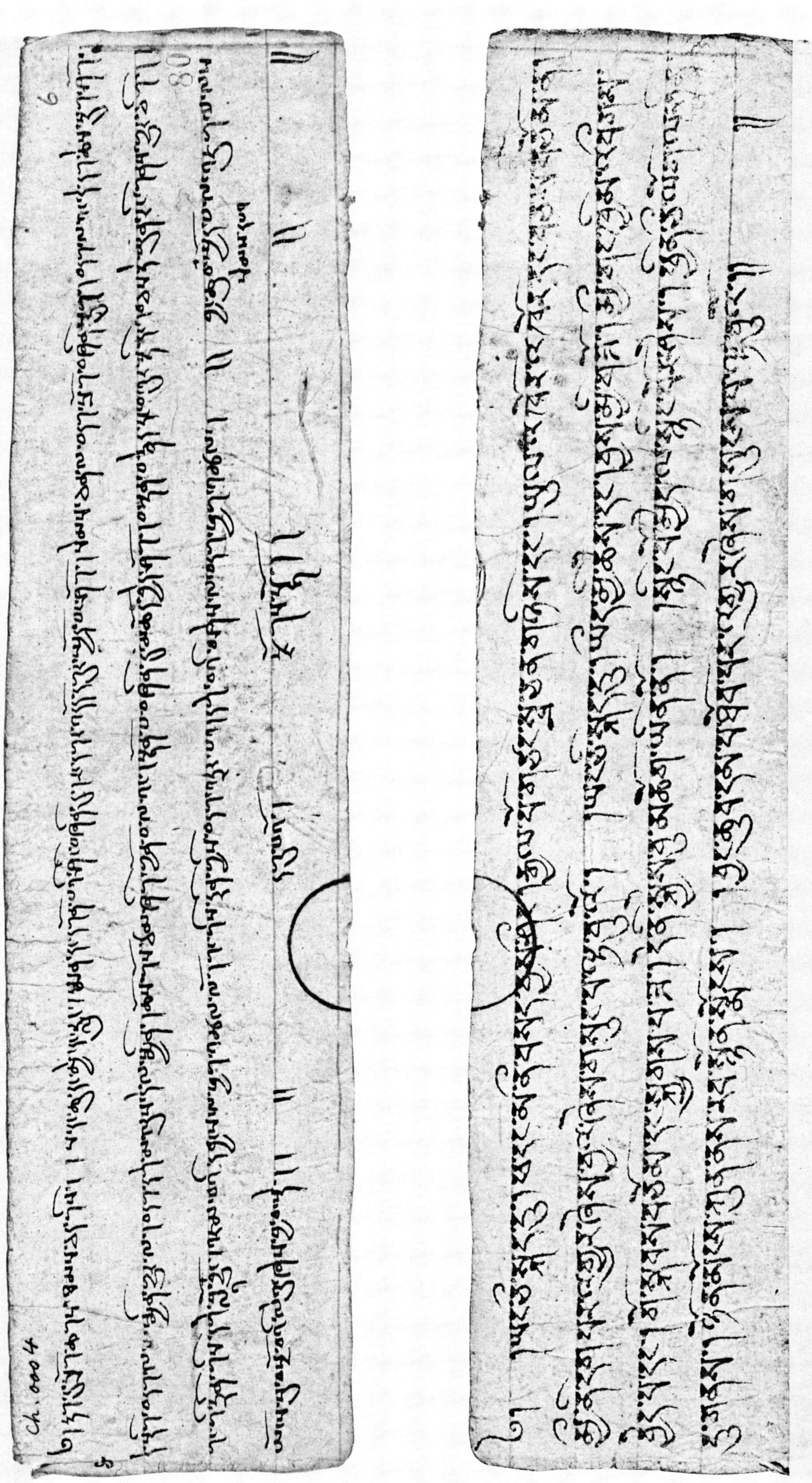

英 IOL.Tib.J.VOL.15　23.བྱང་ཆུབ་སེམས་དཔའི་སྤྱོད་པ་ལ་འཇུག་པ་ལས་ཡོངས་སུ་བསྔོ་བའི་ལེའུ་ཞེས་བྱ་བ།　24.དམ་ཆོས་ཐོར་བུ།

23.入菩薩行論回向品　24.佛經　(85—81)

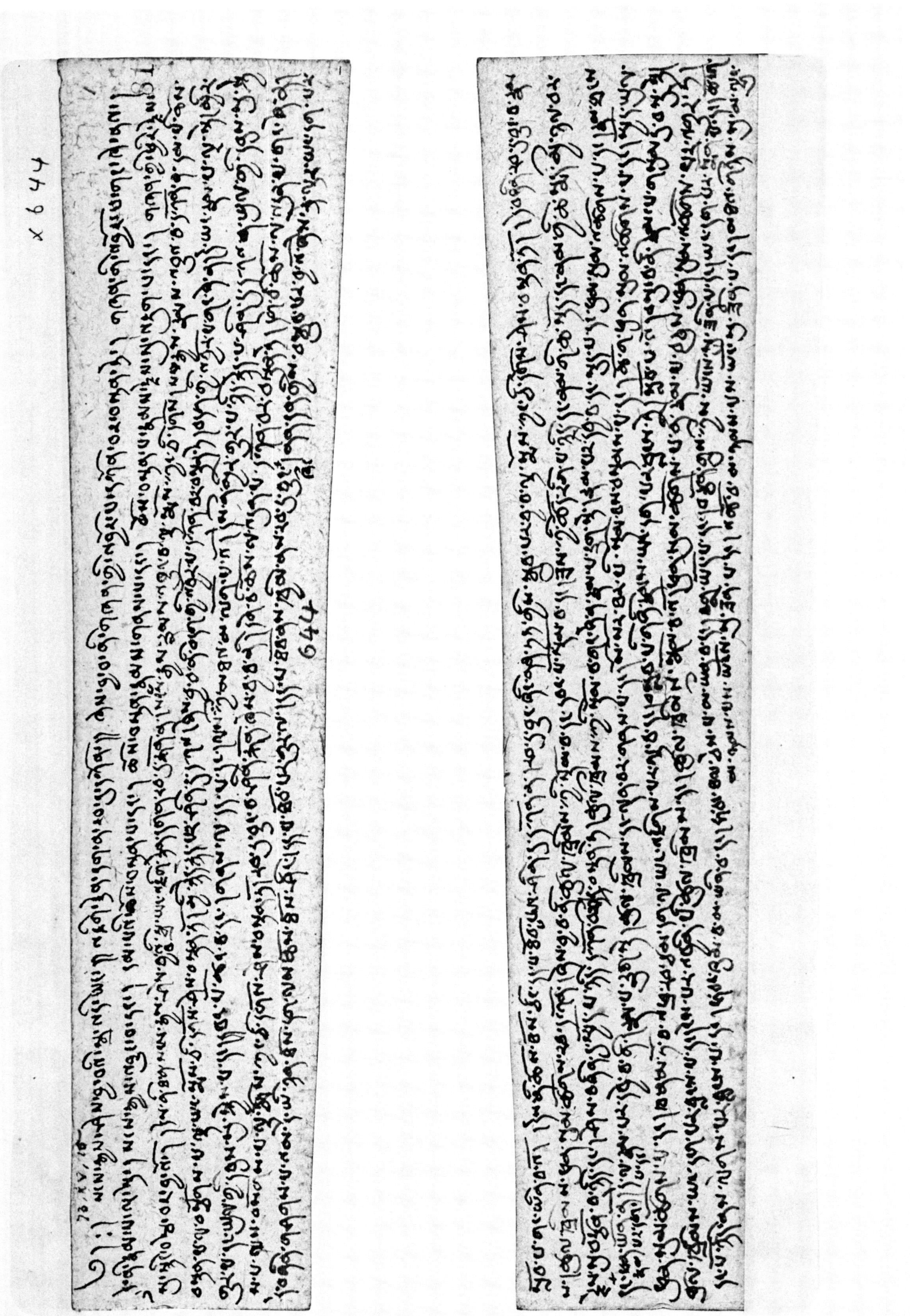

英 IOL.Tib.J.VOL.15　　25.སོ་སོར་ཐར་པའི་མདོའི་གཞུང་འགྲེལ།

25.分別解脫戒經釋　　(85—82)

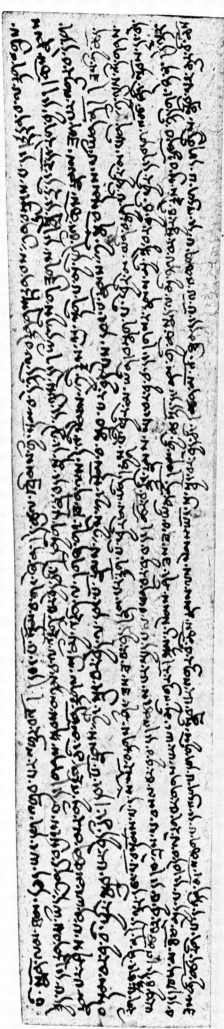

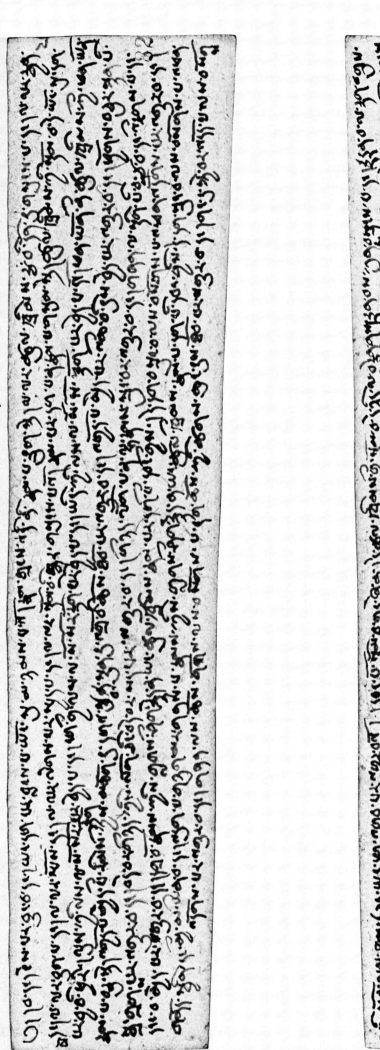

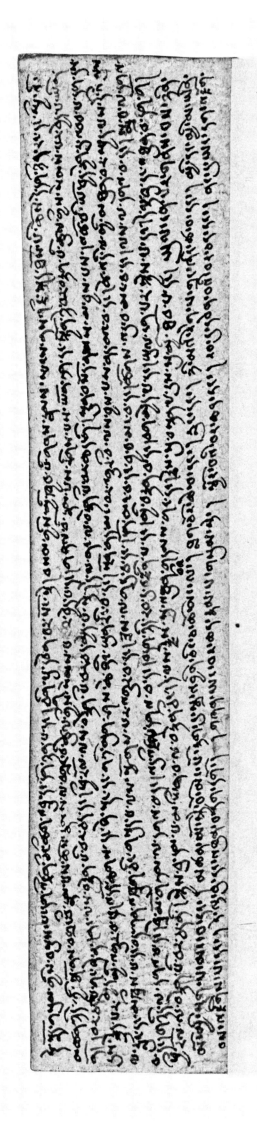

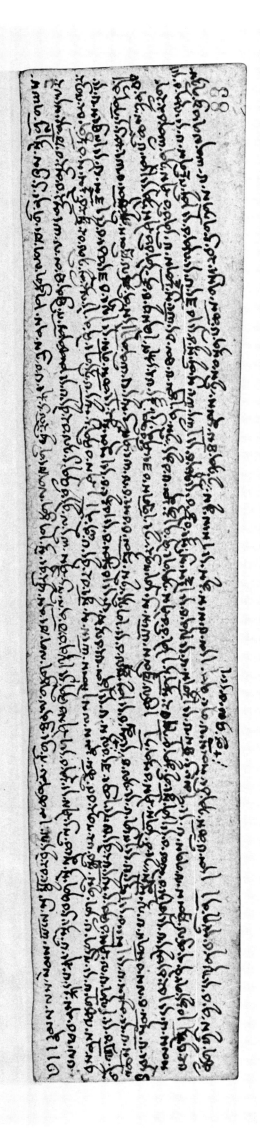

25.སོ་སོར་ཐར་པའི་མདོའི་གཞུང་འགྲེལ།

25.分別解脱戒經釋　　(85—84)

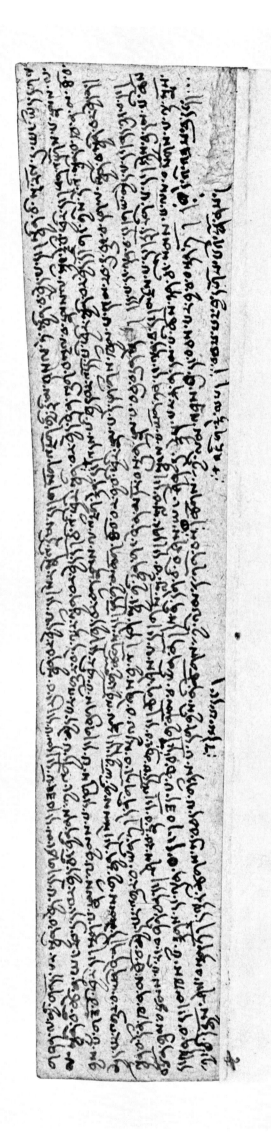

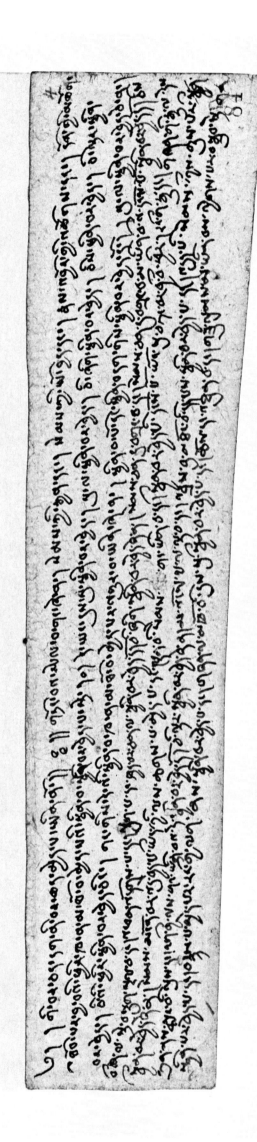

英 IOL.Tib.J.VOL.15　25.སོ་སོར་ཐར་པའི་མདོའི་གཞུང་འགྲེལ།

25.分别解脱戒经释　　(85—85)

英 IOL.Tib.J.VOL.16　　1.འཕགས་པ་བྱམས་པའི་སྨོན་ལམ་ཞེས་པའི་མཚན་བྱང་སོགས།

1. "彌勒菩薩祈願文" 等字　　(67—1)

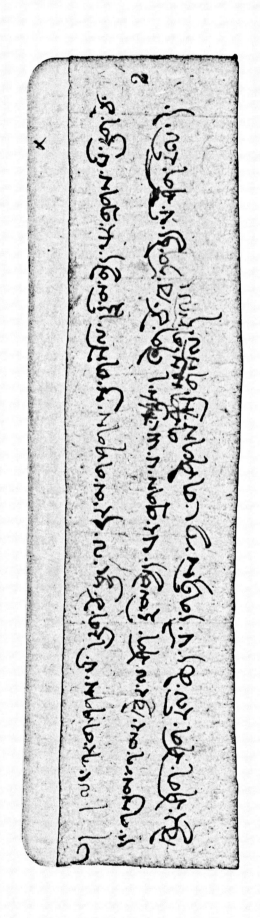

英 IOL.Tib.J.VOL.16　2. སྣེད་བསྐུར་དུ་མ་བྱ།　3.རྒྱ་ཡིག་ཚིག་འབྲུ་ལ་སཏ།

2.書函　3."德臨"等漢字雜寫　　(67—2)

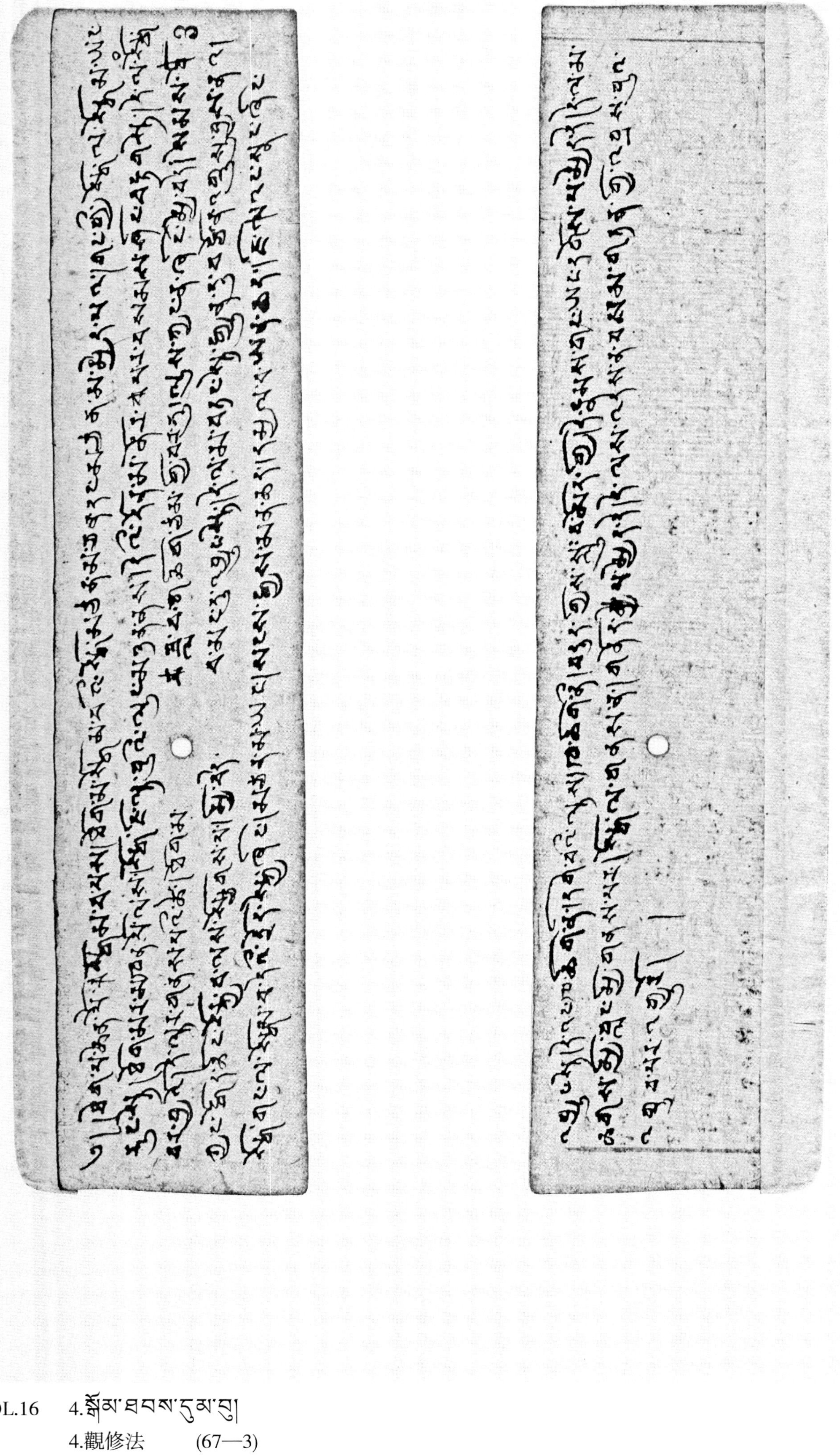

英 IOL.Tib.J.VOL.16　4.སྒོམ་ཐབས་དུམ་བུ།
4.觀修法　(67—3)

英 IOL.Tib.J.VOL.16　5.ཚེ་དཔག་དུ་མྱེད་པའི་མདོ།
5.大乘無量壽宗要經　　(67—4)

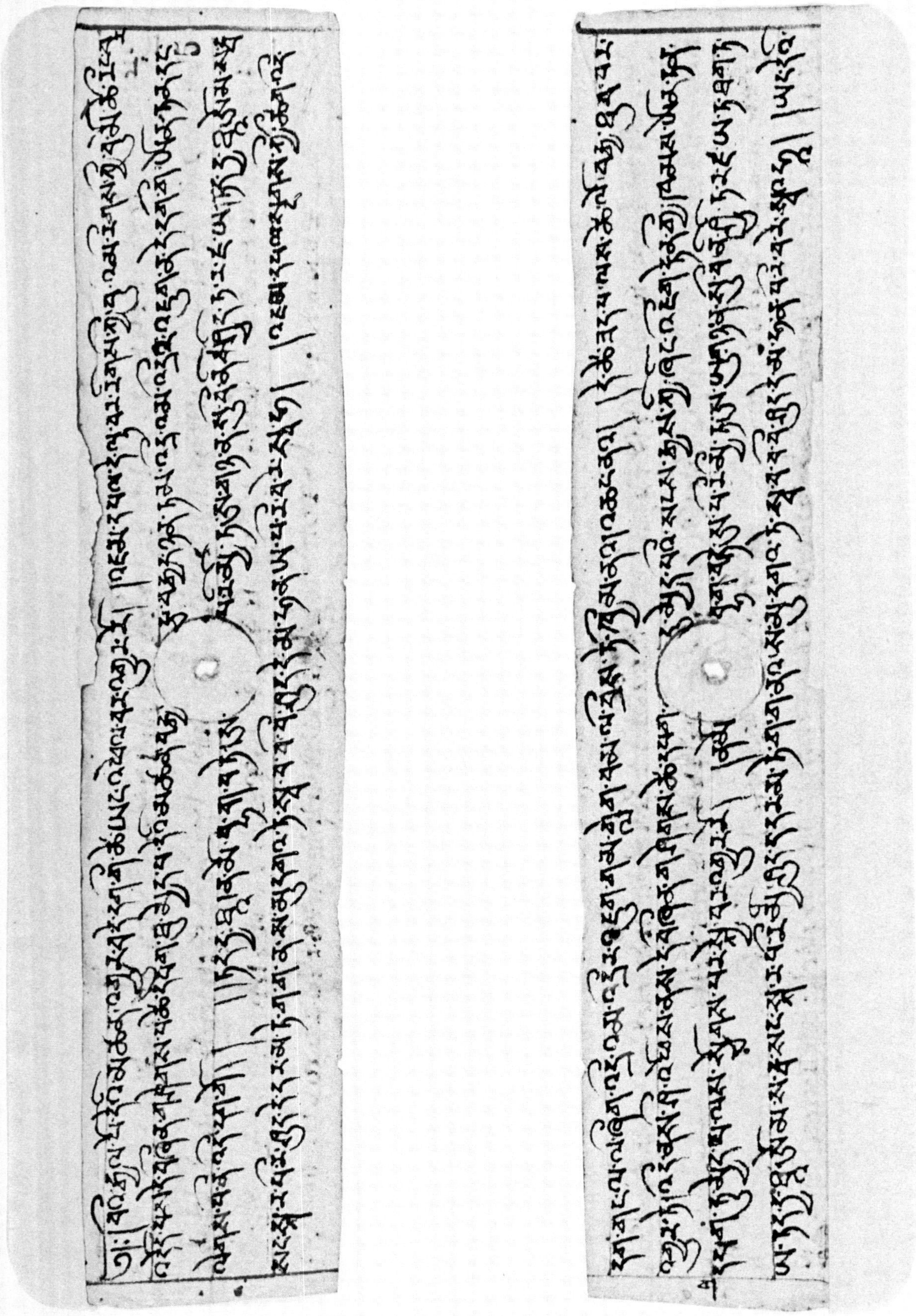

英 IOL.Tib.J.VOL.16　5.ཚེ་དཔག་དུ་མེད་པའི་མདོ།
5.大乘無量壽宗要經　(67—5)

英 IOL.Tib.J.VOL.16　　5.ཚེ་དཔག་དུ་མྱེད་པའི་མདོ།

5.大乘無量壽宗要經　　　(67—6)

英 IOL.Tib.J.VOL.16　　5.ཚེ་དཔག་དུ་མྱེད་པའི་མདོ།

5.大乘無量壽宗要經　　(67—7)

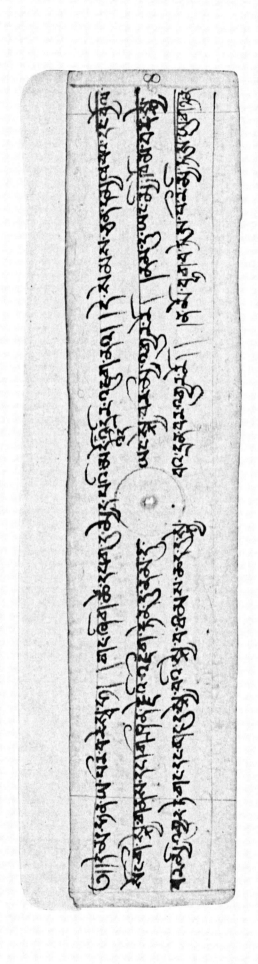

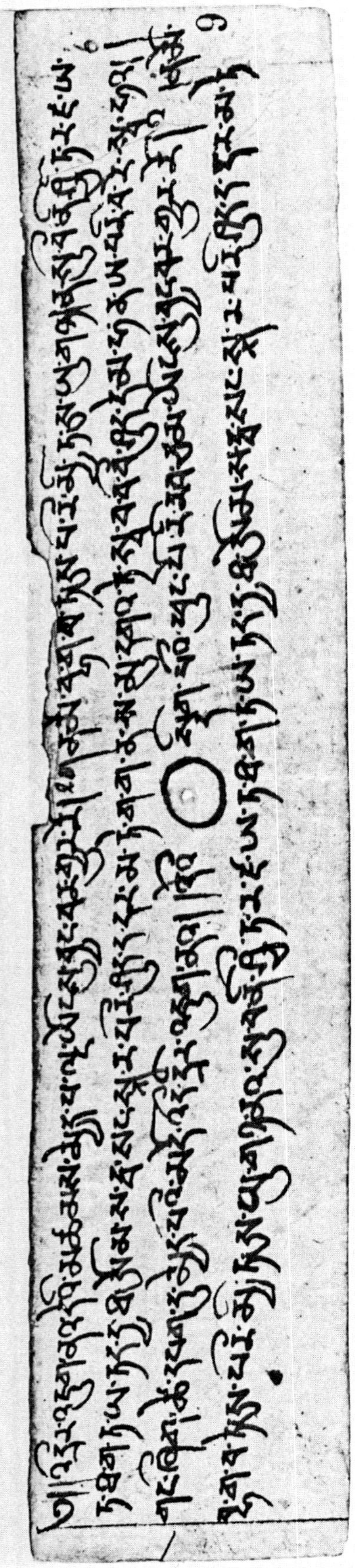

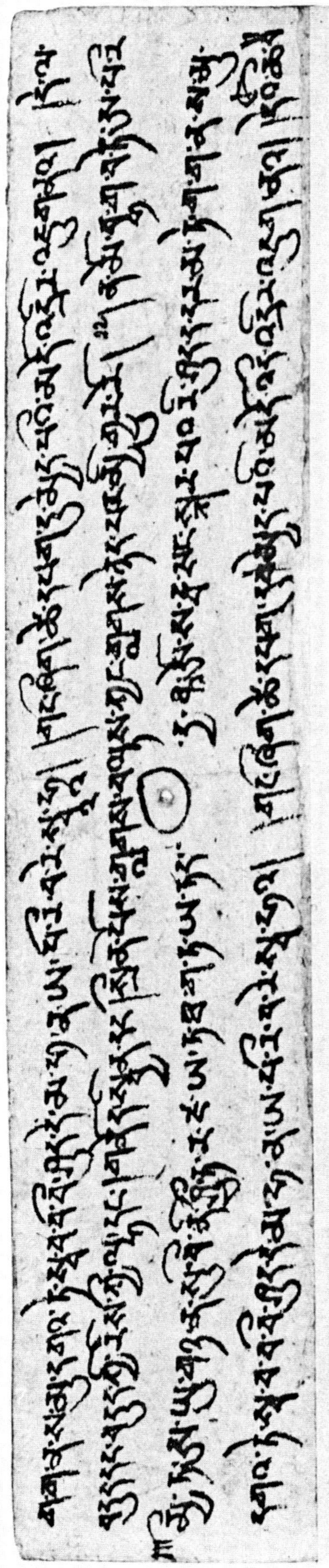

英 IOL.Tib.J.VOL.16　5.ཚེ་དཔག་ཏུ་མེད་པའི་མདོ།
5.大乘無量壽宗要經　(67—9)

英 IOL.Tib.J.VOL.16　　5.ཚེ་དཔག་དུ་མྱེད་པའི་མདོ།
　　　　　　　　　5.大乘無量壽宗要經　　　(67—10)

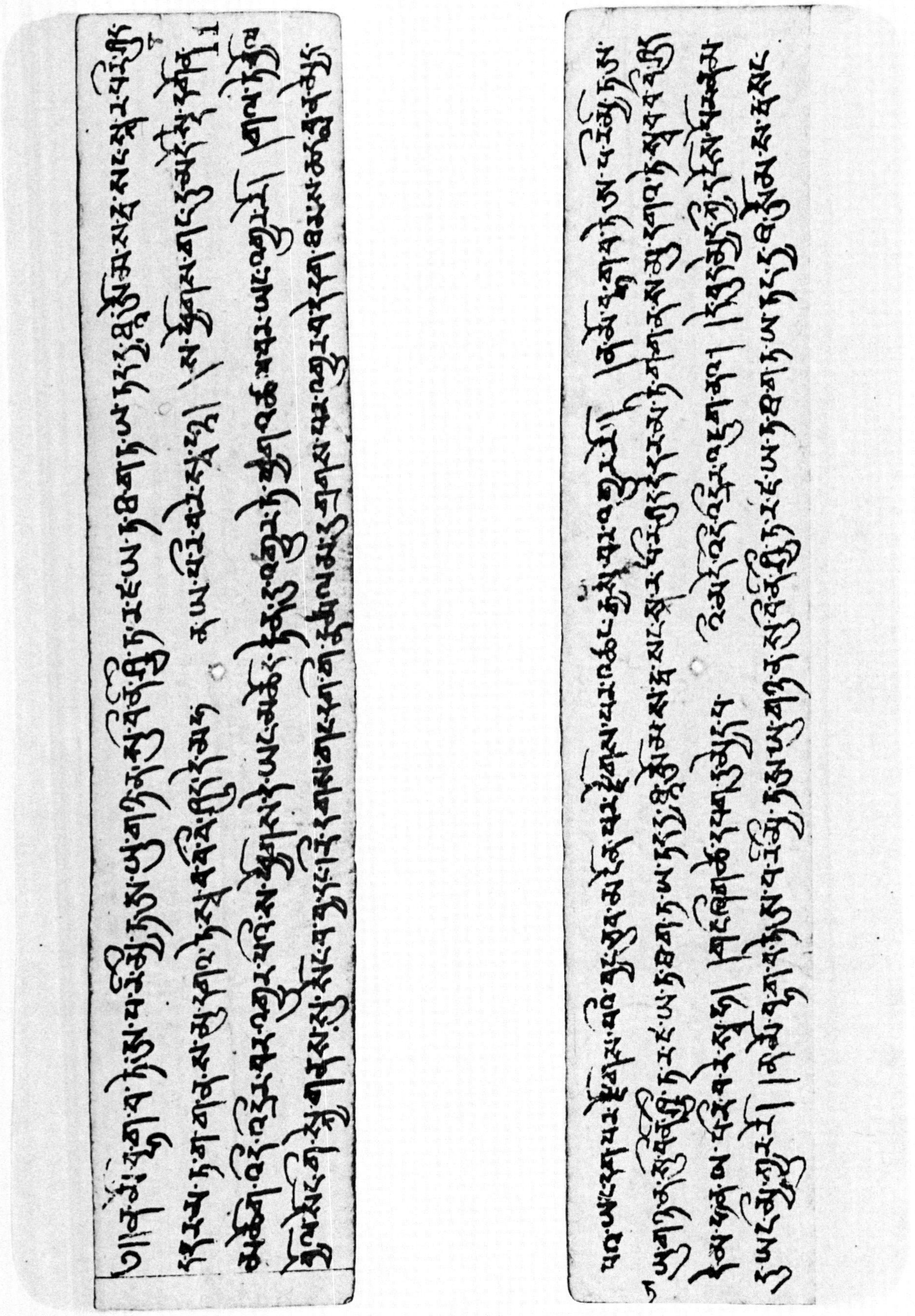

英 IOL.Tib.J.VOL.16　5.ཚེ་དཔག་དུ་མེད་པའི་མདོ།
5.大乘無量壽宗要經　(67—11)

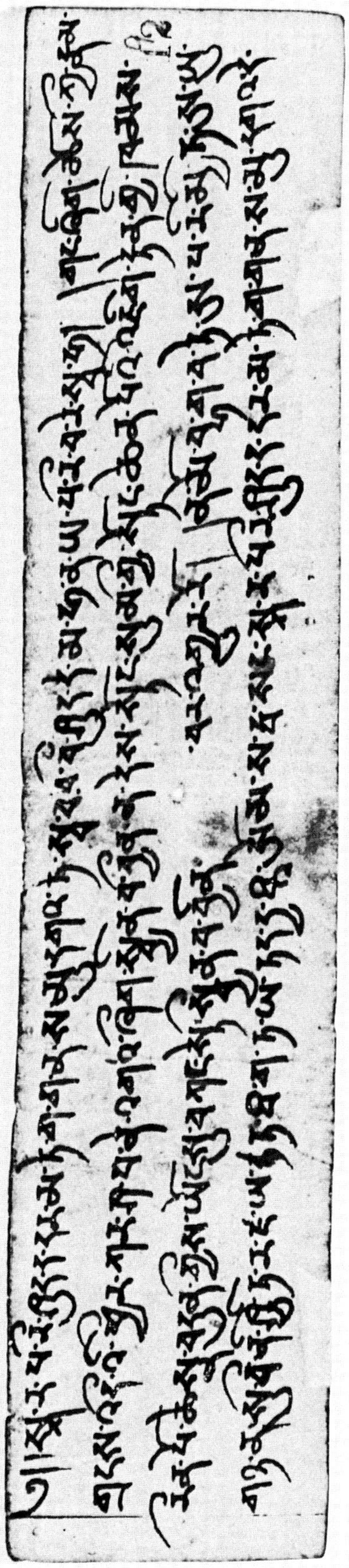

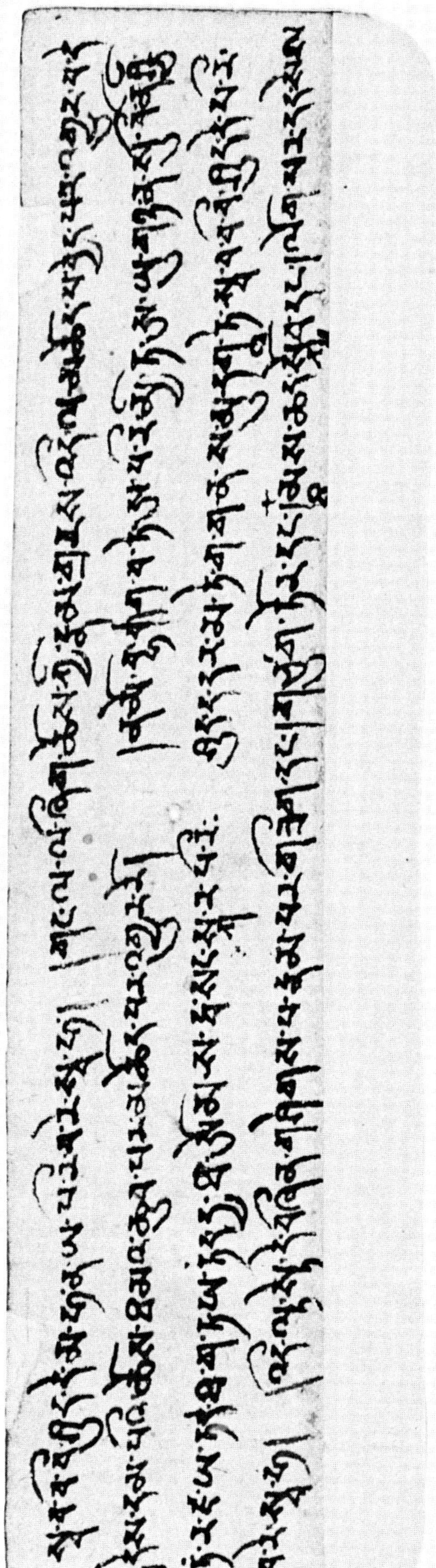

英 IOL.Tib.J.VOL.16　5.ཚེ་དཔག་དུ་མེད་པའི་མདོ།

5.大乘無量壽宗要經　(67—12)

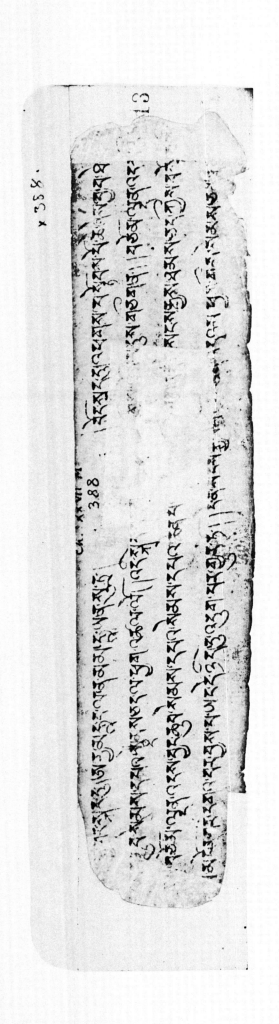

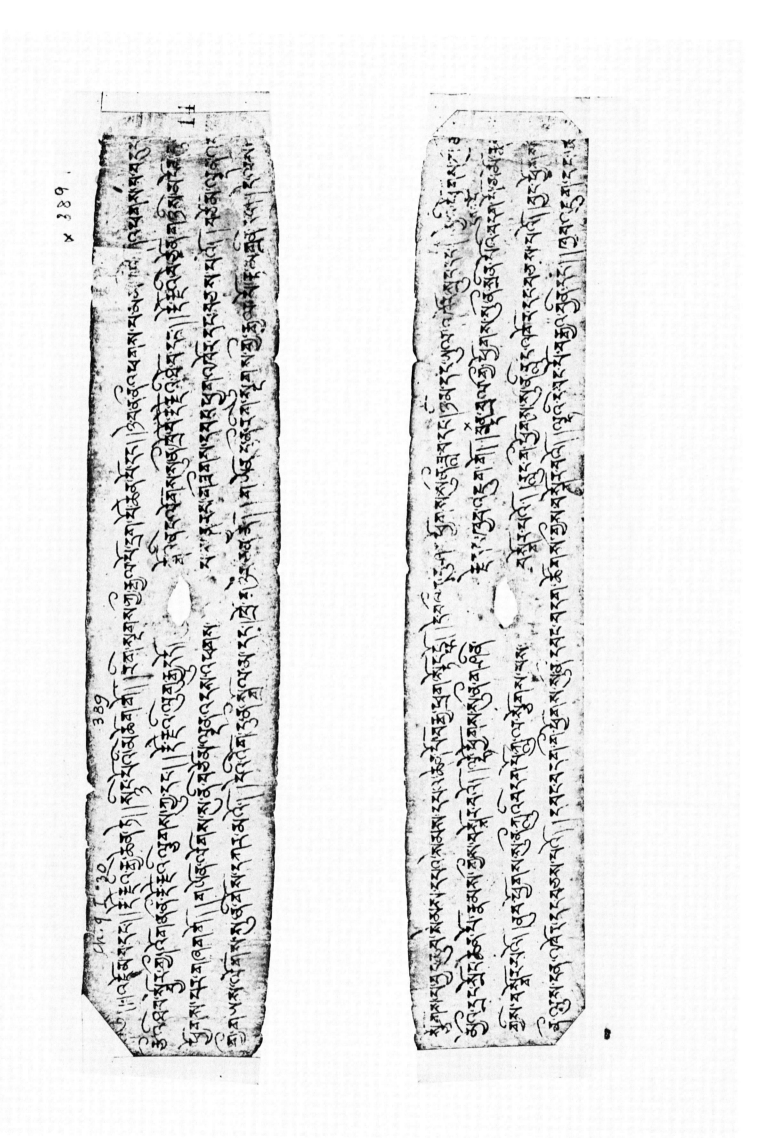

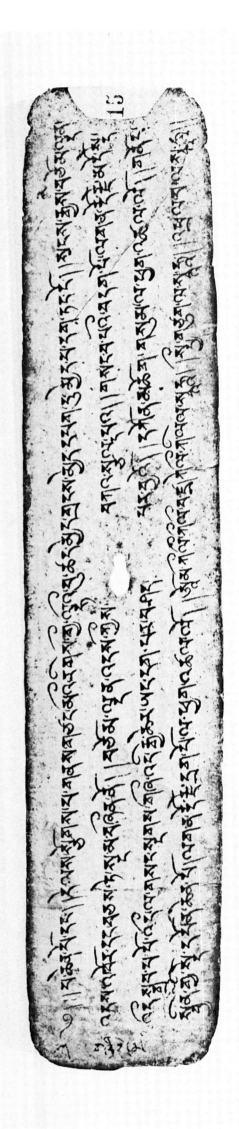

6.འཕགས་པ་སྟོབས་པོ་ཆེ་ཞེས་བྱ་བ་ཐེག་པ་ཆེན་པོའི་གཟུངས།

6.聖大力大乘陀羅尼   (67—15)

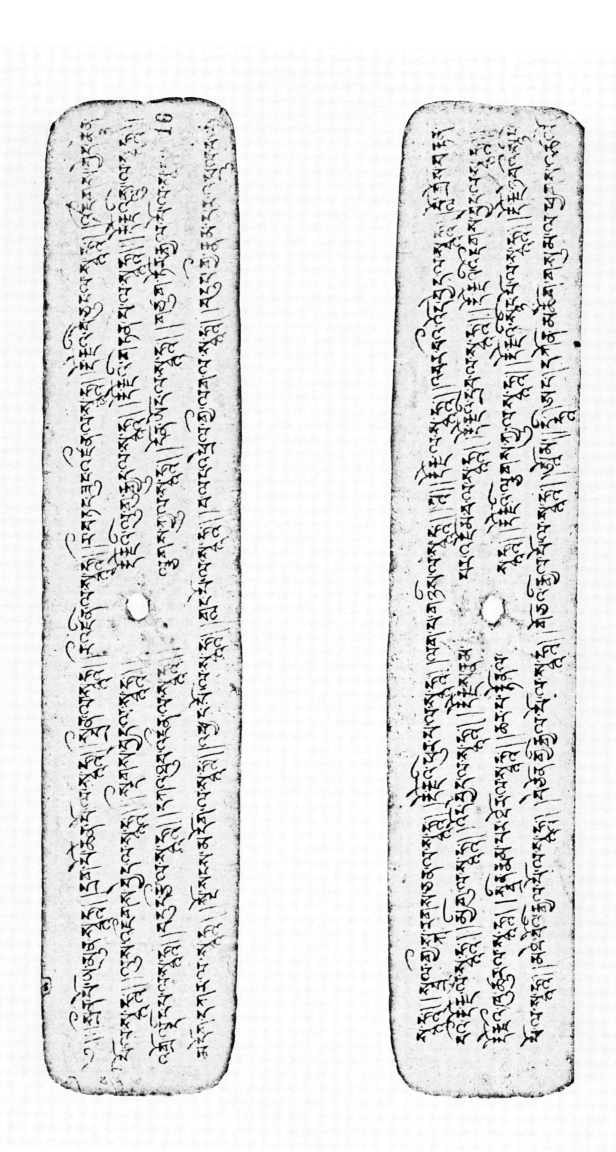

英 IOL.Tib.J.VOL.16　　6.འཕགས་པ་སྟོབས་པོ་ཆེ་ཞེས་བྱ་བ་ཐེག་པ་ཆེན་པོའི་གཟུངས།

6.聖大力大乘陀羅尼　　　(67—16)

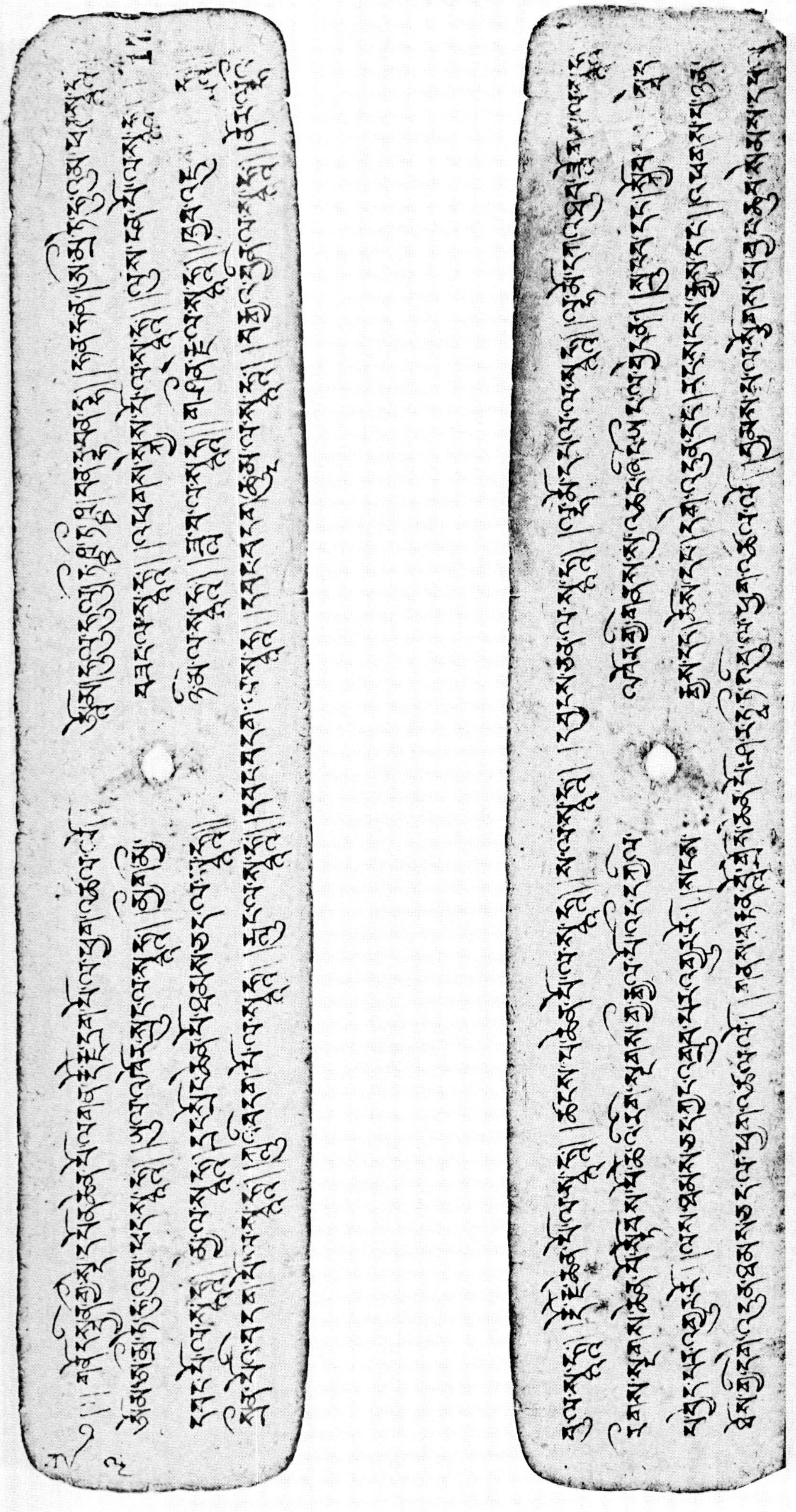

英 IOL.Tib.J.VOL.16　　6.འཕགས་པ་སྟོབས་པོ་ཆེ་ཞེས་བྱ་བ་ཐེག་པ་ཆེན་པོའི་གཟུངས།

6.聖大力大乘陀羅尼　　(67—17)

　6.འཕགས་པ་སྟོབས་པོ་ཆེ་ཞེས་བྱ་བ་ཐེག་པ་ཆེན་པོའི་གཟུངས།

6.聖大力大乘陀羅尼　　　(67—18)

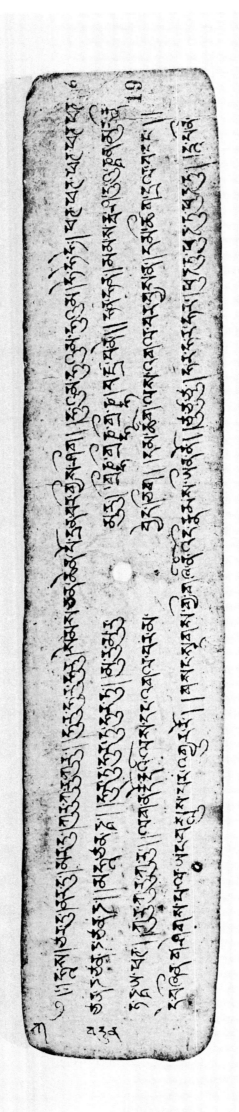

英 IOL.Tib.J.VOL.16　6.འཕགས་པ་སྟོབས་པོ་ཆེ་ཞེས་བྱ་བ་ཐེག་པ་ཆེན་པོའི་གཟུངས།

6.聖大力大乘陀羅尼　　(67—19)

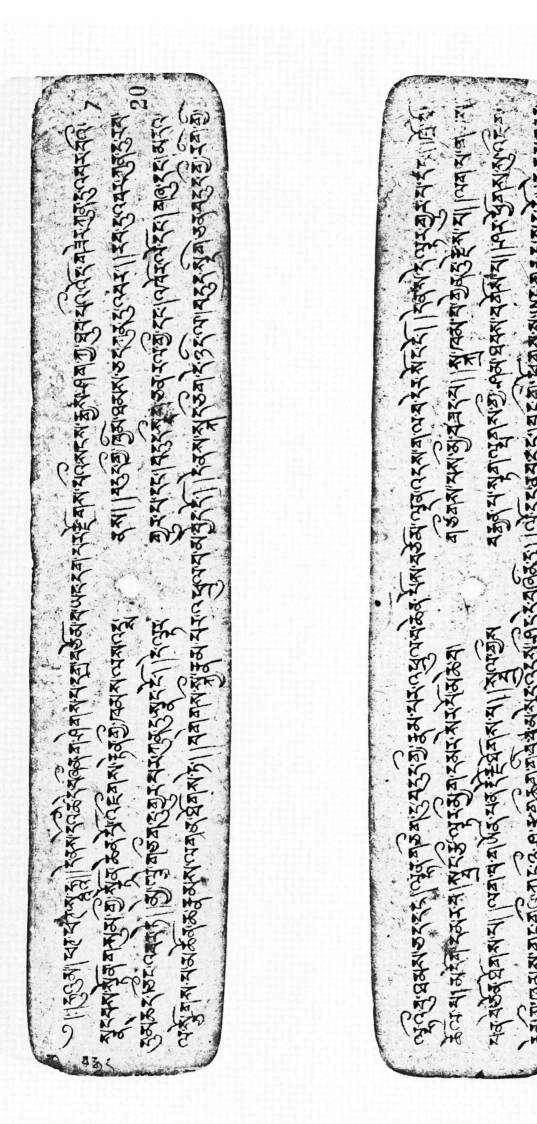

英 IOL.Tib.J.VOL.16　　6.འཕགས་པ་སྟོབས་པོ་ཆེ་ཞེས་བྱ་བ་ཐེག་པ་ཆེན་པོའི་གཟུངས།

6.聖大力大乘陀羅尼　　(67—20)

6.འཕགས་པ་སྟོབས་པོ་ཆེ་ཞེས་བྱ་བ་ཐེག་པ་ཆེན་པོའི་གཟུངས།

6.聖大力大乘陀羅尼　　　(67—21)

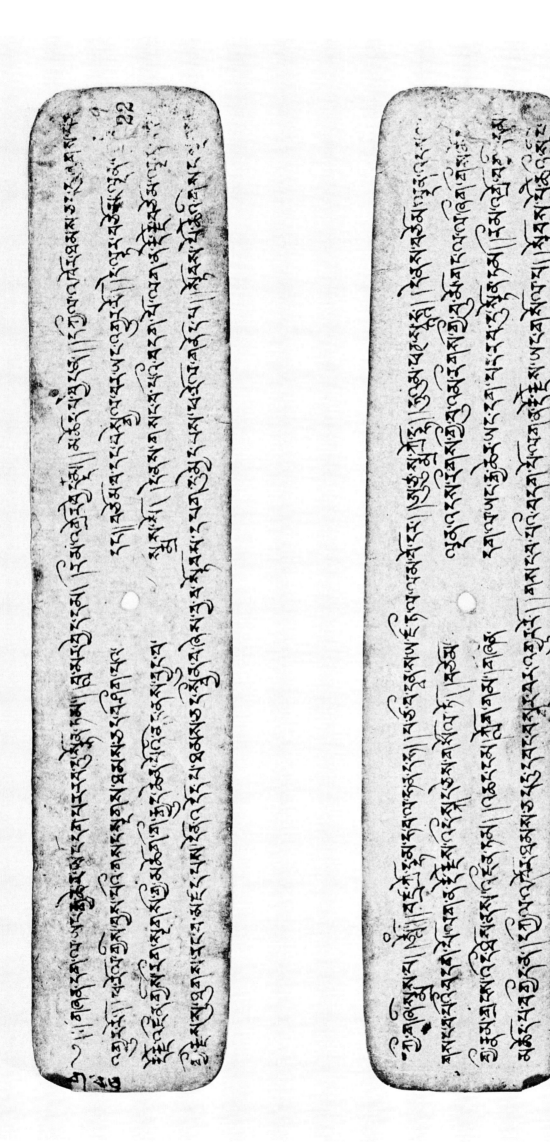

英 IOL.Tib.J.VOL.16　　6.འཕགས་པ་སྟོབས་པོ་ཆེ་ཞེས་བྱ་བ་ཐེག་པ་ཆེན་པོའི་གཟུངས།

6.聖大力大乘陀羅尼　　　(67—23)

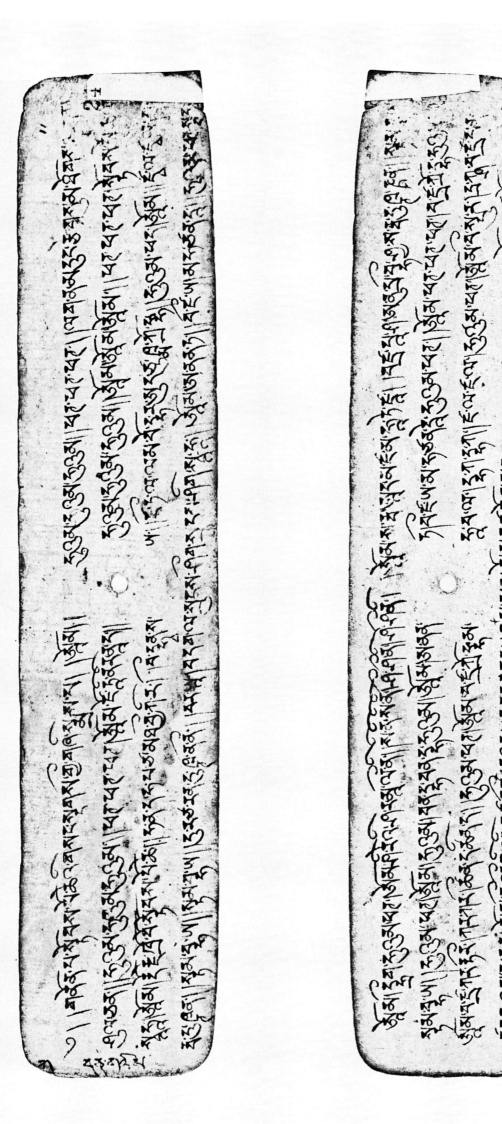

英 IOL.Tib.J.VOL.16　6.འཕགས་པ་སྟོབས་པོ་ཆེ་ཞེས་བྱ་བ་ཐེག་པ་ཆེན་པོའི་གཟུངས།

6.聖大力大乘陀羅尼　　　(67—24)

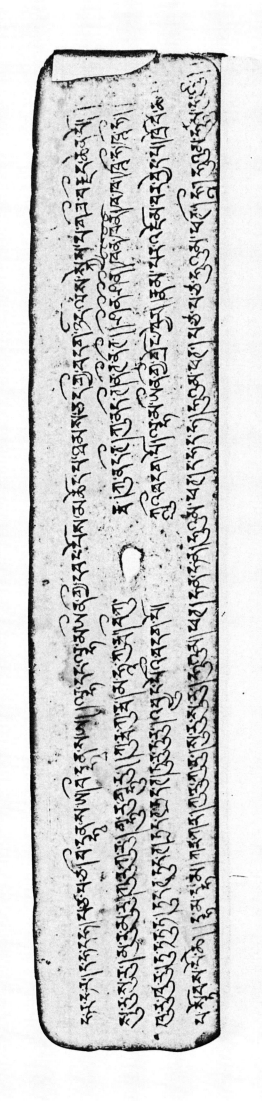

　6.འཕགས་པ་སྟོབས་པོ་ཆེ་ཞེས་བྱ་བ་ཐེག་པ་ཆེན་པོའི་གཟུངས།

6.聖大力大乘陀羅尼　　(67—25)

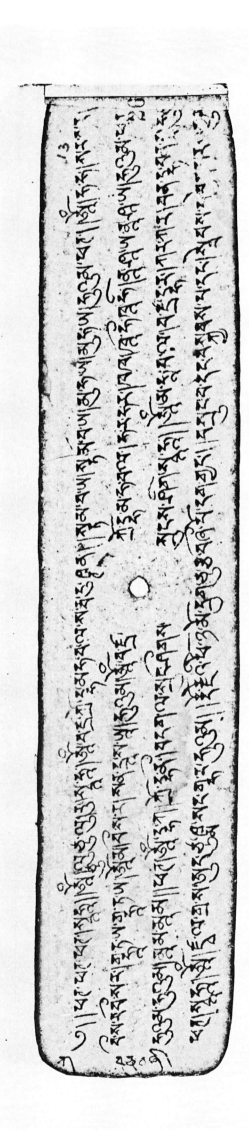

英 IOL.Tib.J.VOL.16　　6.འཕགས་པ་སྟོབས་པོ་ཆེ་ཞེས་བྱ་བ་ཐེག་པ་ཆེན་པོའི་གཟུངས།

　　　　　　　　6.聖大力大乘陀羅尼　　　(67—26)

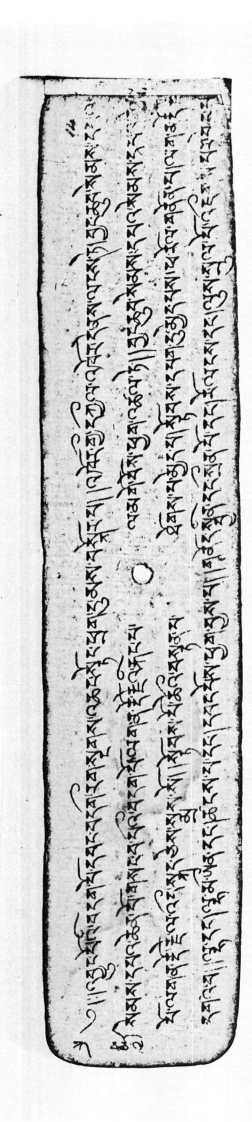
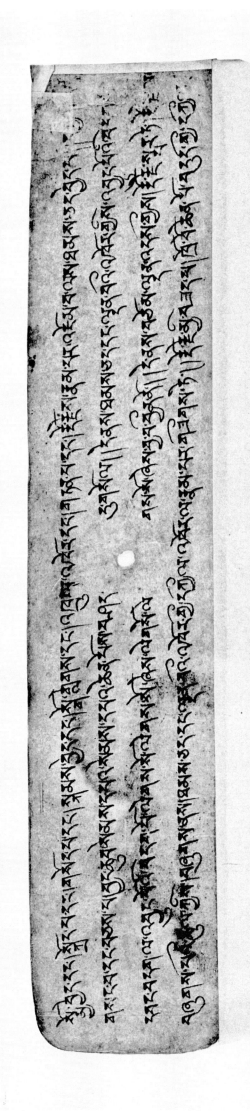

英 IOL.Tib.J.VOL.16　6.འཕགས་པ་སྟོབས་པོ་ཆེ་ཞེས་བྱ་བ་ཐེག་པ་ཆེན་པོའི་གཟུངས།

6.聖大力大乘陀羅尼　　　(67—27)

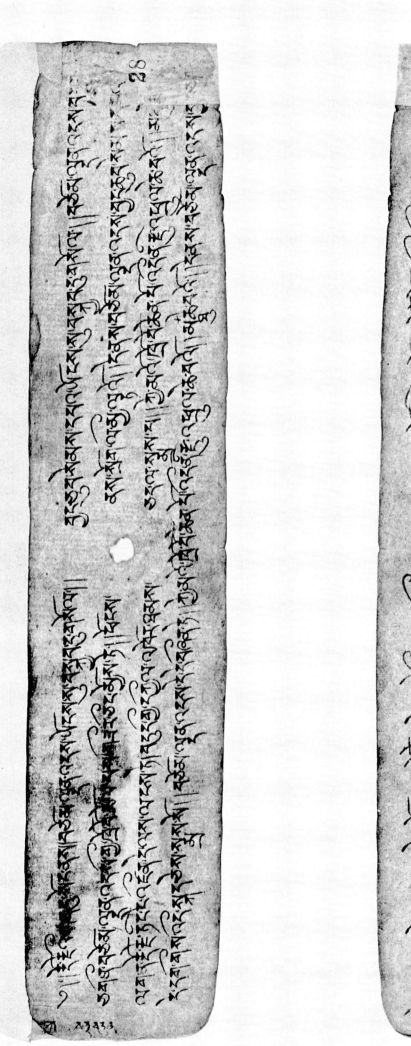

英 IOL.Tib.J.VOL.16　6.འཕགས་པ་སྟོབས་པོ་ཆེ་ཞེས་བྱ་བ་ཐེག་པ་ཆེན་པོའི་གཟུངས།

6.聖大力大乘陀羅尼　　(67—28)

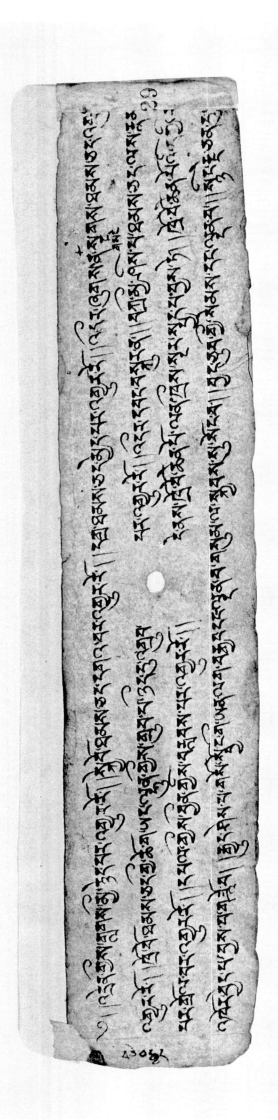

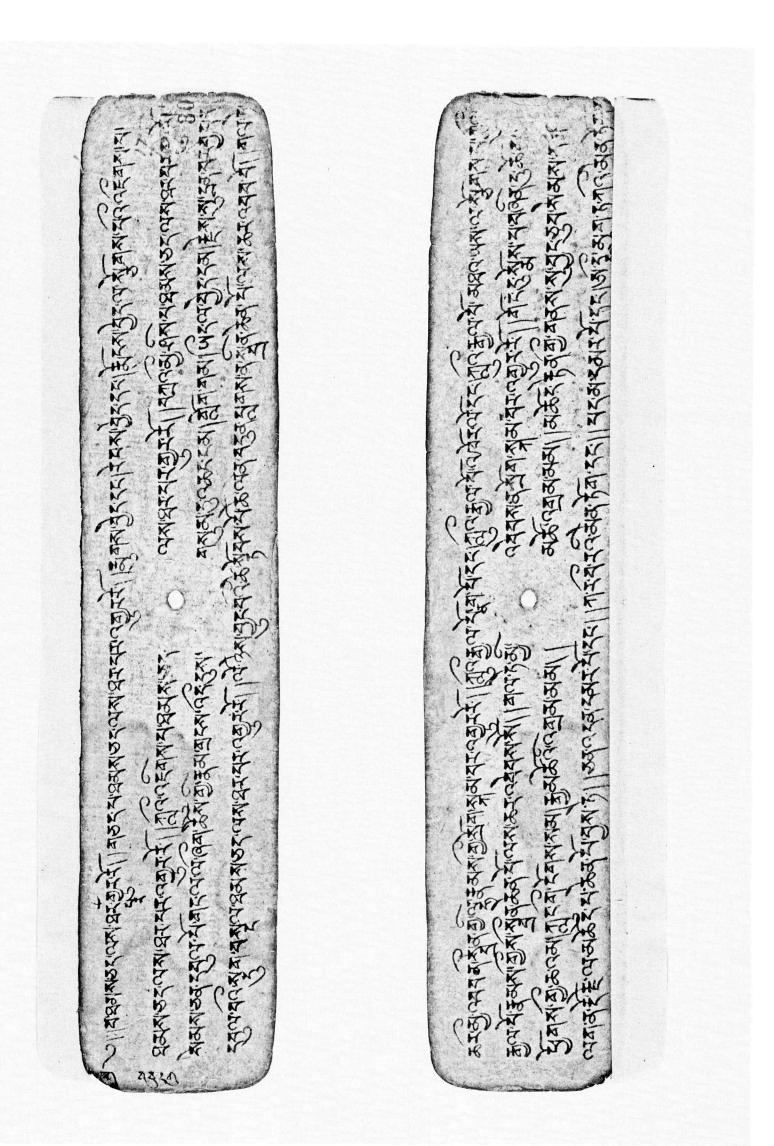

英 IOL.Tib.J.VOL.16　　6.འཕགས་པ་སྟོབས་པོ་ཆེ་ཞེས་བྱ་བ་ཐེག་པ་ཆེན་པོའི་གཟུངས།

6.聖大力大乘陀羅尼　　　(67—30)

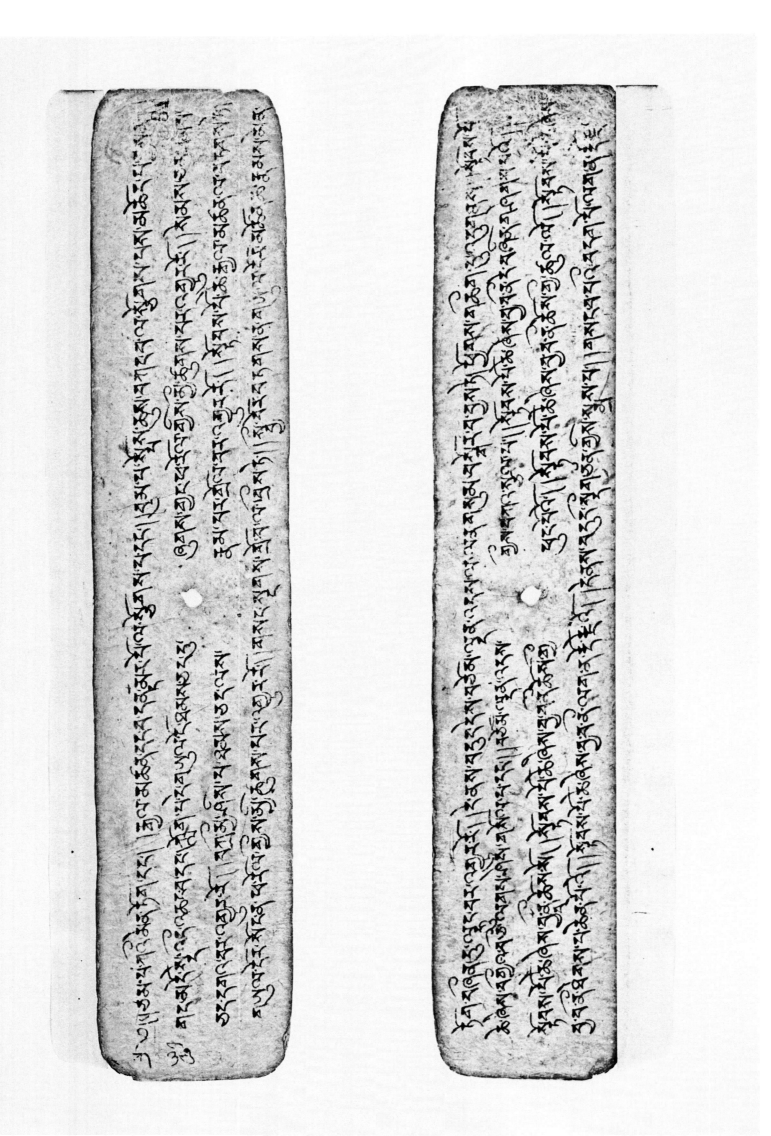

英 IOL.Tib.J.VOL.16　　6.འཕགས་པ་སྟོབས་པོ་ཆེ་ཞེས་བྱ་བ་ཐེག་པ་ཆེན་པོའི་གཟུངས།

6.聖大力大乘陀羅尼　　　(67—31)

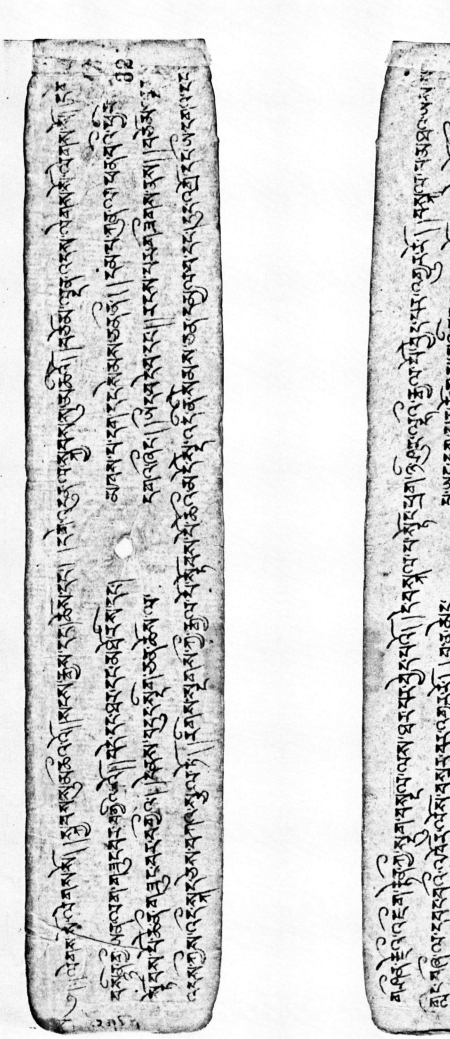

英 IOL.Tib.J.VOL.16　　6.འཕགས་པ་སྟོབས་པོ་ཆེ་ཞེས་བྱ་བ་ཐེག་པ་ཆེན་པོའི་གཟུངས།

6.聖大力大乘陀羅尼　　　(67—32)

6.འཕགས་པ་སྟོབས་པོ་ཆེ་ཞེས་བྱ་བ་ཐེག་པ་ཆེན་པོའི་གཟུངས།

6.聖大力大乘陀羅尼　　　(67—33)

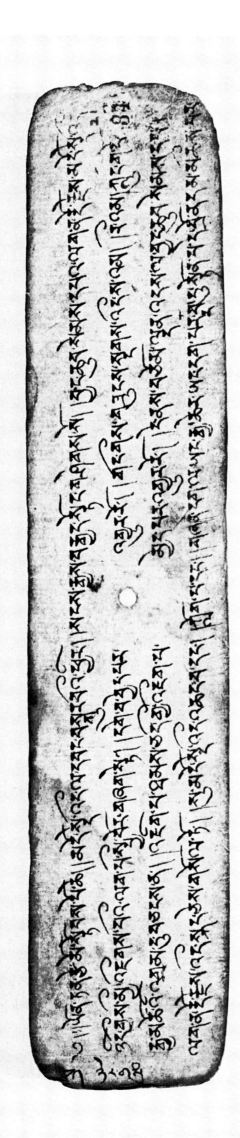

英 IOL.Tib.J.VOL.16　　6.འཕགས་པ་སྟོབས་པོ་ཆེ་ཞེས་བྱ་བ་ཐེག་པ་ཆེན་པོའི་གཟུངས།

6.聖大力大乘陀羅尼　　(67—34)

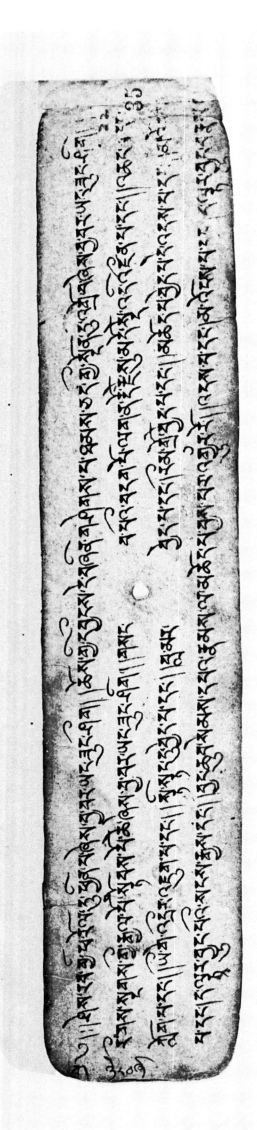

英 IOL.Tib.J.VOL.16　　6.འཕགས་པ་སྟོབས་པོ་ཆེ་ཞེས་བྱ་བ་ཐེག་པ་ཆེན་པོའི་གཟུངས།

6.聖大力大乗陀羅尼　　　(67—35)

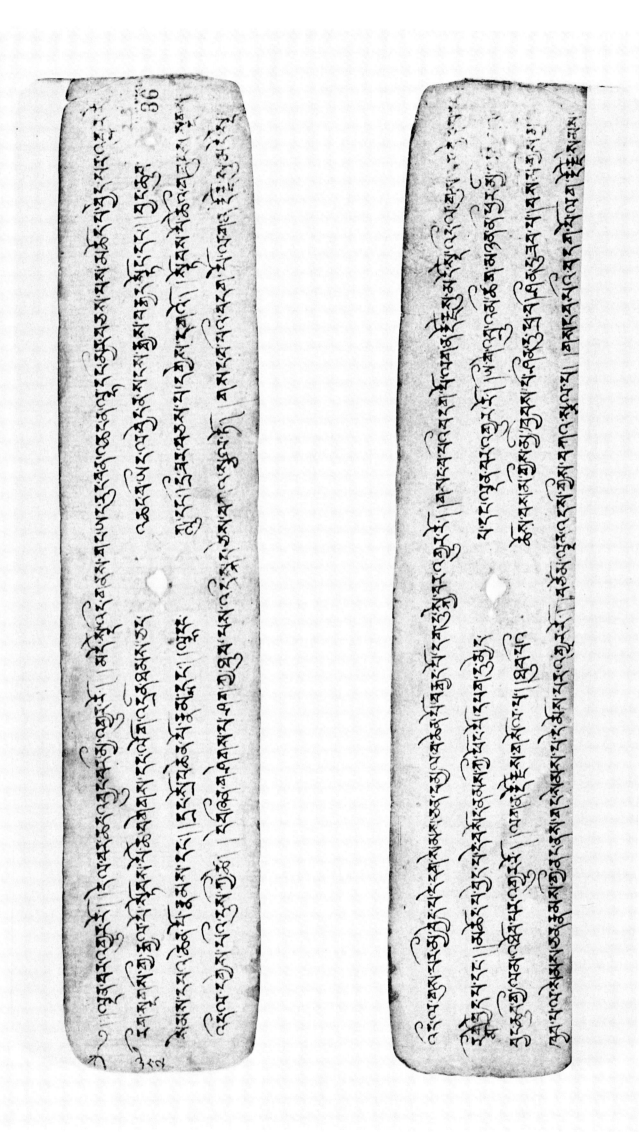

英 IOL.Tib.J.VOL.16　6.འཕགས་པ་སྟོབས་པོ་ཆེ་ཞེས་བྱ་བ་ཐེག་པ་ཆེན་པོའི་གཟུངས།

6.聖大力大乘陀羅尼　　(67—36)

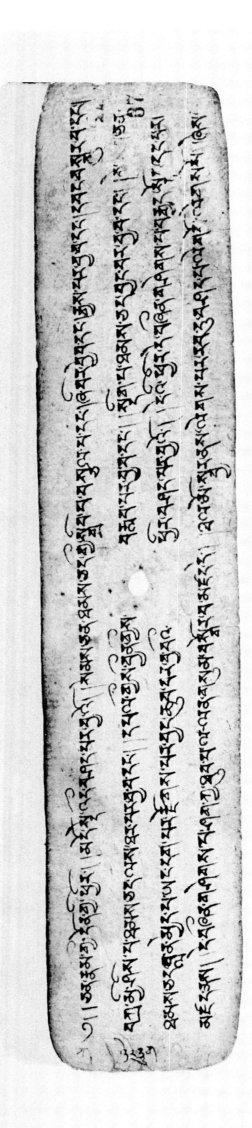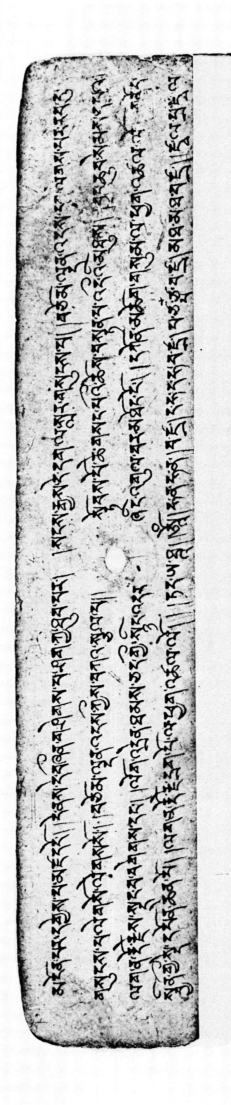

英 IOL.Tib.J.VOL.16　　6.འཕགས་པ་སྟོབས་པོ་ཆེ་ཞེས་བྱ་བ་ཐེག་པ་ཆེན་པོའི་གཟུངས།
　　　　　　　　　　　6.聖大力大乘陀羅尼　　　　(67—37)

122

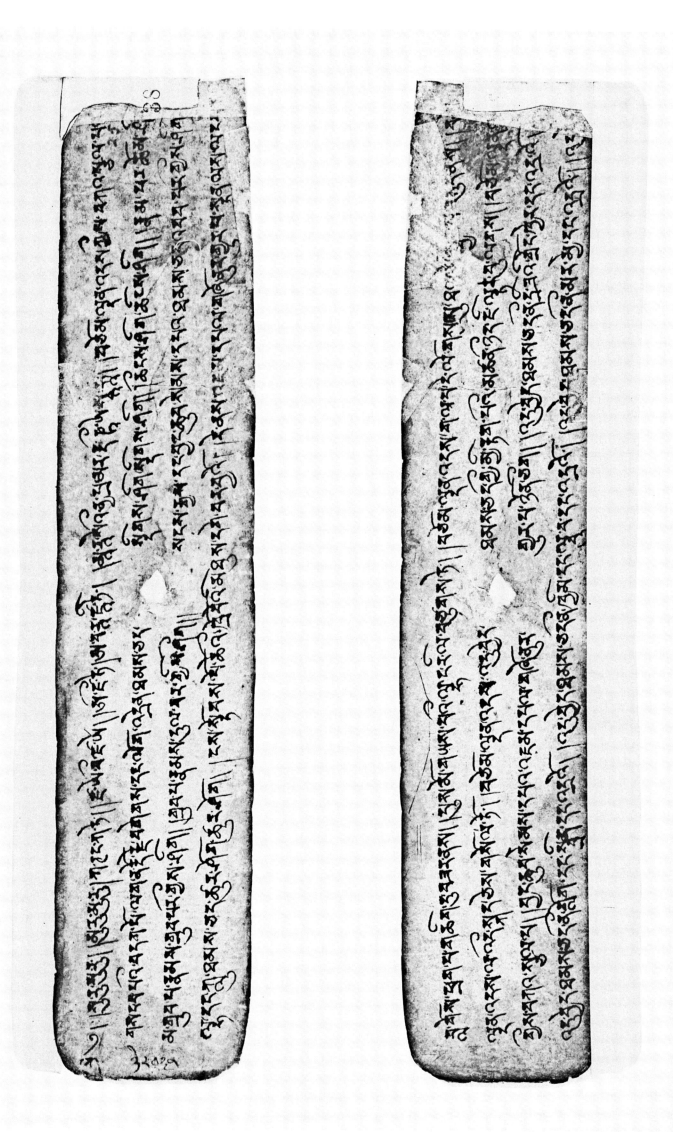

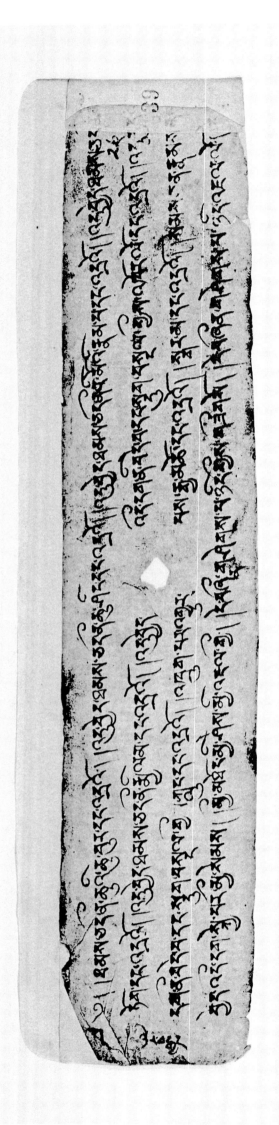
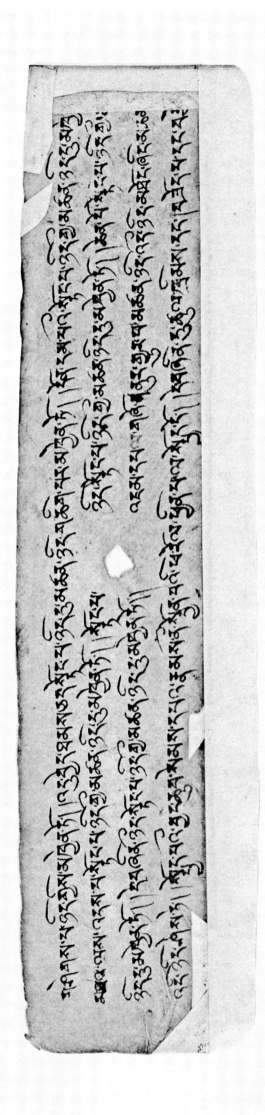

英 IOL.Tib.J.VOL.16　　6.འཕགས་པ་སྟོབས་པོ་ཆེ་ཞེས་བྱ་བ་ཐེག་པ་ཆེན་པོའི་གཟུངས།

6.聖大力大乘陀羅尼　　　(67—39)

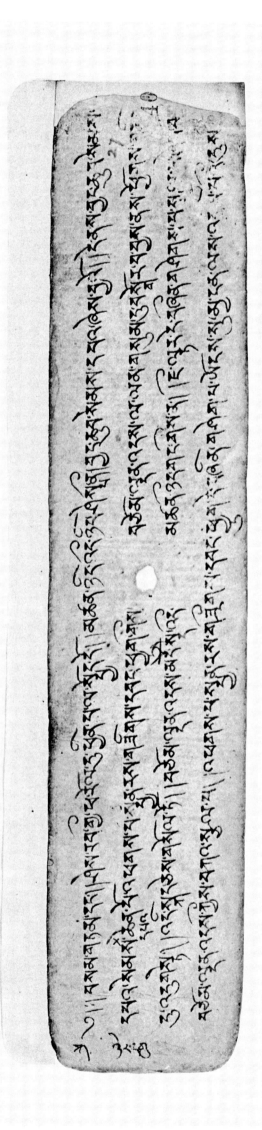

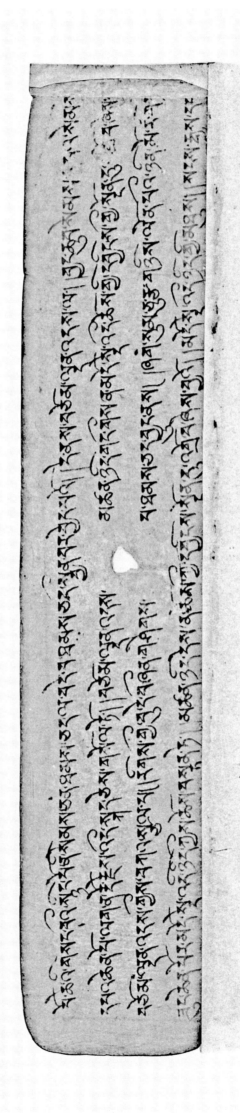

英 IOL.Tib.J.VOL.16　6.འཕགས་པ་སྟོབས་པོ་ཆེ་ཞེས་བྱ་བ་ཐེག་པ་ཆེན་པོའི་གཟུངས།

6.聖大力大乘陀羅尼　　　(67—41)

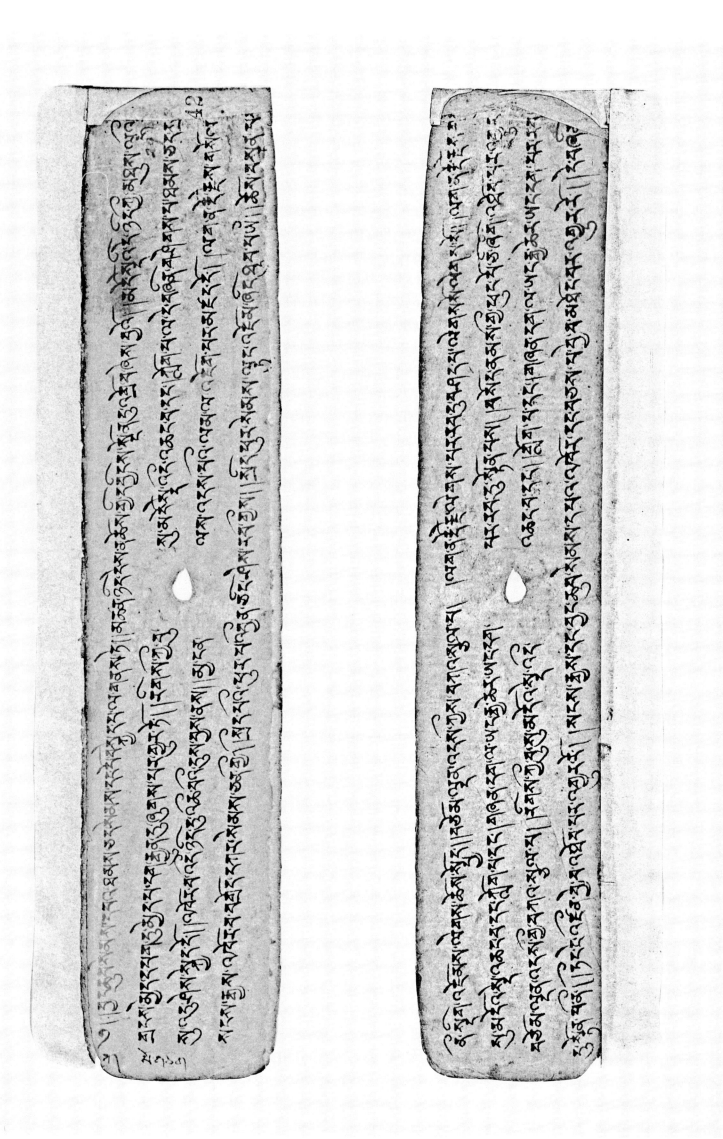

英 IOL.Tib.J.VOL.16　6.འཕགས་པ་སྟོབས་པོ་ཆེ་ཞེས་བྱ་བ་ཐེག་པ་ཆེན་པོའི་གཟུངས།

6.聖大力大乘陀羅尼　　(67—42)

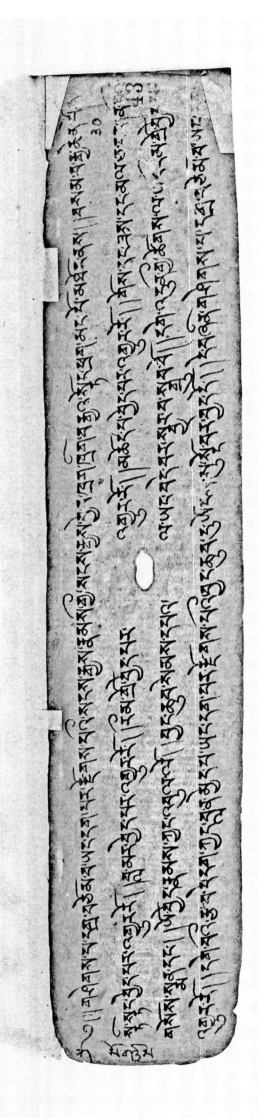
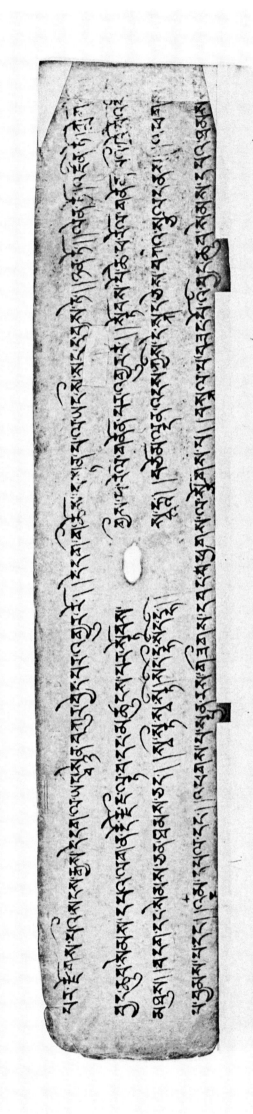

6.འཕགས་པ་སྟོབས་པོ་ཆེ་ཞེས་བྱ་བ་ཐེག་པ་ཆེན་པོའི་གཟུངས།

6.聖大力大乘陀羅尼 　　(67—43)

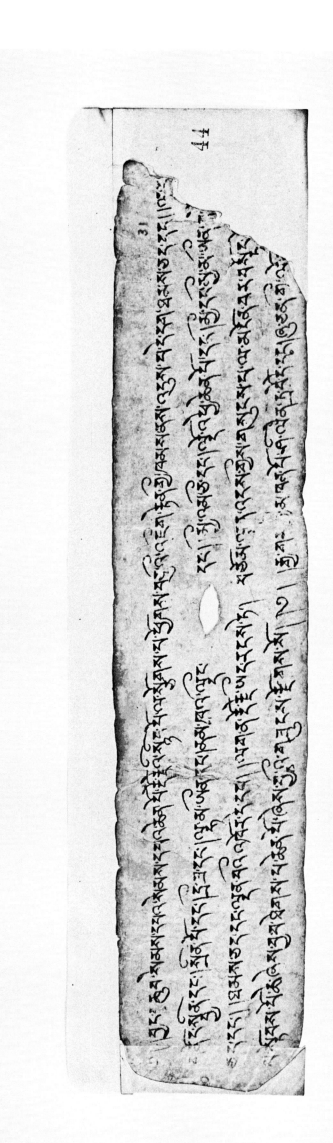

英 IOL.Tib.J.VOL.16　　6.འཕགས་པ་སྟོབས་པོ་ཆེ་ཞེས་བྱ་བ་ཐེག་པ་ཆེན་པོའི་གཟུངས།

6.聖大力大乘陀羅尼　　　　(67—44)

英 IOL.Tib.J.VOL.16　　7. རྡོ་རྗེའི་མཁའ་ཞེས་བྱ་བ།

7.金剛喙　　　(67—45)

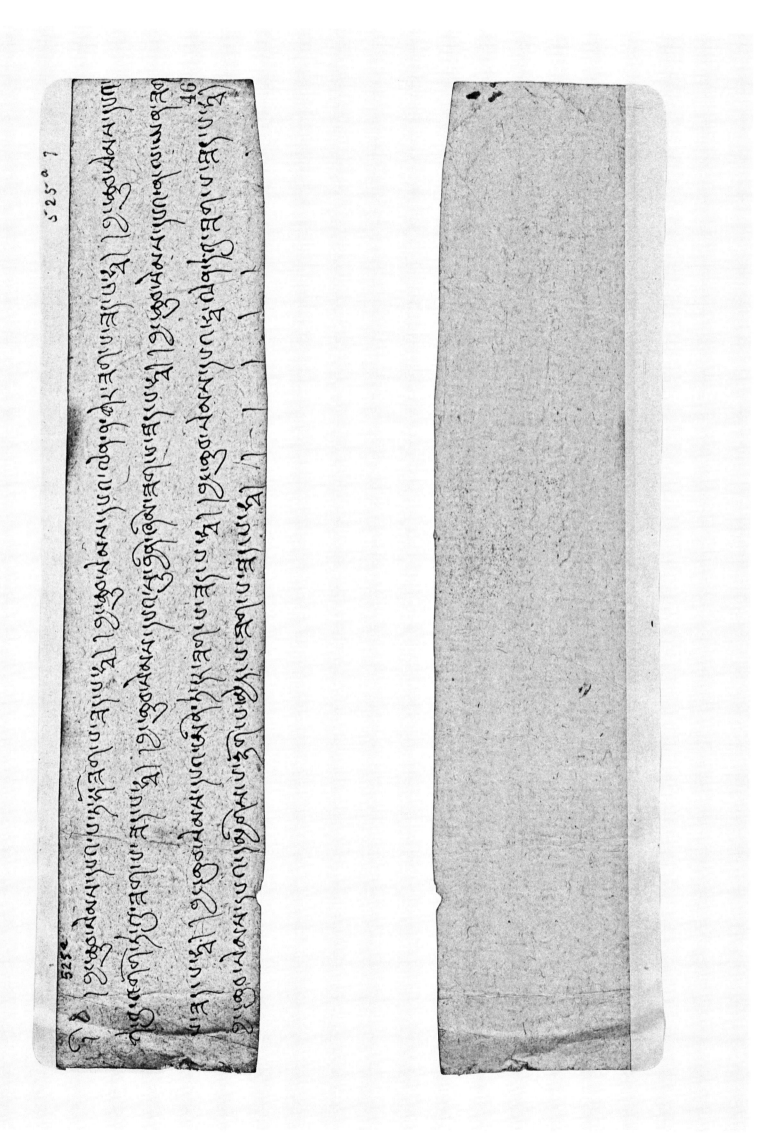

英 IOL.Tib.J.VOL.16　　8.གནམ་ས་སྣང་བརྒྱད།
　　　　　　　　　　8.佛説天地八陽神咒經　　(67—46)

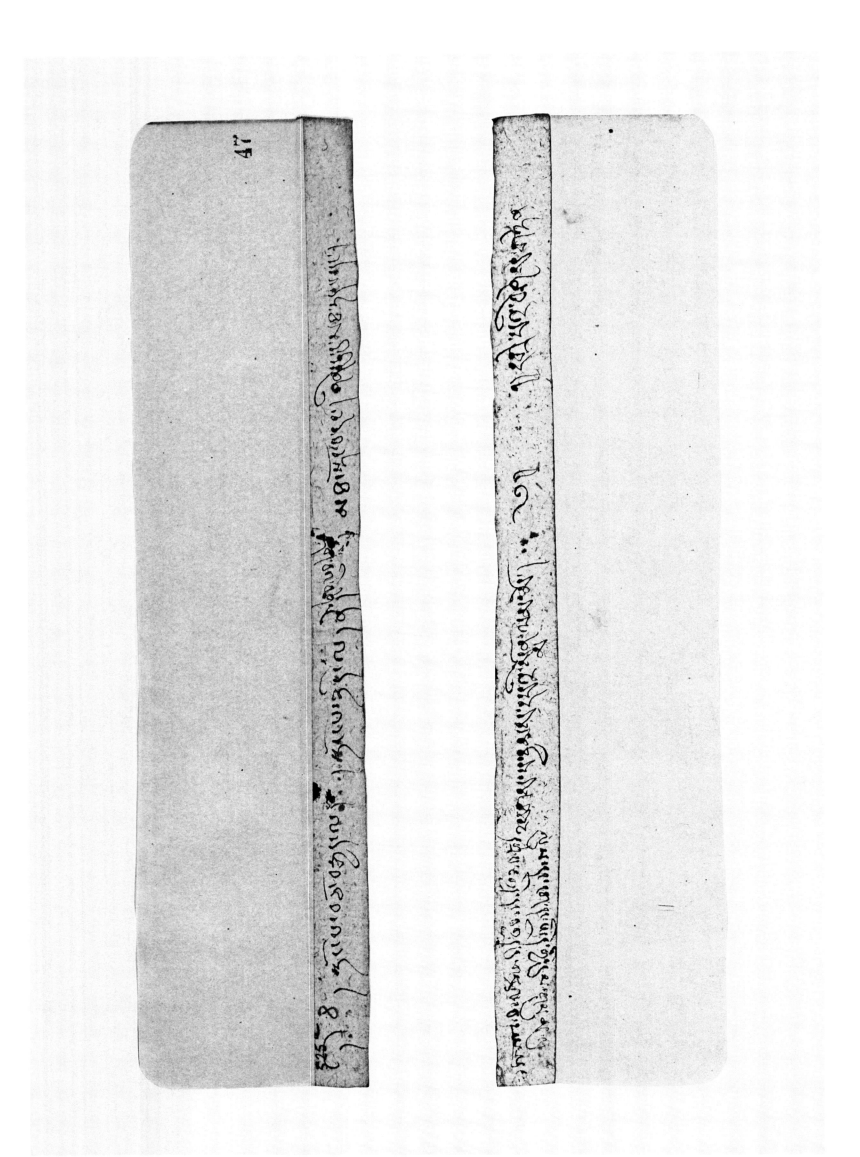

9.སྟོང་ཉིད་བཅོ་བརྒྱད་ཀྱི་གྲངས་འདྲེན་ཕྱིར་བུ།
10.འཕགས་པ་བྱམས་ད་པའི་སྨོན་ལམ་ཞེས་པའི་མཆན་བྱང་སོགས།

9. "十八空" 等佛教詞彙 10.經名   (67—47)

11.密宗成就修習法　　　(67—48)

12. རྣམ་ཤེས་ཚོགས་བརྒྱད་བཤད་པ།
13. འཕགས་པ་ལང་ཀར་གཤེགས་པའི་ཐེག་པ་ཆེན་པོའི་མདོ།

12. "八識"釋 13.聖入楞伽大乘經   (67—49)

英 IOL.Tib.J.VOL.16　13.འཕགས་པ་ལང་ཀར་གཤེགས་པའི་ཐེག་པ་ཆེན་པོའི་མདོ།

13.聖入楞伽大乘經　　（67—50）

13.འཕགས་པ་ལང་ཀར་གཤེགས་པའི་ཐེག་པ་ཆེན་པོའི་མདོ།

13.聖入楞伽大乘經　　　(67—51)

英 IOL.Tib.J.VOL.16   14.ཕྲེང་བའི་ལུང་།
14.念珠教授   (67—52)

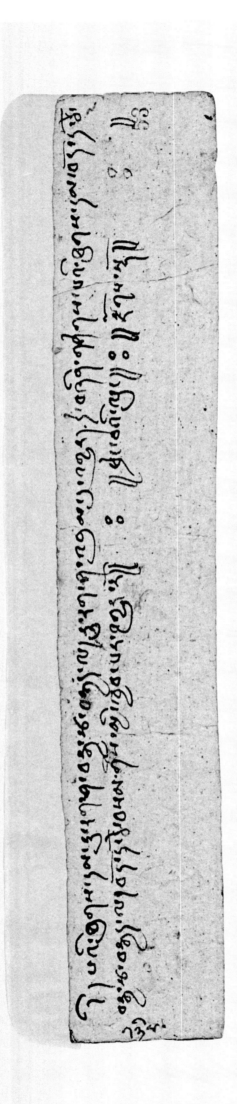

英 IOL.Tib.J.VOL.16　　14.ཕྲེང་བའི་ལུང་།　　15.ཕྱབ་སེང་གི་སྟེང་པོ།

14.念珠教授　15.陀羅尼　　　(67—53)

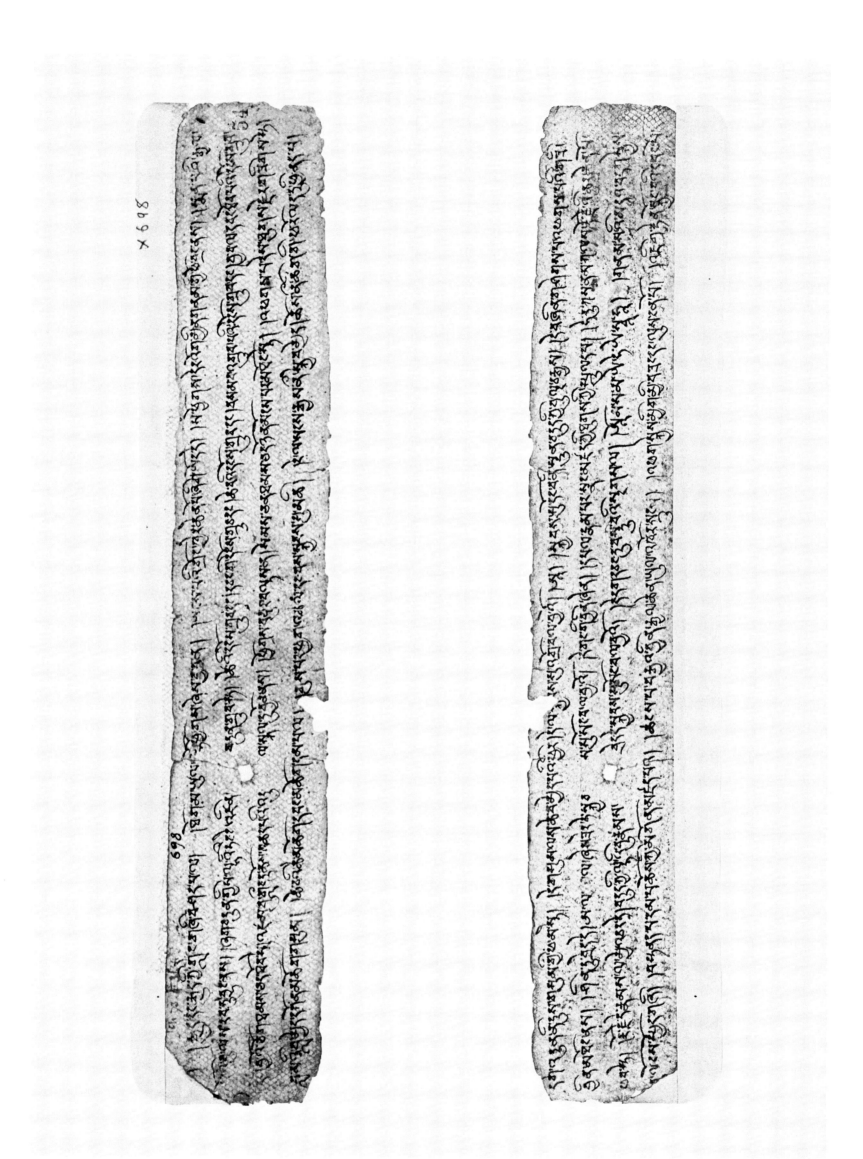

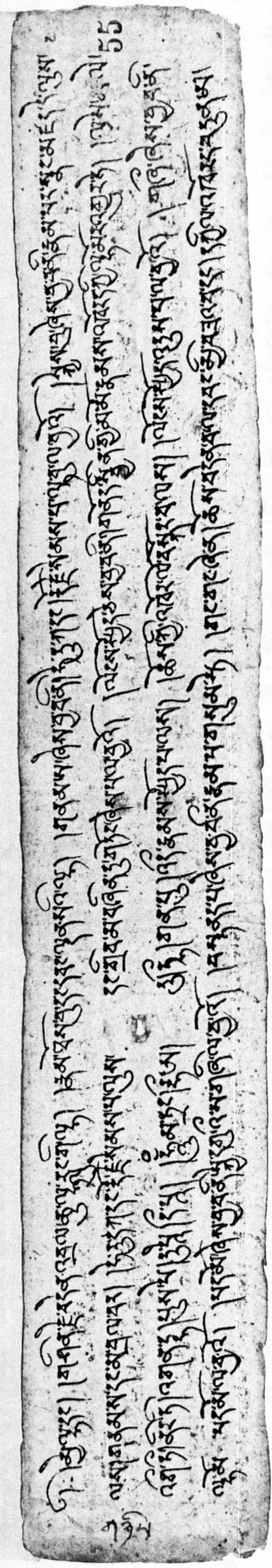

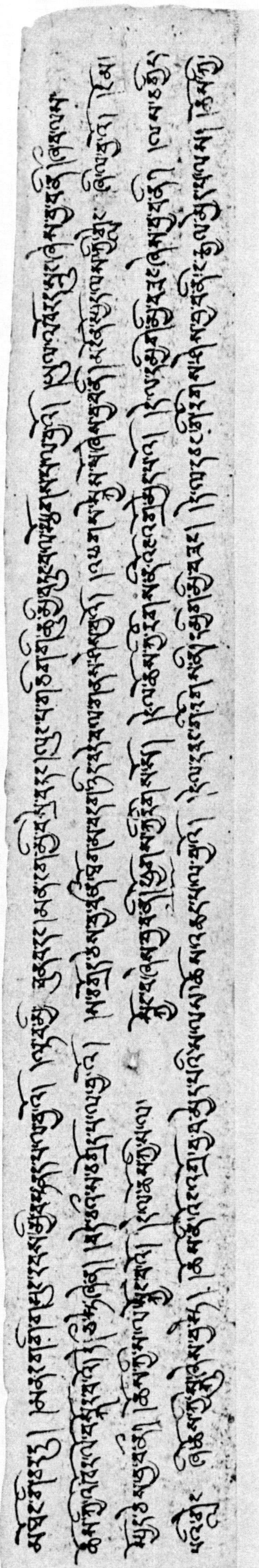

英 IOL.Tib.J.VOL.16 16.རྒྱུད་དང་རྒྱུད་ཀྱི་གླེང་གཞི་བཤད་པ།
16.密續及密續之緒論 (67—55)

英 IOL.Tib.J.VOL.16　　16.རྒྱུད་དང་རྒྱུད་ཀྱི་སྤྱིང་གཞི་བཤད་པ།

16.密續及密續之緒論　　(67—56)

英 IOL.Tib.J.VOL.16 16.རྒྱུད་དང་རྒྱུད་ཀྱི་སྦྱང་གཞི་བ་གཏད་པ།

16.密續及密續之緒論 (67—57)

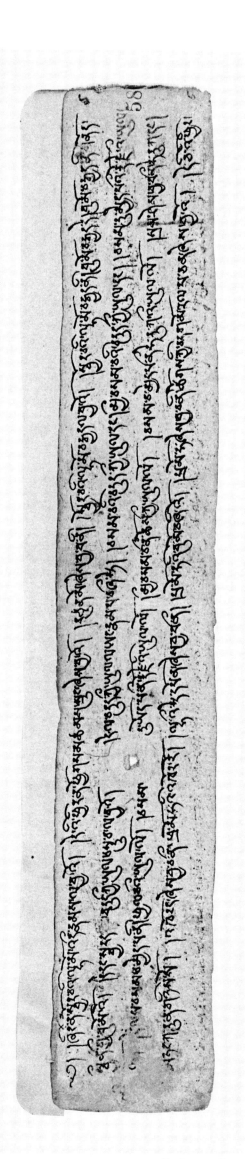

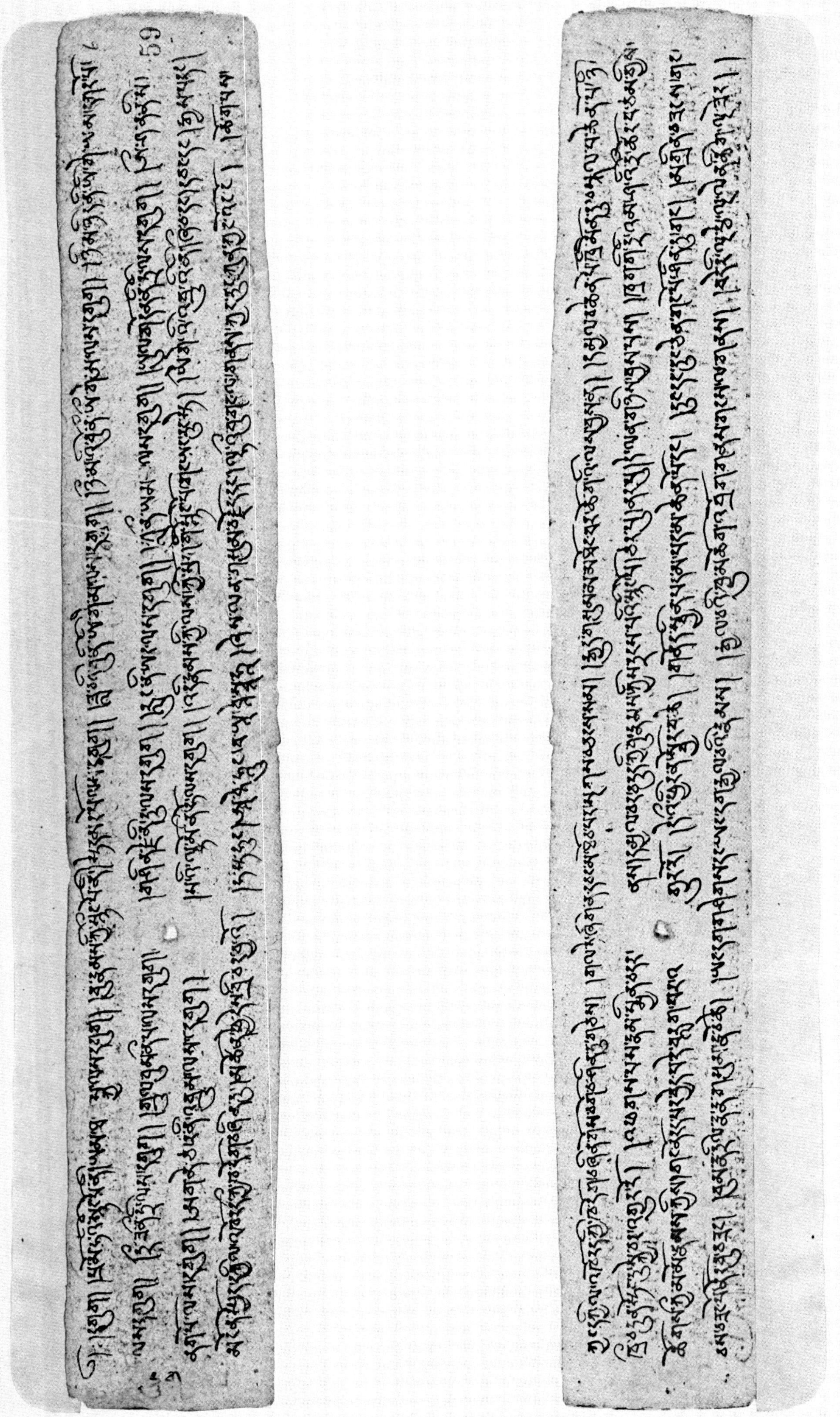

英 IOL.Tib.J.VOL.16　　16.རྒྱུད་དང་རྒྱུད་ཀྱི་གླེང་གཞི་བཤད་པ།
16.密續及密續之緒論　　(67—59)

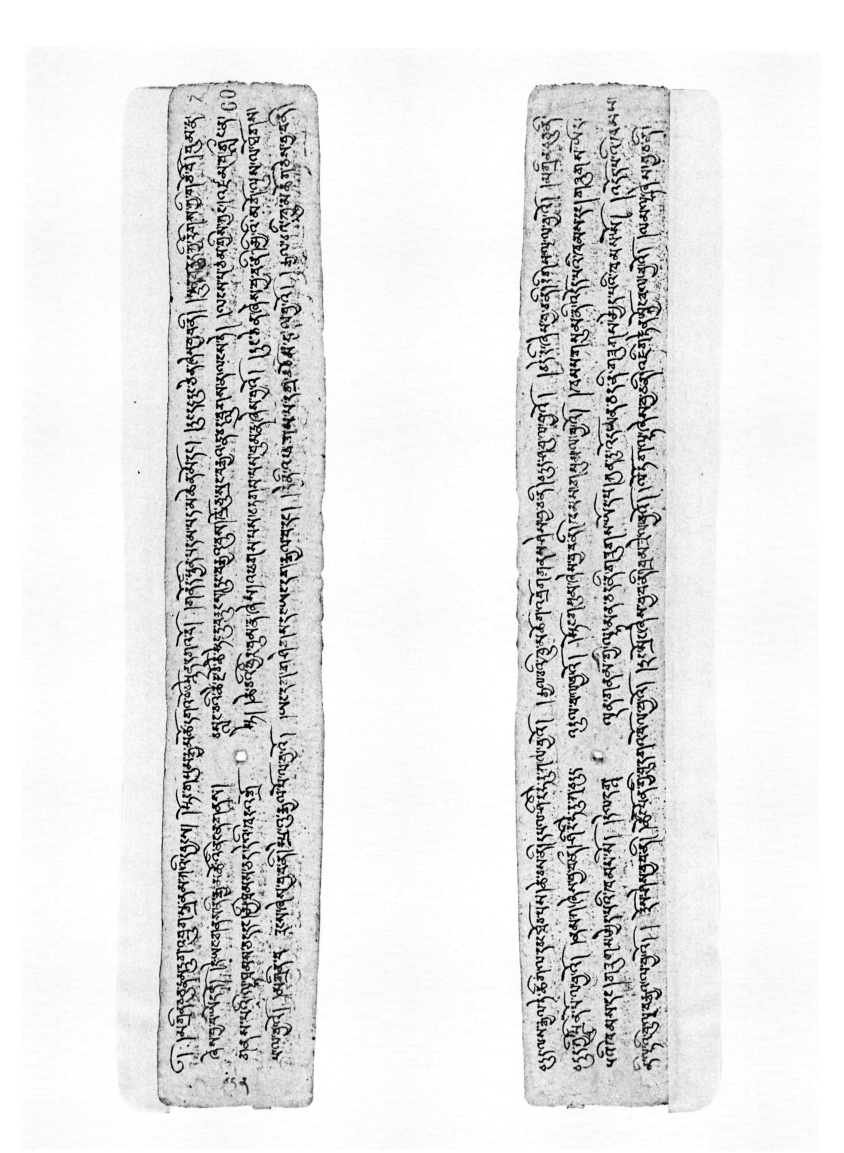

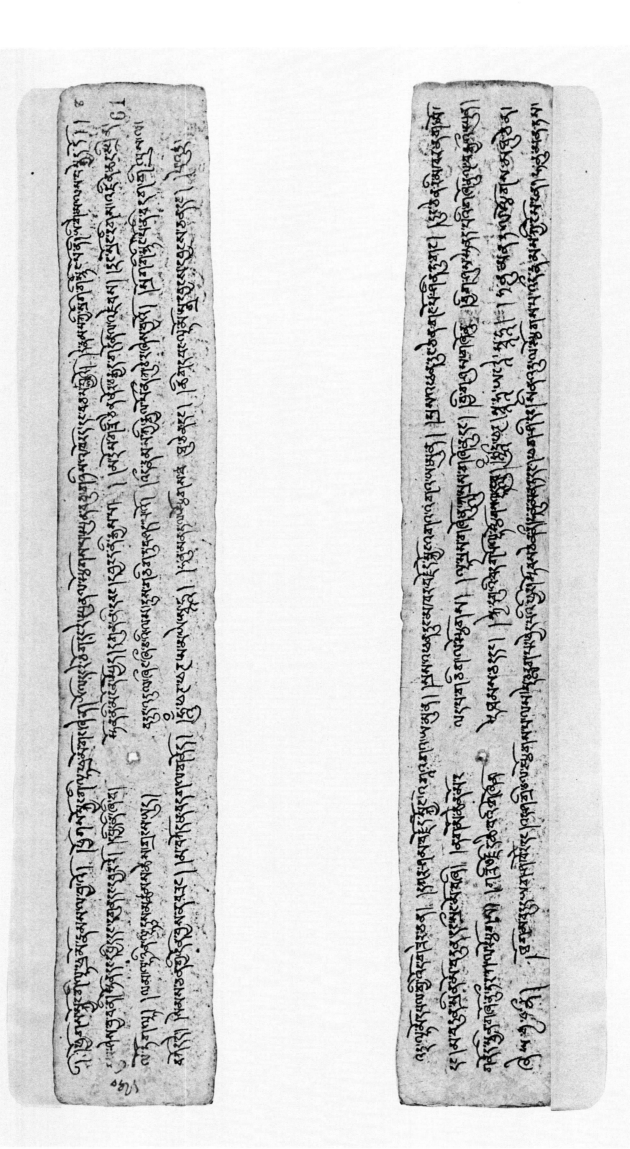

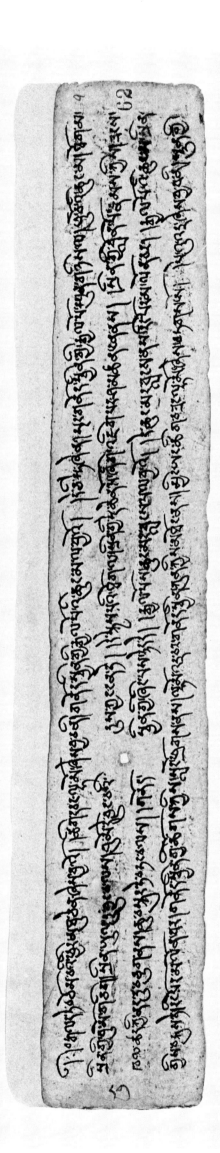

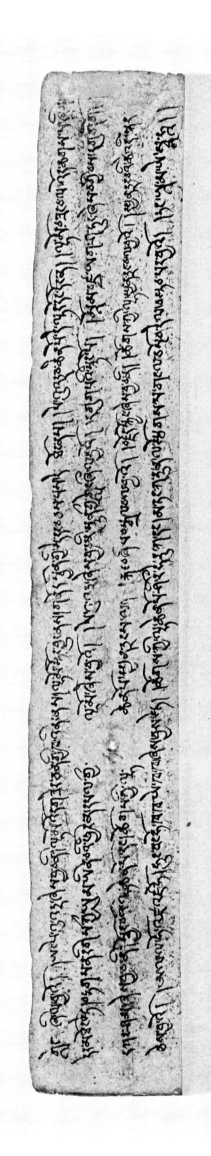

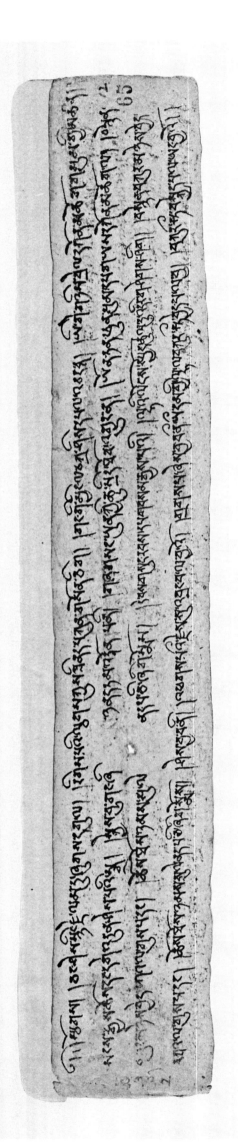

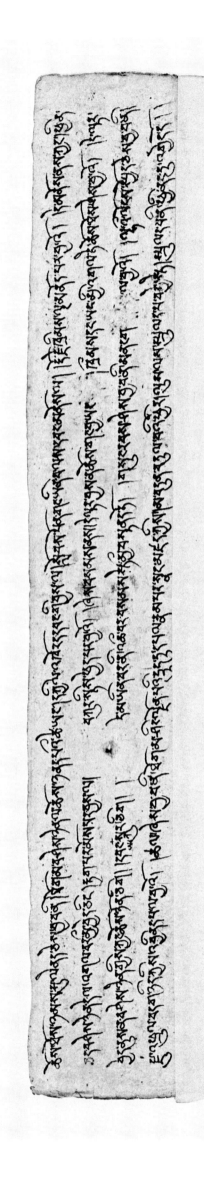

16.རྒྱུད་དང་རྒྱུད་ཀྱི་གླེང་གཞི་བཤད་པ།

16.密續及密續之緒論　　　(67—65)

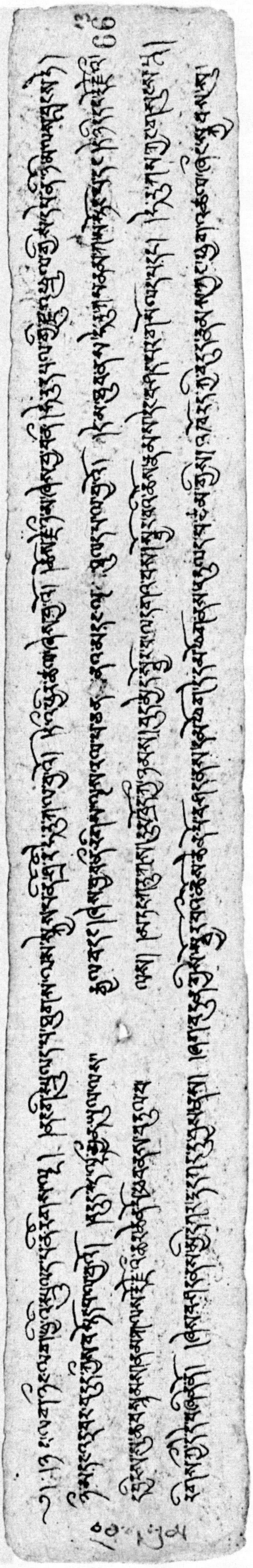

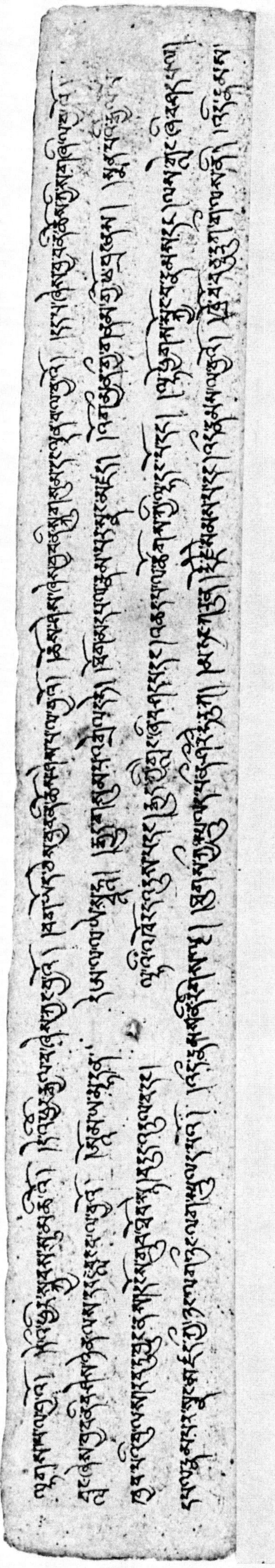

英 IOL.Tib.J.VOL.16　16.རྒྱུད་དང་རྒྱུད་ཀྱི་གླེང་གཞི་བཤད་པ།

16.密續及密續之緒論　(67—66)

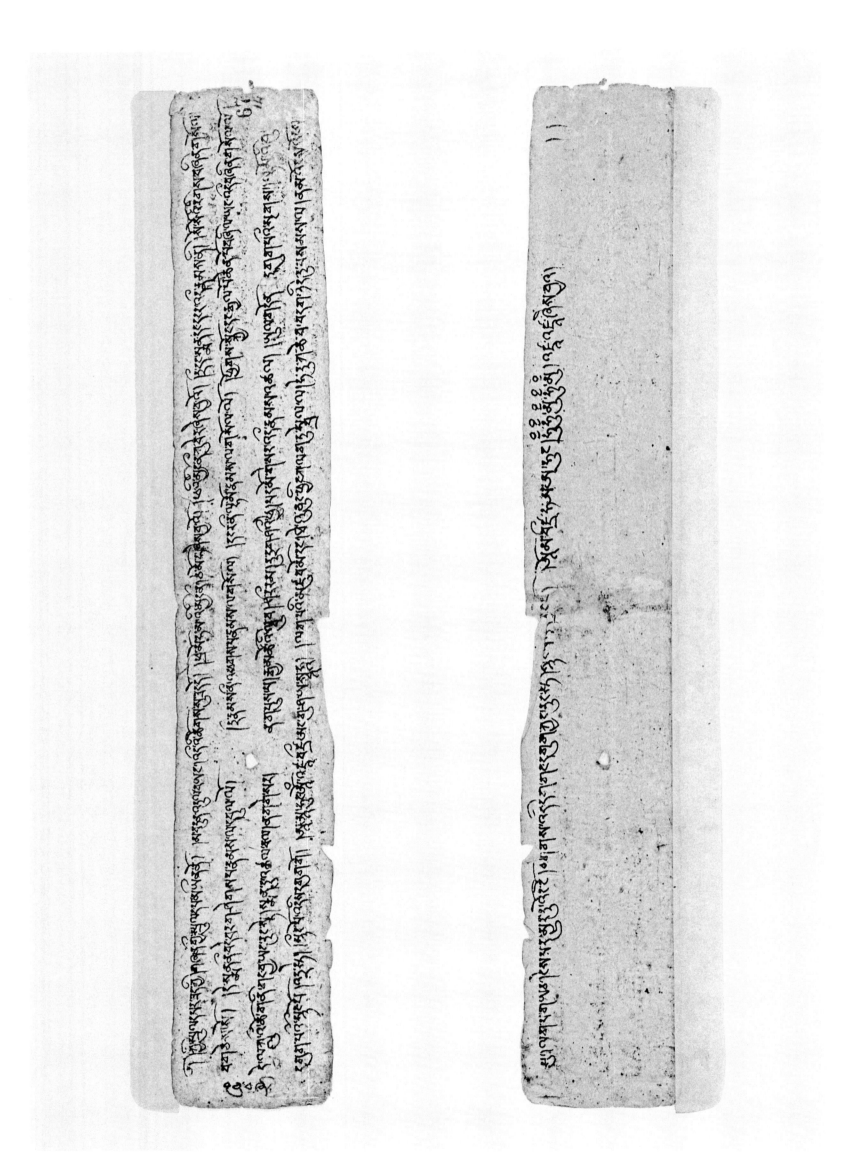

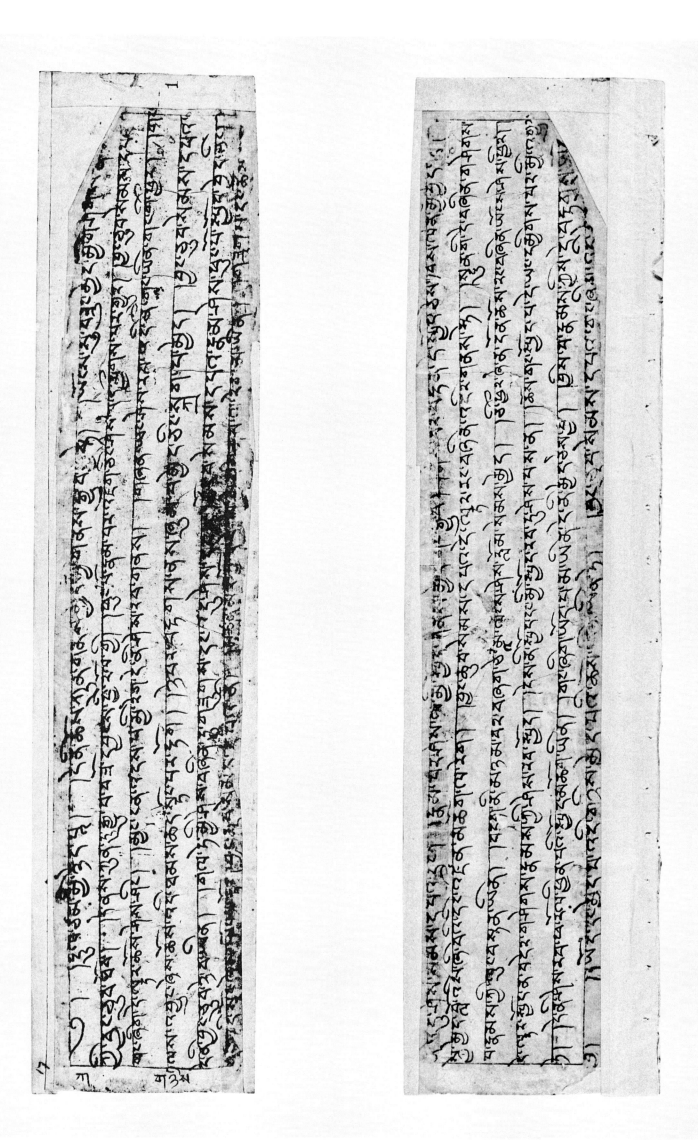

英 IOL.Tib.J.VOL.17　　1.འཕགས་པ་ཤེས་རབ་ཀྱི་ཕ་རོལ་དུ་ཕྱིན་པ་སྟོང་ཕྲག་བརྒྱ་པ་ལས། སྲིད་པ་ཆེགས་སུ་བཅད་པའི་ལེའུ།

1.聖般若波羅密攝頌　　　(84—1)

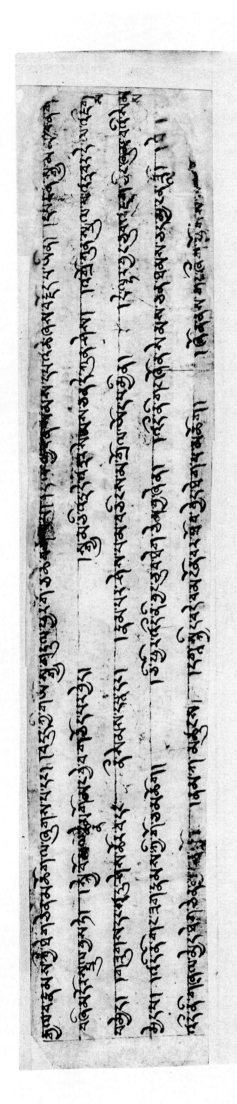

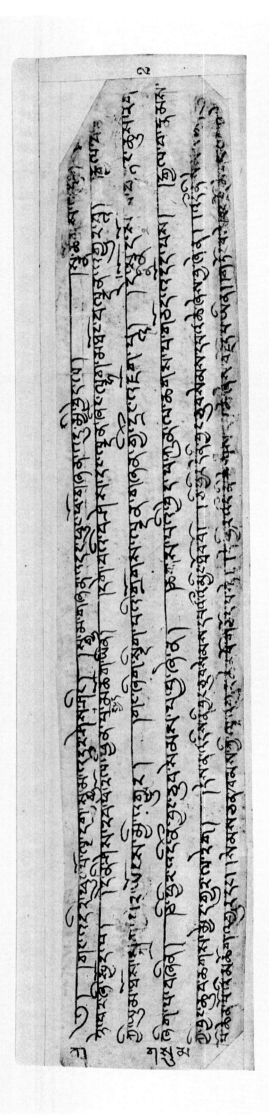

英 IOL.Tib.J.VOL.17　　1.འཕགས་པ་ཤེས་རབ་ཀྱི་པ་རོལ་ཏུ་ཕྱིན་པ་སྟོང་ཕྲག་བརྒྱ་པ་ལས།། སྡུད་པ་ཚིགས་སུ་བཅད་པའི་ལེའུ།

1.聖般若波羅密攝頌　　(84—2)

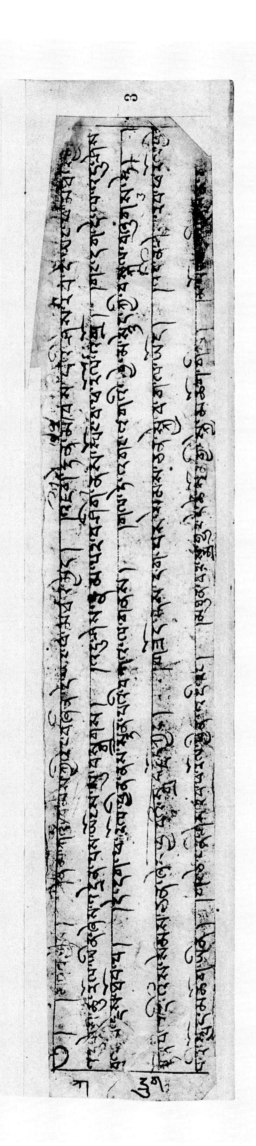
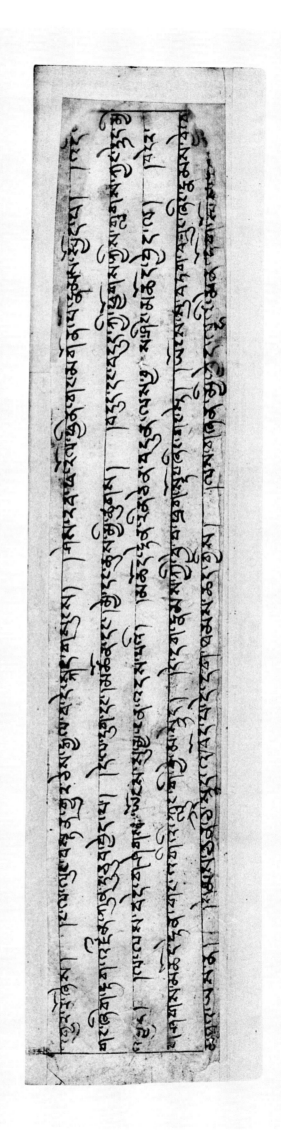

英 IOL.Tib.J.VOL.17   1.འཕགས་པ་ཤེས་རབ་ཀྱི་ཕ་རོལ་དུ་ཕྱིན་པ་སྟོང་ཕྲག་བརྒྱ་པ་ལས༎ རྐུང་པ་ཚིགས་སུ་བཅད་པའི་ལེའུ།

1.聖般若波羅密攝頌   (84—3)

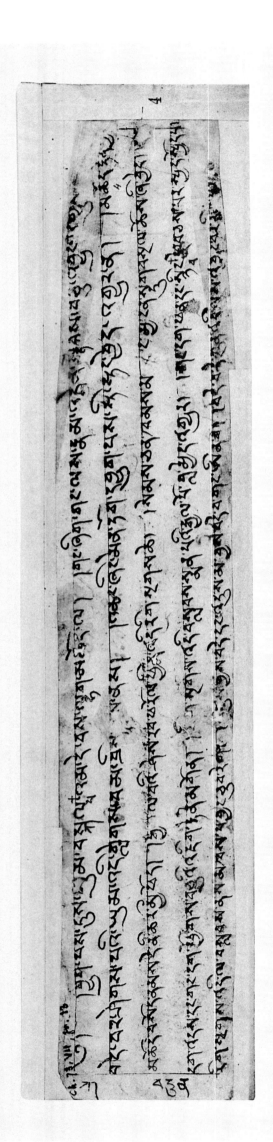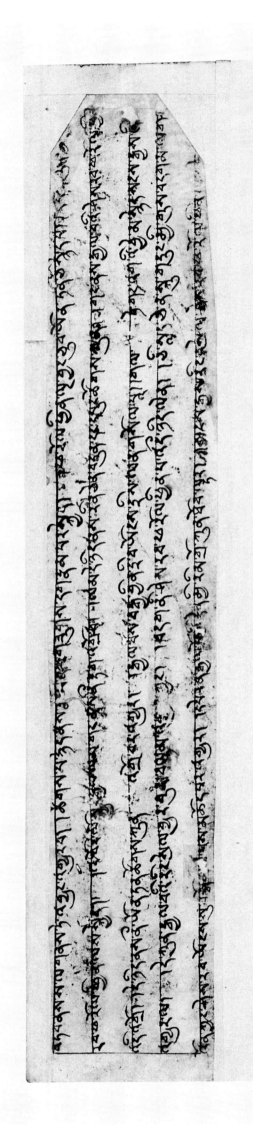

英 IOL.Tib.J.VOL.17　1.འཕགས་པ་ཤེས་རབ་ཀྱི་ཕ་རོལ་དུ་ཕྱིན་པ་སྟོང་ཕྲག་བརྒྱ་པ་ལས། སྡུད་པ་ཚིགས་སུ་བཅད་པའི་ལེའུ།

1.聖般若波羅密攝頌　　(84—4)

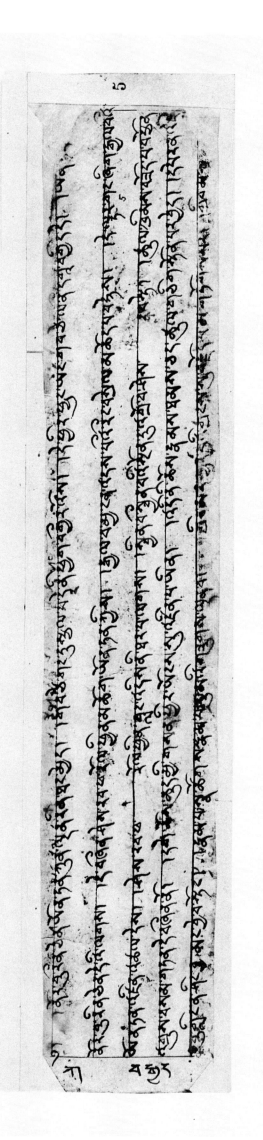

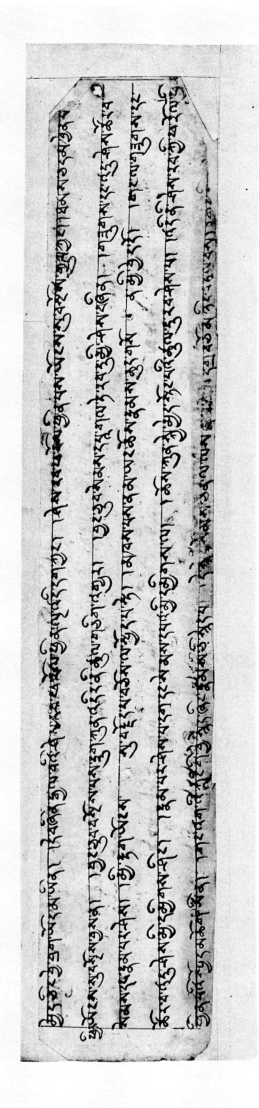

英 IOL.Tib.J.VOL.17　　1.འཕགས་པ་ཤེས་རབ་ཀྱི་ཕ་རོལ་དུ་ཕྱིན་པ་སྡུང་ཕྲག་བརྒྱ་པ་ལས།། སྡུང་པ་ཚིགས་སུ་བཅད་པའི་ལེའུ།

1.聖般若波羅密攝頌　　　(84—5)

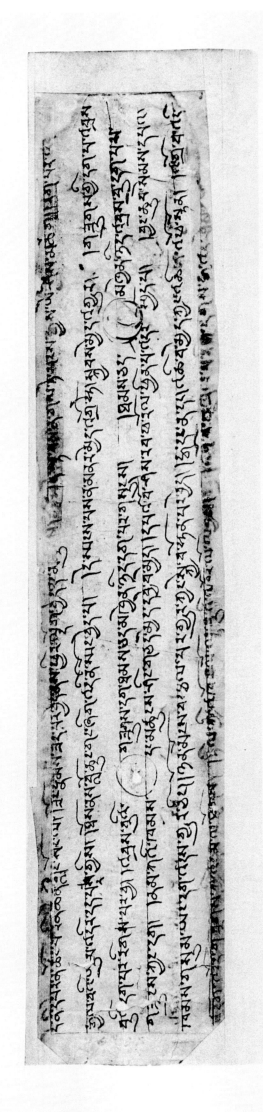

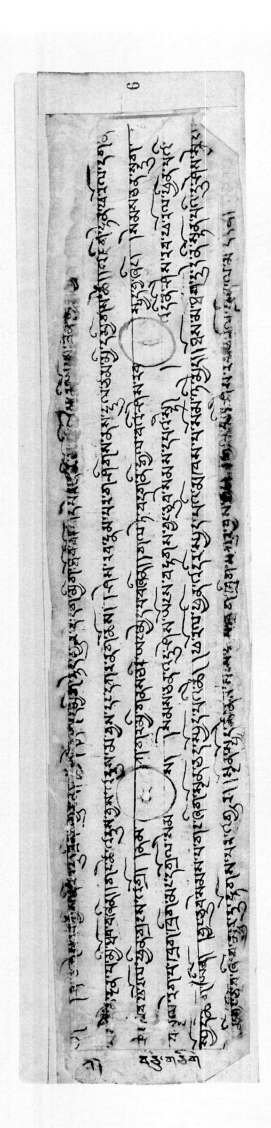

英 IOL.Tib.J.VOL.17　　1.འཕགས་པ་ཤེས་རབ་ཀྱི་ཕ་རོལ་དུ་ཕྱིན་པ་སྟོང་ཕྲག་བརྒྱ་པ་ལས།། སྤྱད་པ་ཚིགས་སུ་བཅད་པའི་ལེ་ལུ།

1.聖般若波羅密攝頌　　　(84—6)

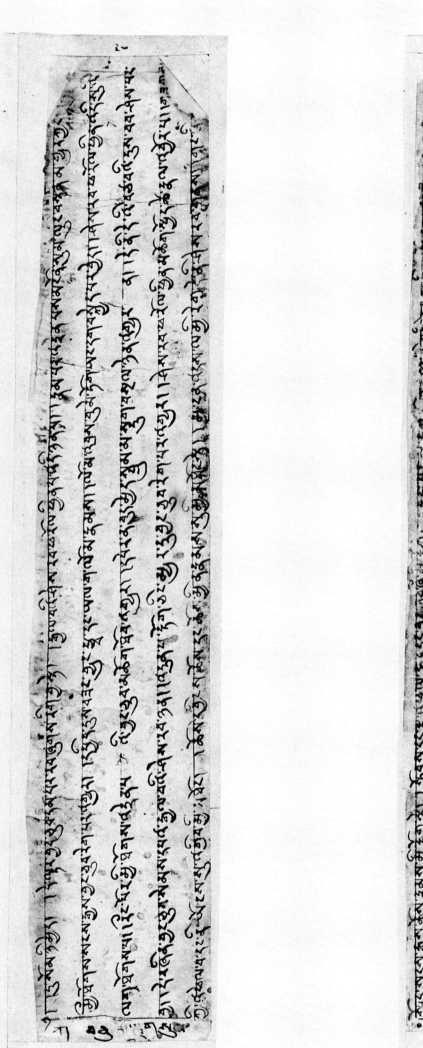

1.འཕགས་པ་ཤེས་རབ་ཀྱི་ཕ་རོལ་དུ་ཕྱིན་པ་སྡོང་ཕྲག་བརྒྱ་པ་ལས།། སྡུད་པ་ཚིགས་སུ་བཅད་པའི་ཞེ་བྱ།

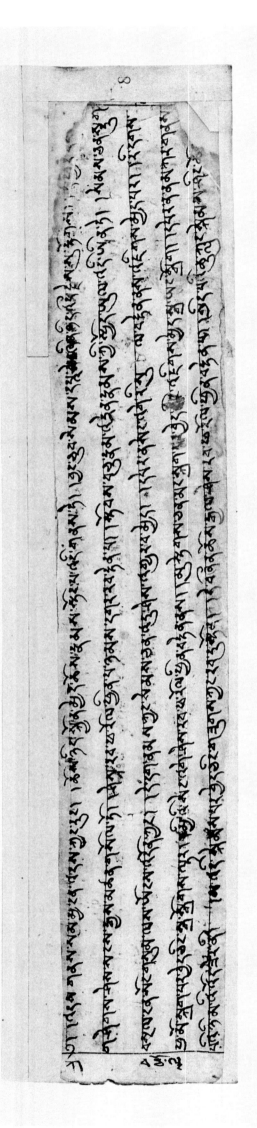
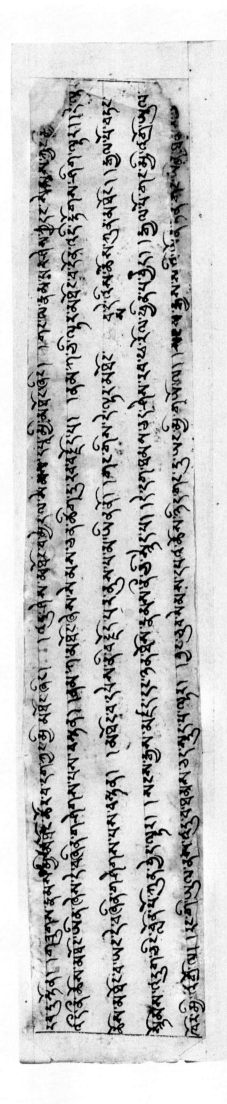

1.འཕགས་པ་ཤེས་རབ་ཀྱི་ཕ་རོལ་དུ་ཕྱིན་པ་སྡུང་ཕྱག་བཅུ་པ་ལས༎ སྡུད་པ་ཚིགས་སུ་བཅད་པའི་ལེ་ཨུ།

1.聖般若波羅密攝頌　　(84—8)

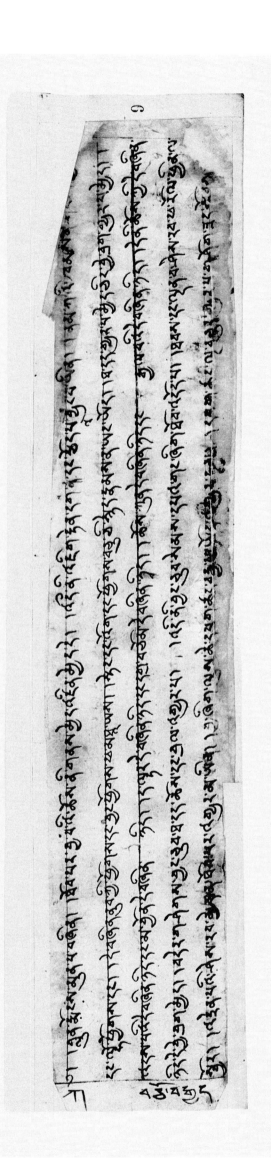
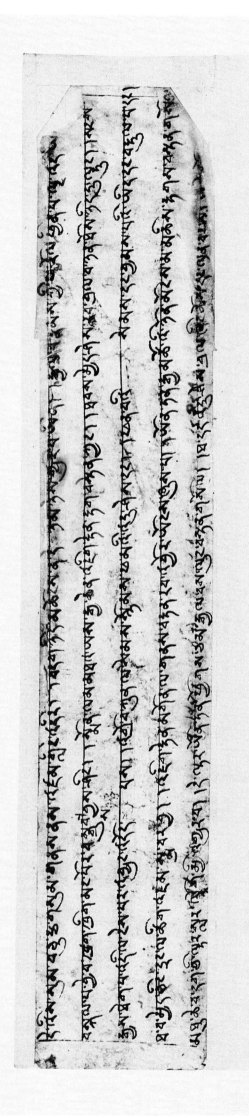

英 IOL.Tib.J.VOL.17　　1.འཕགས་པ་ཤེས་རབ་ཀྱི་ཕ་རོལ་དུ་ཕྱིན་པ་སྟོང་ཕྲག་བརྒྱ་པ་ལས།། རྒྱུད་པ་ཚིགས་སུ་བཅད་པའི་ལེ་ཏུ།

1.聖般若波羅密攝頌　　　(84—9)

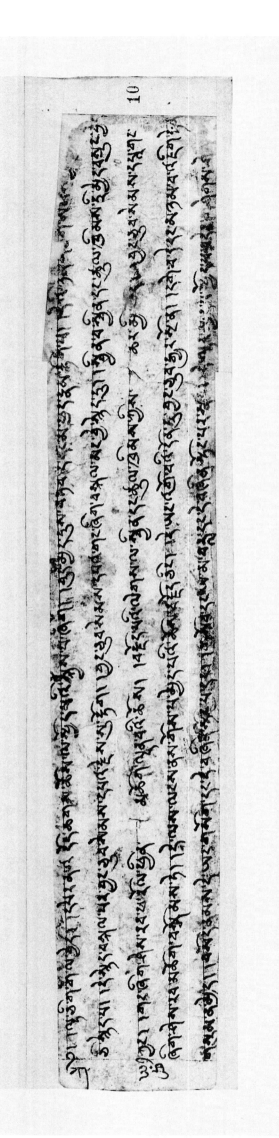
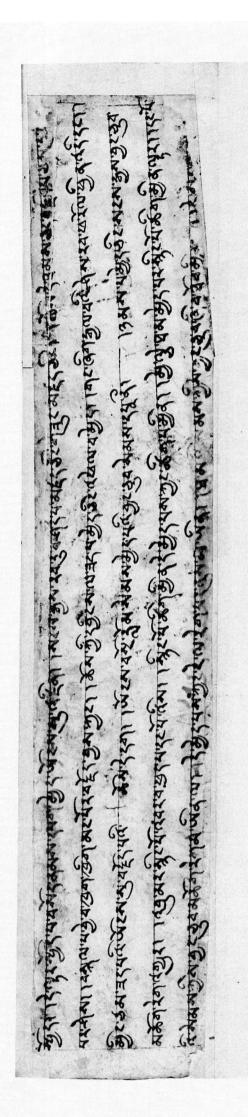

英 IOL.Tib.J.VOL.17　　1.འཕགས་པ་ཤེས་རབ་ཀྱི་ཕ་རོལ་དུ་ཕྱིན་པ་སྡུད་པ་ཚིགས་སུ་བཅད་པ་ལས།། སྡུད་པ་ཚིགས་སུ་བཅད་པའི་ལེའུ།

1.聖般若波羅密攝頌　　(84—10)

162

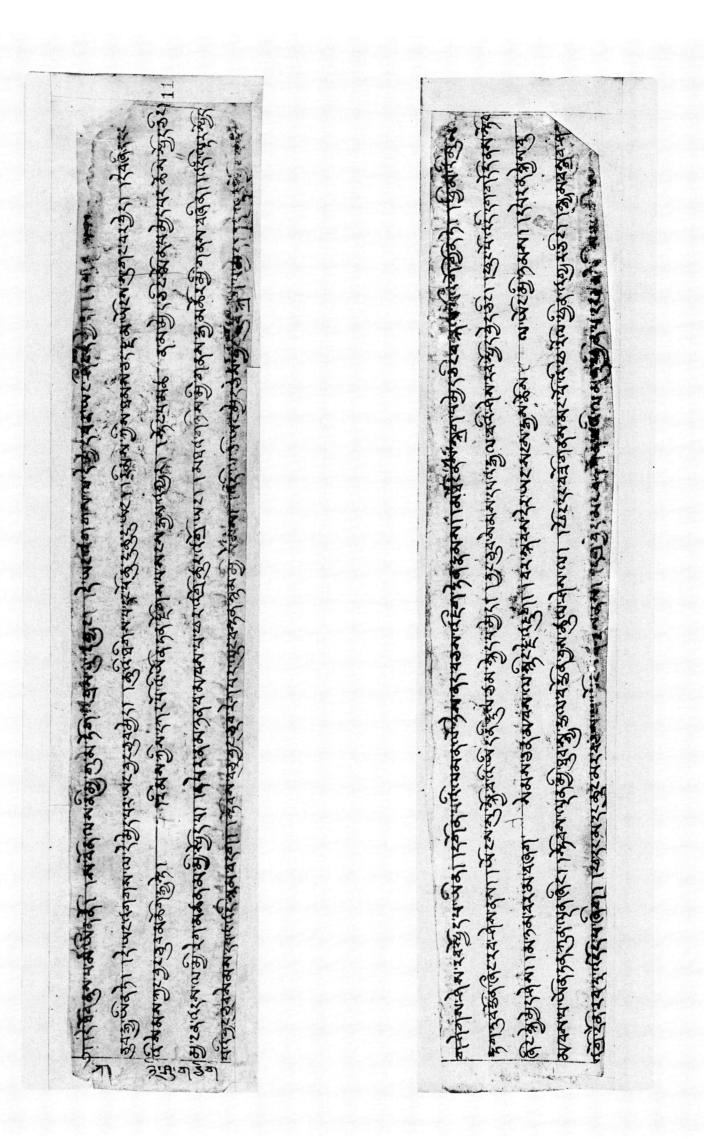

英 IOL.Tib.J.VOL.17　　1.འཕགས་པ་ཤེས་རབ་ཀྱི་ཕ་རོལ་དུ་ཕྱིན་པ་སྡུད་པ་ཚིགས་སུ་བཅད་པ་ལས། སྡུད་པ་ཚིགས་སུ་བཅད་པའི་ལེའུ།

1.聖般若波羅密攝頌　　　(84—11)

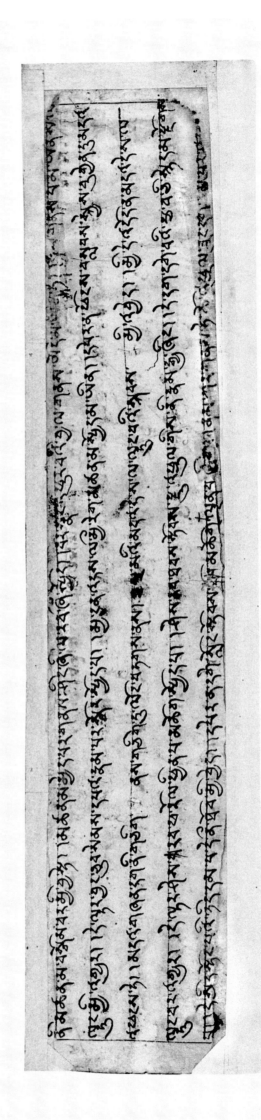

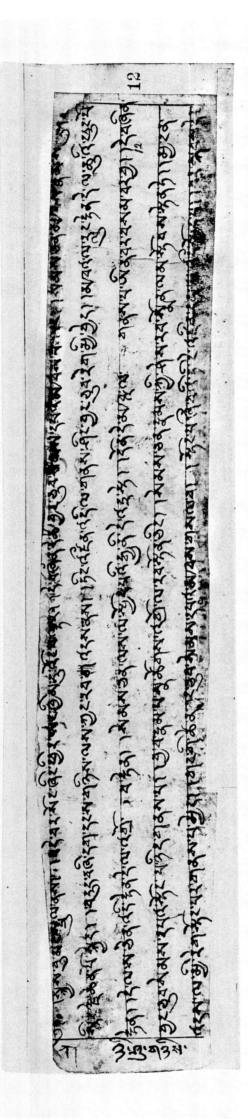

英 IOL.Tib.J.VOL.17　1.འཕགས་པ་ཤེས་རབ་ཀྱི་ཕ་རོལ་དུ་ཕྱིན་པ་སྟོང་ཕྲག་བརྒྱ་པ་ལས། སྡུད་པ་ཚིགས་སུ་བཅད་པའི་ལེའུ།

1.聖般若波羅密攝頌　　　(84—12)

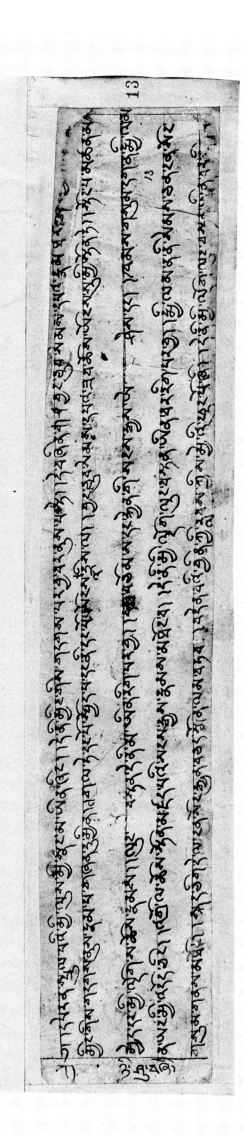

英 IOL.Tib.J.VOL.17　　1.འཕགས་པ་ཤེས་རབ་ཀྱི་ཕ་རོལ་དུ་ཕྱིན་པ་སྟོང་ཕྲག་བརྒྱ་པ་ལས།། སྡུད་པ་ཚིགས་སུ་བཅད་པའི་ལེའུ།

1.聖般若波羅密攝頌　　　(84—13)

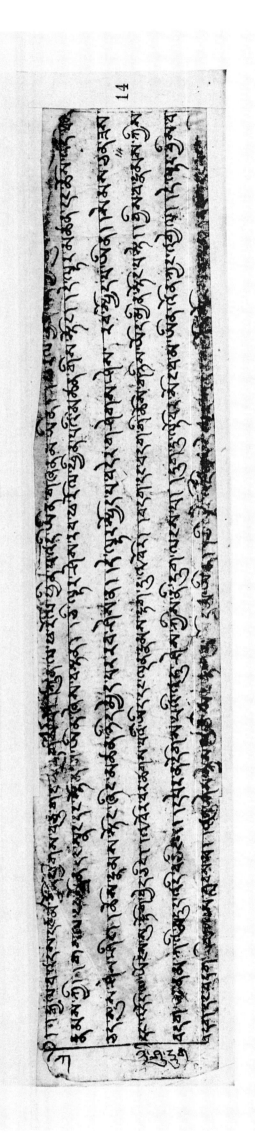

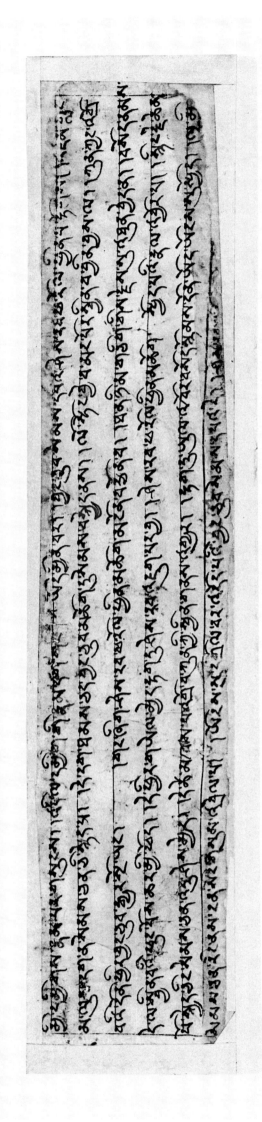

1.འཕགས་པ་ཤེས་རབ་ཀྱི་ཕ་རོལ་ཏུ་ཕྱིན་པ་སྡུད་པ་ཚིགས་སུ་བཅད་པ་ལས། སྡུད་པ་ཚིགས་སུ་བཅད་པའི་ལེའུ།

1.聖般若波羅密攝頌　　(84—14)

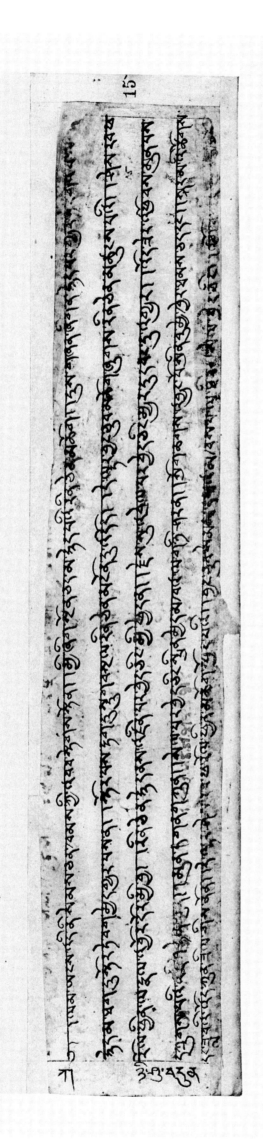
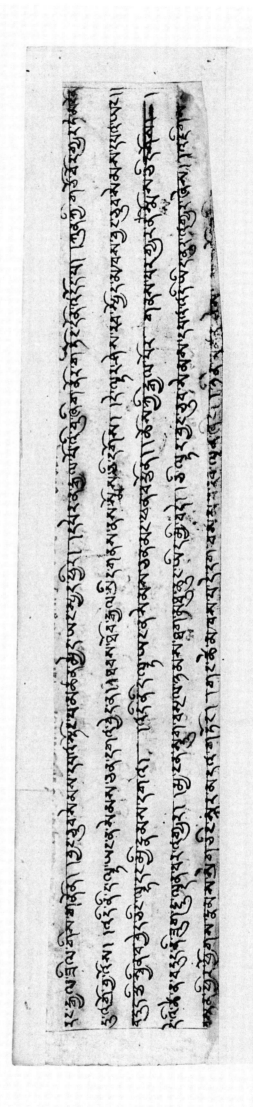

英 IOL.Tib.J.VOL.17　1.འཕགས་པ་ཤེས་རབ་ཀྱི་ཕ་རོལ་དུ་ཕྱིན་པ་སྟོང་ཕྲག་བརྒྱ་པ་ལས།། ཕུང་པ་ཆིགས་སུ་བཅད་པའི་ལེའུ།

1.聖般若波羅密攝頌　　　(84—15)

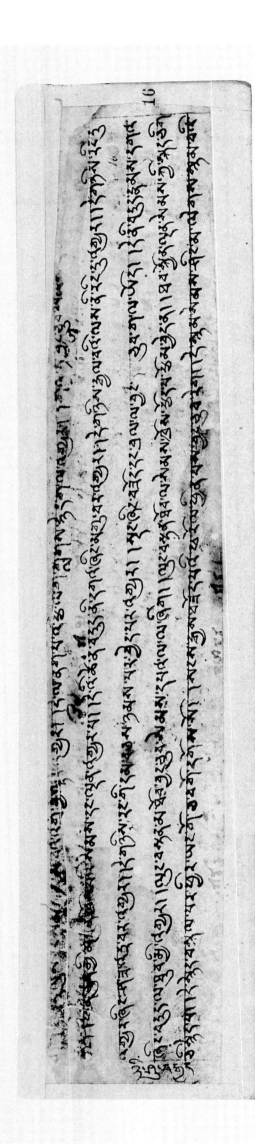

1.འཕགས་པ་ཤེས་རབ་ཀྱི་ཕ་རོལ་དུ་ཕྱིན་པ་སྡོང་ཕྲག་བརྒྱ་པ་ལས།། སྤྱོད་པ་ཚིགས་སུ་བཅད་པའི་ལེའུ།

1.聖般若波羅密攝頌 　　(84—16)

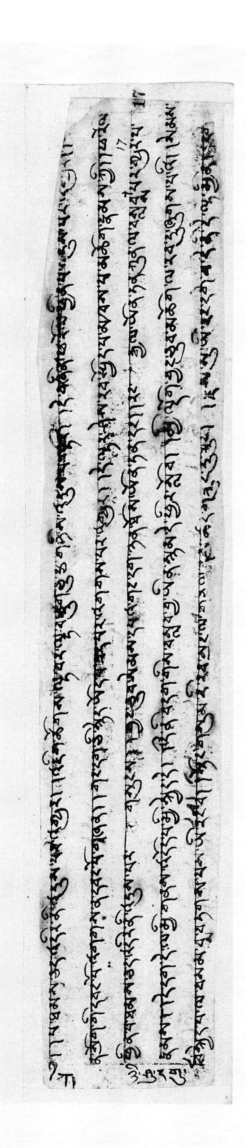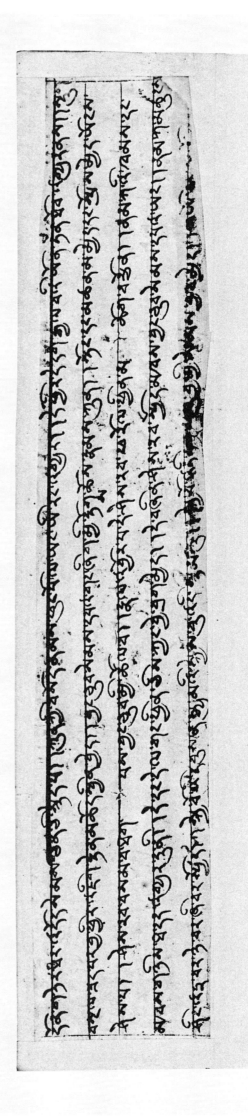

英 IOL.Tib.J.VOL.17　　1.འཕགས་པ་ཤེས་རབ་ཀྱི་ཕ་རོལ་དུ་ཕྱིན་པ་སྟོང་ཕྲག་བརྒྱ་པ་ལས༎ སྡུད་པ་ཚིགས་སུ་བཅད་པའི་ལེའུ།

1.聖般若波羅密攝頌　　　(84—17)

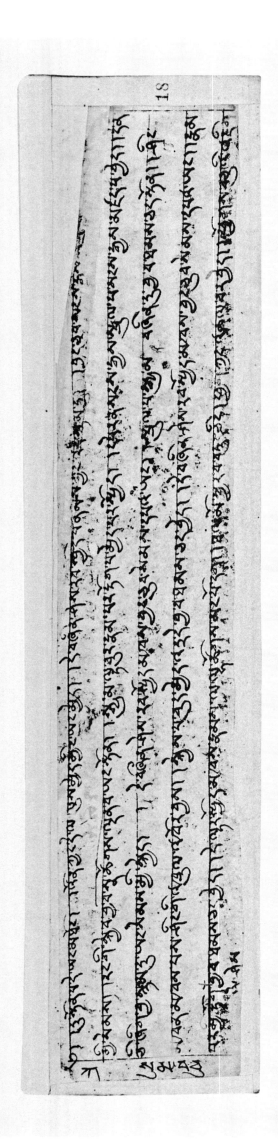 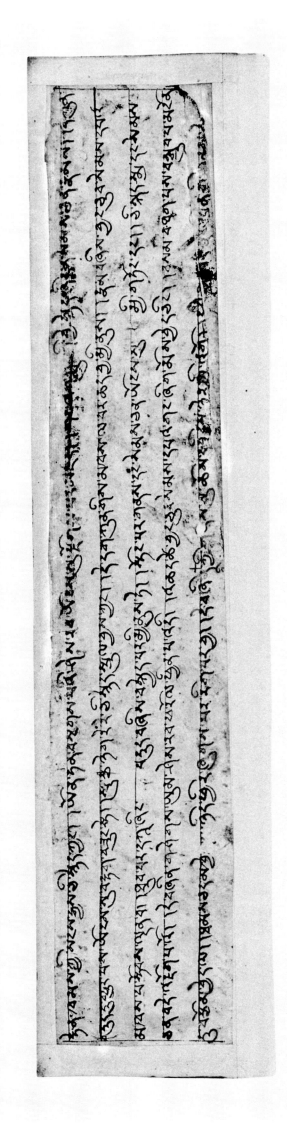

　　1.འཕགས་པ་ཤེས་རབ་ཀྱི་ཕ་རོལ་དུ་ཕྱིན་པ་སྟོང་ཕྲག་བརྒྱ་པ་ལས།། སྲད་པ་ཚིགས་སུ་བཅད་པའི་ལེ་ཕུ།

1.聖般若波羅密攝頌　　　(84—18)

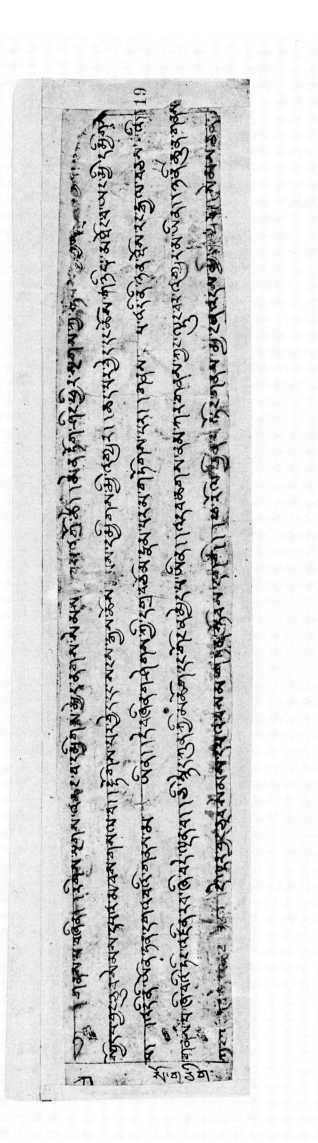
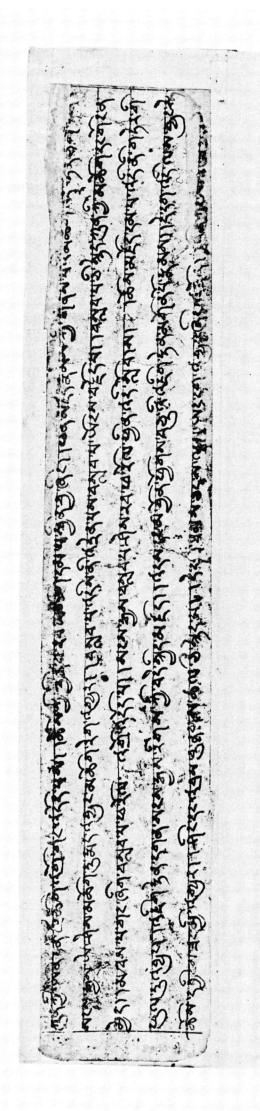

英 IOL.Tib.J.VOL.17　1.འཕགས་པ་ཤེས་རབ་ཀྱི་ཕ་རོལ་དུ་ཕྱིན་པ་སྟོང་ཕྲག་བརྒྱ་པ་ལས།། སྡུད་པ་ཚིགས་སུ་བཅད་པའི་ལེའུ།

1.聖般若波羅密攝頌　　(84—19)

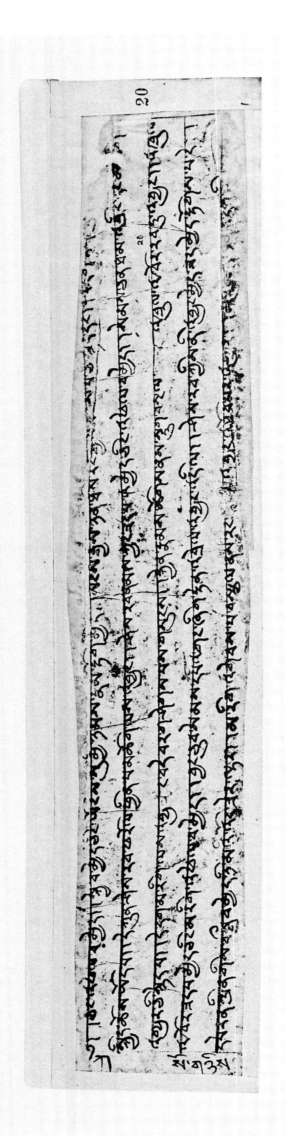
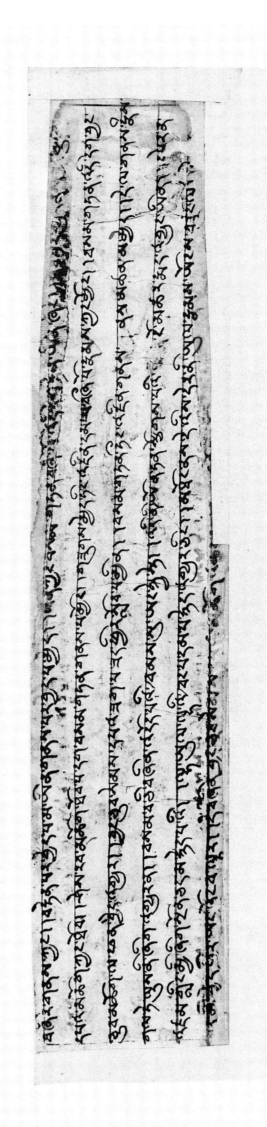

英 IOL.Tib.J.VOL.17　1.འཕགས་པ་ཤེས་རབ་ཀྱི་ཕ་རོལ་ཏུ་ཕྱིན་པ་སྟོང་ཕྲག་བརྒྱ་པ་ལས།། སྡུད་པ་ཚིགས་སུ་བཅད་པའི་ལེའུ།

1.聖般若波羅密攝頌　　　(84—20)

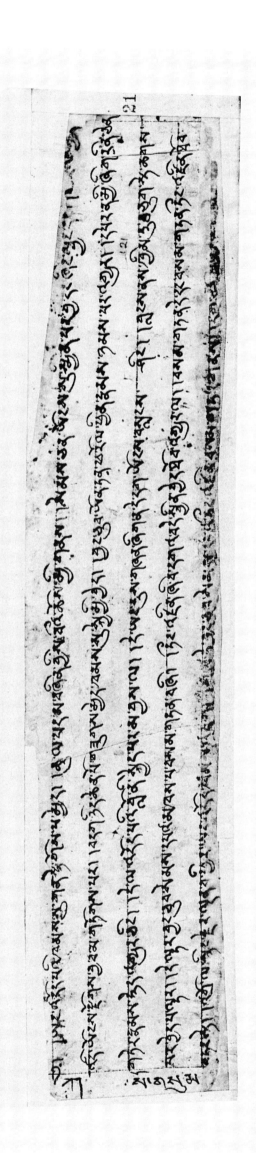

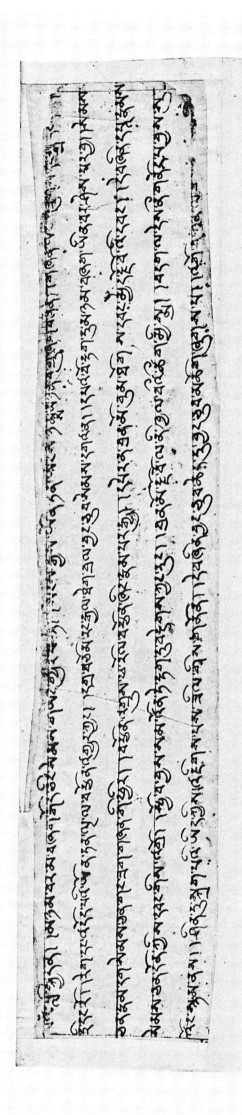

英 IOL.Tib.J.VOL.17　　1.འཕགས་པ་ཤེས་རབ་ཀྱི་ཕ་རོལ་དུ་ཕྱིན་པ་སྡུད་པ་ཚིགས་བཅད་པ་ལས། སྡུད་པ་ཚིགས་སུ་བཅད་པའི་ལེའུ།

1.聖般若波羅密攝頌　　　(84—21)

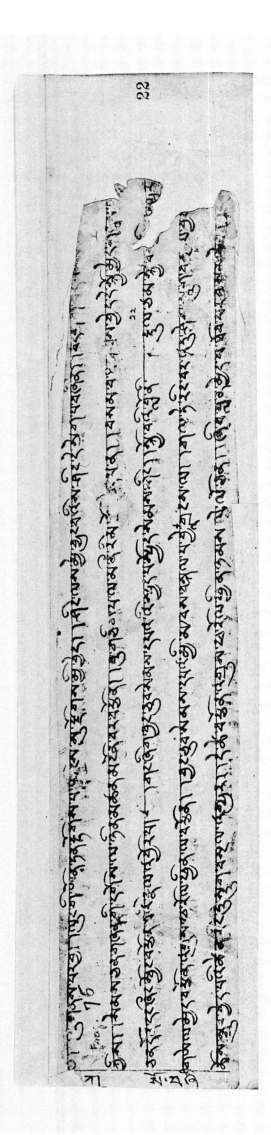

　1.འཕགས་པ་ཤེས་རབ་ཀྱི་ཕ་རོལ་དུ་ཕྱིན་པ་སྡོང་ཕུག་བཅུ་པ་ལས།། སྡུད་པ་ཚིགས་སུ་བཅད་པའི་ལེའུ།

1.聖般若波羅密攝頌　　(84—22)

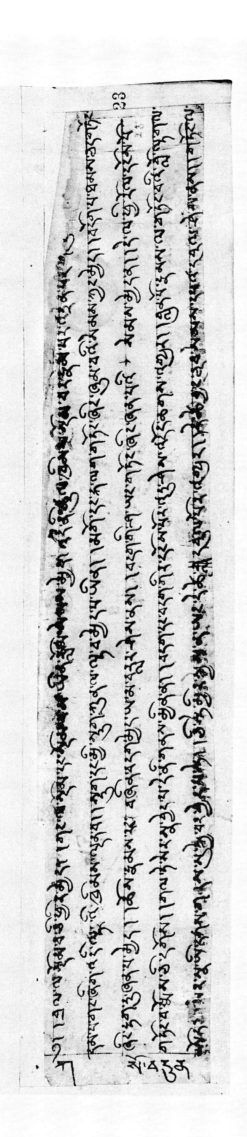

英 IOL.Tib.J.VOL.17　　1.འཕགས་པ་ཤེས་རབ་ཀྱི་ཕ་རོལ་ཏུ་ཕྱིན་པ་སྡུད་པ་ཚིགས་སུ་བཅད་པ་ལས།། སྡུད་པ་ཚིགས་སུ་བཅད་པའི་ལེའུ།

1.聖般若波羅密攝頌　　(84—23)

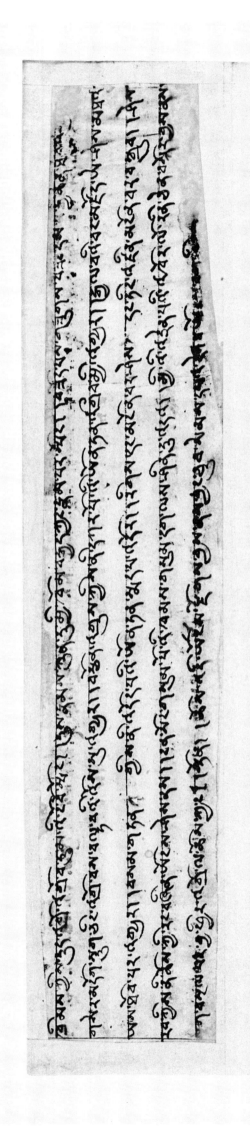 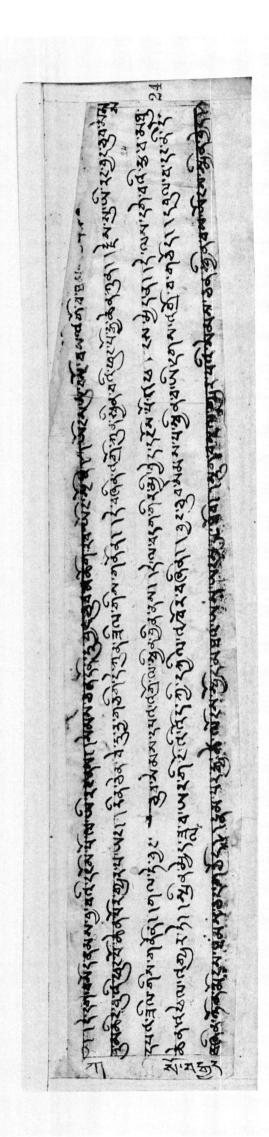

1.འཕགས་པ་ཤེས་རབ་ཀྱི་ཕ་རོལ་དུ་ཕྱིན་པ་སྟོང་ཕྲག་བརྒྱ་པ་ལ་སོ། སྲད་པ་ཚིགས་སུ་བཅད་པའི་ལེ་འུ།

1.聖般若波羅密攝頌　　(84—24)

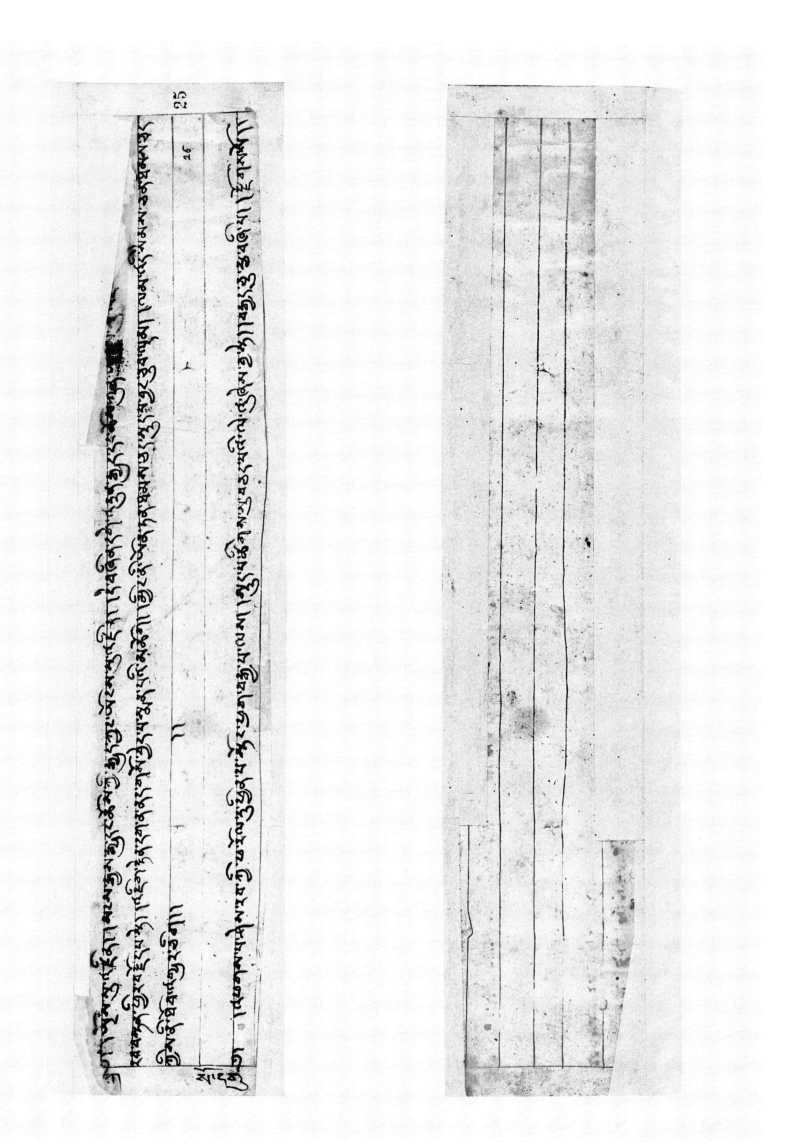

英 IOL.Tib.J.VOL.17　1.འཕགས་པ་ཤེས་རབ་ཀྱི་ཕ་རོལ་དུ་ཕྱིན་པ་སྟོང་ཕྲག་བརྒྱ་པ་ལས། སྡུད་པ་ཚིགས་སུ་བཅད་པའི་ལེ་འུ།

1.聖般若波羅密攝頌　　(84—25)

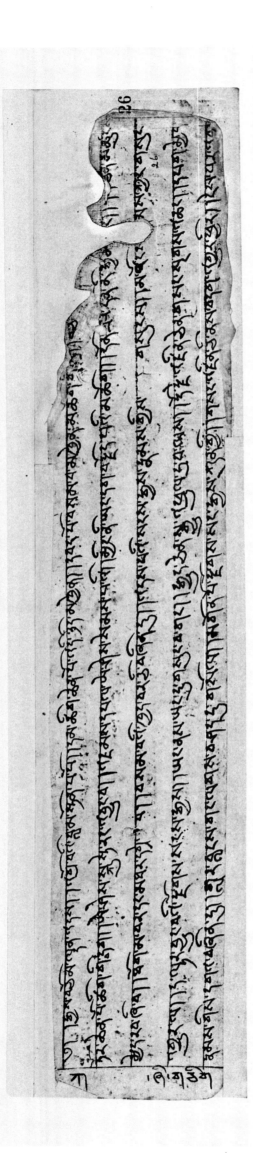

英 IOL.Tib.J.VOL.17　　2.འཇམ་དཔལ་མཚན་བརྗོད
　　　　　　　　　　　2.聖妙吉祥真實名經　　　(84—26)

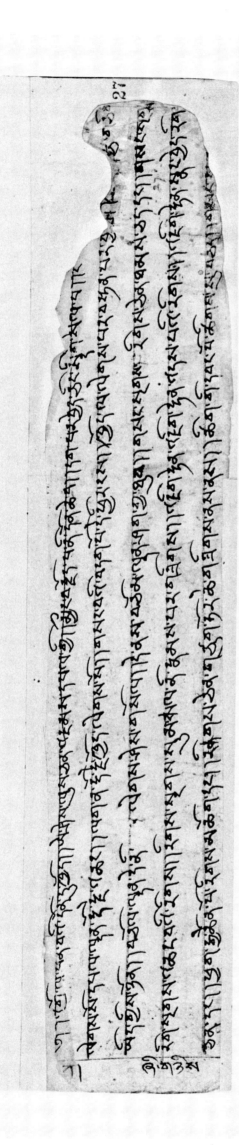

英 IOL.Tib.J.VOL.17　　2.འཇམ་དཔལ་མཚན་བརྗོད

2.聖妙吉祥真實名經　　　(84—27)

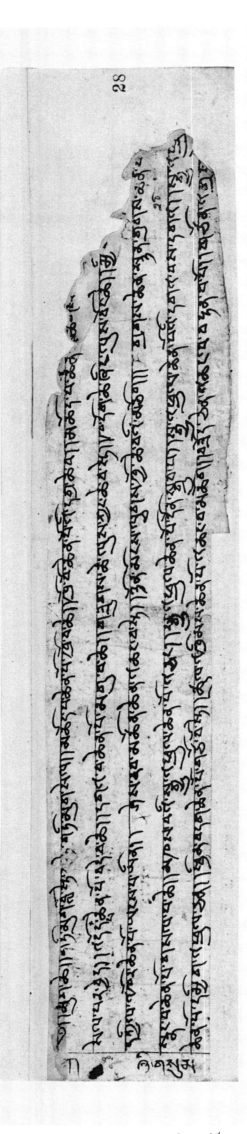
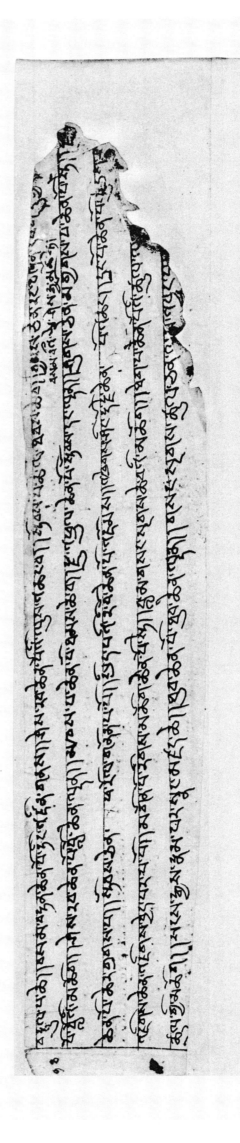

英 IOL.Tib.J.VOL.17　　2.འཇམ་དཔལ་མཚན་བརྗོད

2.聖妙吉祥真實名經　　　(84—29)

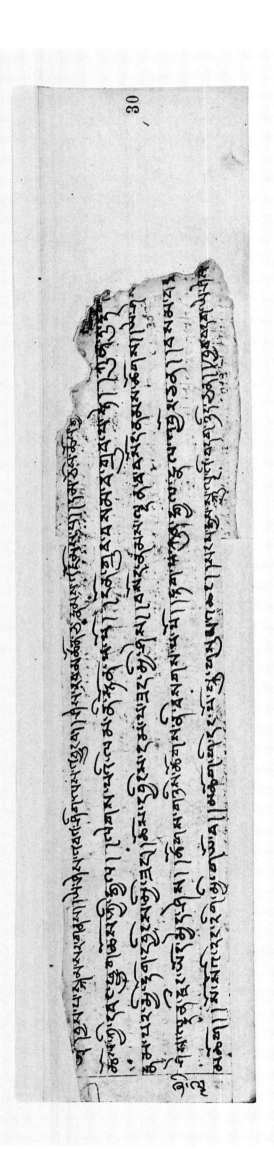

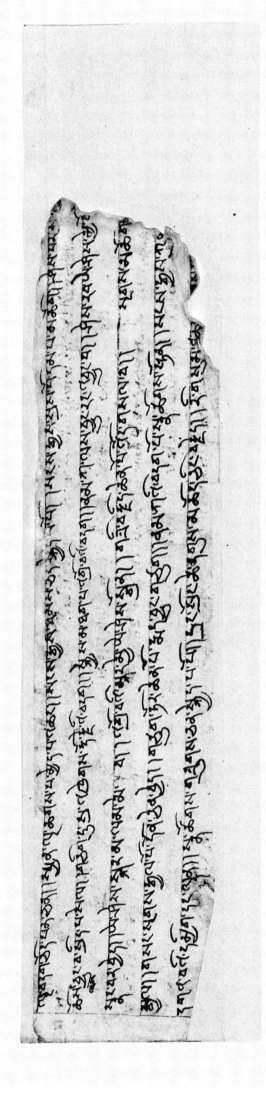

英 IOL.Tib.J.VOL.17　　2.འཇམ་དཔལ་མཚན་བརྗོད

2.聖妙吉祥真實名經　　　(84—31)

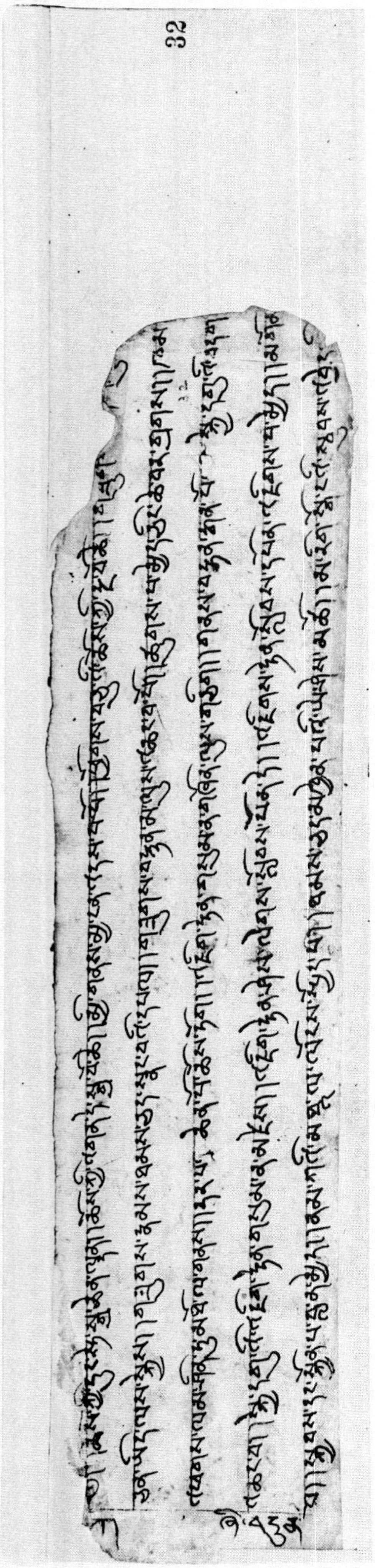

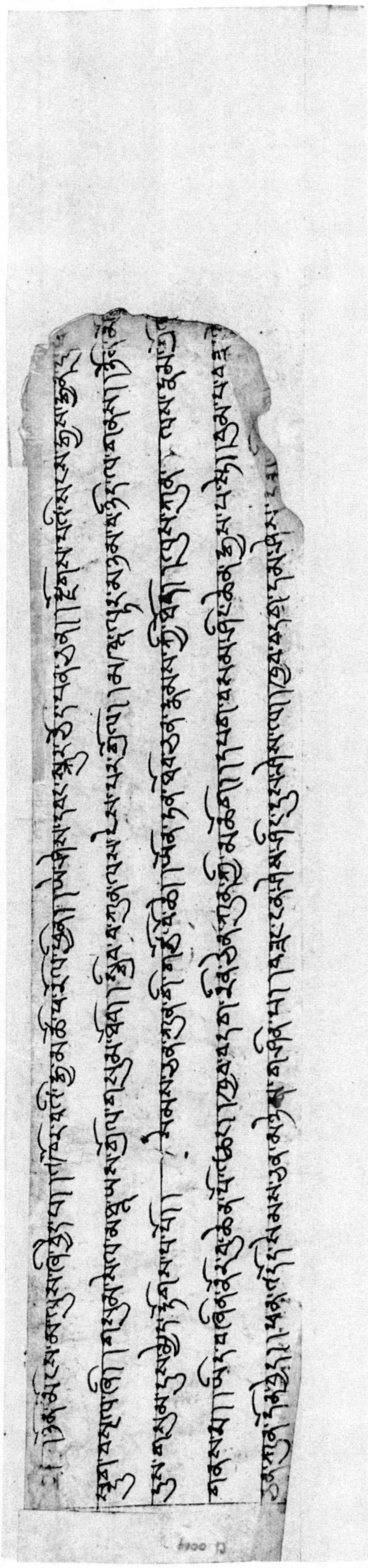

2.聖妙吉祥真實名經　　(84—32)

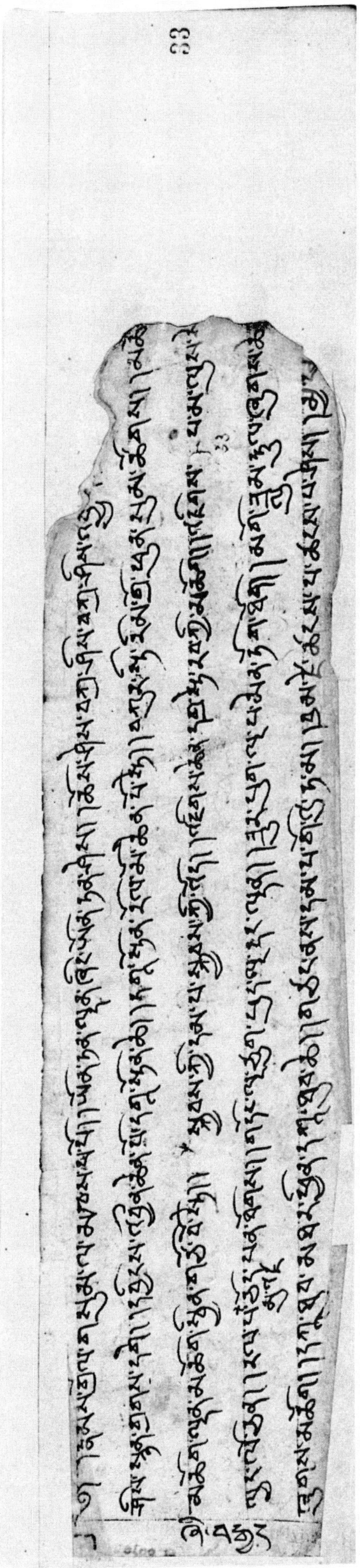

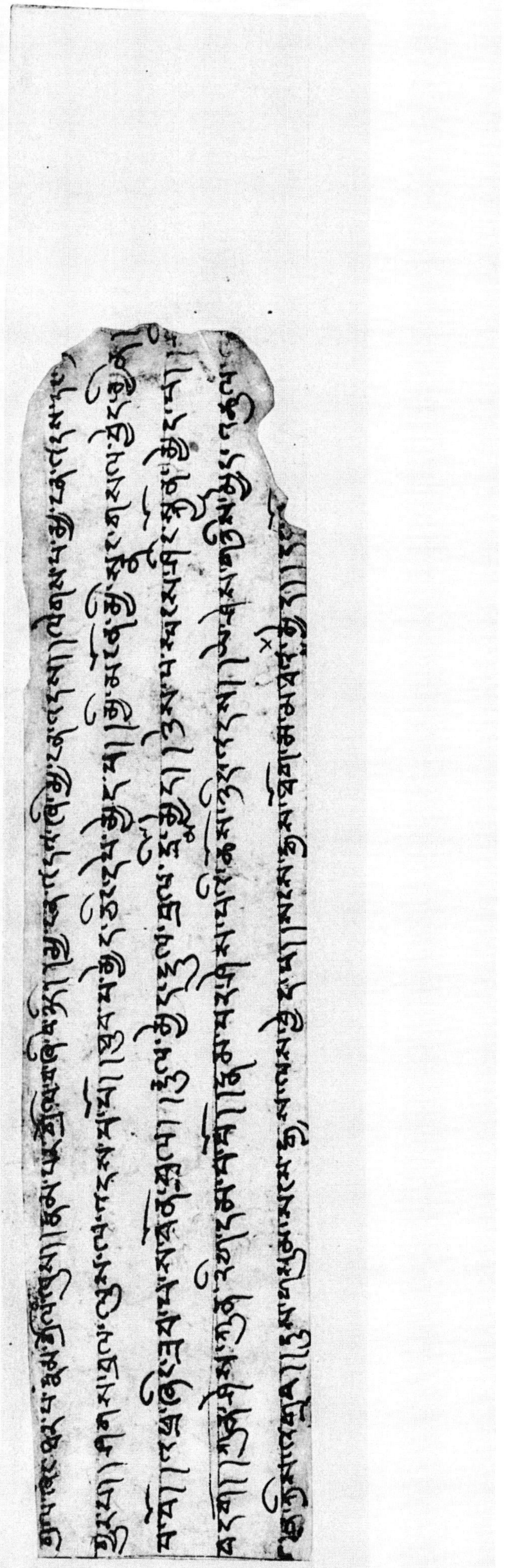

英 IOL.Tib.J.VOL.17　　2.འཇམ་དཔལ་མཚན་བརྗོད

2.聖妙吉祥真實名經　　(84—33)

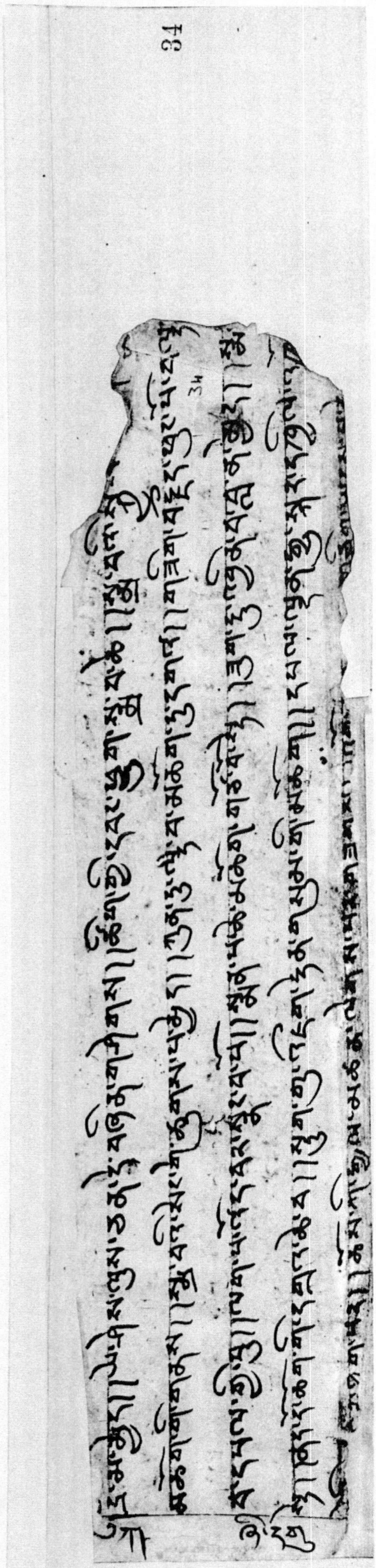

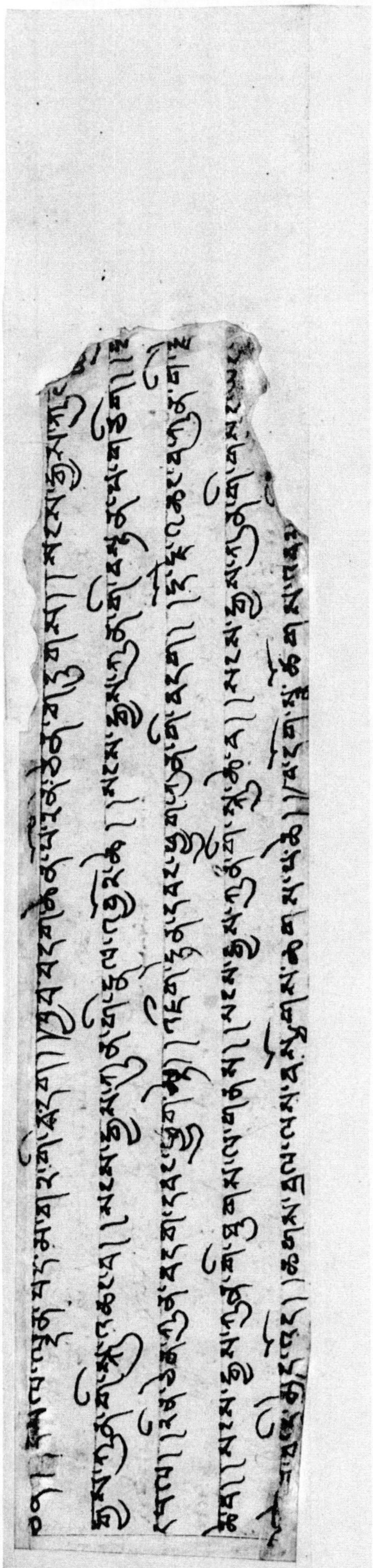

英 IOL.Tib.J.VOL.17　2.འཇམ་དཔལ་མཚན་བརྗོད

2.聖妙吉祥真實名經　(84—34)

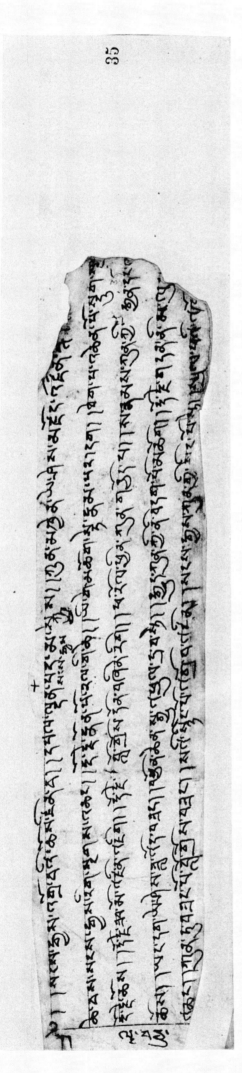

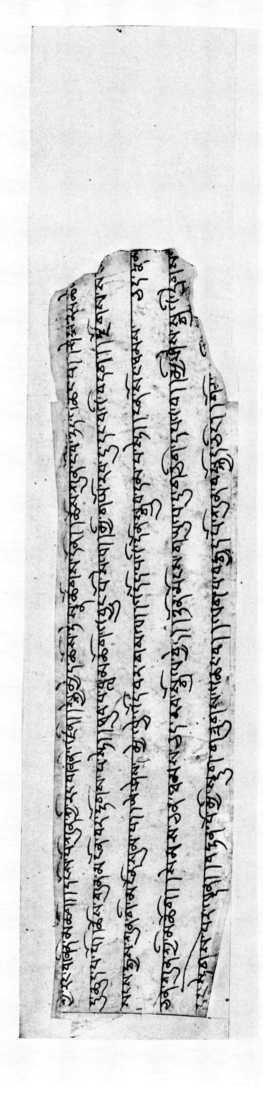

英 IOL.Tib.J.VOL.17　　2.འཇམ་དཔལ་མཚན་བརྗོད

2.聖妙吉祥真實名經　　(84—35)

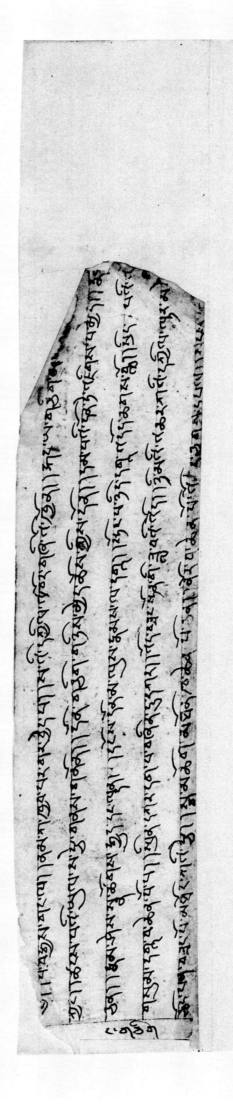

英 IOL.Tib.J.VOL.17　　2.འཇམ་དཔལ་མཚན་བརྗོད

2.聖妙吉祥真實名經　　　(84—36)

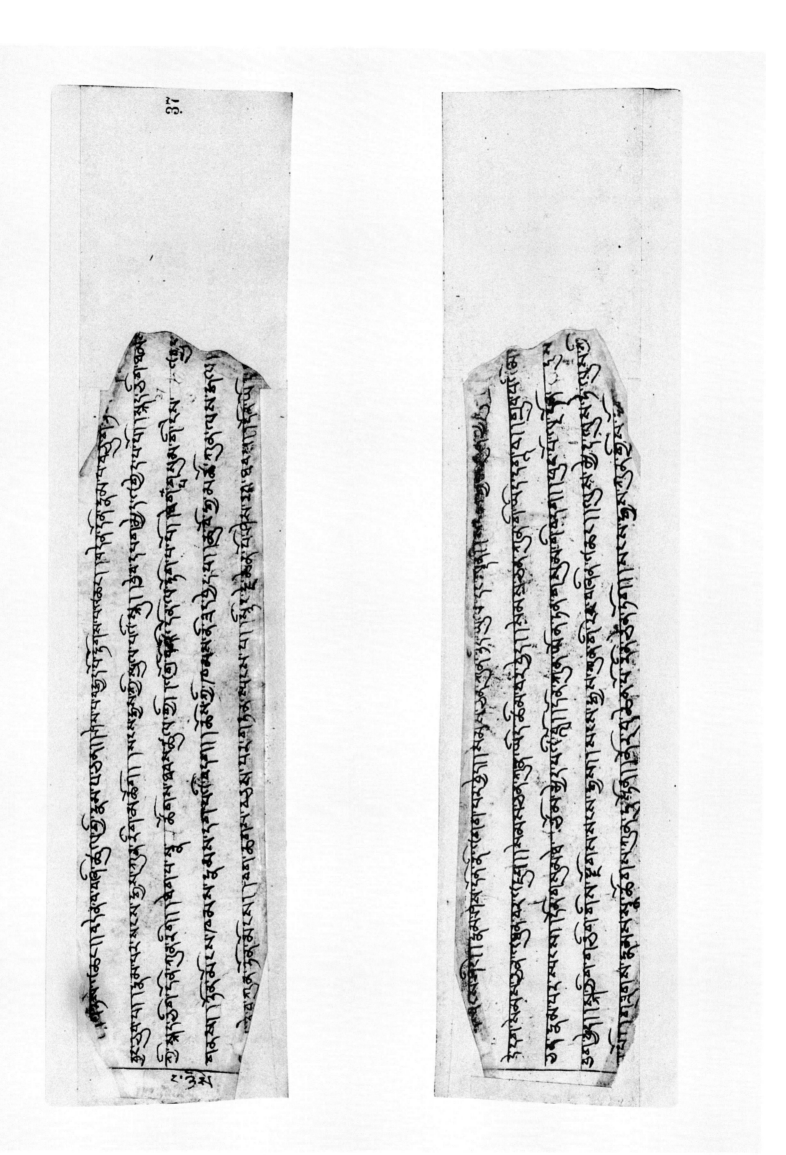

英 IOL.Tib.J.VOL.17　　2.འཇམ་དཔལ་མཚན་བརྗོད

2.聖妙吉祥真實名經　　　(84—37)

英 IOL.Tib.J.VOL.17　　3.པབ་གོང་ཆུད། 　4.དམ་ཆོས་ཐོར་བུ།
　　　　　　　　　　3.百拜懺悔經　4.佛經　　　(84—38)

英 IOL.Tib.J.VOL.17　　4. ད་མ་ཆོས་ཐོར་བུ།

4. 佛經　　　(84—39)

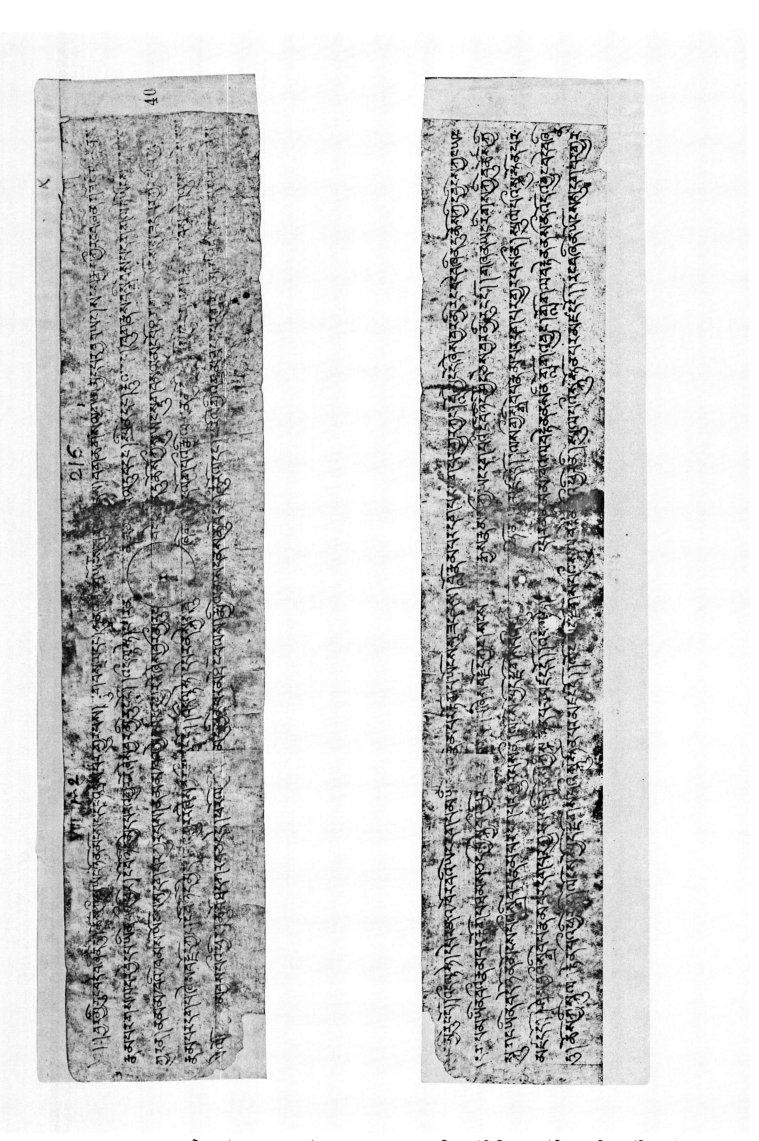

5.འཕགས་པ་གསེར་འོད་དམ་པ་མཆོག་ཏུ་རྣམ་པར་རྒྱལ་བའི་མདོ་སྡེའི་རྒྱལ་པོ་ཐེག་པ་ཆེན་པོའི་མདོ།

5.金光明最勝王經　　　(84—40)

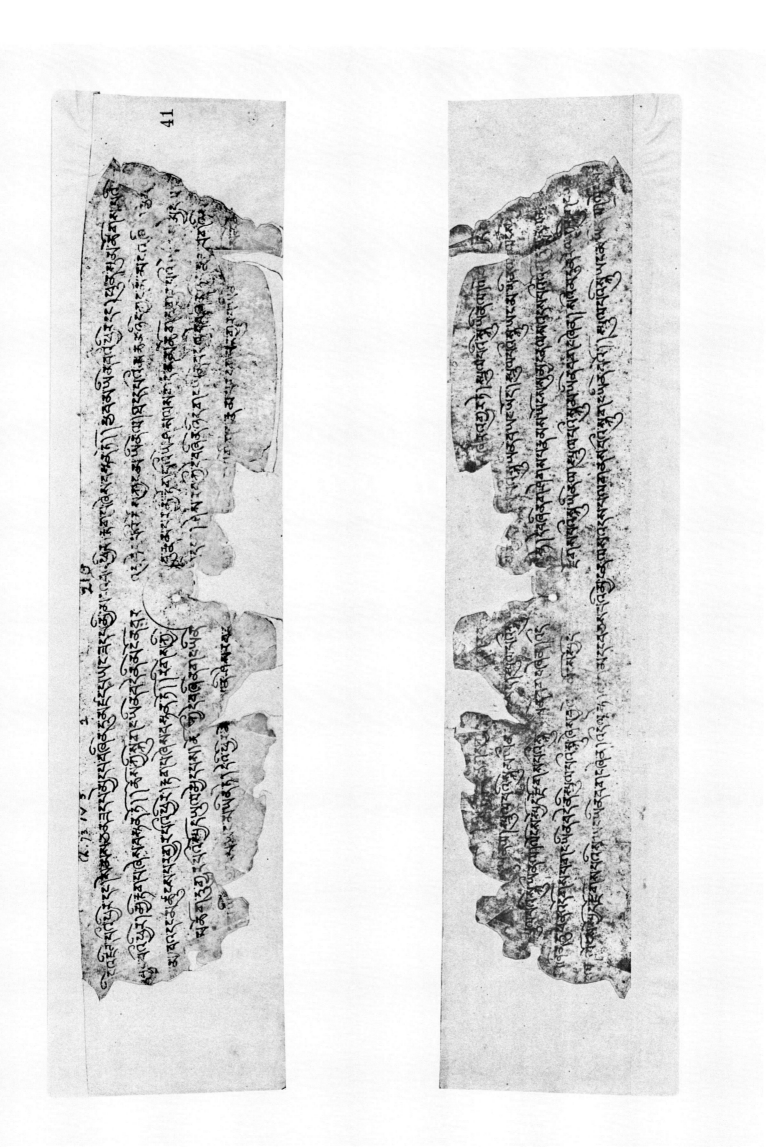

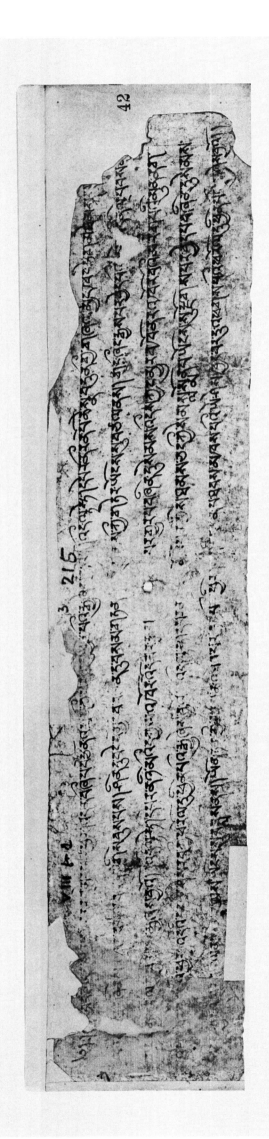

英 IOL.Tib.J.VOL.17　5.འཕགས་པ་གསེར་འོད་དམ་པ་མཆོག་ཏུ་རྣམ་པར་རྒྱལ་བའི་མདོ་སྡེའི་རྒྱལ་པོ་ཐེག་པ་ཆེན་པོའི་མདོ།

5.金光明最勝王經　　　(84—42)

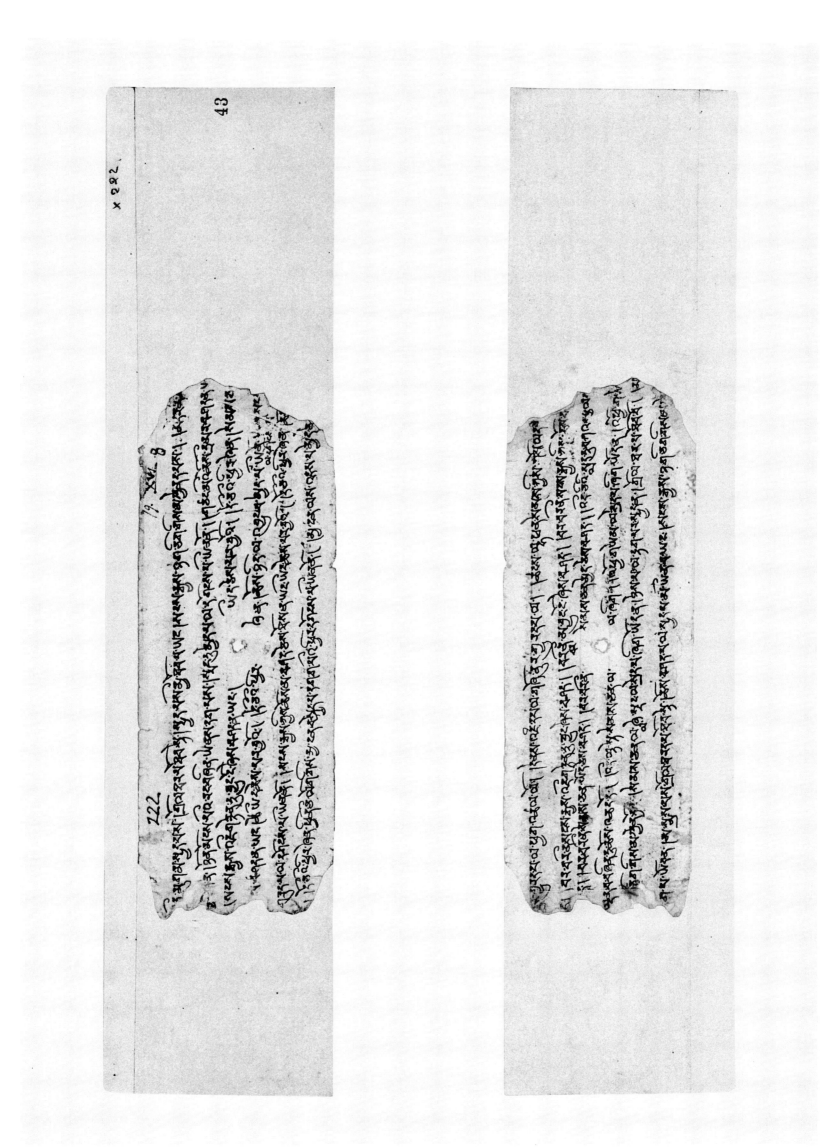

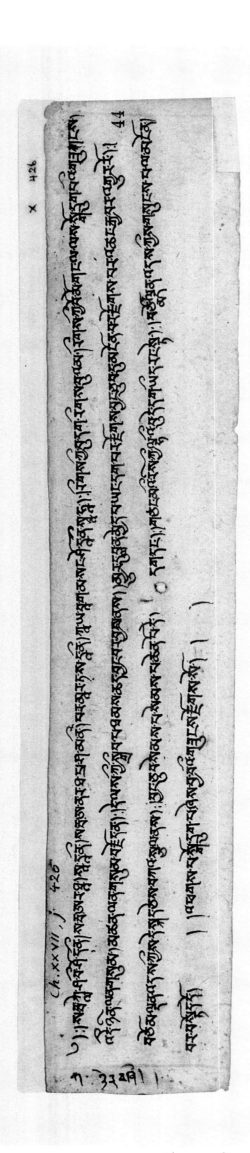

7.འཕགས་པ་སྒོ་དྲུག་པ་ཞེས་བྱ་བའི་གཟུངས།

7.聖六門陀羅尼　　(84—44)

　　8.འཕགས་པ་དྲི་མ་མེད་པར་གྲགས་པས་བསྟན་པ་ཞེས་བྱ་བ་ཐེག་པ་ཆེན་པོའི་མདོ།

8.聖無垢稱所說大乘經　　　(84—45)

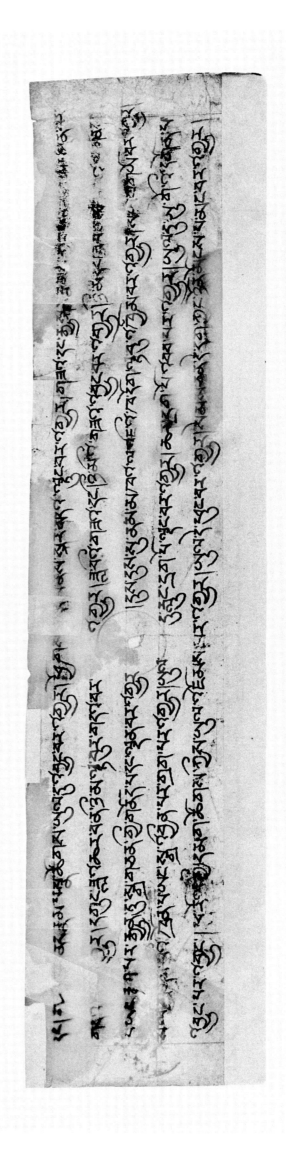

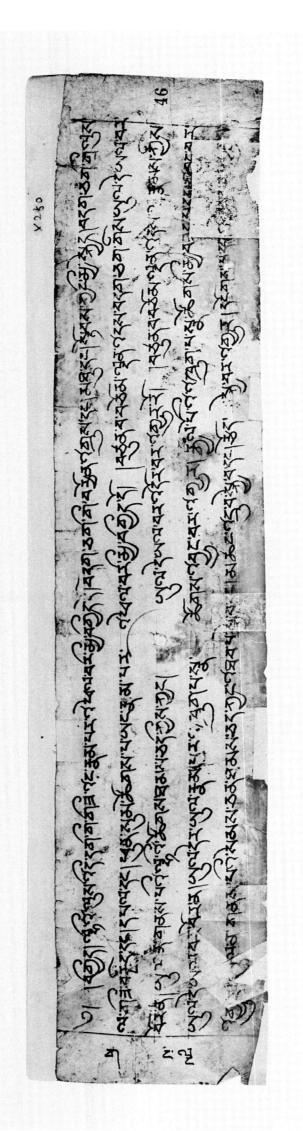

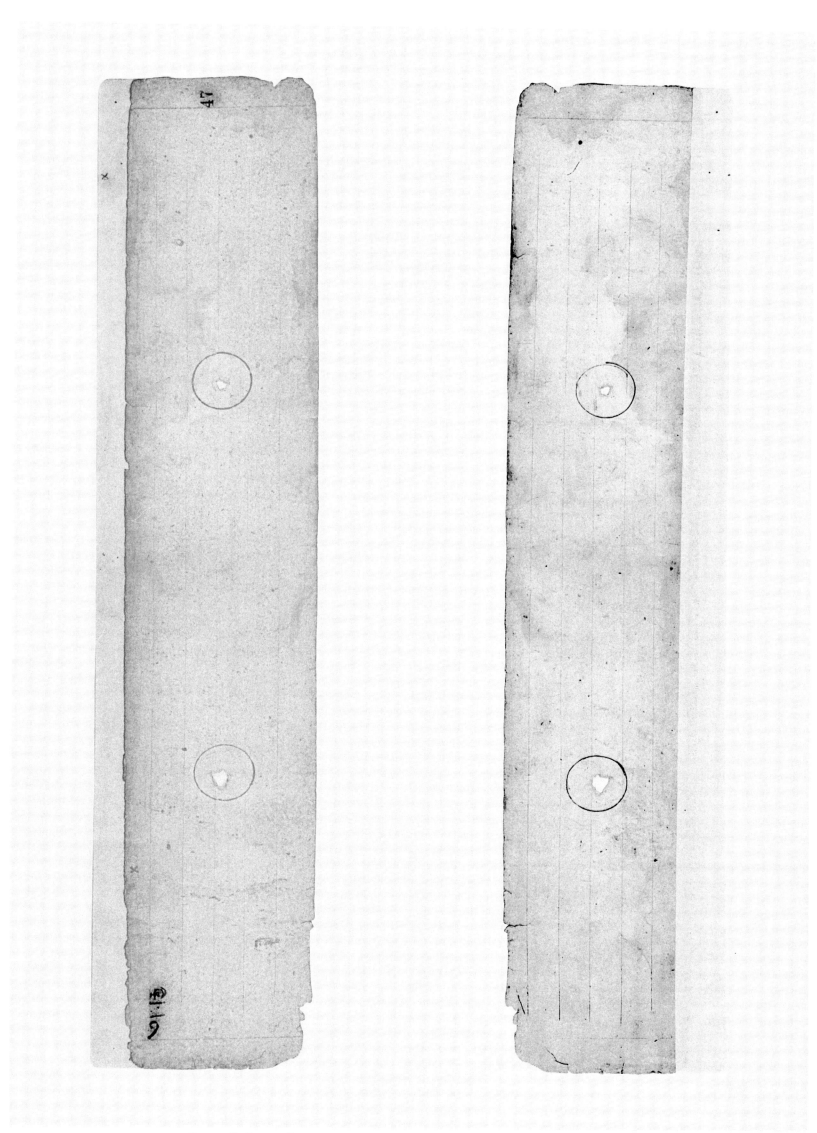

英 IOL.Tib.J.VOL.17   10.རྒྱ་ཞེས་པའི་ཡིག་འབྲི།

10.藏文"ㄒ"字   (84—47)

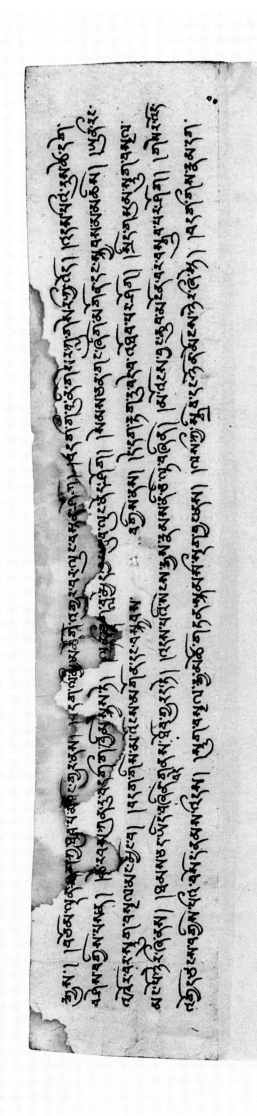

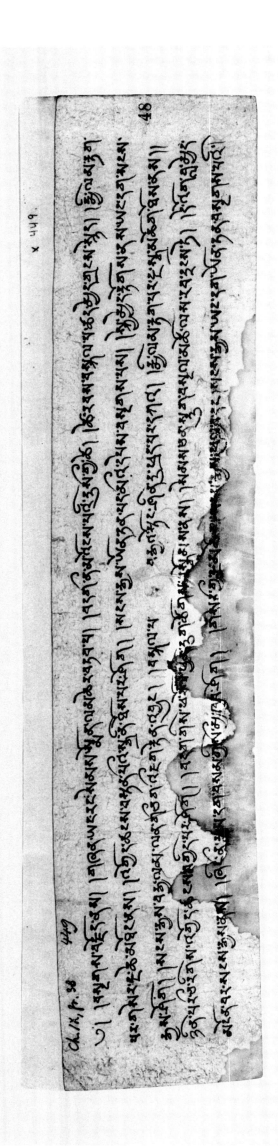

11.འཕགས་པ་གསེར་འོད་དམ་པ་མཆོག་ཏུ་རྣམ་པར་རྒྱལ་བའི་མདོ་སྡེའི་རྒྱལ་པོ་ཞེས་བྱ་བ་ཆེན་པོའི་མདོ།

11.金光明最勝王經　　　(84—48)

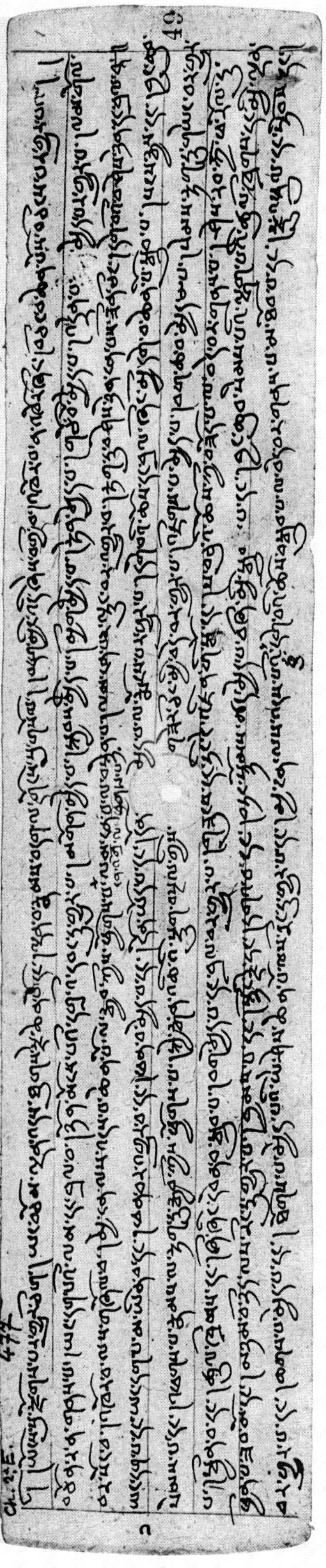 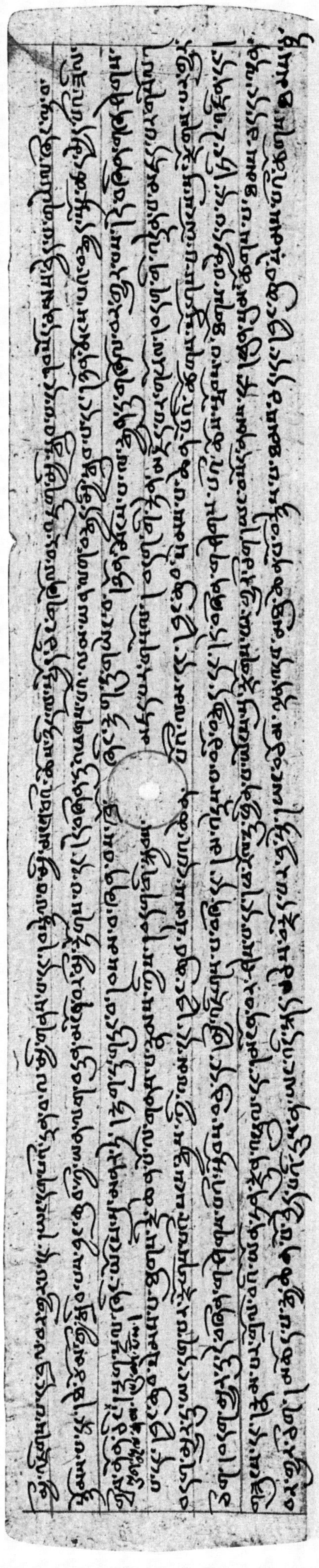

英 IOL.Tib.J.VOL.17　　12.བཤགས་སྡོམ་བྱེད་ཚུལ།

12.懺悔獻供祈願文　　(84—49)

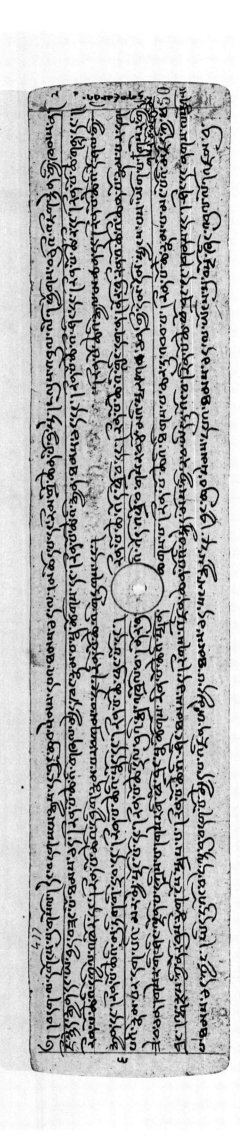

英 IOL.Tib.J.VOL.17　　12.བཤགས་སྐོམ་ཕྱེད་ཆུ་ལ།

12.懺悔獻供祈願文　　　(84—50)

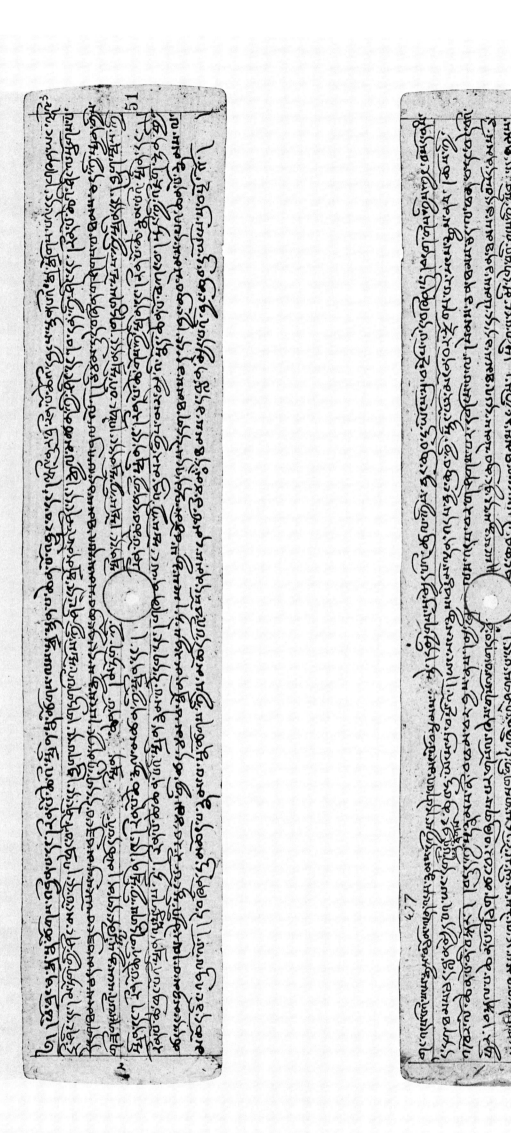

英 IOL.Tib.J.VOL.17　　12.བདགས་སྟོམ་བྱེད་ཚུལ།

12.懺悔獻供祈願文　　　(84—51)

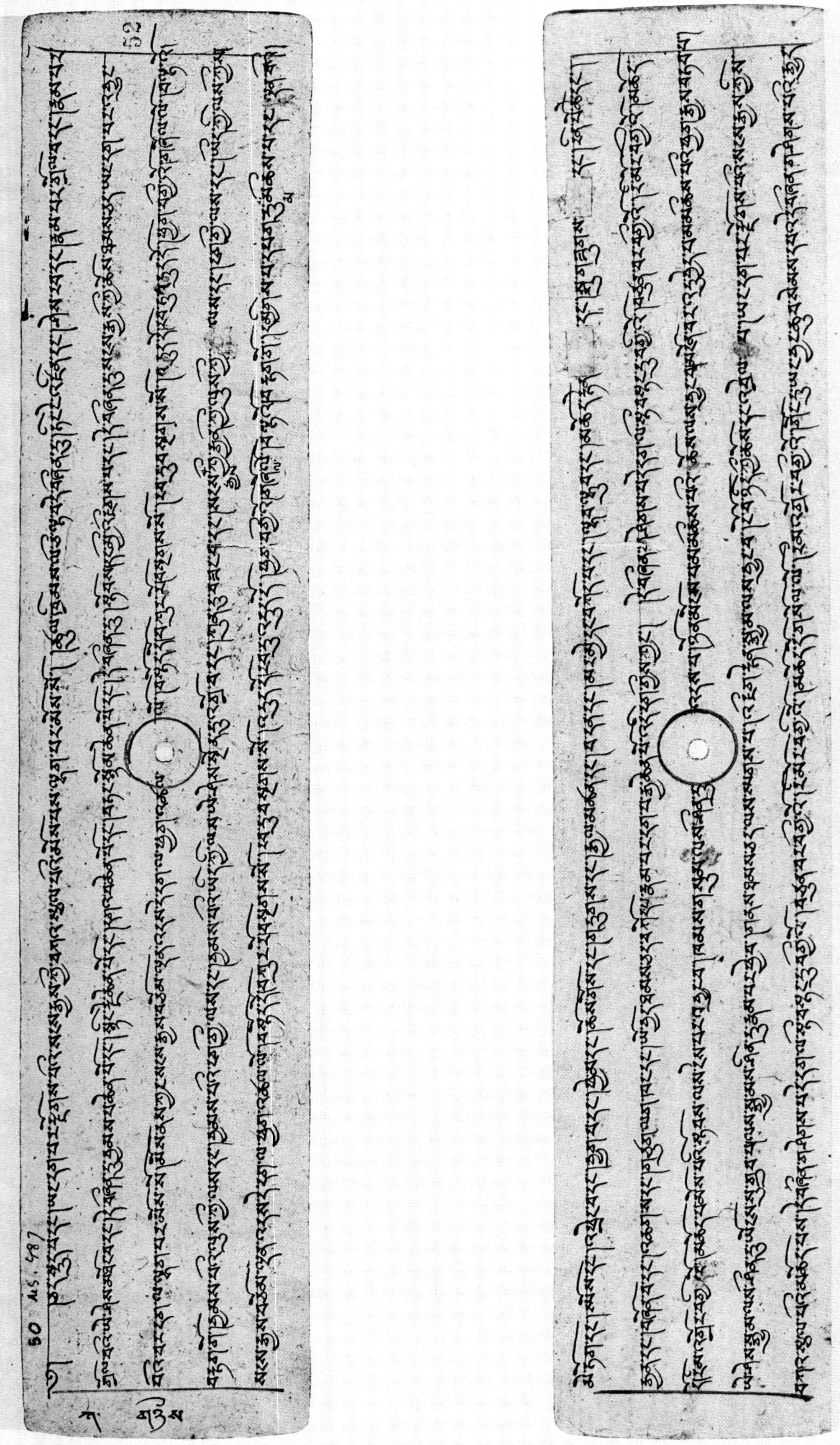

英 IOL.Tib.J.VOL.17　　13.དམ་ཆོས་ཕོར་བུ།
13.佛經　　(84—52)

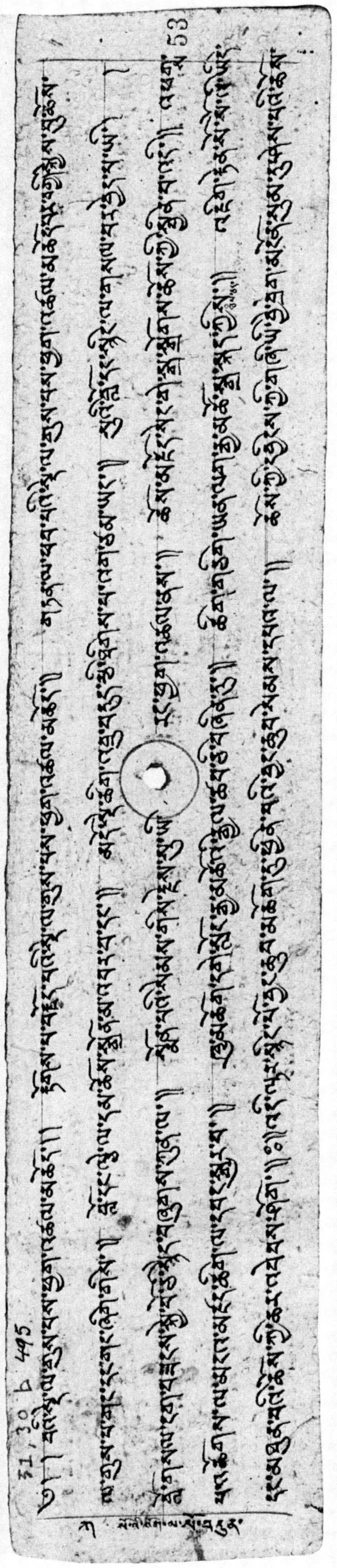

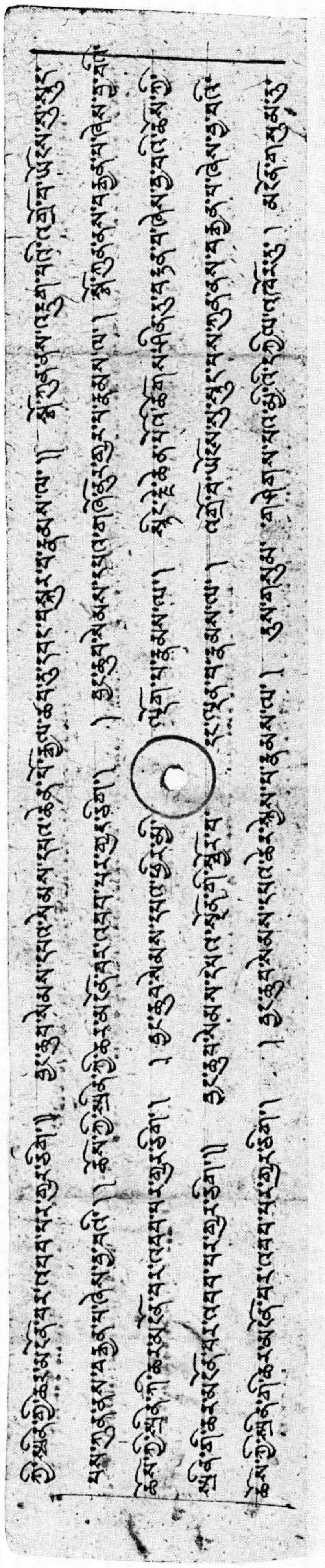

英 IOL.Tib.J.VOL.17　　14.ཆོས་ཀྱི་སྦྱིན་པའི་བསྔོ་བ།
　　　　　　　　　　　14.法施回向文　　(84—53)

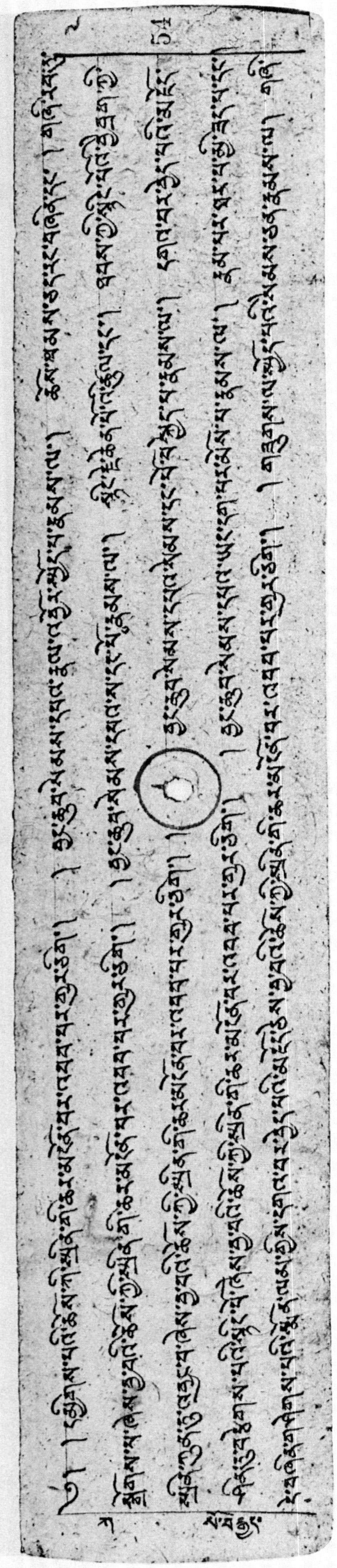

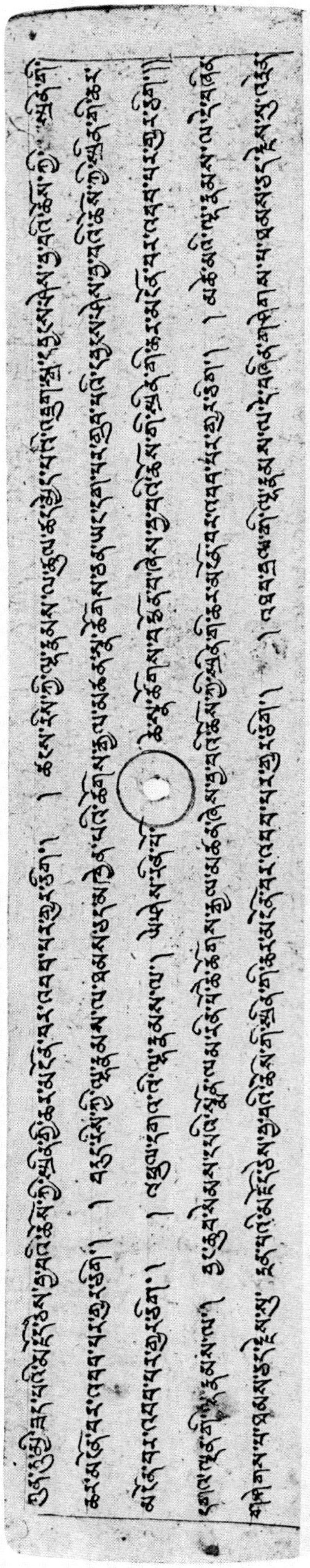

英 IOL.Tib.J.VOL.17　　14.ཆོས་ཀྱི་སྦྱིན་པའི་བསྔོ་བ།

14.法施回向文　　(84—54)

英 IOL.Tib.J.VOL.17　　14.ཆོས་ཀྱི་སྦྱིན་པའི་བསྔོ་བ།

14.法施回向文　　(84—55)

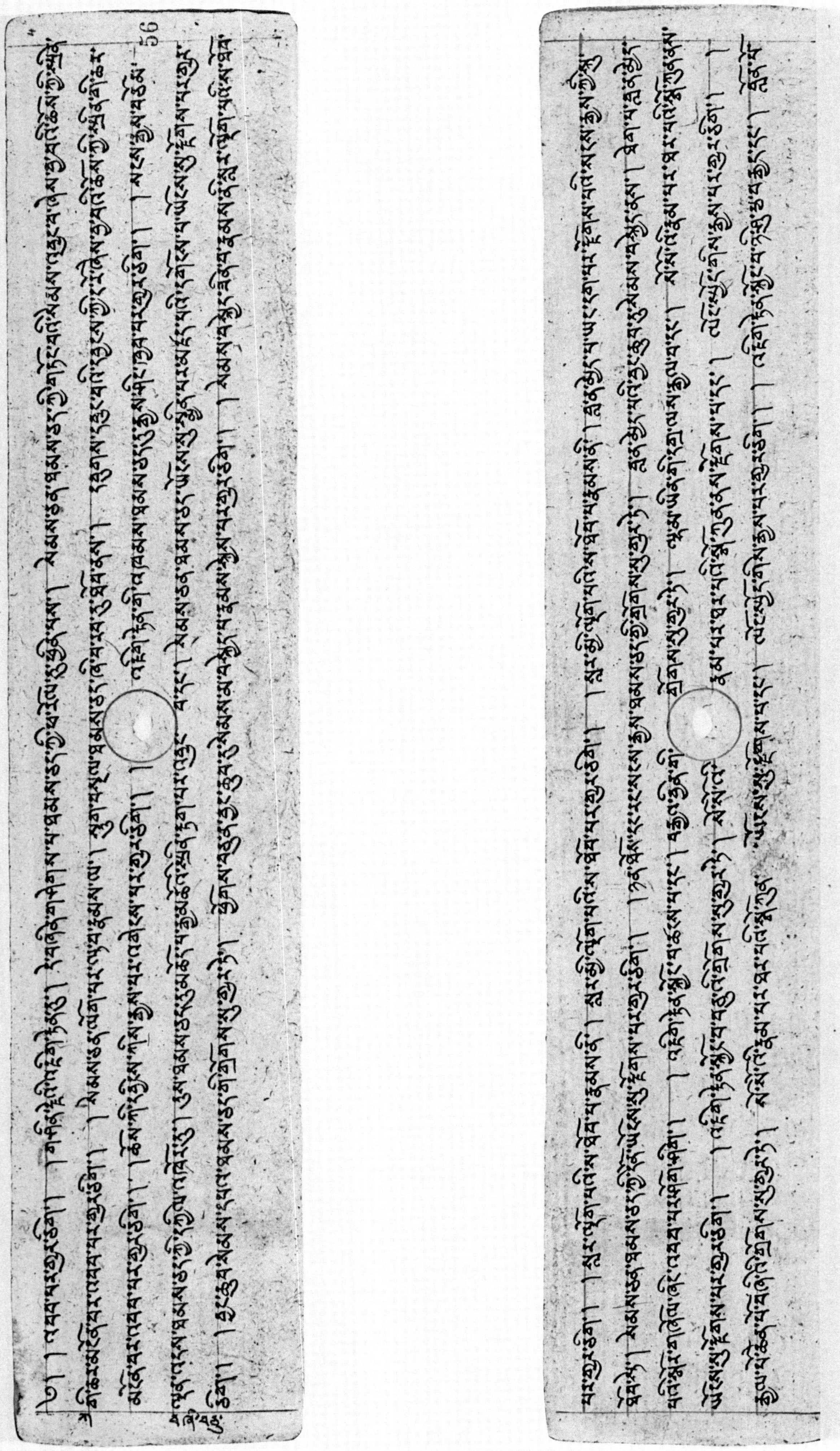

英 IOL.Tib.J.VOL.17　14.ཆོས་ཀྱི་སྦྱིན་པའི་བསྔོ་བ།

14.法施回向文　(84—56)

英 IOL.Tib.J.VOL.17　　14.ཆོས་ཀྱི་སྦྱིན་པའི་བསྔོ་བ།

14.法施回向文　　　（84—57）

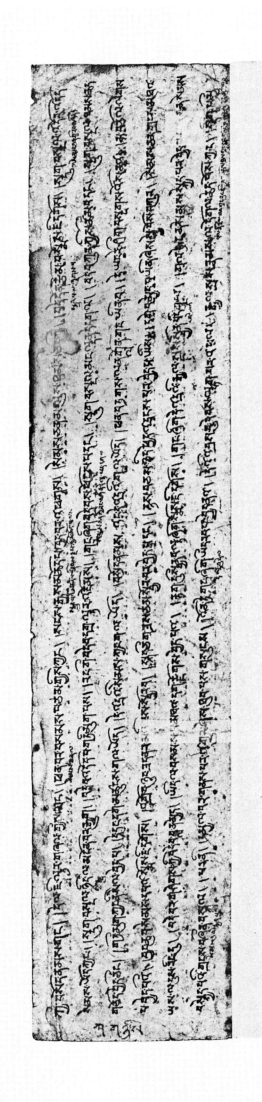

　　15.བྱང་ཆུབ་སེམས་དཔའི་སྤྱོད་པ་ལ་འཇུག་པ་ལས།། བསྔོ་བ་ཞེས་བྱ་བ་སྟེ།། ཞེའུ་དགུ་པ།།

15.入菩薩行論回向品　　　(84—59)

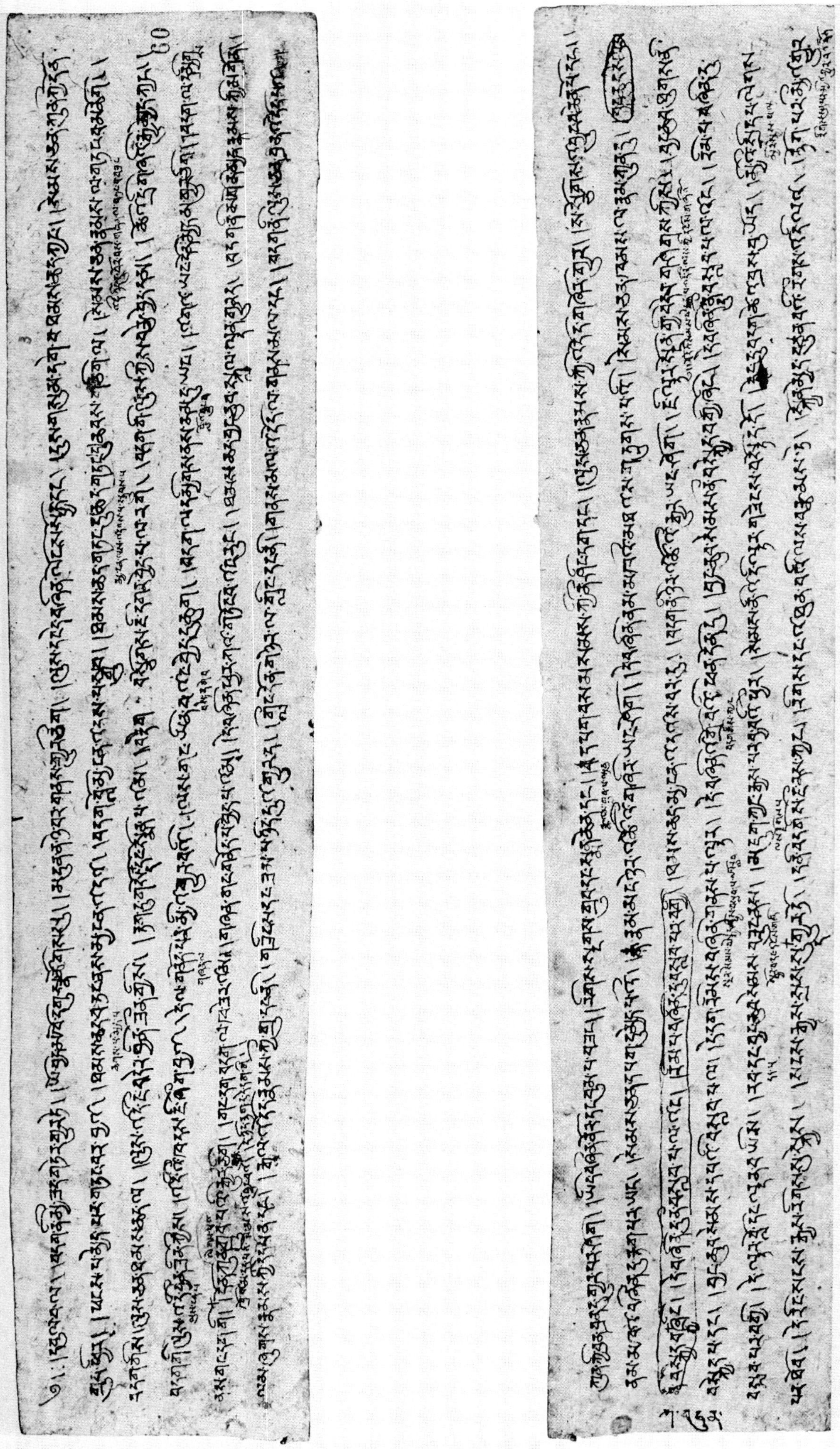

英 IOL.Tib.J.VOL.17 15.བྱང་ཆུབ་སེམས་དཔའི་སྤྱོད་པ་ལ་འཇུག་པ་ལས།། བསྔོ་བ་ཞེས་བྱ་བ་སྟེ།། ལེའུ་དགུ་པ།།

15.入菩薩行論回向品 (84—60)

15.བྱང་ཆུབ་སེམས་དཔའི་སྤྱོད་པ་ལ་འཇུག་པ་ལས།། བསྔོ་བ་ཞེས་བྱ་བ་སྟེ།། ཞེུ་དགུ་པ།།

15.入菩薩行論回向品 　　(84—61)

15.བྱང་ཆུབ་སེམས་དཔའི་སྤྱོད་པ་ལ་འཇུག་པ་ལས།། བསྔོ་བ་ཞེས་བྱ་བ་སྟེ།། ཉི་ཤུ་དགུ་པ།།

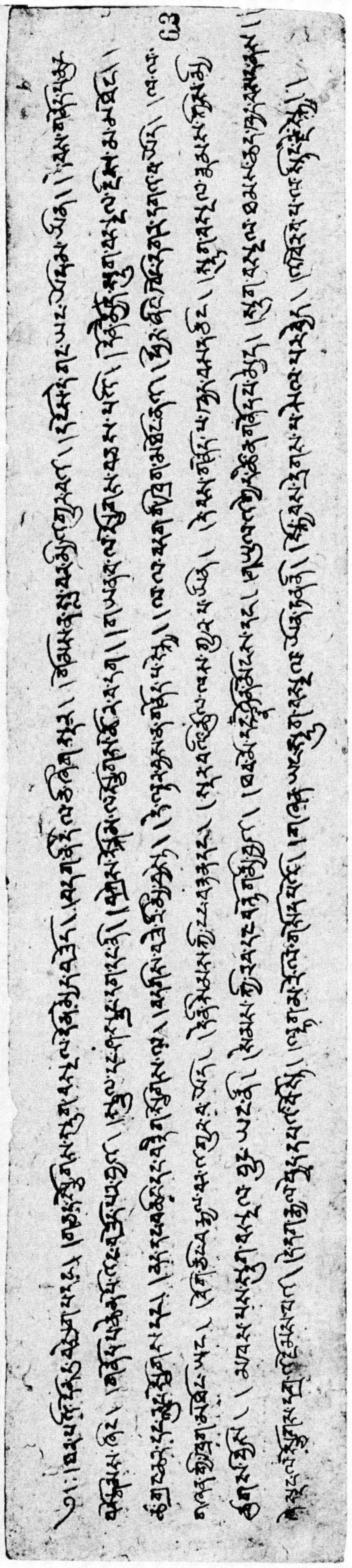

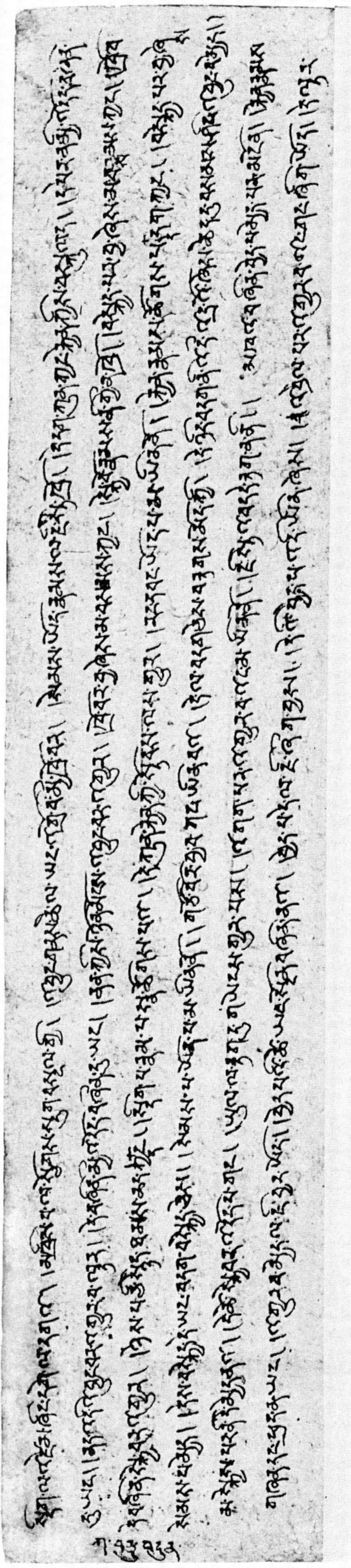

英 IOL.Tib.J.VOL.17 15.བྱང་ཆུབ་སེམས་དཔའི་སྤྱོད་པ་ལ་འཇུག་པ་ལས༎ བསྔོ་བ་ཞེས་བྱ་བ་སྟེ༎ ལེའུ་དགུ་པ༎

15.入菩薩行論回向品 (84—63)

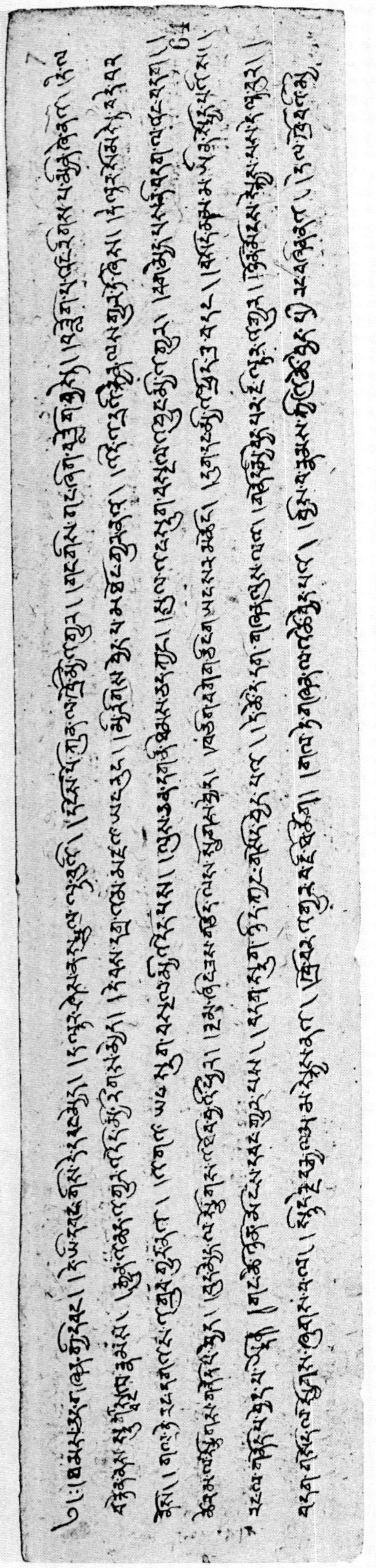

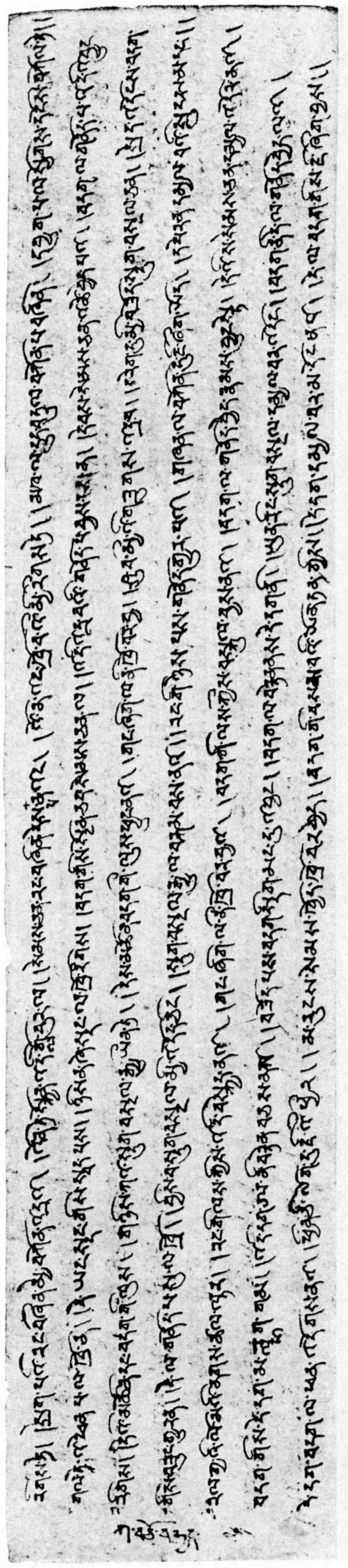

英 IOL.Tib.J.VOL.17　15.བྱང་ཆུབ་སེམས་དཔའི་སྤྱོད་པ་ལ་འཇུག་པ་ལས། བསྔོ་བ་ཞེས་བྱ་བ་སྟེ། ལེའུ་དགུ་པ།

15.入菩薩行論回向品　(84—64)

15.བྱང་ཆུབ་སེམས་དཔའི་སྤྱོད་པ་ལ་འཇུག་པ་ལས།། བསྔོ་བ་ཞེས་བྱ་བ་སྟེ།། ཞེུ་དགུ་པ།།

15.入菩薩行論迴向品　　(84—65)

15.ཁྱད་ཆུབ་སེམས་དཔའི་སྤྱོད་པ་ལ་འཇུག་པ་ལས།། བསྔོ་བ་ཞེས་བྱ་བ་སྟེ།། ཞེ་ལྔ་པ།།

15.入菩薩行論回向品 　　　(84—66)

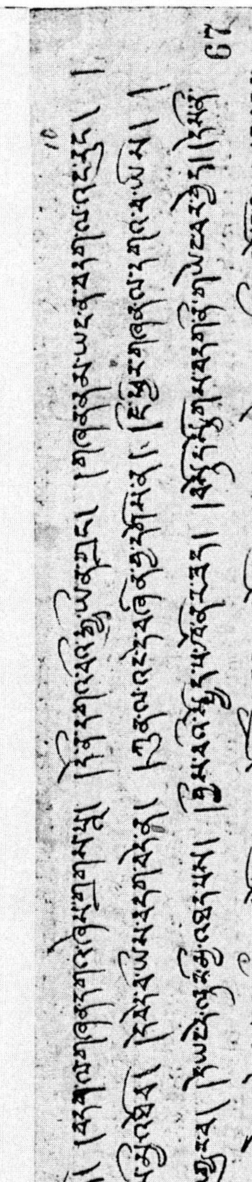

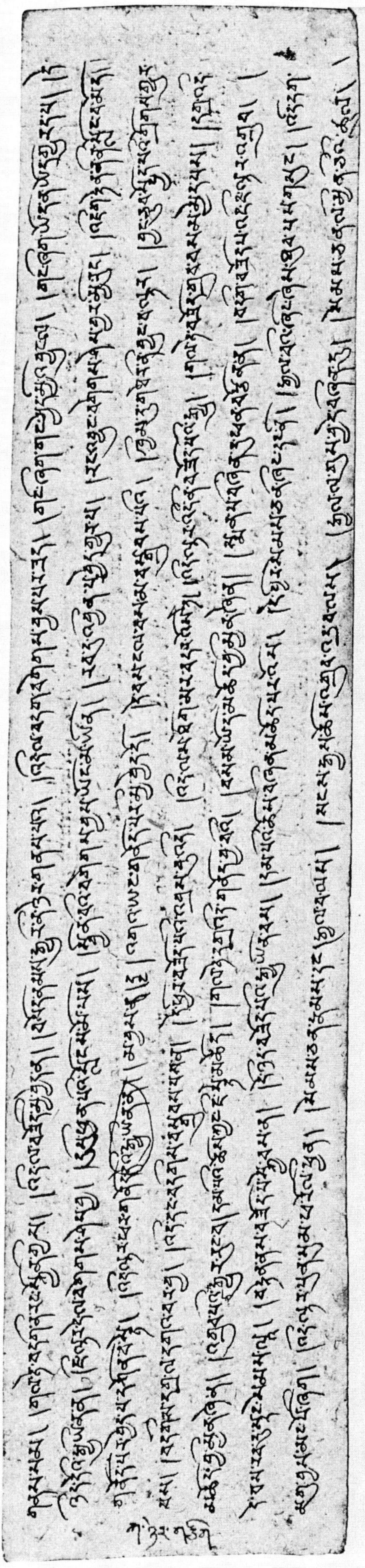

英 IOL.Tib.J.VOL.17　15.བྱང་ཆུབ་སེམས་དཔའི་སྤྱོད་པ་ལ་འཇུག་པ་ལས།། བསྔོ་བ་ཞེས་བྱ་བ་སྟེ།། ལེའུ་དགུ་པ།།

15.入菩薩行論回向品　(84—67)

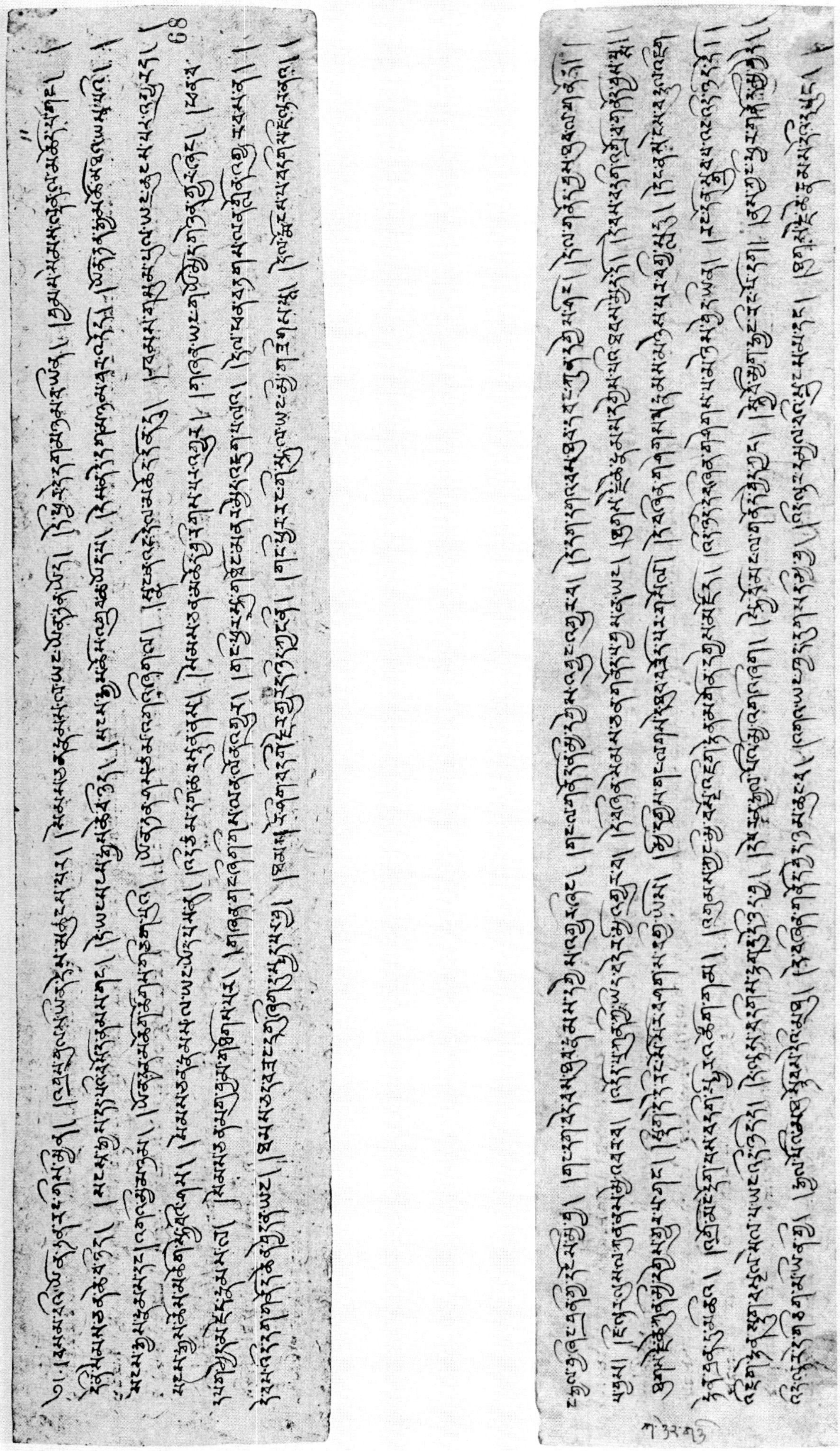

英 IOL.Tib.J.VOL.17　15.བྱང་ཆུབ་སེམས་དཔའི་སྤྱོད་པ་ལ་འཇུག་པ་ལས། བསྔོ་བ་ཞེས་བྱ་བ་སྟེ། ལེའུ་དགུ་པ།
15.入菩薩行論回向品　(84—68)

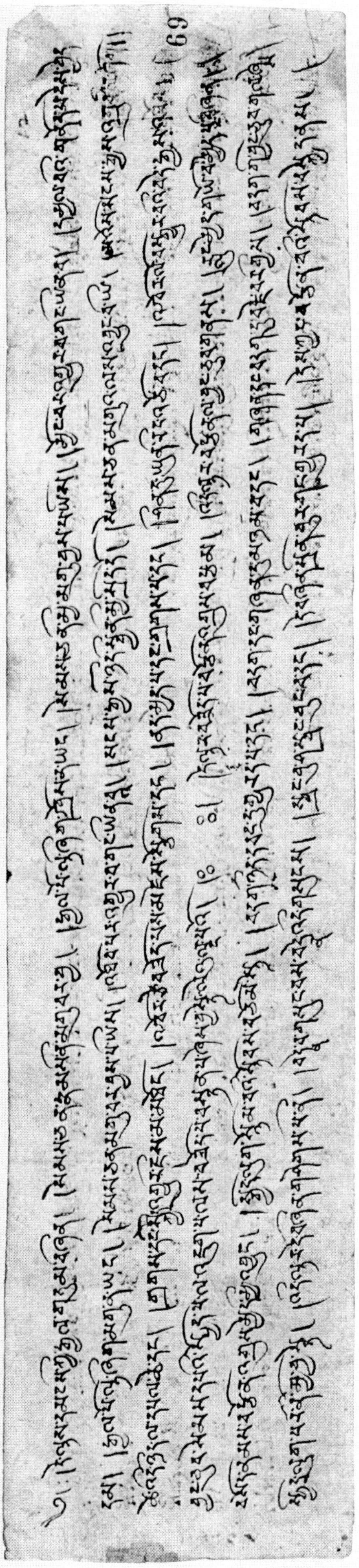

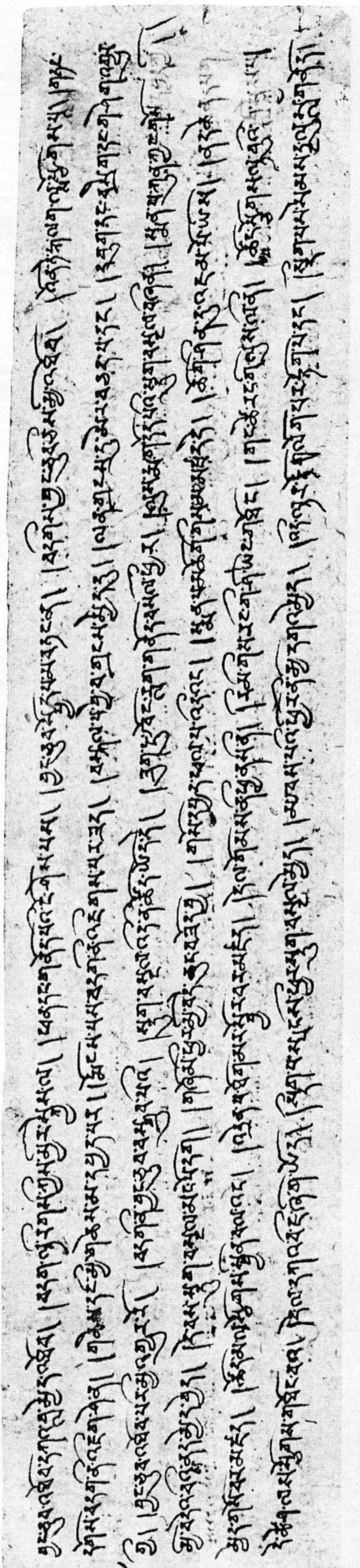

英 IOL.Tib.J.VOL.17　15.བྱང་ཆུབ་སེམས་དཔའི་སྤྱོད་པ་ལ་འཇུག་པ་ལས།། བསྔོ་བ་ཞེས་བྱ་བ་སྟེ།། ལེའུ་དགུ་པ།།

15.入菩薩行論回向品　(84—69)

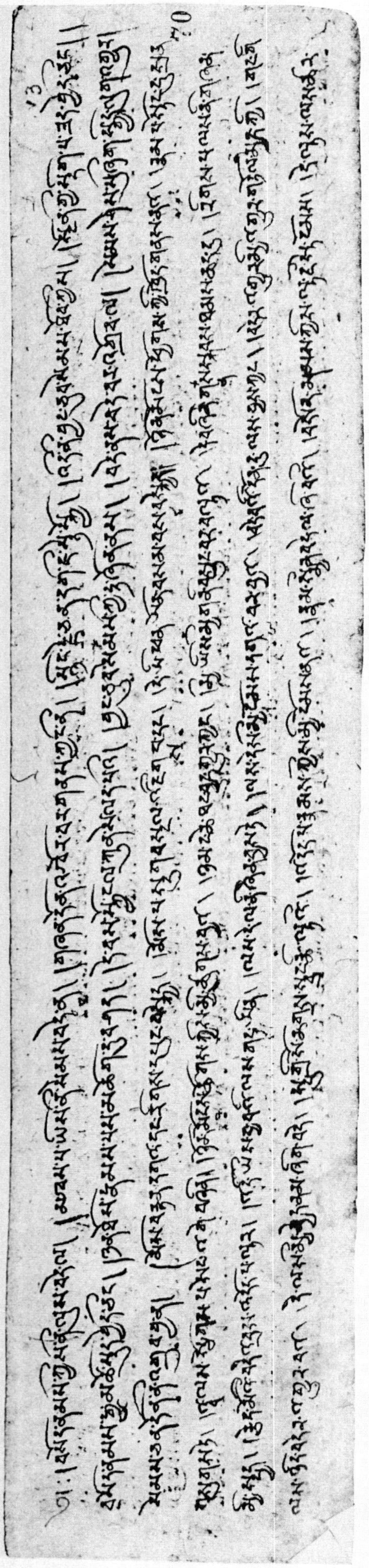

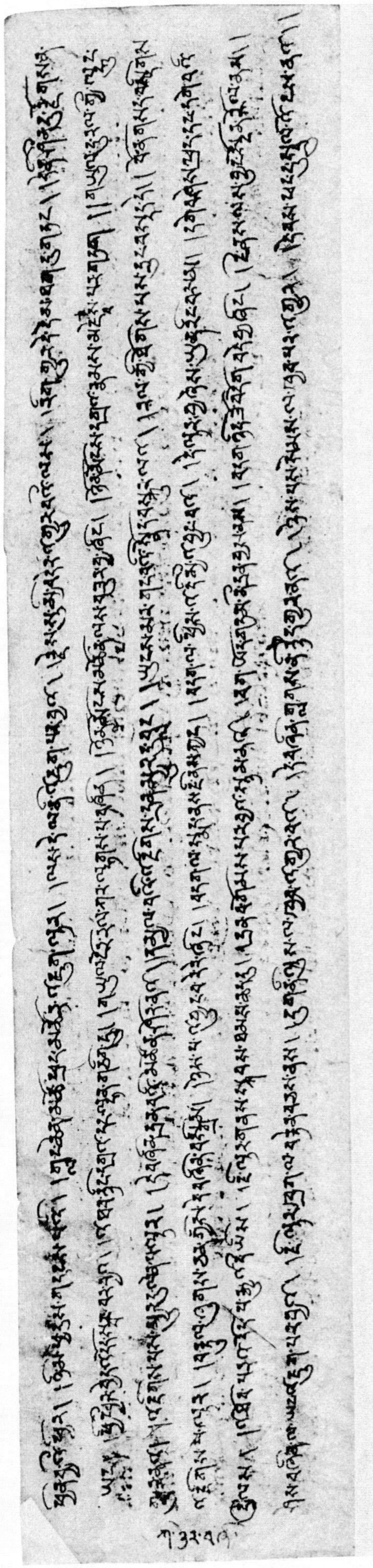

英 IOL.Tib.J.VOL.17　15.བྱང་ཆུབ་སེམས་དཔའི་སྤྱོད་པ་ལ་འཇུག་པ་ལས། བསྔོ་བ་ཞེས་བྱ་བ་སྟེ། ལེའུ་དགུ་པ།

15.入菩薩行論回向品　(84—70)

英 IOL.Tib.J.VOL.17　　15.བྱང་ཆུབ་སེམས་དཔའི་སྤྱོད་པ་ལ་འཇུག་པ་ལས།། བསྔོ་བ་ཞེས་བྱ་བ་སྟེ།། ཞེའུ་དགུ་པ།།

15.入菩薩行論回向品　　　(84—71)

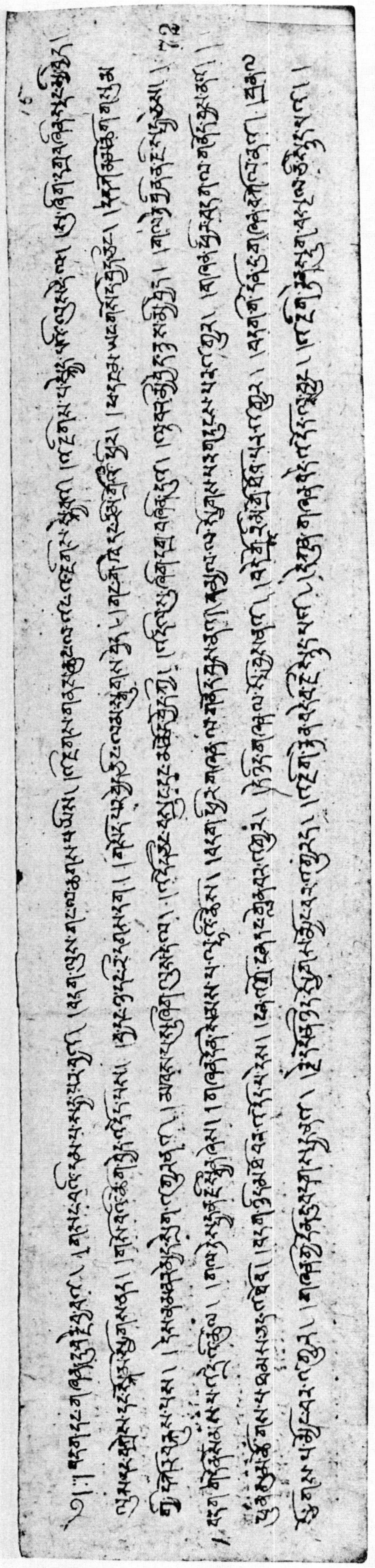

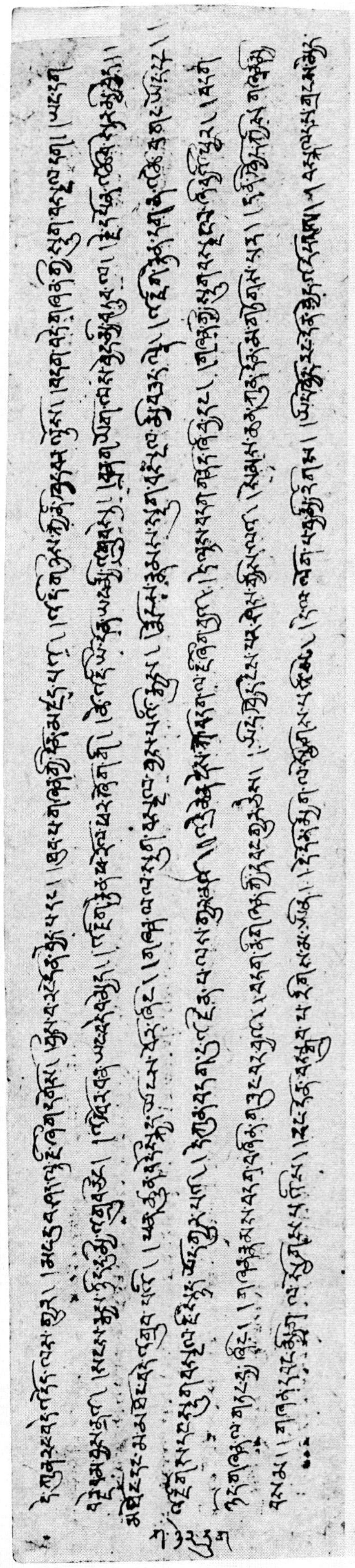

英 IOL.Tib.J.VOL.17　15.བྱང་ཆུབ་སེམས་དཔའི་སྤྱོད་པ་ལ་འཇུག་པ་ལས། བསྔོ་བ་ཞེས་བྱ་བ་སྟེ། ལེའུ་དགུ་པ།

15.入菩薩行論回向品　(84—72)

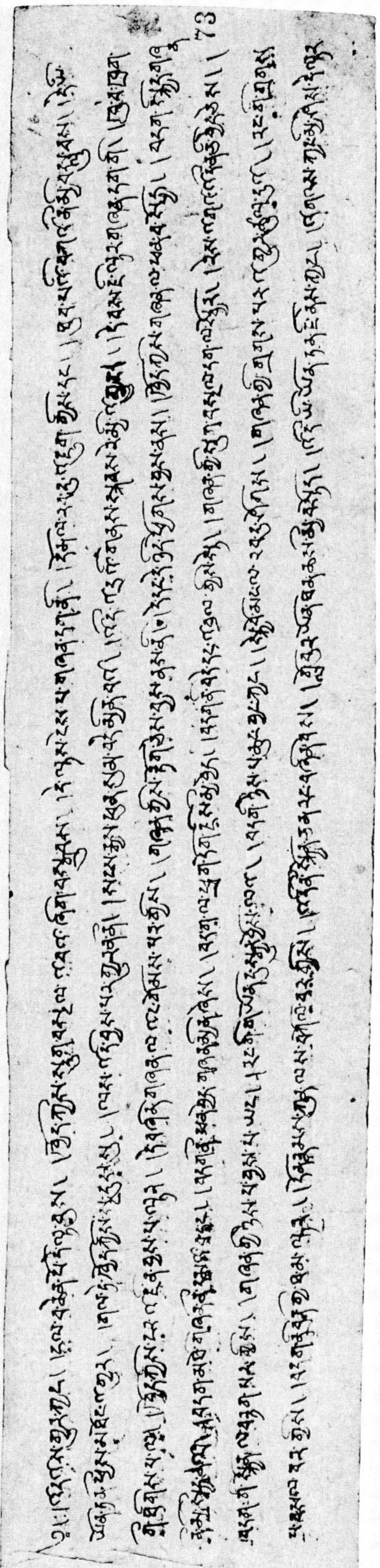

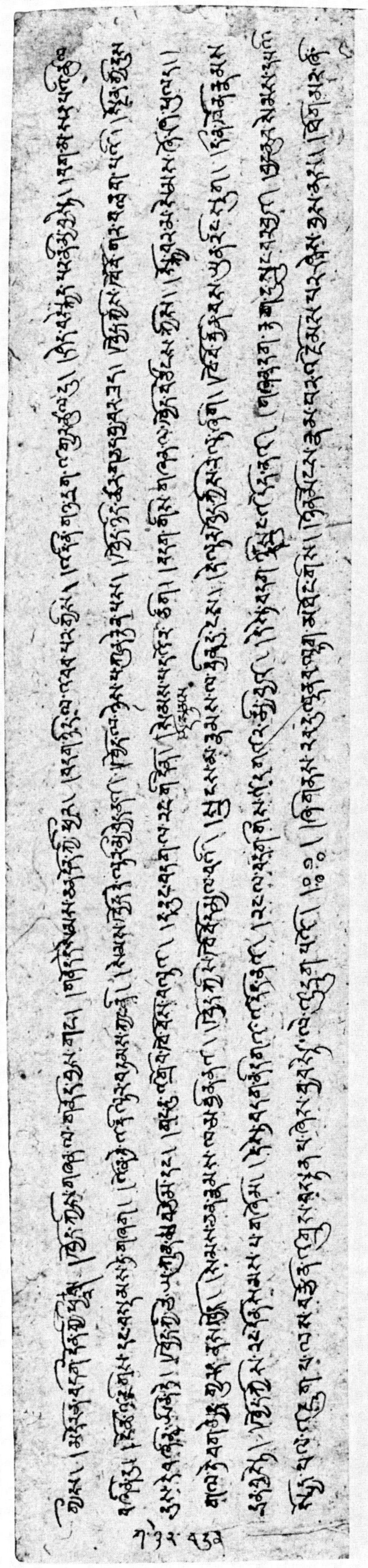

英 IOL.Tib.J.VOL.17　　15.བྱང་ཆུབ་སེམས་དཔའི་སྤྱོད་པ་ལ་འཇུག་པ་ལས།། བསྔོ་བ་ཞེས་བྱ་བ་སྟེ།། ལེའུ་དགུ་པ།།

15.入菩薩行論回向品　　(84—73)

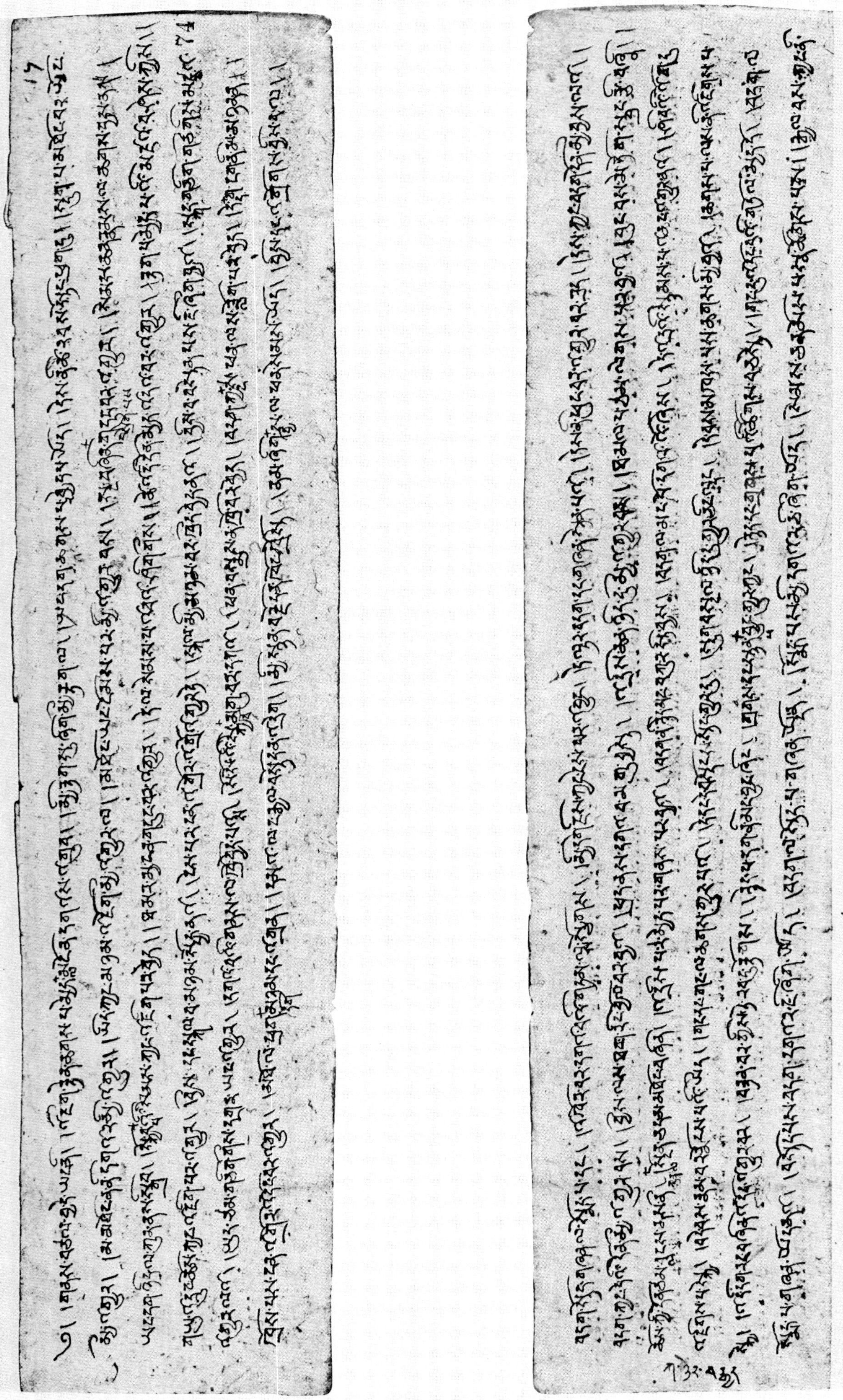

英 IOL.Tib.J.VOL.17　15.བྱང་ཆུབ་སེམས་དཔའི་སྤྱོད་པ་ལ་འཇུག་པ་ལས།། བསྔོ་བ་ཞེས་བྱ་བ་སྟེ།། ལེའུ་དགུ་པ།།
15.入菩薩行論回向品　(84—74)

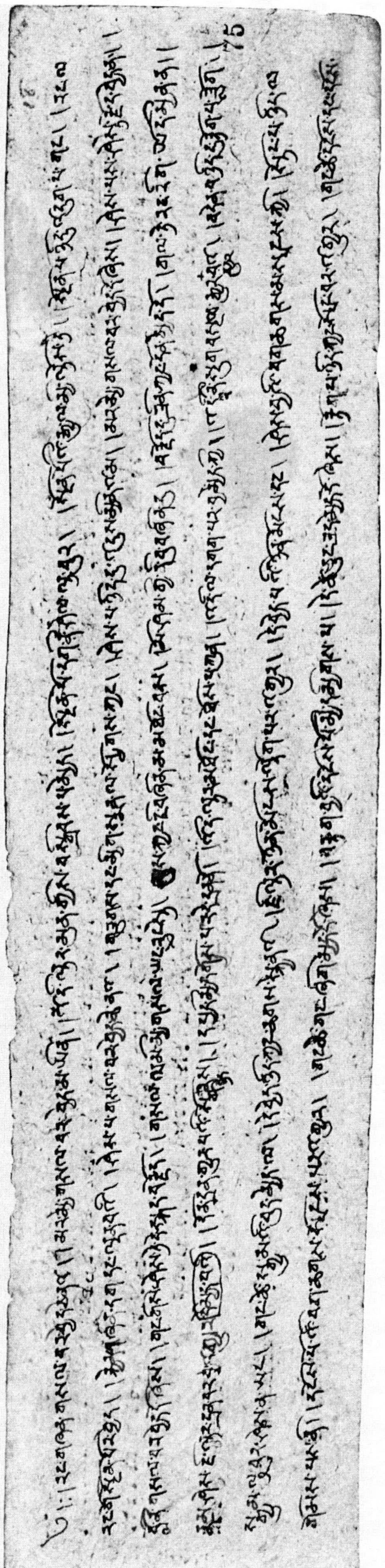

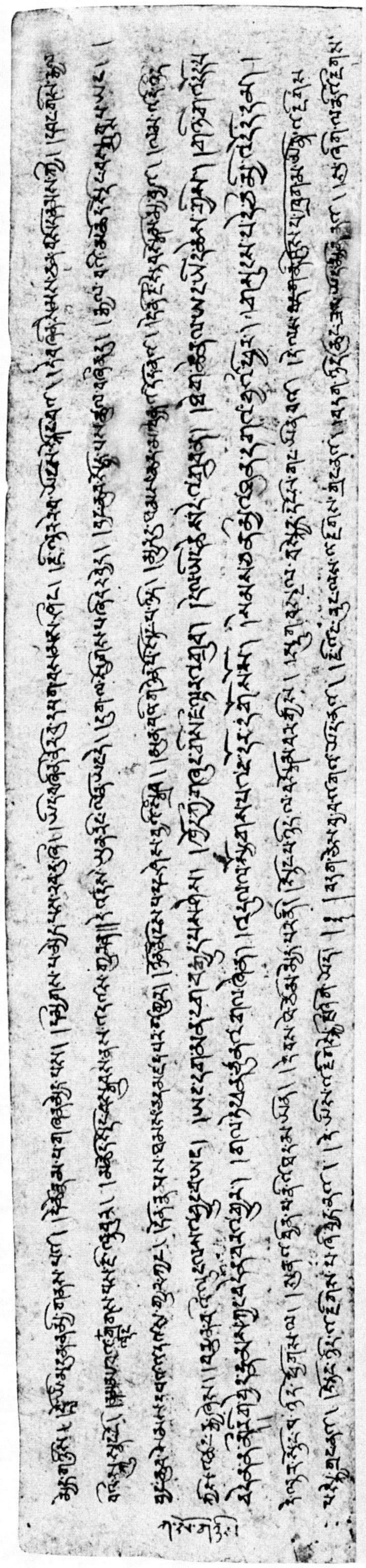

英 IOL.Tib.J.VOL.17　15.བྱང་ཆུབ་སེམས་དཔའི་སྤྱོད་པ་ལ་འཇུག་པ་ལས།། བསྔོ་བ་ཞེས་བྱ་བ་སྟེ།། ལེའུ་དགུ་པ།།

15.入菩薩行論回向品　(84—75)

15.བྱང་ཆུབ་སེམས་དཔའི་སྤྱོད་པ་ལ་འཇུག་པ་ལས།། བསྔོ་བ་ཞེས་བྱ་བ་སྟེ།། ཞེའུ་དགུ་པ།།

15.入菩薩行論回向品　　(84—76)

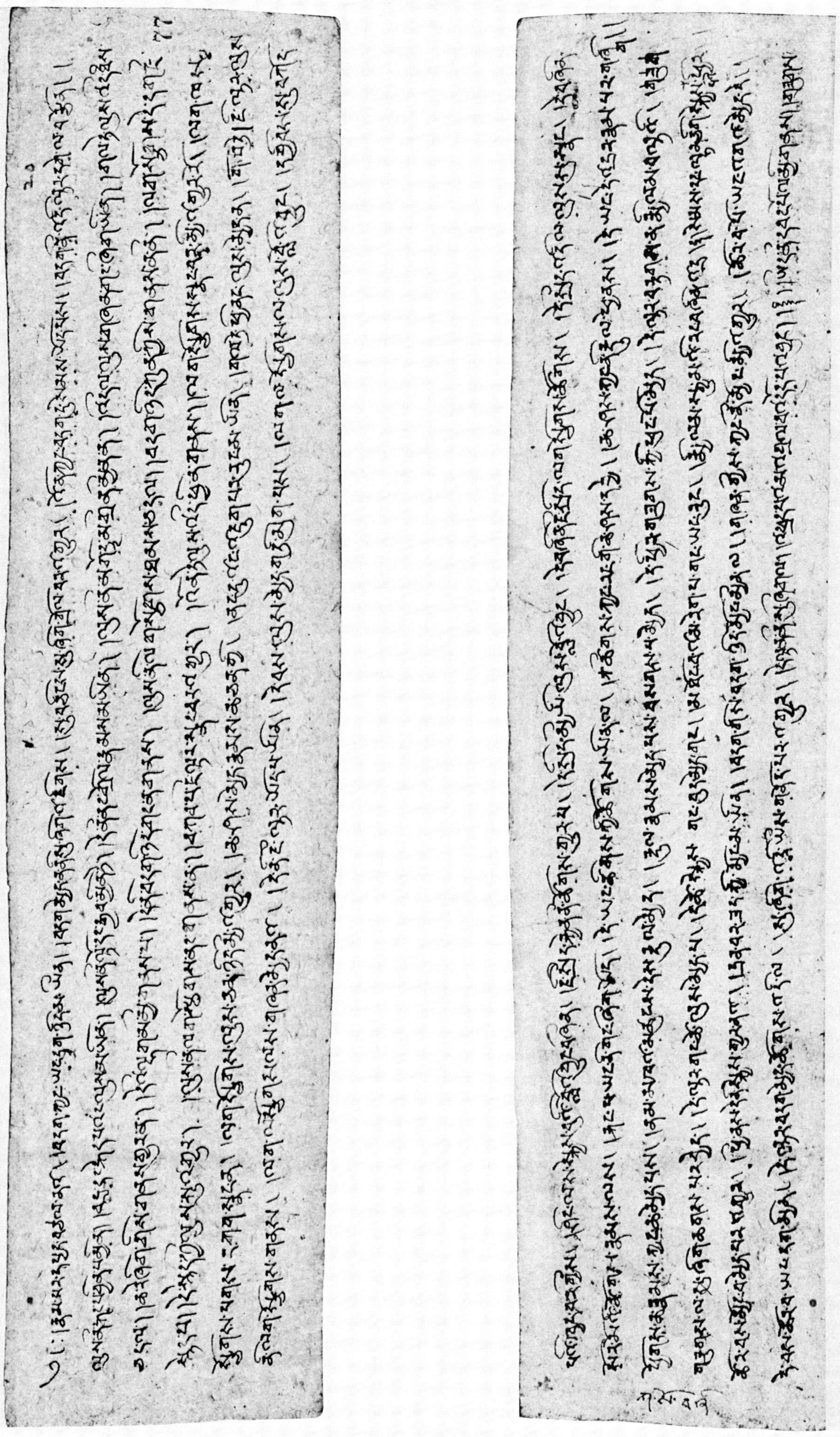

英 IOL.Tib.J.VOL.17　15.བྱང་ཆུབ་སེམས་དཔའི་སྤྱོད་པ་ལ་འཇུག་པ་ལས༎ བསྔོ་བ་ཞེས་བྱ་བ་སྟེ༎ ལེའུ་དགུ་པ༎

15.入菩薩行論回向品　(84—77)

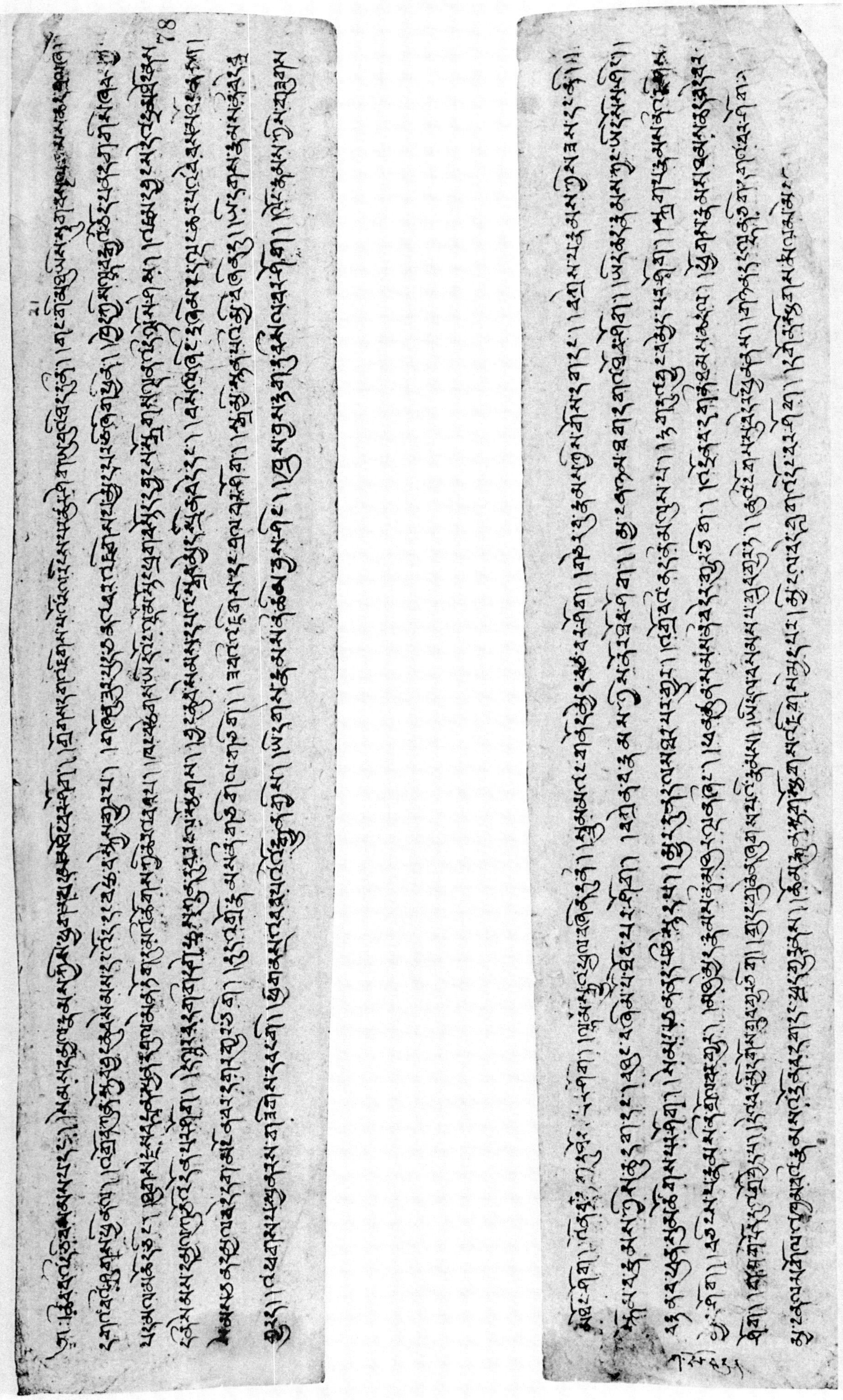

英 IOL.Tib.J.VOL.17　15.བྱང་ཆུབ་སེམས་དཔའི་སྤྱོད་པ་ལ་འཇུག་པ་ལས།། བསྔོ་བ་ཞེས་བྱ་བ་སྟེ།། ལེའུ་དགུ་པ།།
15.入菩薩行論回向品　(84—78)

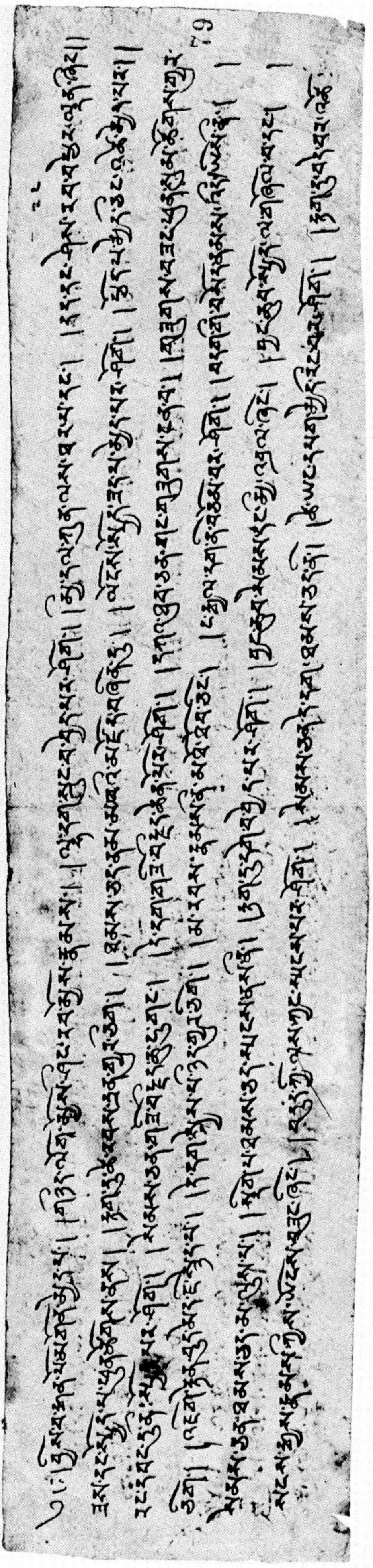

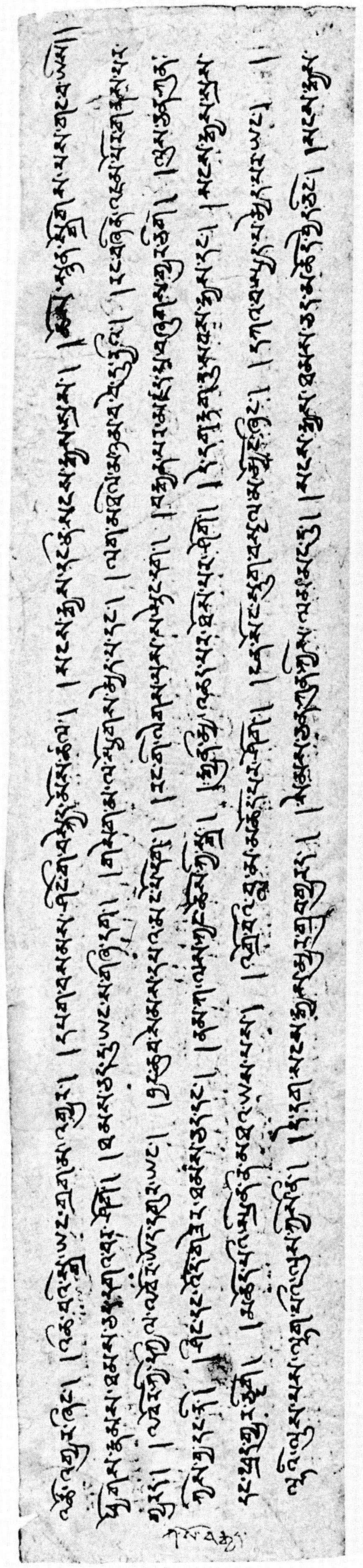

英 IOL.Tib.J.VOL.17　15.བྱང་ཆུབ་སེམས་དཔའི་སྤྱོད་པ་ལ་འཇུག་པ་ལས༎ བསྔོ་བ་ཞེས་བྱ་བ་སྟེ༎ ལེའུ་དགུ་པ༎
15.入菩薩行論回向品　(84—79)

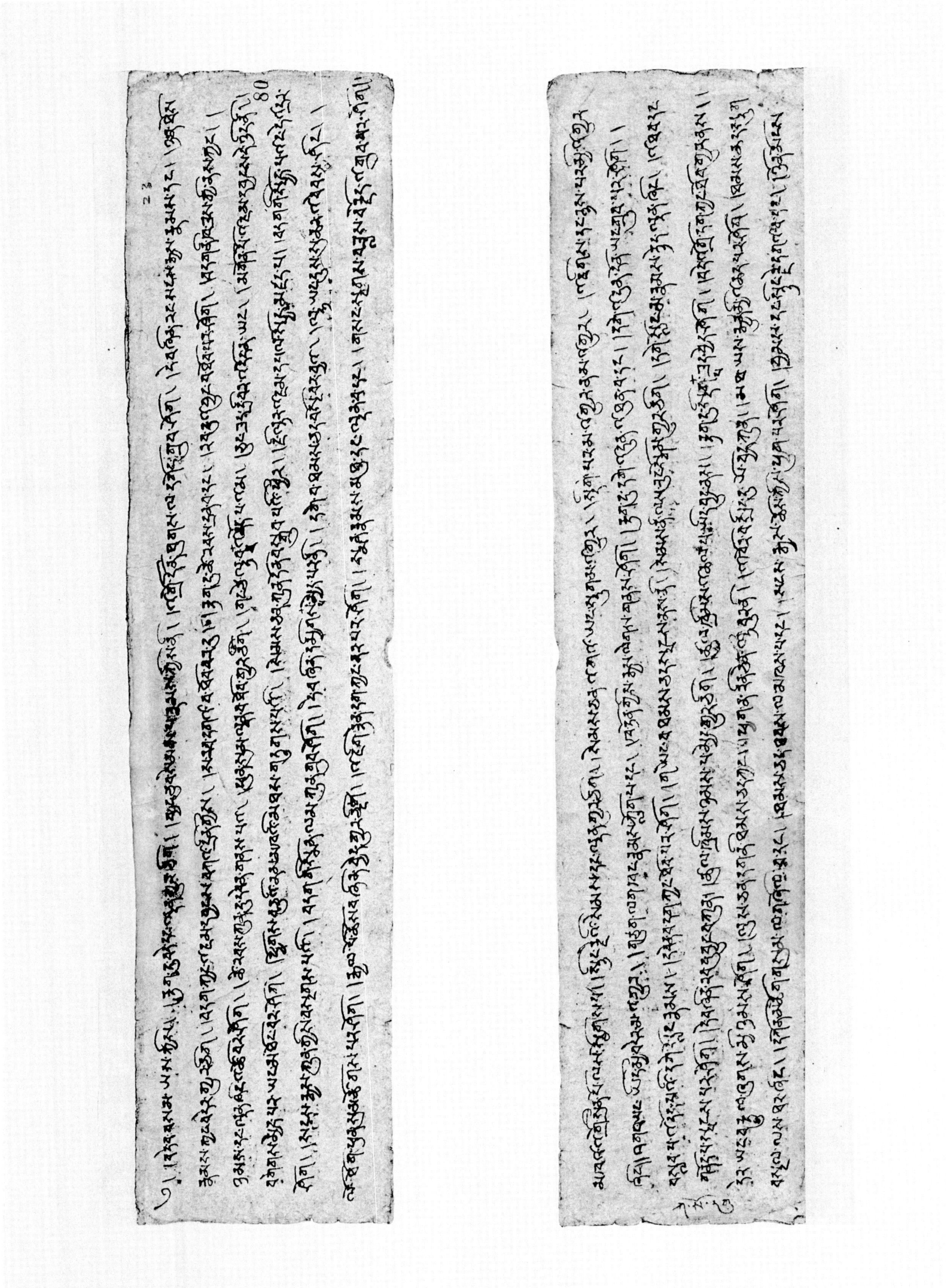

英 IOL.Tib.J.VOL.17　15.བྱང་ཆུབ་སེམས་དཔའི་སྤྱོད་པ་ལ་འཇུག་པ་ལས༎ བསྔོ་བ་ཞེས་བྱ་བ་སྟེ༎ ལེའུ་དགུ་པ༎

15.入菩薩行論回向品　(84—80)

　　15.བྱང་ཆུབ་སེམས་དཔའི་སྤྱོད་པ་ལ་འཇུག་པ་ལས།། བསྔོ་བ་ཞེས་བྱ་བ་སྟེ།། ལེའུ་དགུ་པ།།

15.入菩薩行論回向品　　(84—81)

英 IOL.Tib.J.VOL.17　　16.ད་ལ་ཆོས་ཐོར་གུ

16.佛經　　　(84—82)

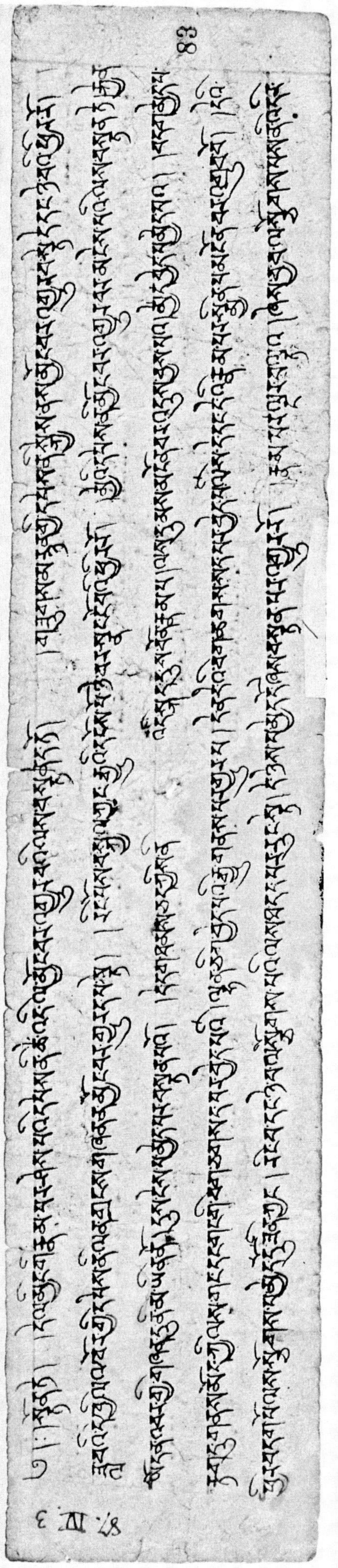

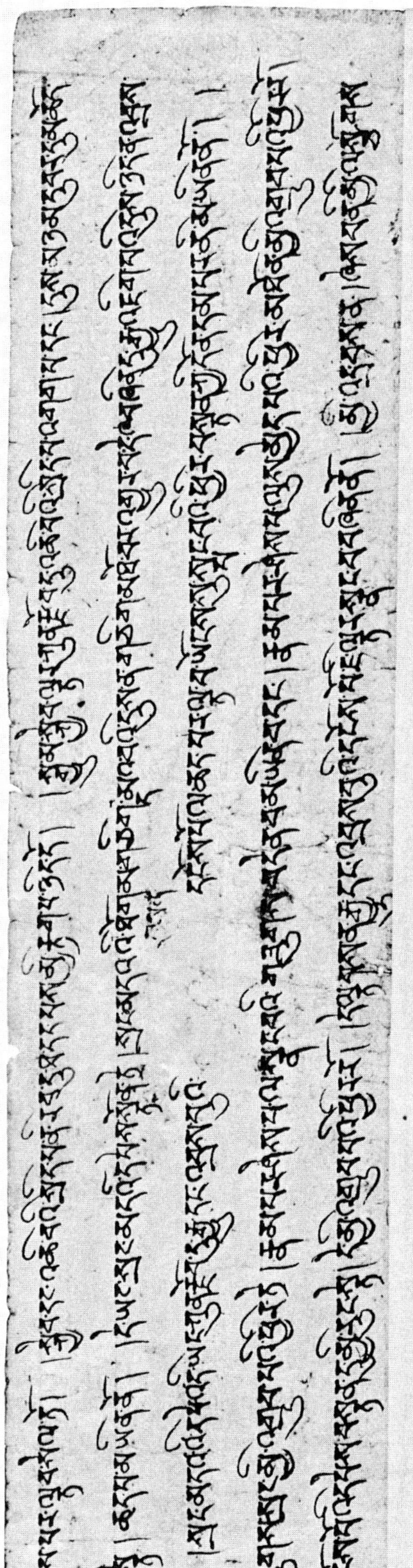

英 IOL.Tib.J.VOL.17　　16.དམ་ཆོས་ཐོར་བུ།
16.佛經　　(84—83)

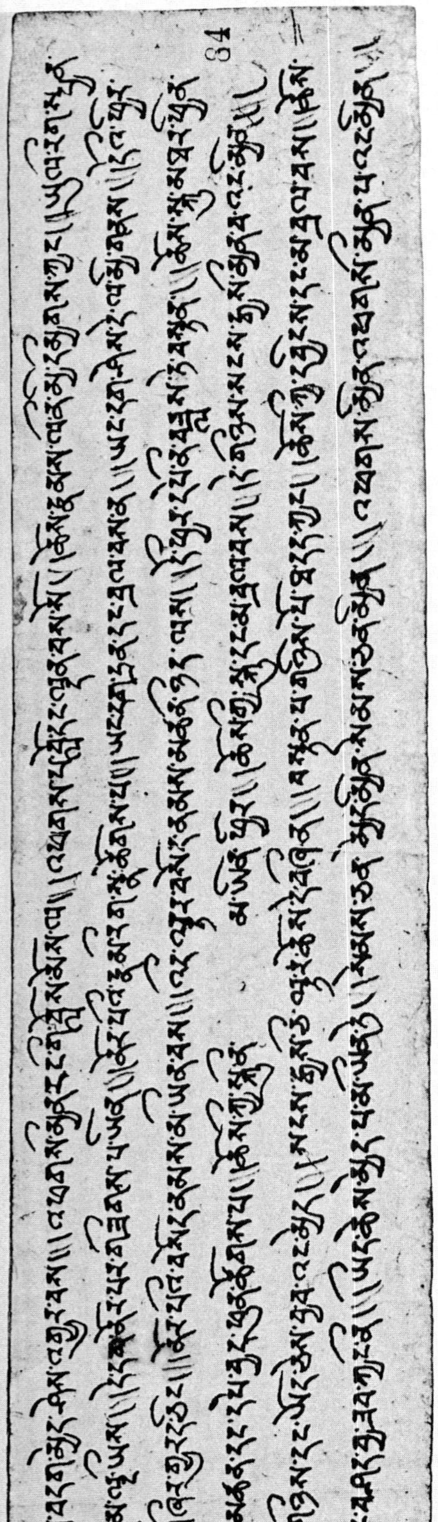

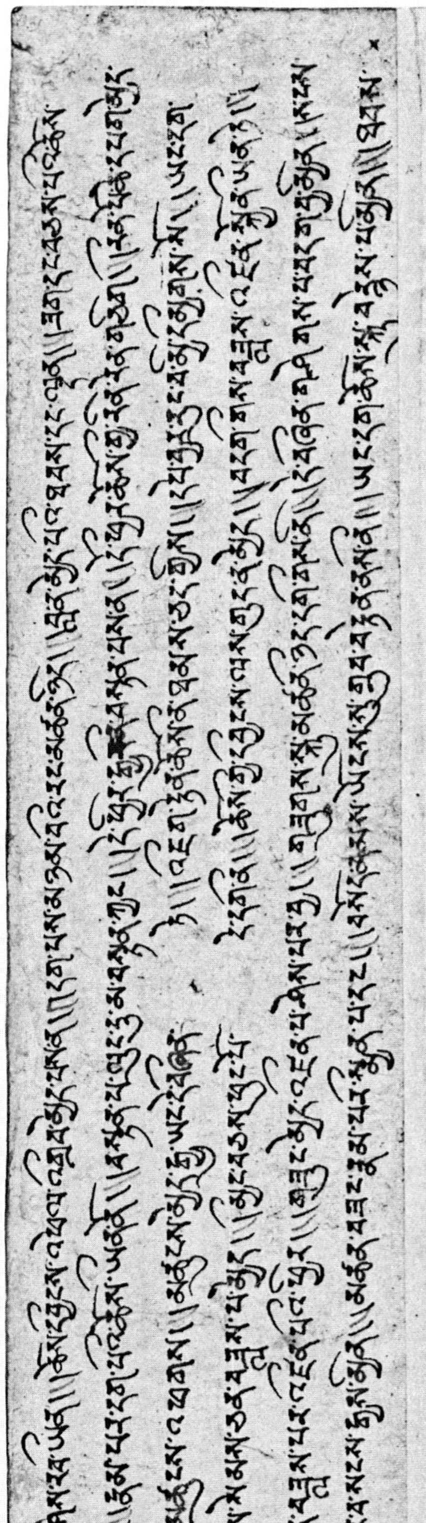

英 IOL.Tib.J.VOL.17　16.དམ་ཆོས་ཐོར་བུ།
16.佛經　(84—84)

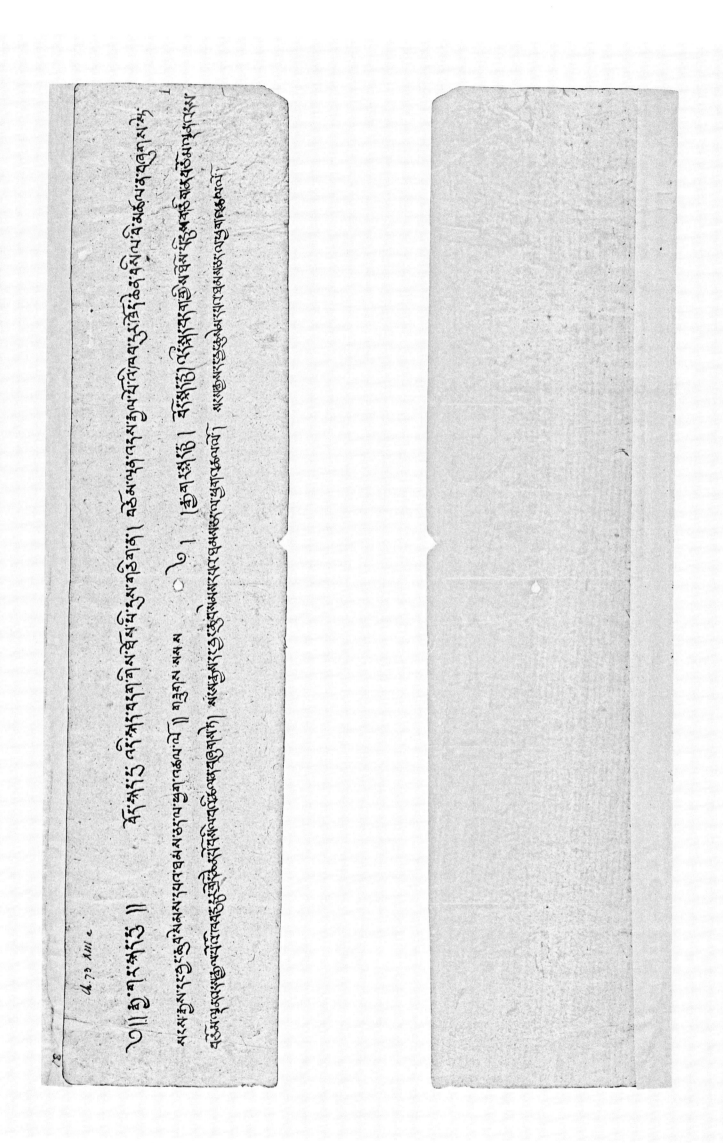

英 IOL.Tib.J.VOL.18　　1.དམ་ཆོས་ཐོར་བུ།

1.佛經　　　(86—1)

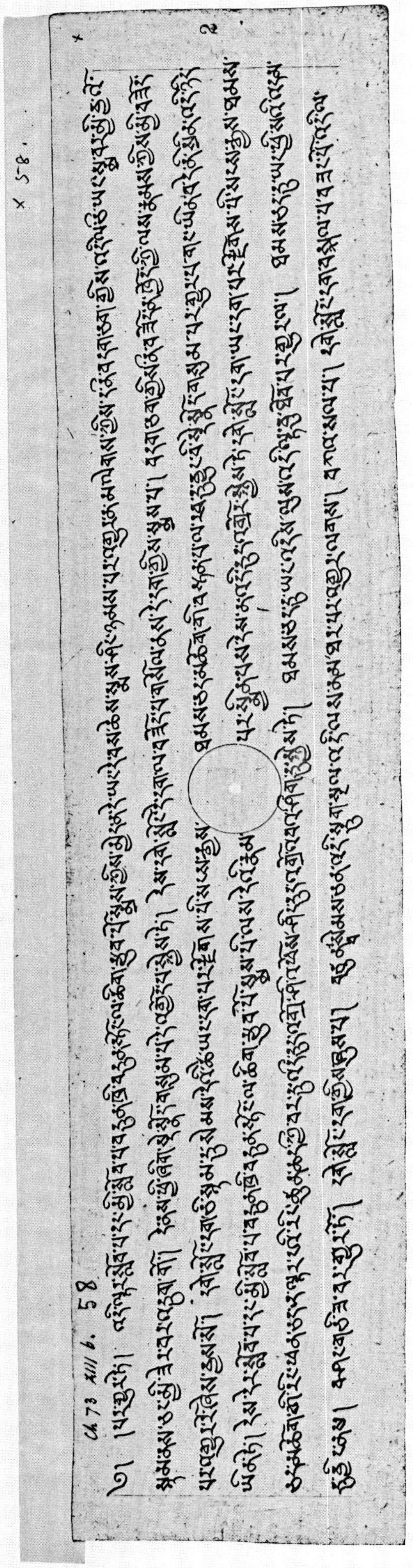

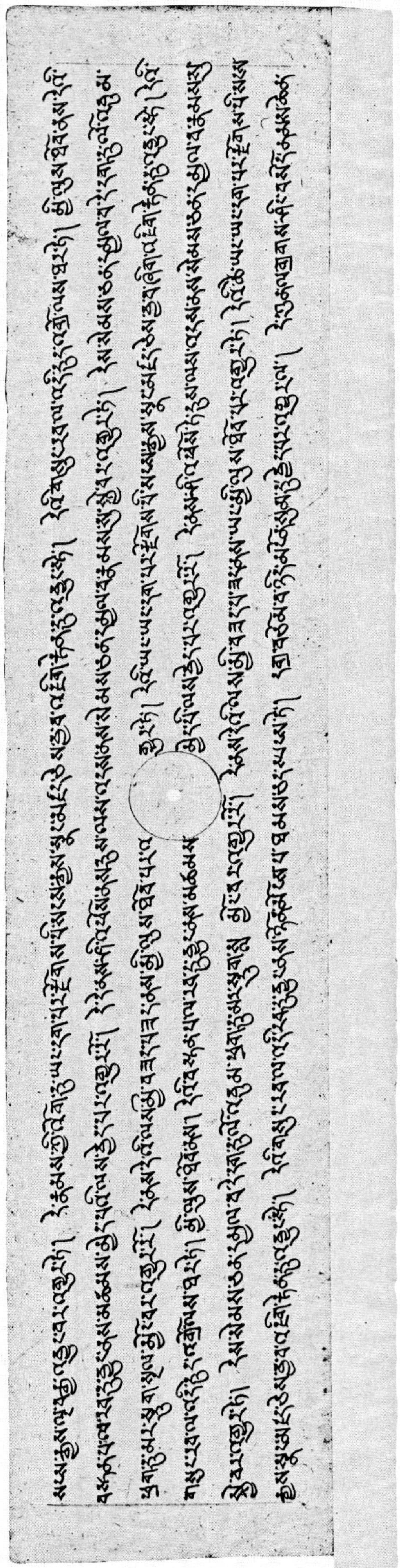

英 IOL.Tib.J.VOL.18　2.དམ་ཆོས་ཐོར་བུ།

2.佛經　(86—2)

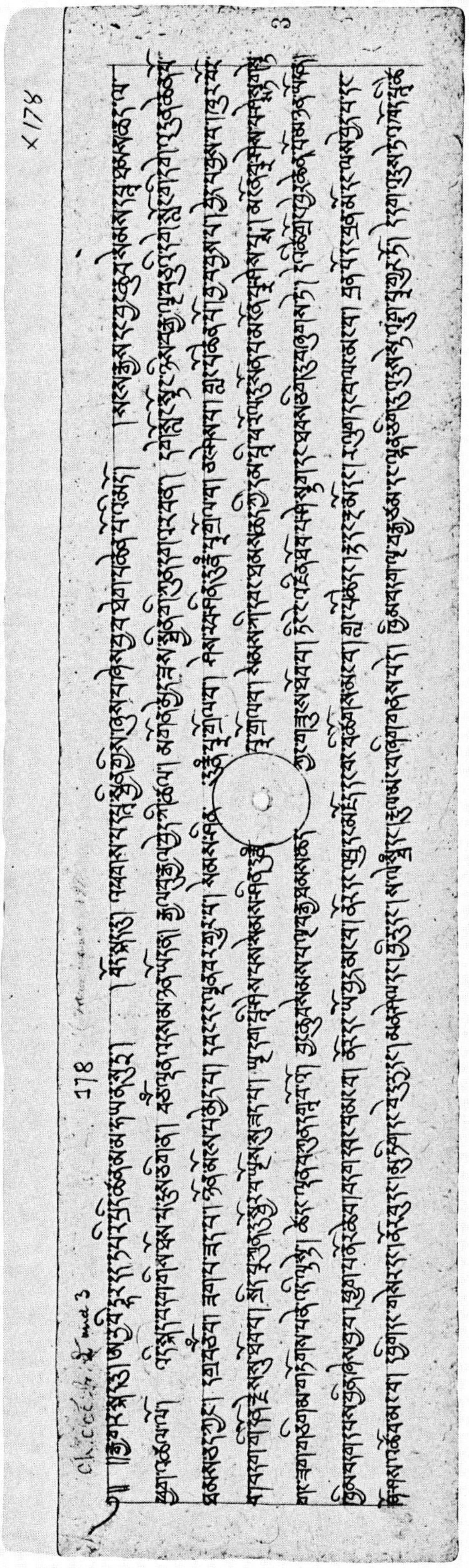

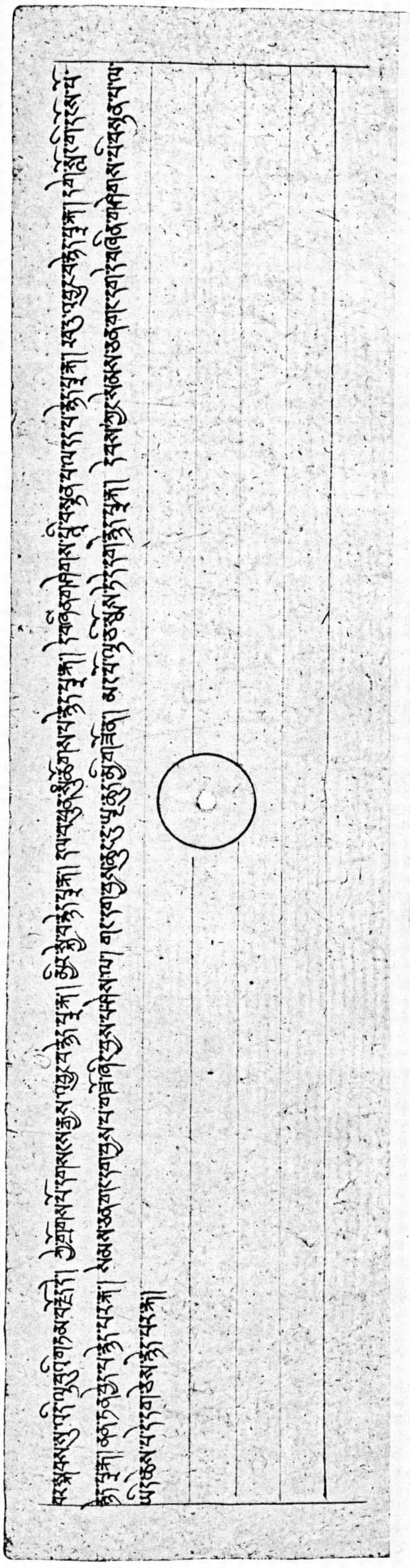

英 IOL.Tib.J.VOL.18　3.འཕགས་པ་དཔ་སྦྱིན་གྱིས་ཞུས་པ་ཞེས་བྱ་བ་ཐེག་པ་ཆེན་པོའི་མདོ།།

3.大寶積經第二十七聖勤授所問大乘經　(86—3)

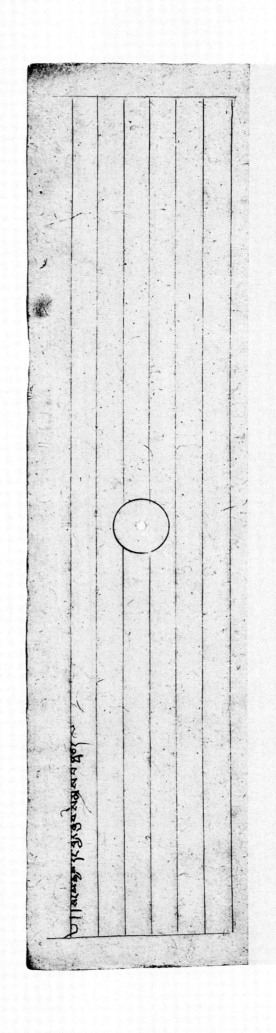

3.འཕགས་པ་དཀོན་མཆོག་བརྩེགས་པ་ཞེས་བྱ་བ་ཐེག་པ་ཆེན་པོའི་མདོ།།
4.སངས་རྒྱས་དང་བྱང་ཆུབ་སེམས་པ་ཐ་ཅད་ཅེས་པའི་ཚིག་ཐོར་བུ།

3.大寶積經第二十七聖勤授所問大乘經　4.雜寫　　　(86—4)

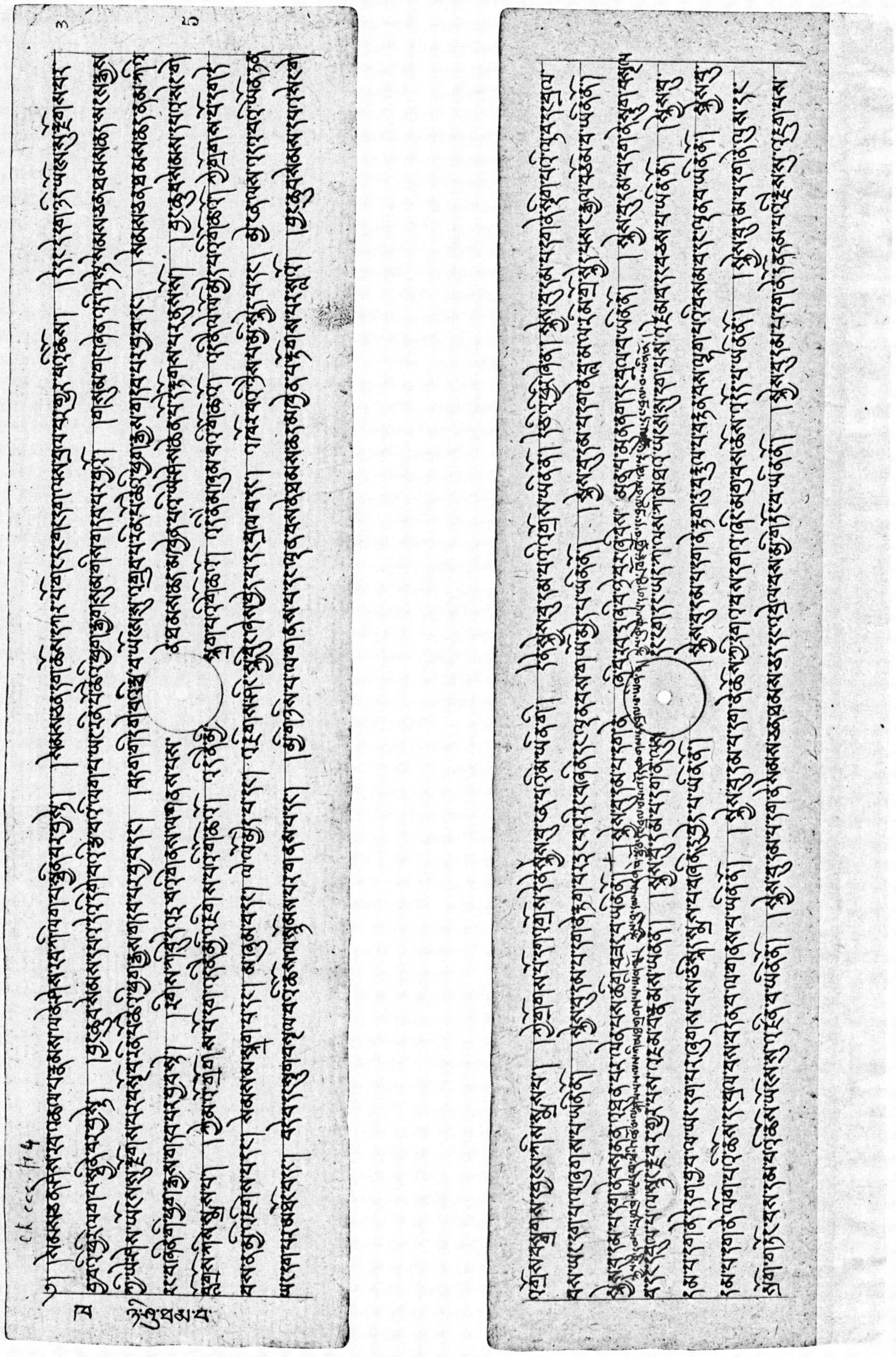

英 IOL.Tib.J.VOL.18　5.དམ་ཆོས་ཐོར་བུ།

5.佛經　(86—5)

6.འཕགས་པ་ཆོས་ཐམས་ཅད་འབྱུང་བ་མེད་པར་བསྟན་པ་ཞེས་བྱ་བ་ཐེག་པ་ཆེན་པོའི་མདོ།

6.聖佛説諸法本無大乘經　　(86—6)

英 IOL.Tib.J.VOL.18　　6.འཕགས་པ་ཆོས་ཐམས་ཅད་འབྱུང་བ་མེད་པར་བསྟན་པ་ཞེས་བྱ་བ་ཐེག་པ་ཆེན་པོའི་མདོ།

6.聖佛說諸法本無大乘經　　　(86—7)

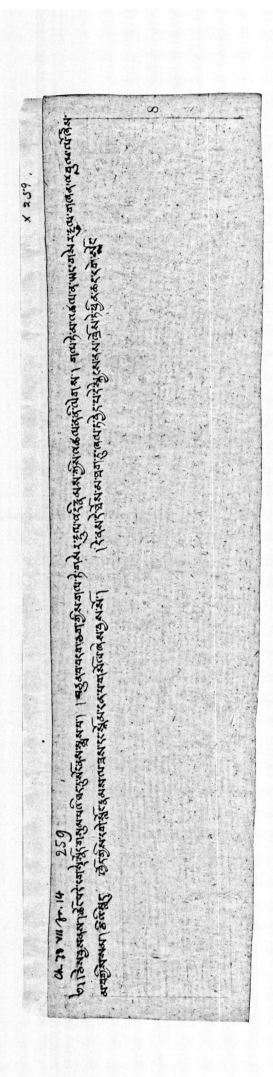

英 IOL.Tib.J.VOL.18　　7.དག་ཚོས་ཐོར་བུ།

7.佛經　　　(86—8)

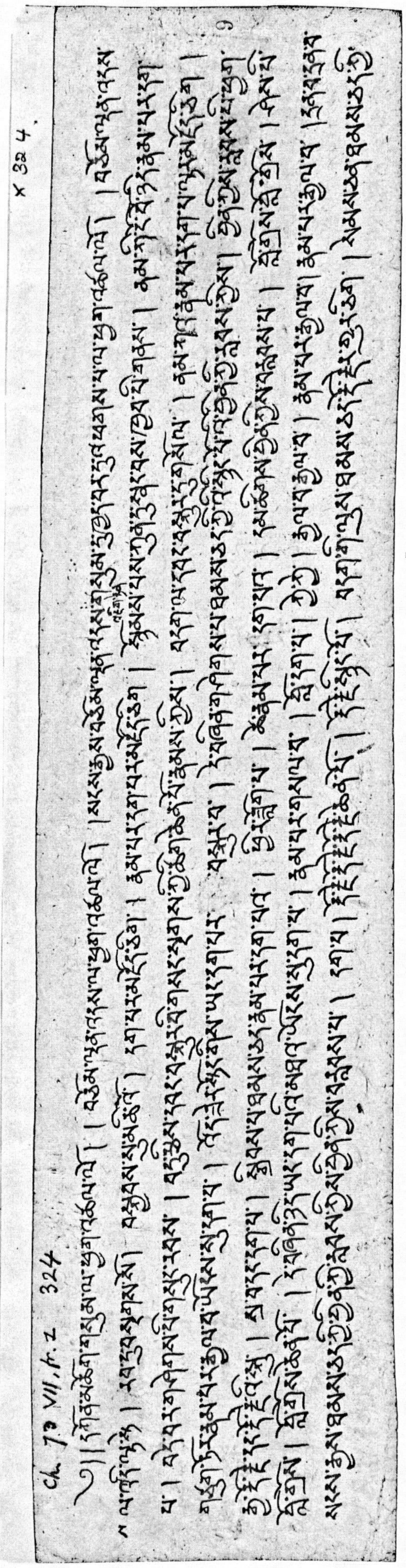

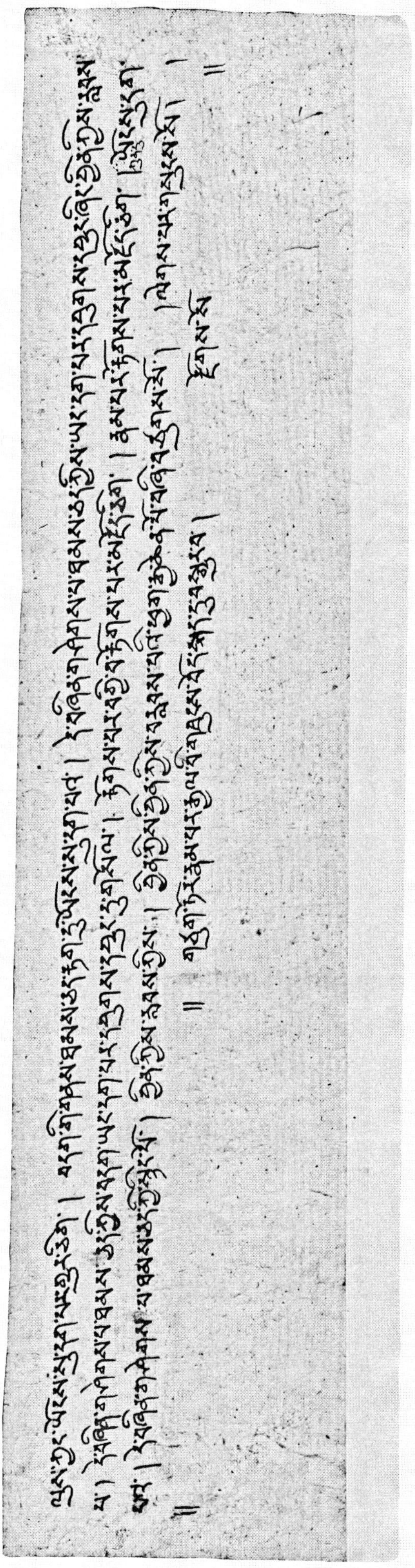

英 IOL.Tib.J.VOL.18　　8.གཙུག་ཏོར་རྣམ་པར་རྒྱལ་བ་གཟུངས།
8.頂髻尊勝陀羅尼　　(86—9)

9.འཕགས་པ་ནད་ཐམས་ཅད་རབ་དུ་ཞི་བར་བྱེད་པ་ཞེས་བྱ་བའི་གཟུངས༎   10.ལྷ་མོ་ནམ་གྲུ་མའི་གཟུངས༎

9.聖除一切疾病陀羅尼   10.天女天舟母陀羅尼   (86—10)

英 IOL.Tib.J.VOL.18　　10.ལྷ་མོ་ནམ་གྲུ་མའི་གཟུངས།

10.天女天舟母陀羅尼　　　　(86—11)

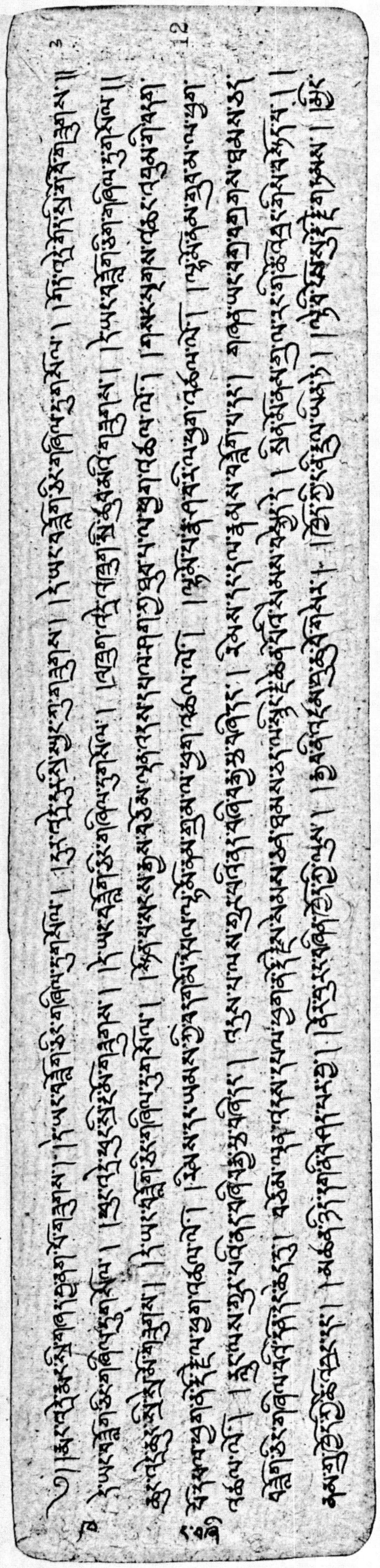

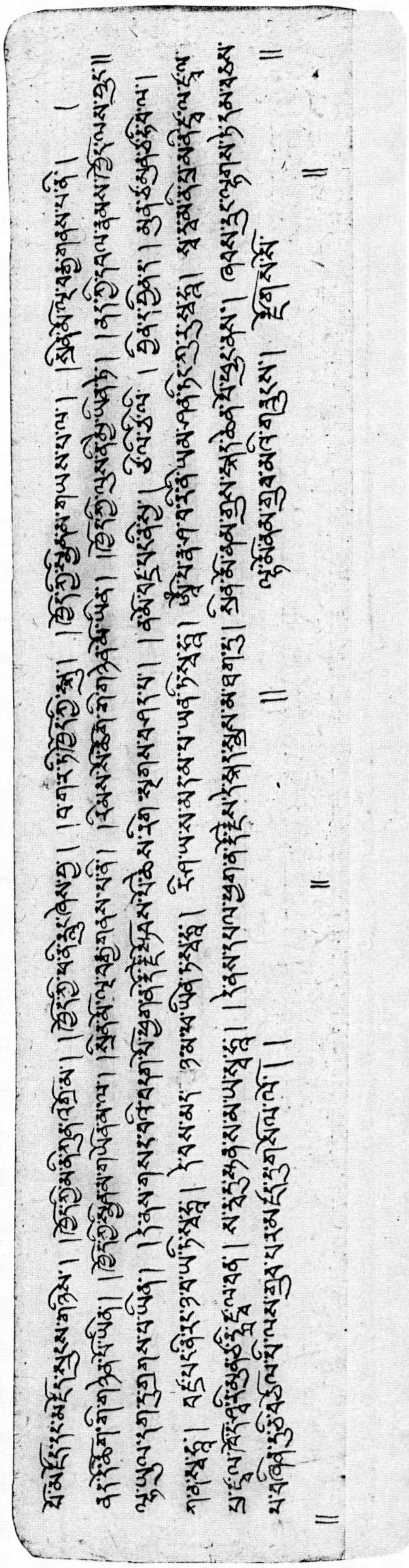

英 IOL.Tib.J.VOL.18　10.ལྷ་མོ་ནམ་གྲུ་མའི་གཟུངས།

10.天女天舟母陀羅尼　(86—12)

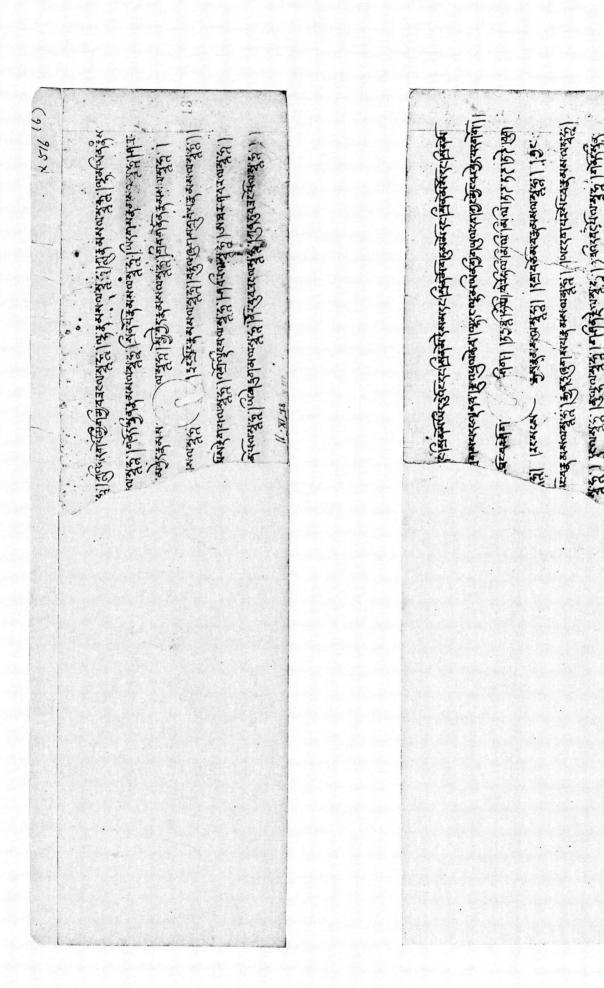

　　11.རིགས་སྔགས་ཀྱི་རྒྱལ་མོ་རྨ་བྱ་ཆེན་མོ།

　　11.明咒王母大孔雀　　　(86—14)

英 IOL.Tib.J.VOL.18　　12.དམ་ཆོས་ཐོར་བུ།

12.佛經　　　(86—15)

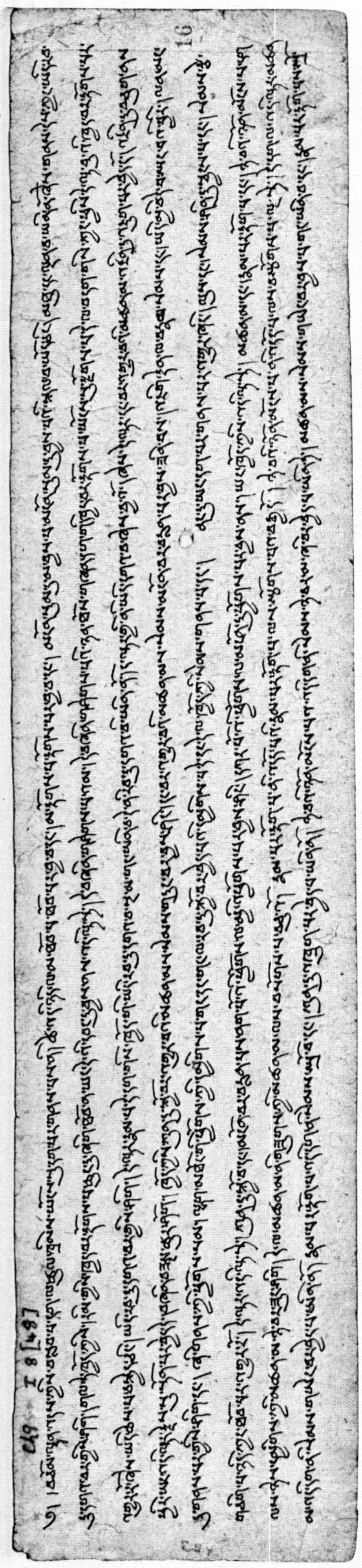

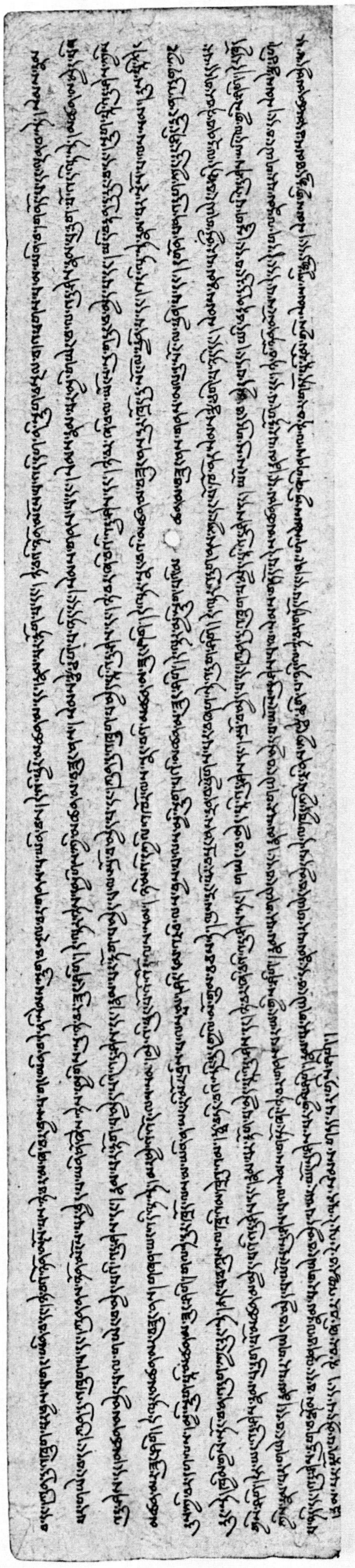

英 IOL.Tib.J.VOL.18　　12.དམ་ཆོས་སྔོར་བུ།
12.佛經　　(86—16)

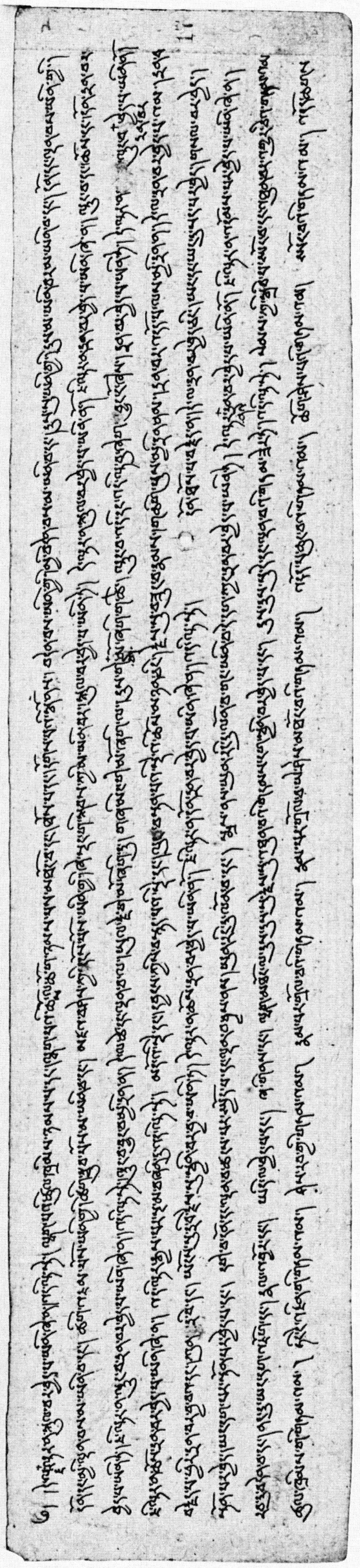

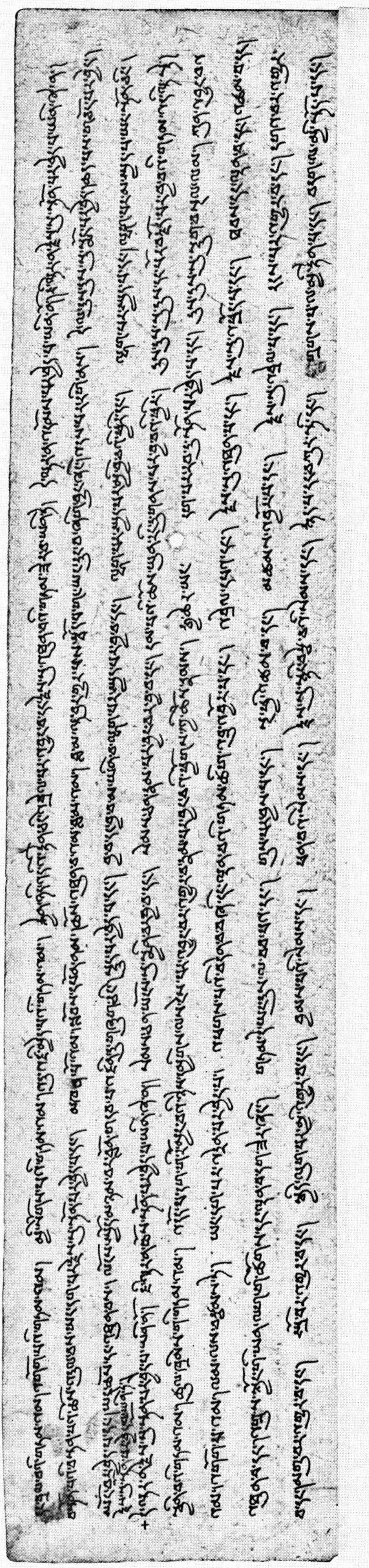

英 IOL.Tib.J.VOL.18 12.དམ་ཆོས་ཕོར་བུ།

12.佛經 (86—17)

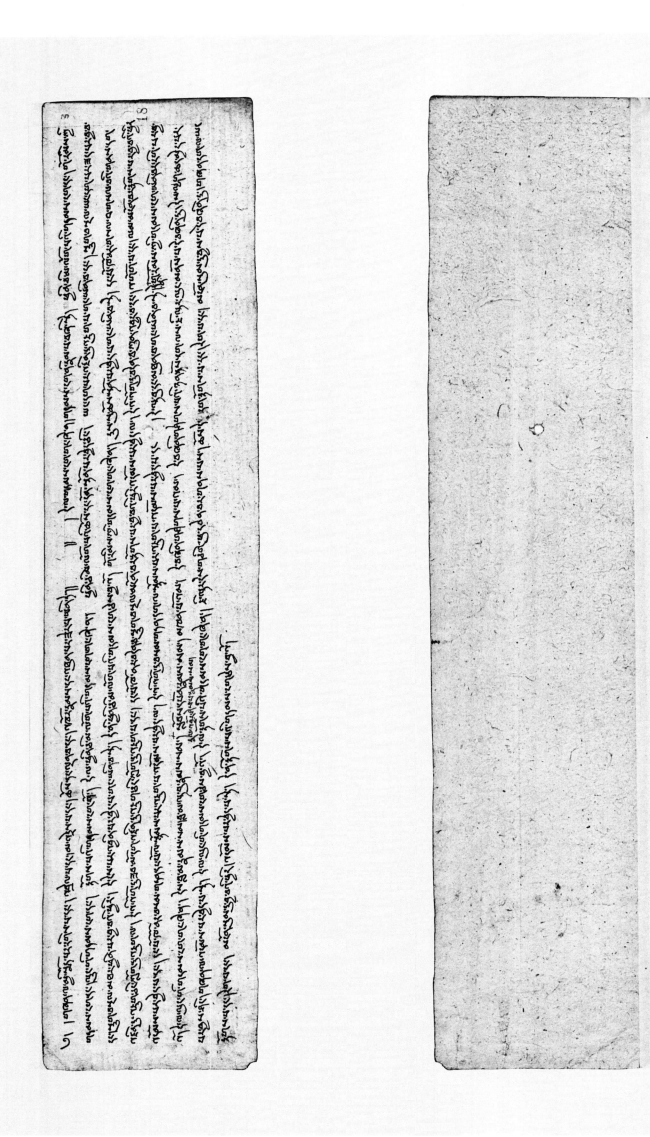

英 IOL.Tib.J.VOL.18   12.དམ་ཆོས་ཐོར་བུ།

12.佛經   (86—18)

英 IOL.Tib.J.VOL.18　　13.དབུ་མའི་རྩ་བའི་འགྲེལ་པ་ག་ལས་འཇིགས་མྱེད།

13.中觀根本無畏釋　　　(86—19)

英 IOL.Tib.J.VOL.18　　13.དབུ་མའི་རྩ་བའི་འགྲེལ་པ་ག་ལས་འཇིགས་མྱེད།

13.中觀根本無畏釋　　(86—20)

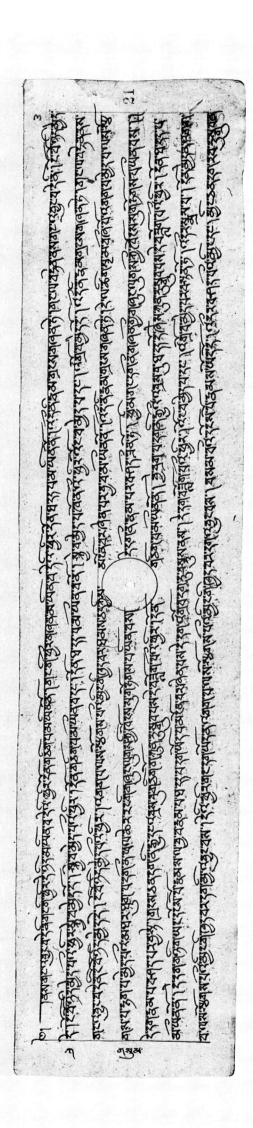

英 IOL.Tib.J.VOL.18　　13.དབུ་མའི་རྩ་བའི་འགྲེལ་པ་ག་ལས་འཇིགས་མེད།
　　　　　　　　　　13.中觀根本無畏釋　　　(86—21)

13.དབུ་མའི་རྩ་བའི་འགྲེལ་བ་ག་ལས་འཇིགས་བྱེད།

13.中觀根本無畏釋　　（86—22）

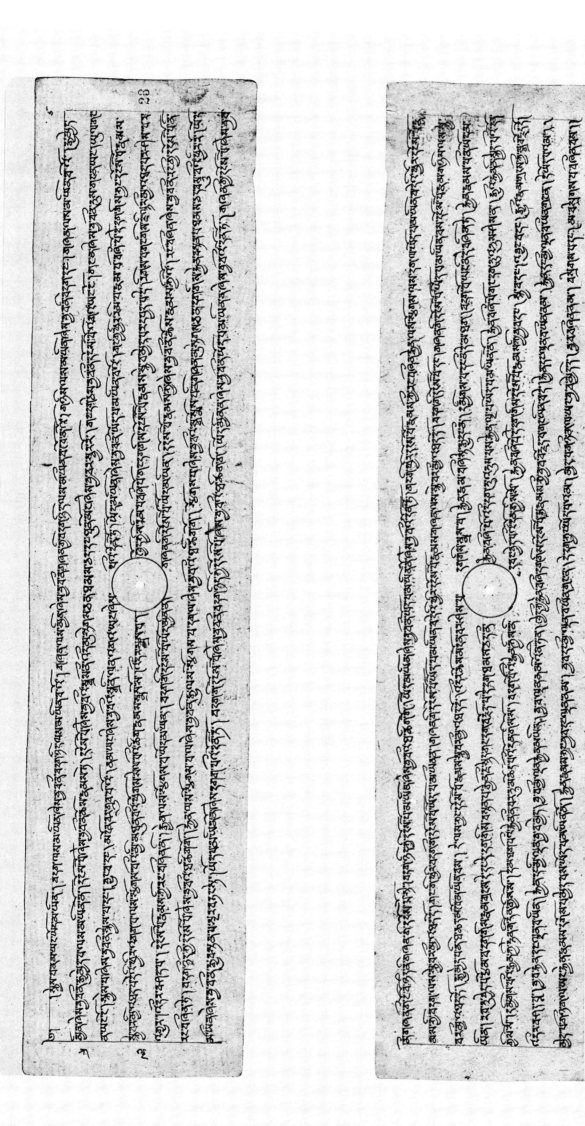

13.དབུ་མའི་རྩ་བའི་འགྲེལ་པ་ག་ལས་འཇིགས་མྱེད།

13.中觀根本無畏釋　　(86—24)

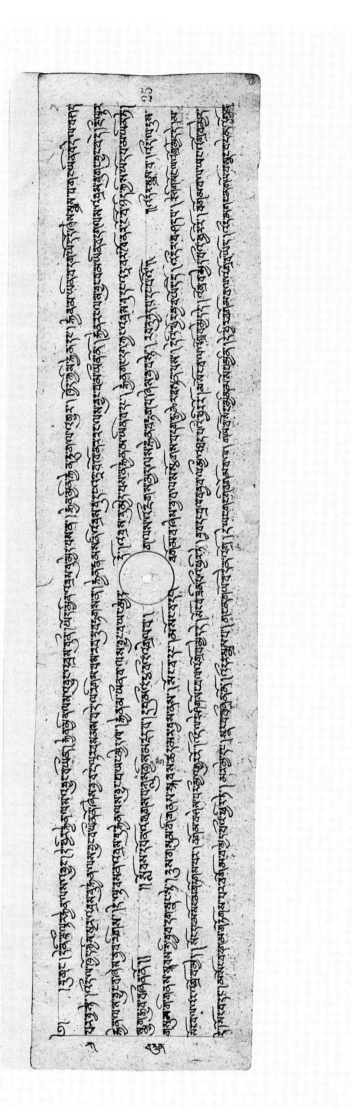

13.དབུ་མའི་རྩ་བའི་འགྲེལ་པ་ག་ལས་འཇིགས་མྱེད།

13.中觀根本無畏釋　　(86—26)

英 IOL.Tib.J.VOL.18　　13.དབུ་མའི་རྩ་བའི་འགྲེལ་པ་ག་ལས་འཇིགས་མེད།

13.中觀根本無畏釋　　(86—27)

13.དབུ་མའི་རྩ་བའི་འགྲེལ་པ་ག་ལས་འཇིགས་མེད།

13.中觀根本無畏釋　　　(86—28)

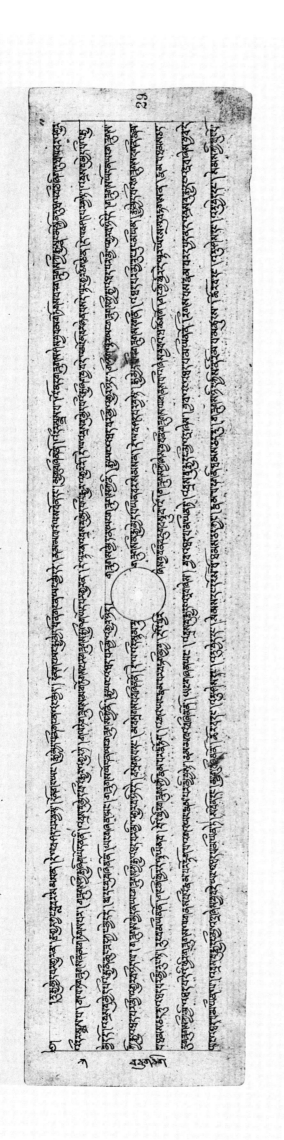

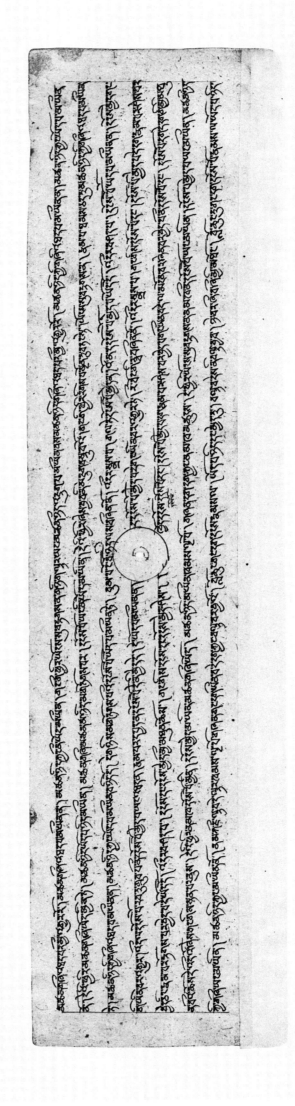

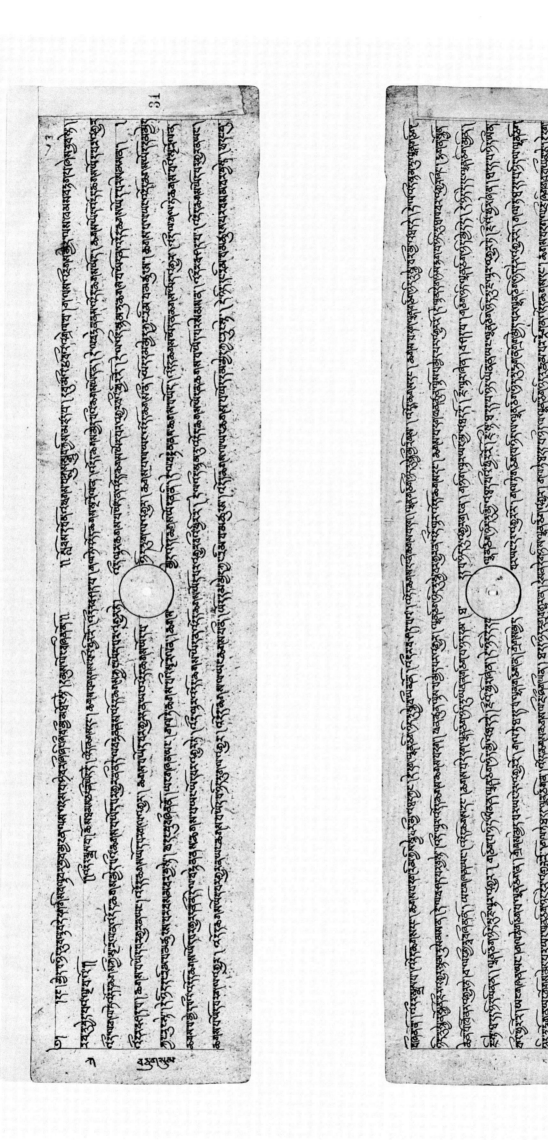

英 IOL.Tib.J.VOL.18　　13.དབུ་མའི་རྩ་བའི་འགྲེལ་པ་ག་ལས་འཇིགས་མེད།

13.中觀根本無畏釋　　(86—31)

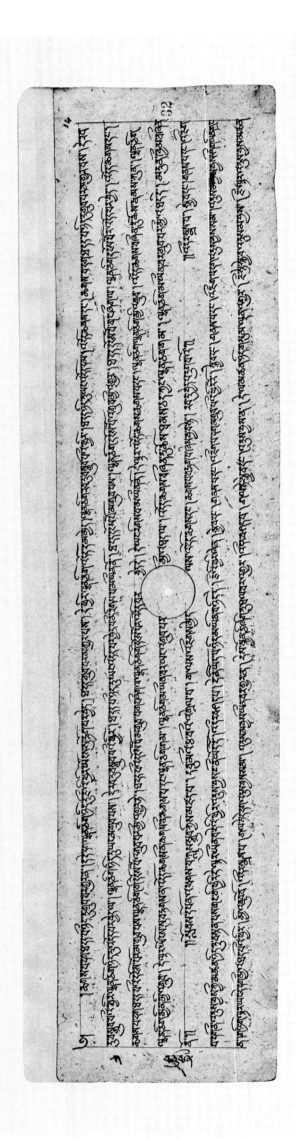

英 IOL.Tib.J.VOL.18　　13.དབུ་མའི་རྩ་བའི་འགྲེལ་པ་ག་ལས་འཇིགས་མེད།

13.中觀根本無畏釋　　(86—33)

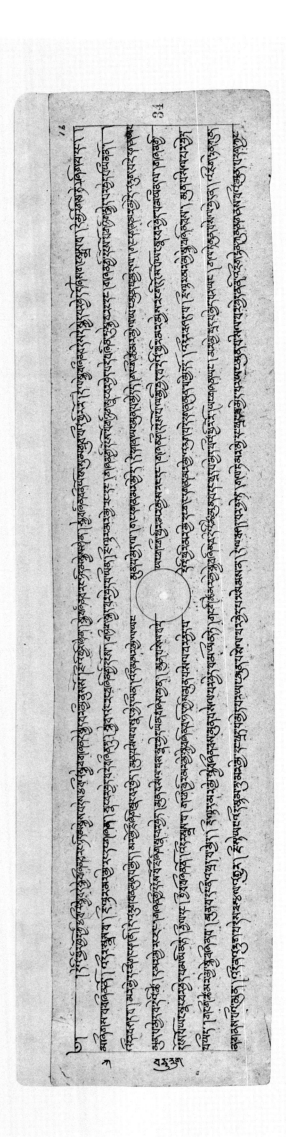
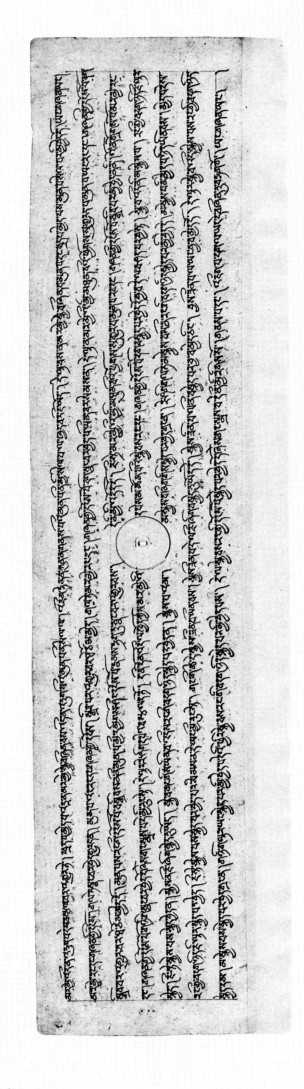

英 IOL.Tib.J.VOL.18　　13.དབུ་མའི་རྩ་བའི་འགྲེལ་པ་ག་ལས་འཇིགས་བྱེད།

13.中觀根本無畏釋　　　(86—34)

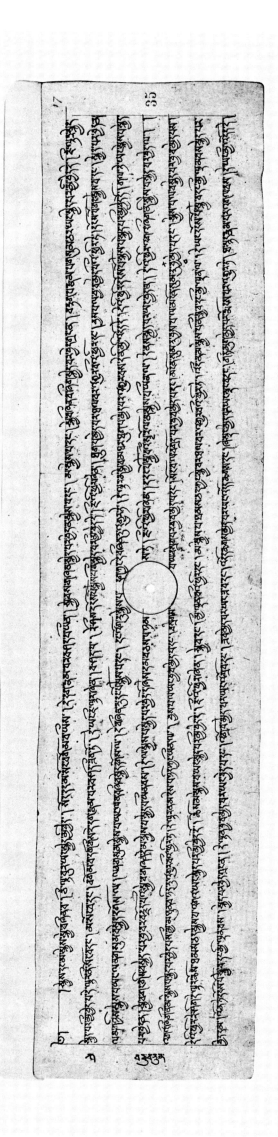

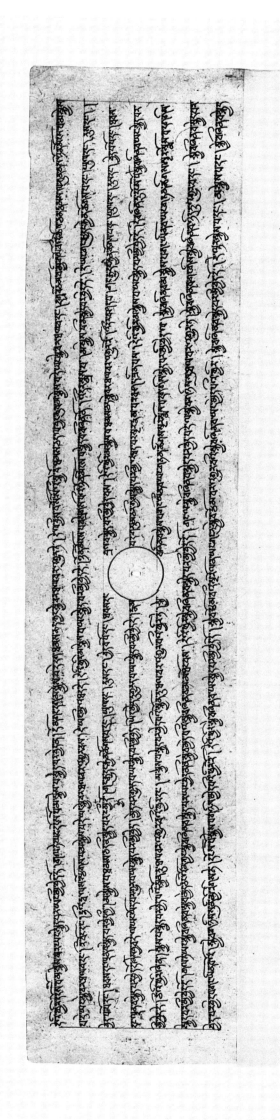

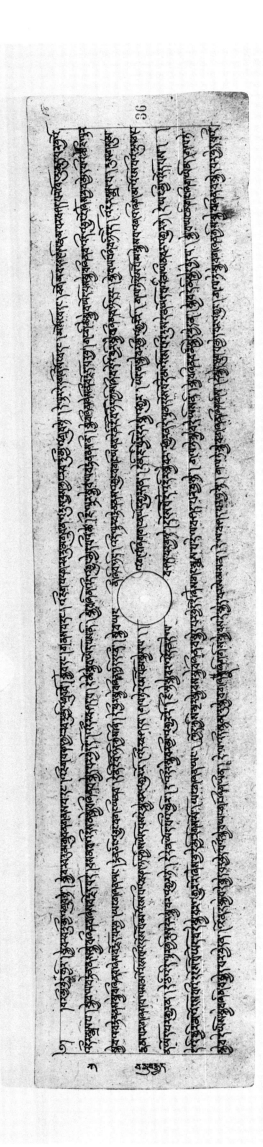
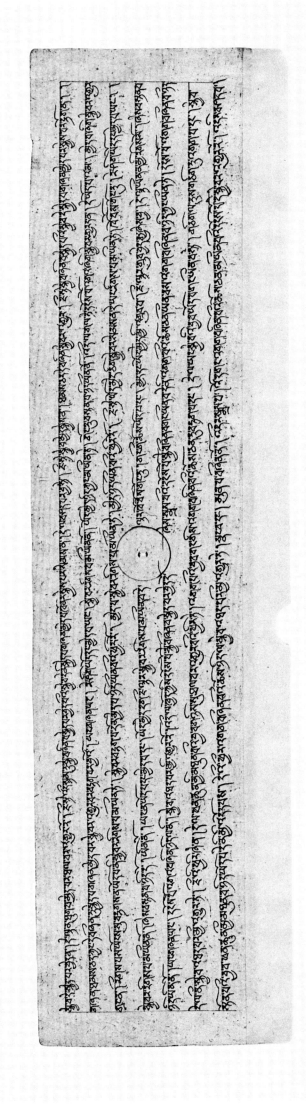

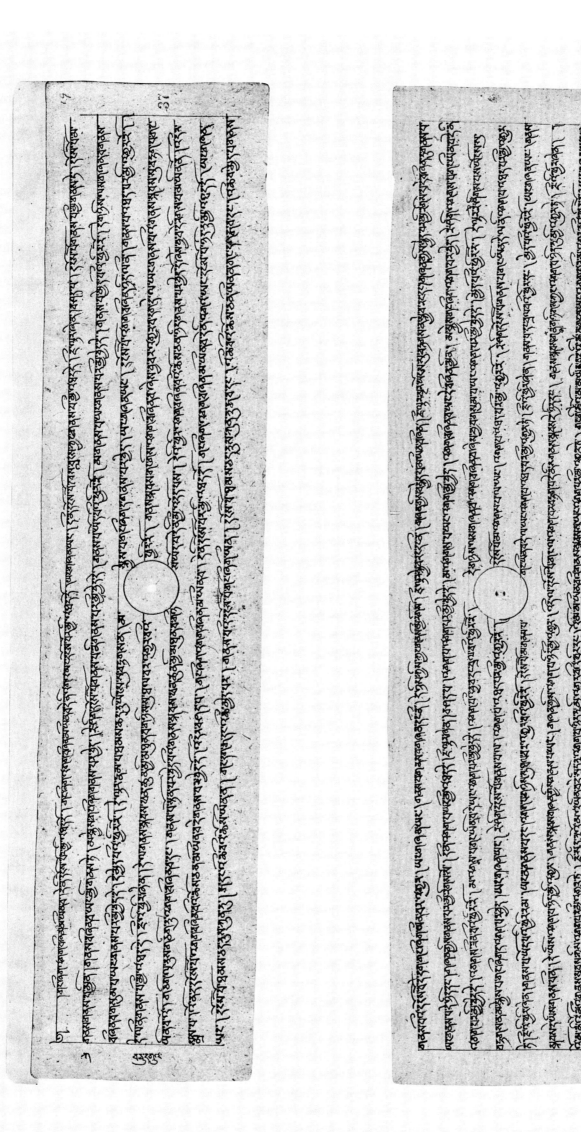

13. དབུ་མའི་རྩ་བའི་འགྲེལ་པ་ག་ལས་འཇིགས་མེད།

13. 中觀根本無畏釋　　(86—37)

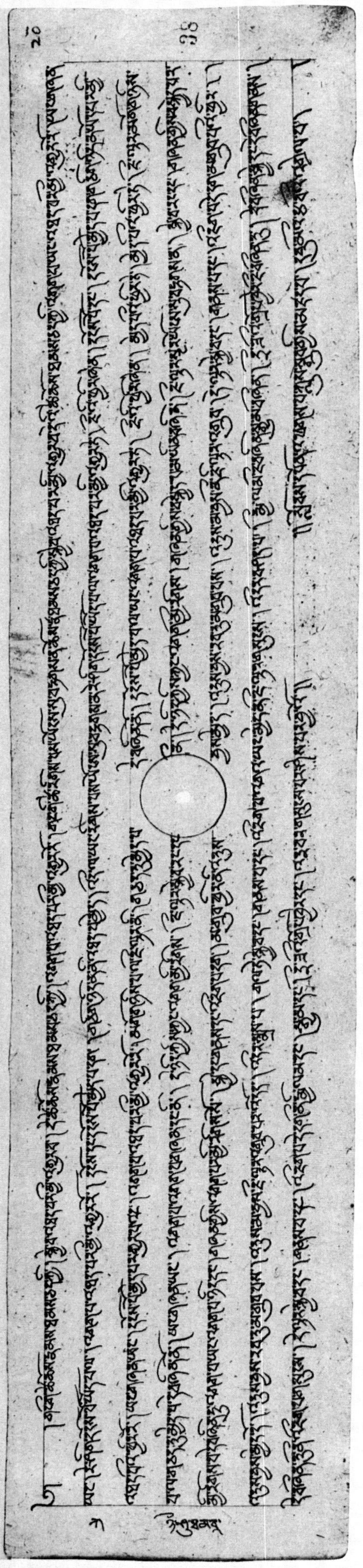

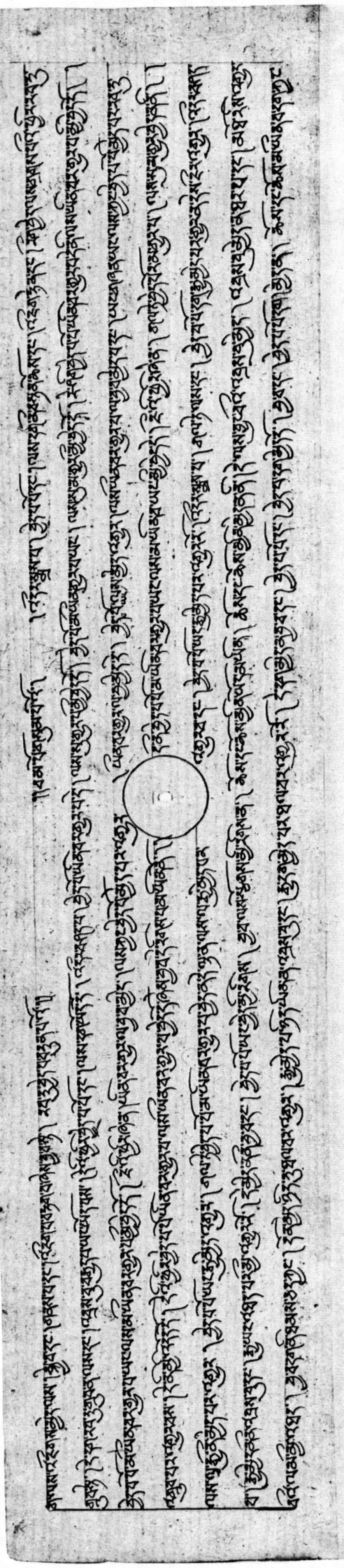

英 IOL.Tib.J.VOL.18　　13.དབུ་མའི་རྩ་བའི་འགྲེལ་པ་ག་ལས་འཇིགས་མེད།
13.中觀根本無畏釋　　(86—38)

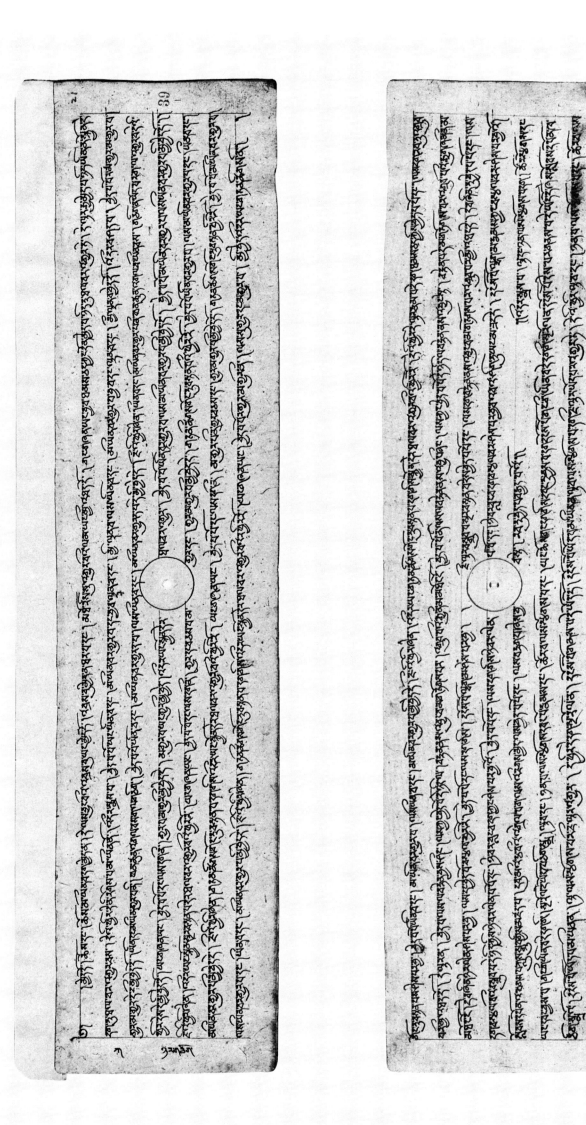

英 IOL.Tib.J.VOL.18　　13.དབུ་མའི་རྩ་བའི་འགྲེལ་པ་ག་ལས་འཇིགས་མེད།

13.中觀根本無畏釋　　　(86—39)

13.དབུ་མའི་རྩ་བའི་འགྲེལ་པ་ག་ལས་འཇིགས་མེད།

13.中觀根本無畏釋　　　(86—40)

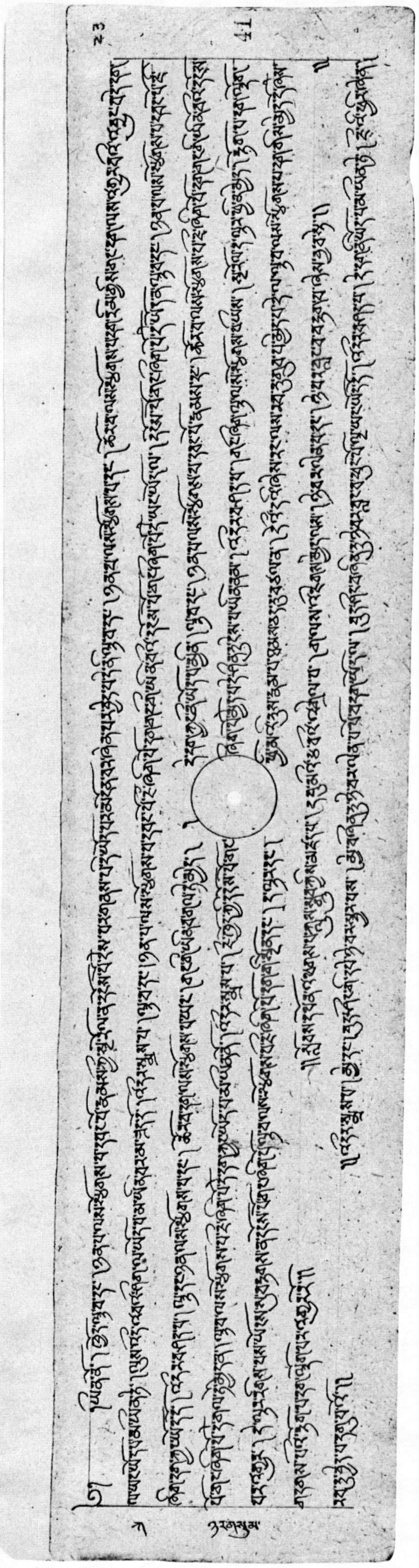

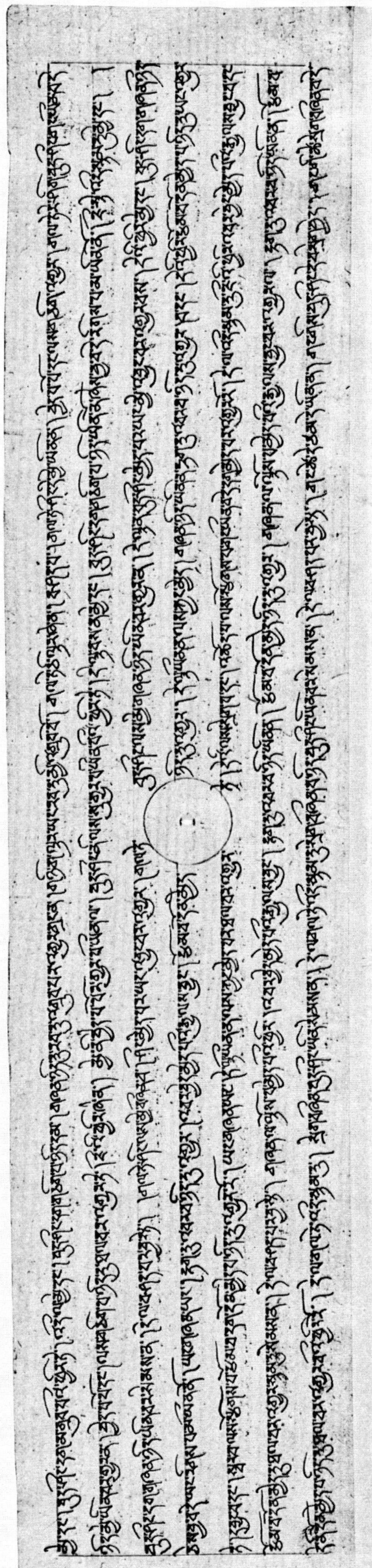

英 IOL.Tib.J.VOL.18　13.དབུ་མའི་རྩ་བའི་འགྲེལ་པ་ག་ལས་འཇིགས་མེད།

13.中觀根本無畏釋　(86—41)

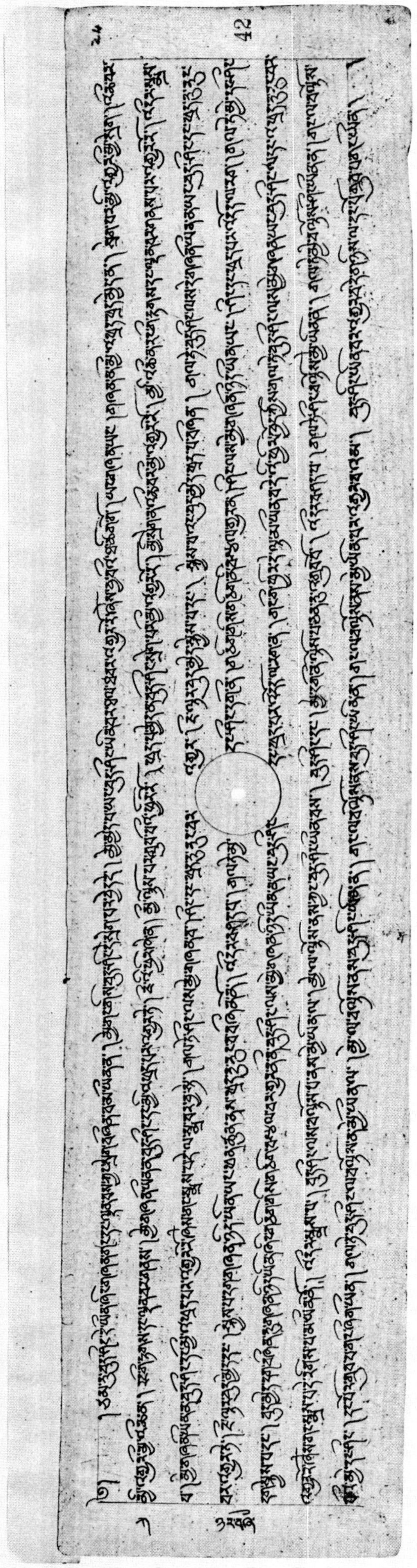

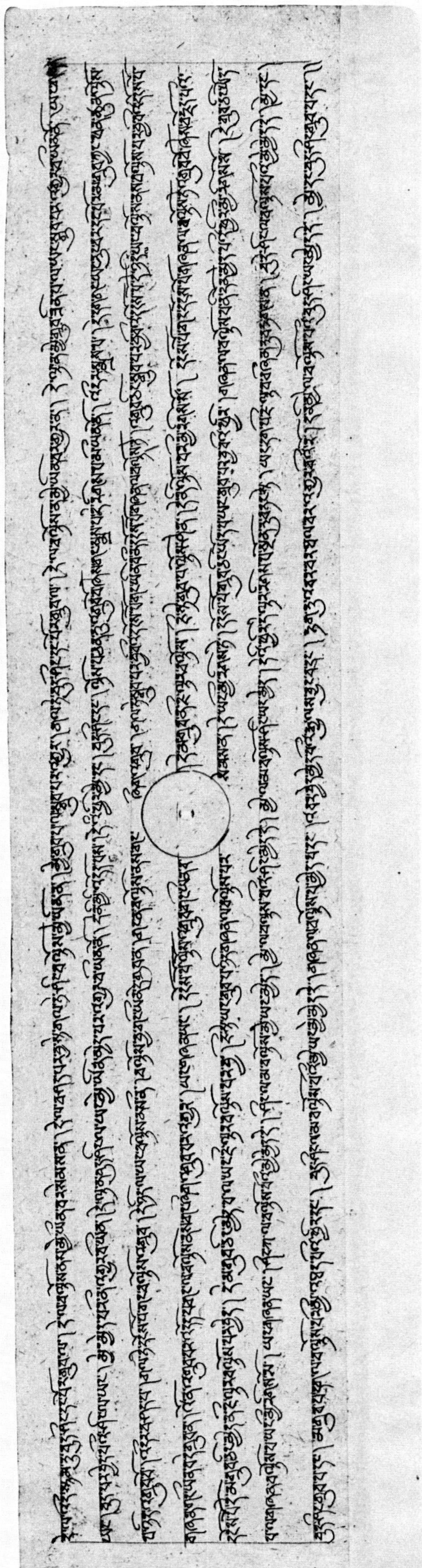

英 IOL.Tib.J.VOL.18　13.དབུ་མའི་རྩ་བའི་འགྲེལ་པ་ག་ལས་འཇིགས་མེད།
13.中觀根本無畏釋　(86—42)

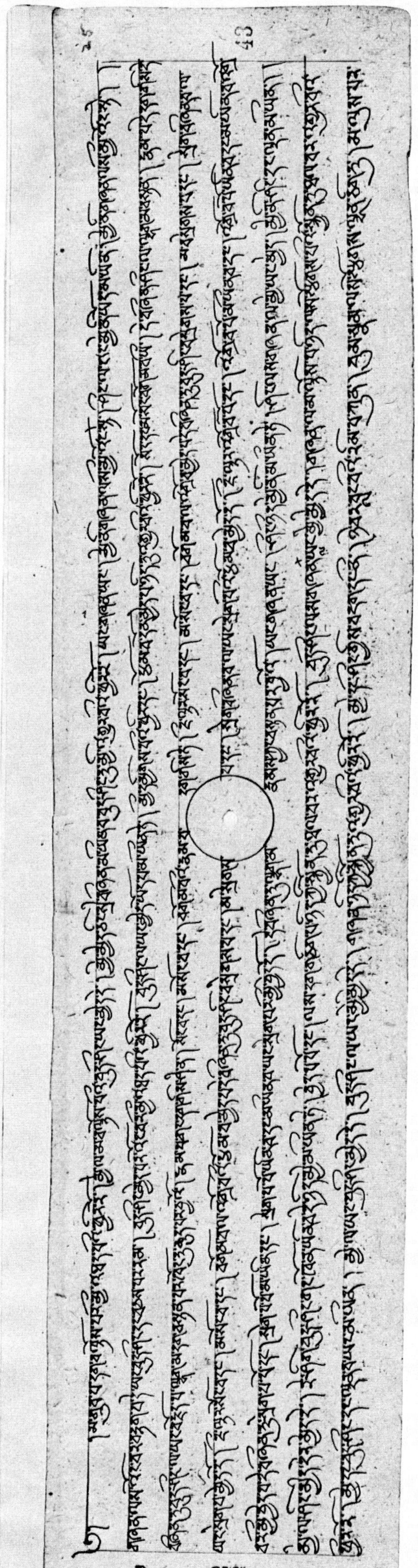

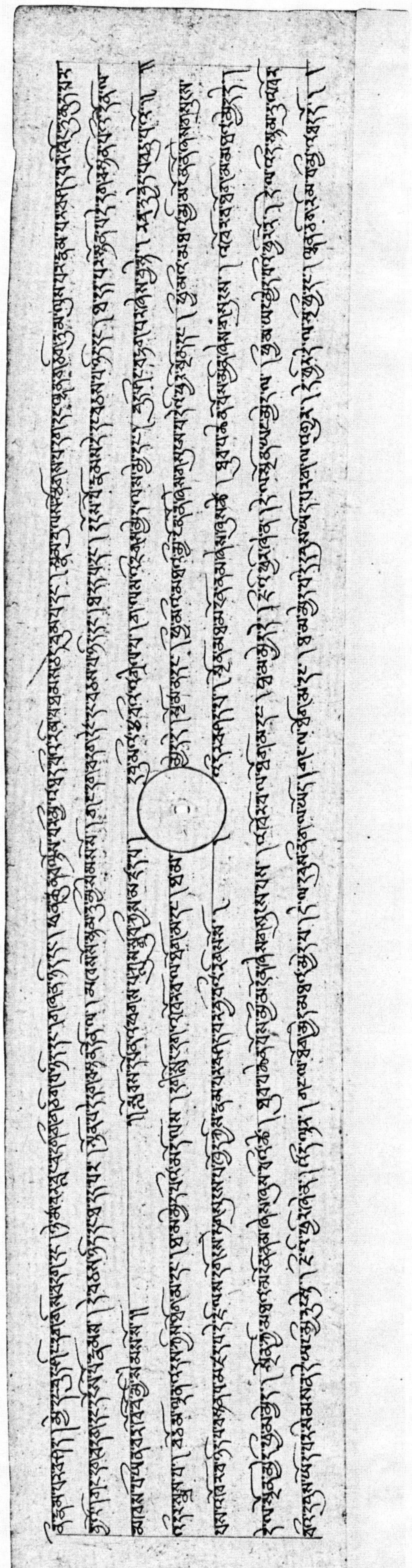

英 IOL.Tib.J.VOL.18　13.དབུ་མའི་རྩ་བའི་འགྲེལ་པ་ག་ལས་འཇིགས་མེད།

13.中觀根本無畏釋　(86—43)

13.དབུ་མའི་རྩ་བའི་འགྲེལ་པ་ག་ལས་འཇིགས་ཤྱེད།

13.中觀根本無畏釋   (86—44)

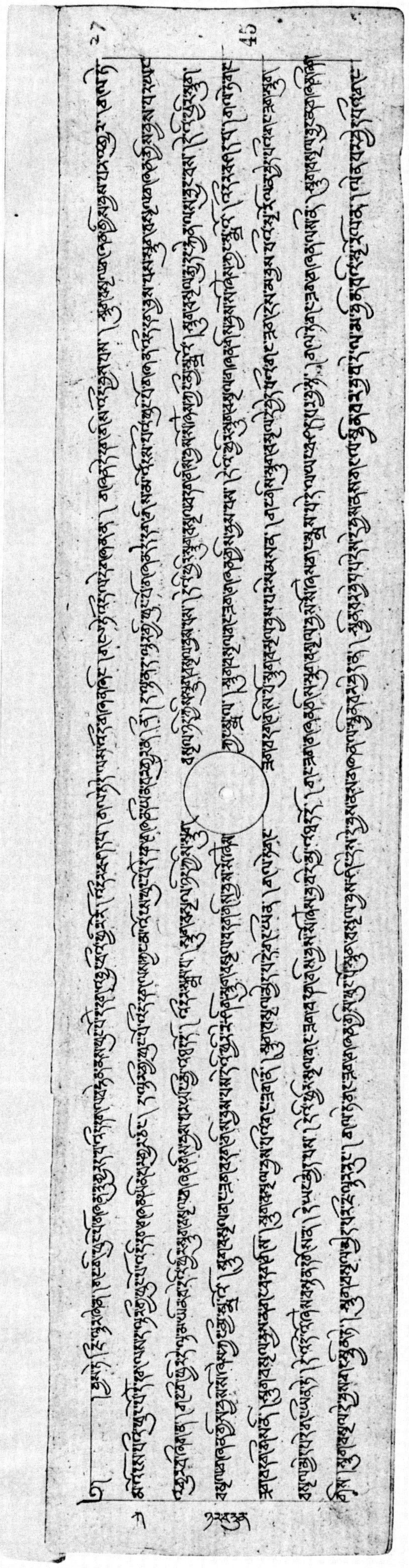

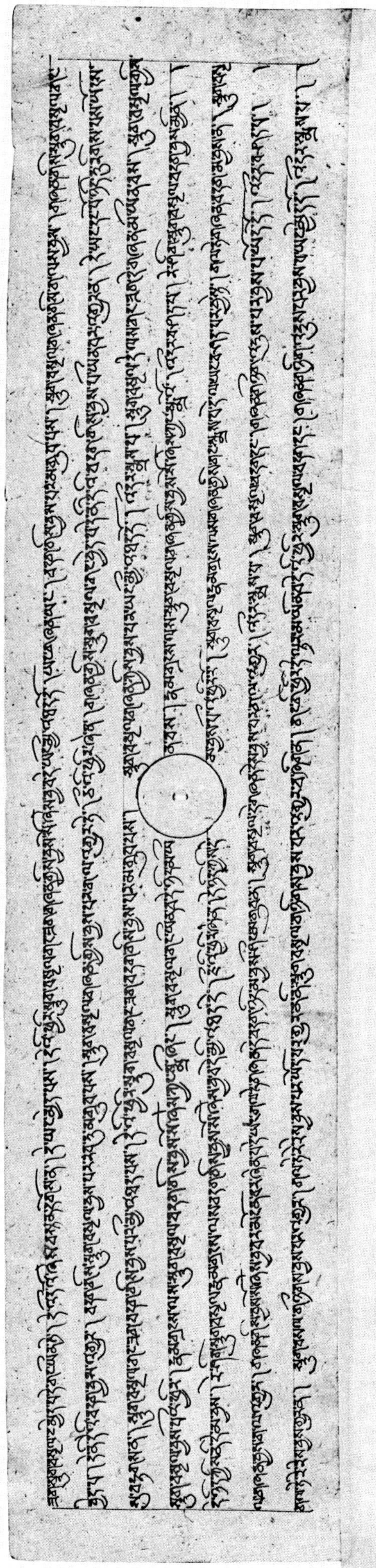

英 IOL.Tib.J.VOL.18　　13.དབུ་མའི་རྩ་བའི་འགྲེལ་པ་ག་ལས་འཇིགས་མེད།
13.中觀根本無畏釋　　(86—45)

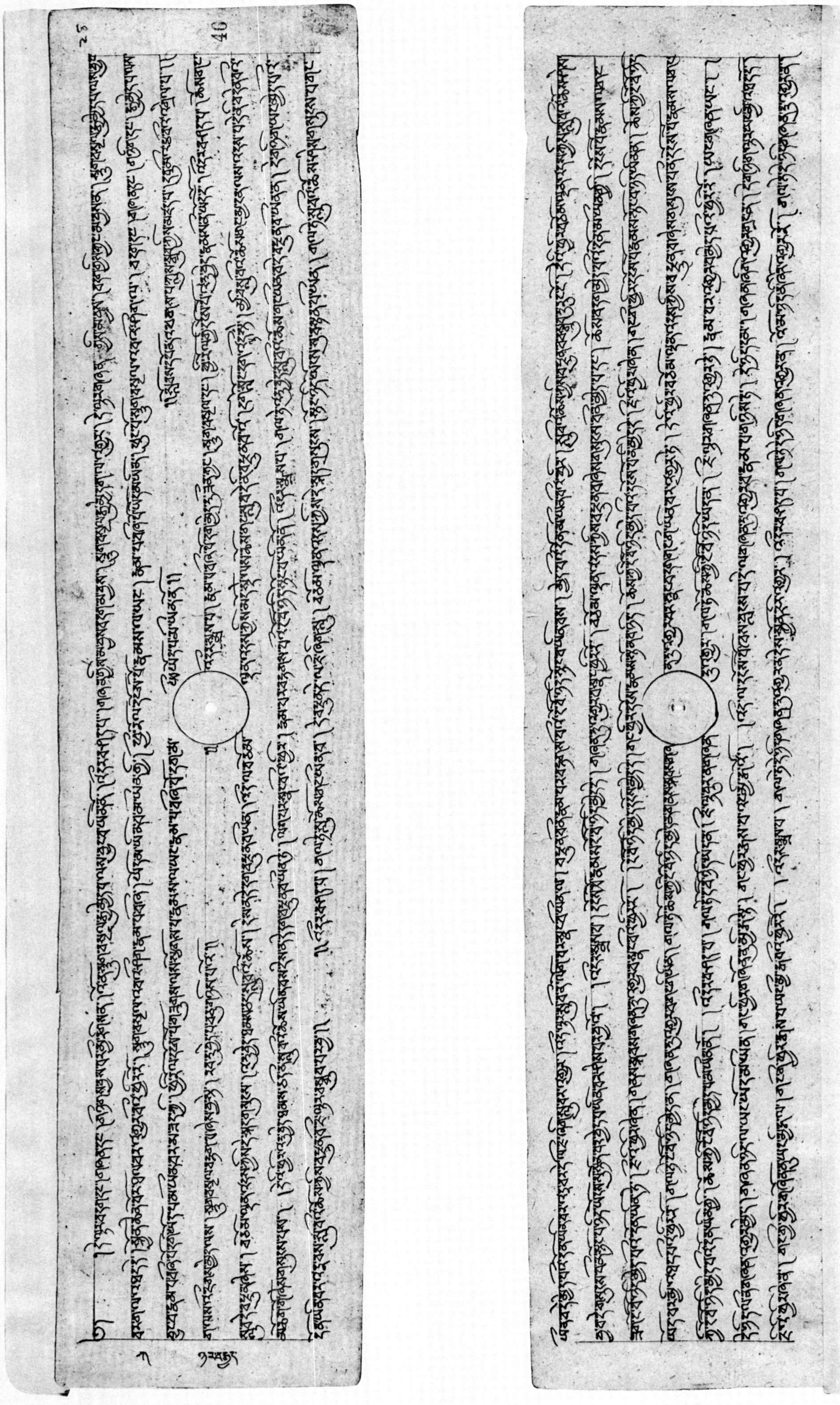

英 IOL.Tib.J.VOL.18　13.དབུ་མའི་རྩ་བའི་འགྲེལ་པ་ག་ལས་འཇིགས་མེད།

13.中觀根本無畏釋　(86—46)

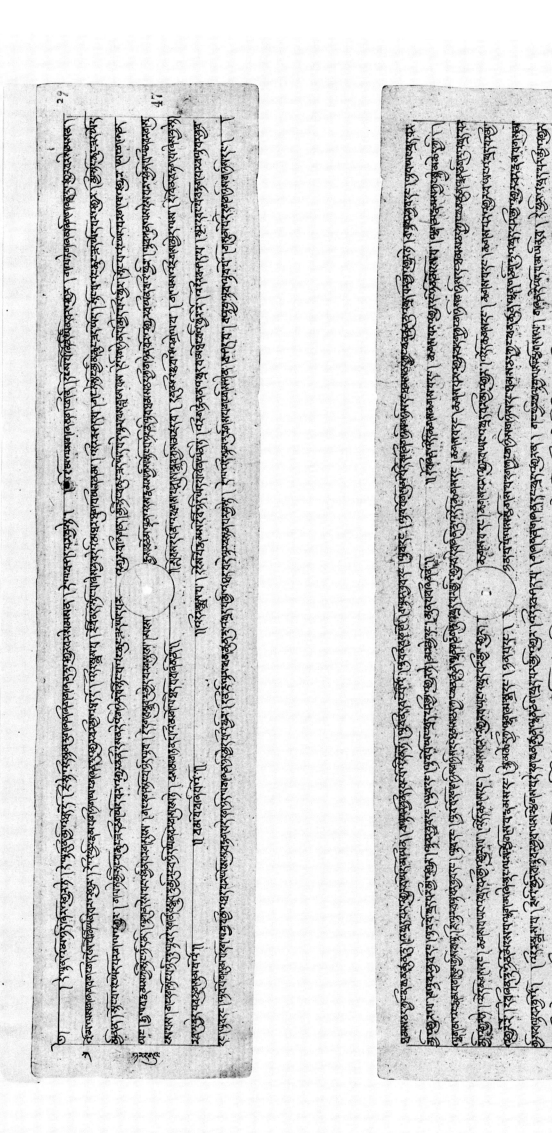

英 IOL.Tib.J.VOL.18　　13.དབུ་མའི་རྩ་བའི་འགྲེལ་བ་ག་ལས་འཇིགས་ཆྱེད།

13.中觀根本無畏釋　　　(86—47)

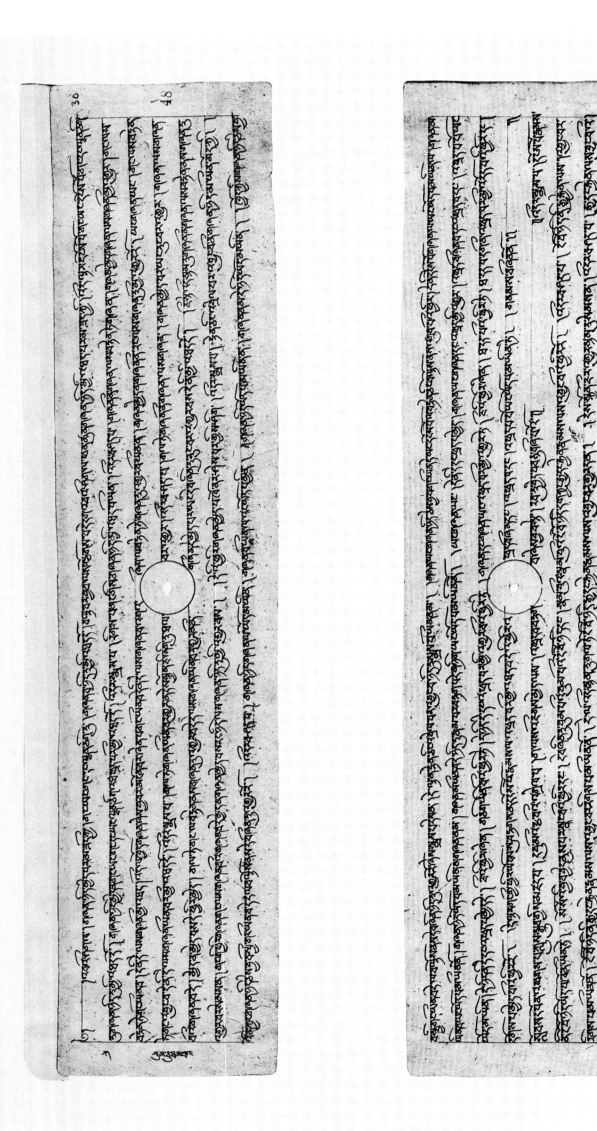

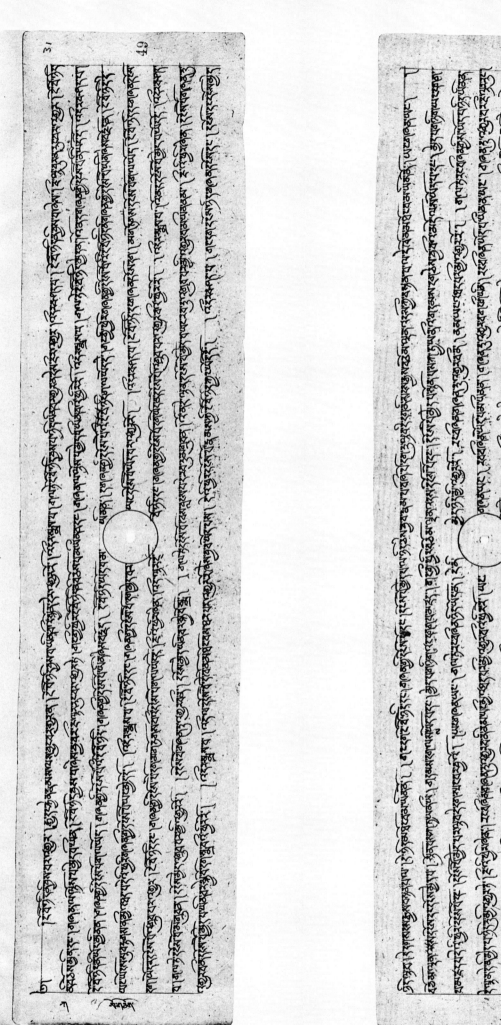

英 IOL.Tib.J.VOL.18　　13.དབུ་མའི་རྩ་བའི་འགྲེལ་བ་ག་ལས་འཇིགས་མེད།

13.中觀根本無畏釋　　　(86—49)

英 IOL.Tib.J.VOL.18　　13.དབུ་མའི་རྩ་བའི་འགྲེལ་བ་ག་ལས་འཇིགས་མྱེད།

13.中觀根本無畏釋　　(86—50)

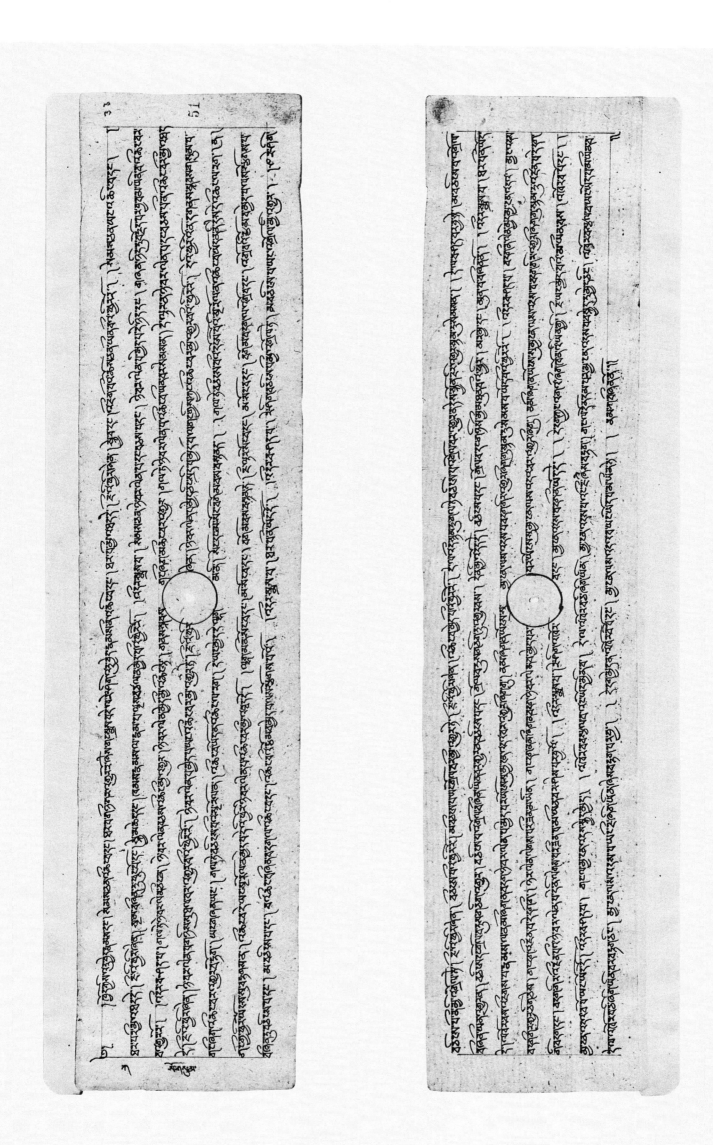

英 IOL.Tib.J.VOL.18　　13.དབུ་མའི་རྩ་བའི་འགྲེལ་བ་ག་ལས་འཇིགས་མེད།
　　　　　　　　　　　13.中觀根本無畏釋　　　(86—51)

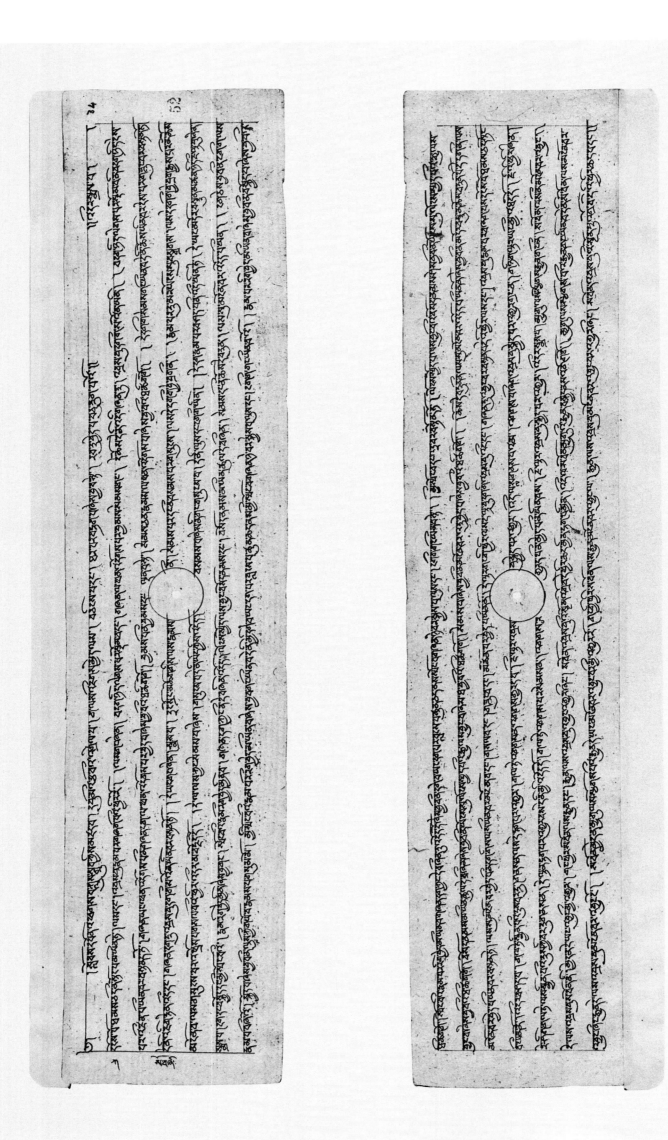

英 IOL.Tib.J.VOL.18　　13.དབུ་མའི་རྩ་བའི་འགྲེལ་བ་ག་ལས་འཇིགས་ཆྱེད།

13.中觀根本無畏釋　　　(86—52)

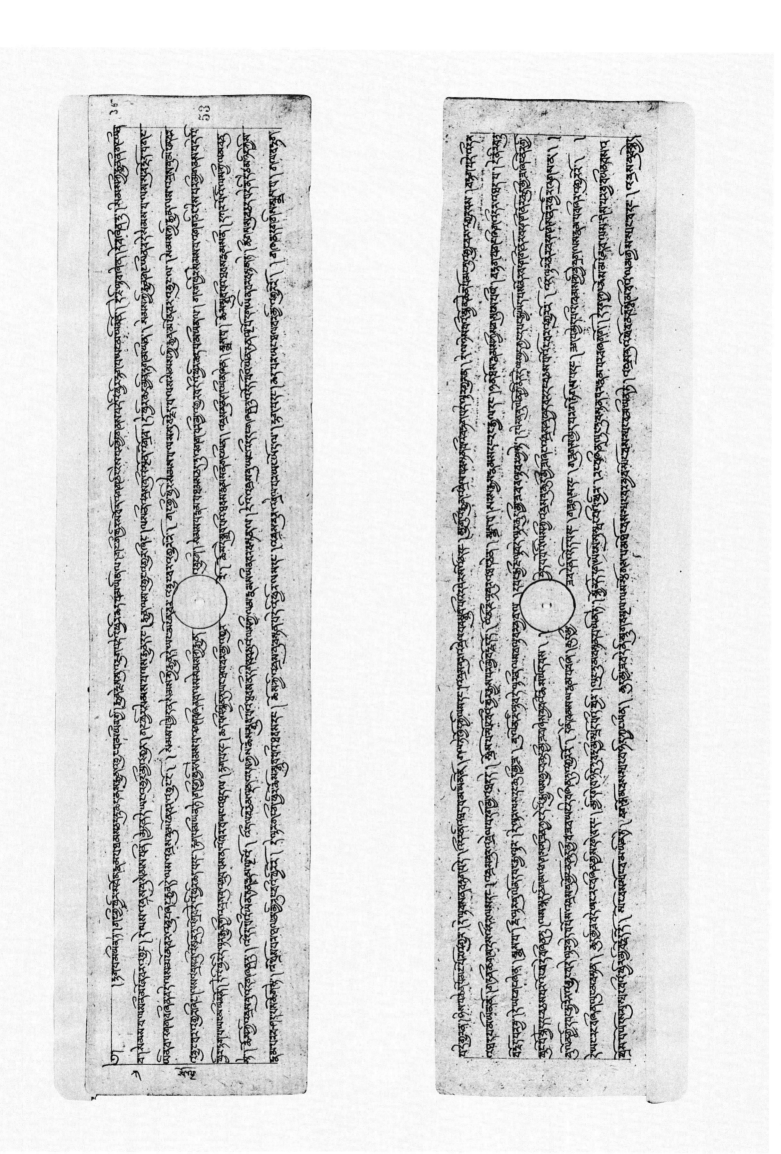

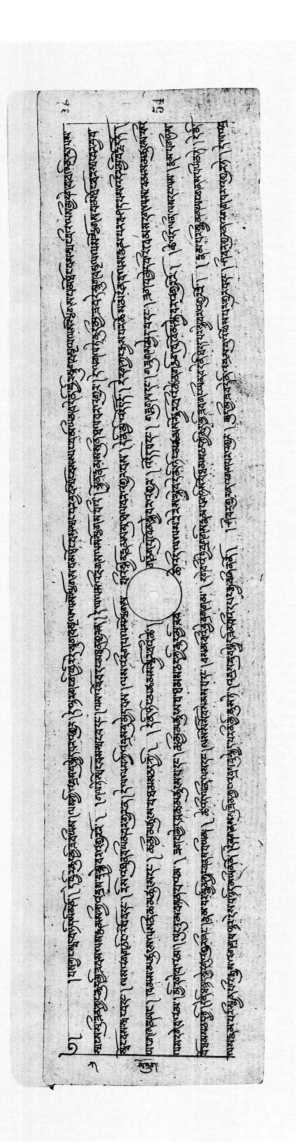

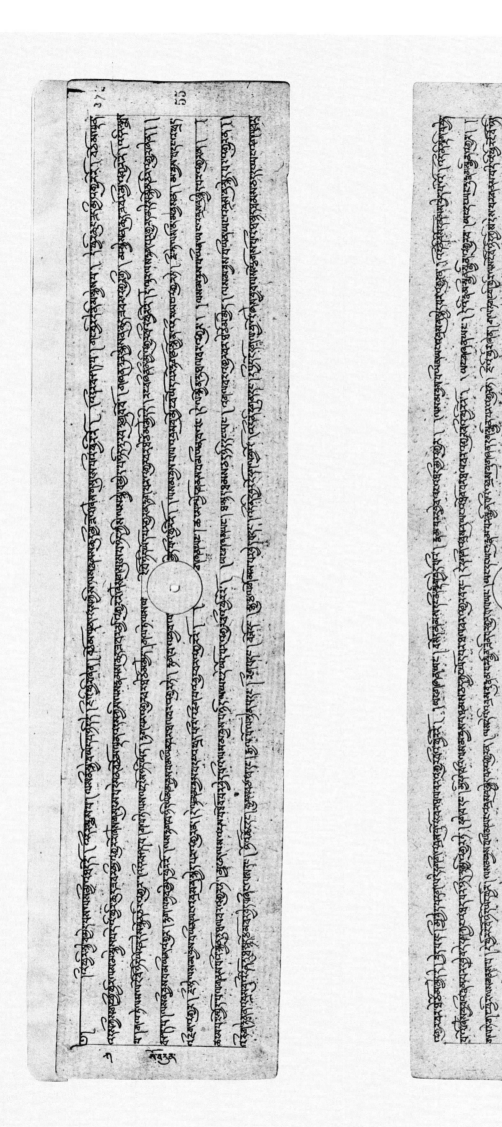

英 IOL.Tib.J.VOL.18　13.དབུ་མའི་རྩ་བའི་འགྲེལ་པ་ག་ལས་འཇིགས་མེད།

13.中觀根本無畏釋　　(86—55)

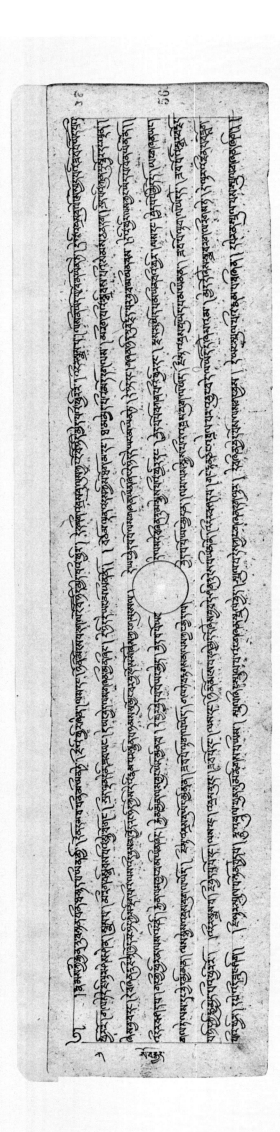

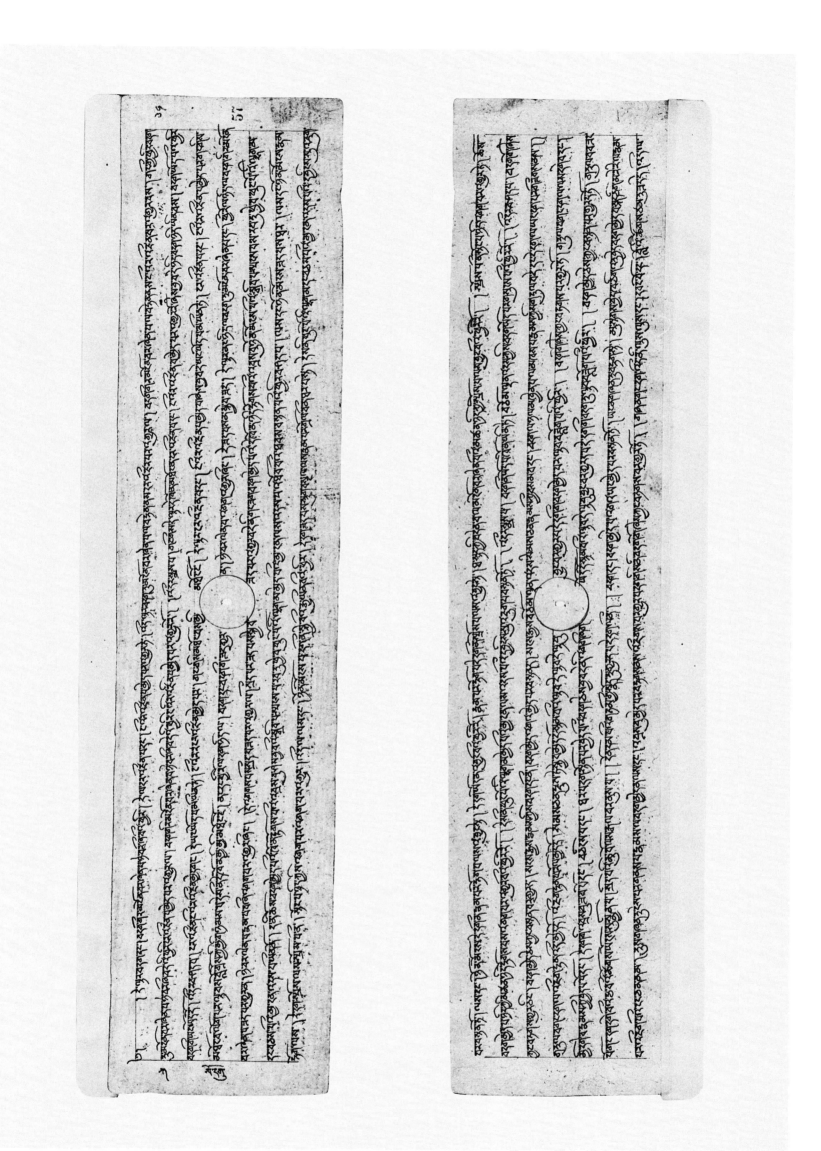

英 IOL.Tib.J.VOL.18 　　13.དབུ་མའི་རྩ་བའི་འགྲེལ་པ་ག་ལས་འཇིགས་མེད།

13.中觀根本無畏釋　　　(86—57)

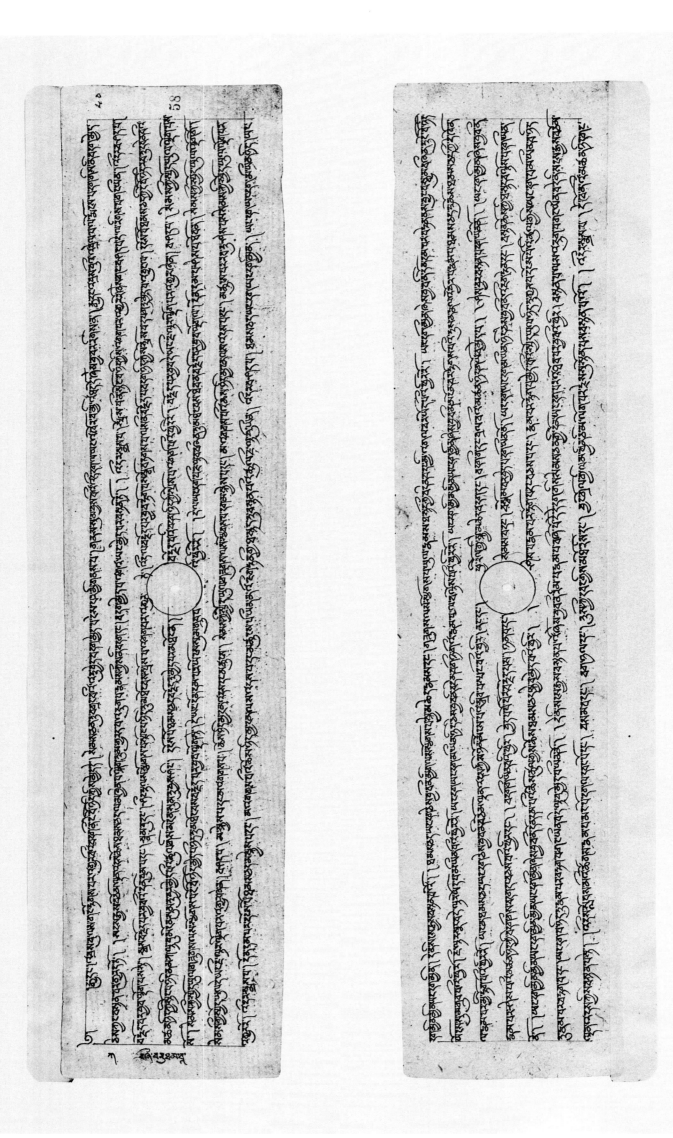

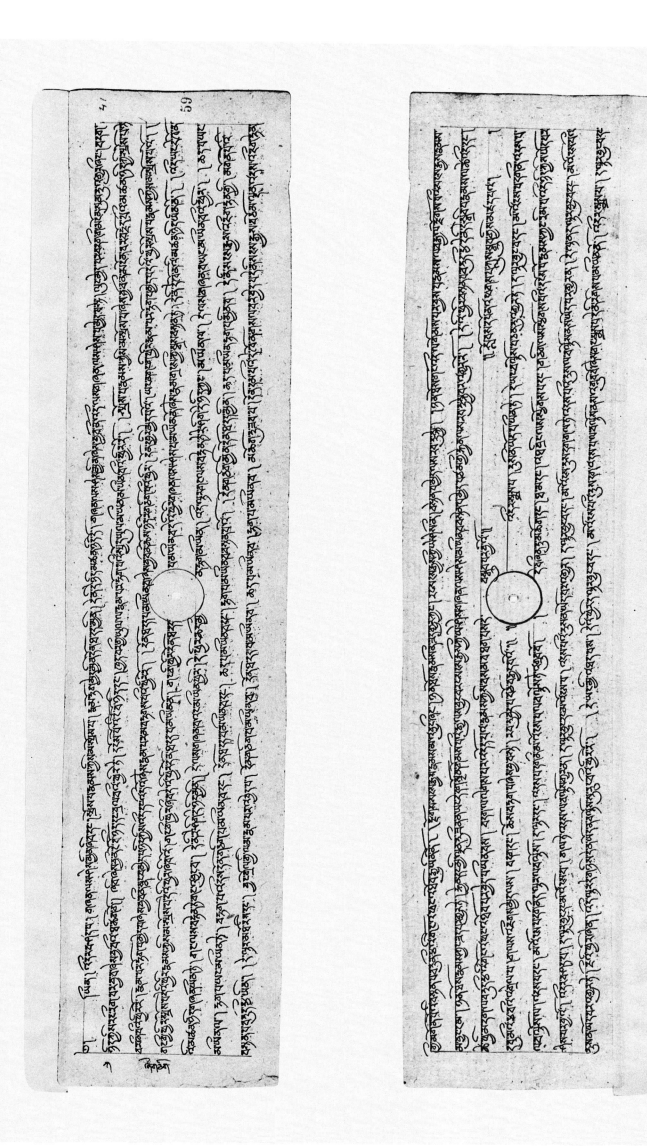

英 IOL.Tib.J.VOL.18　　13.དབུ་མའི་རྩ་བའི་འགྲེལ་པ་ག་ལས་འཇིགས་མྱེད།

13.中觀根本無畏釋　　(86—59)

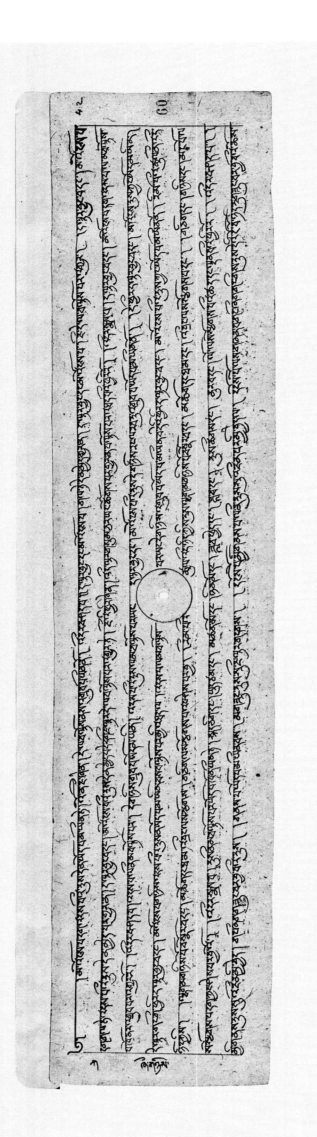

13.དབུ་མའི་རྩ་བའི་འགྲེལ་བ་ག་ལས་འཇིགས་མེད།

13.中觀根本無畏釋　　(86—60)

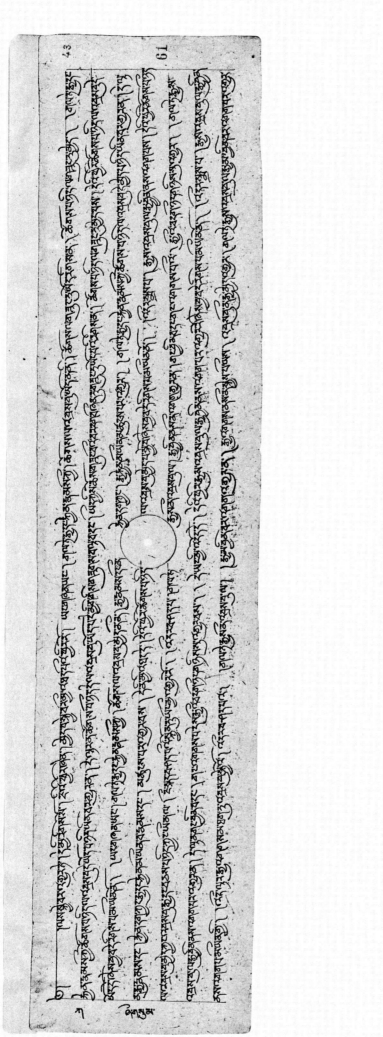

英 IOL.Tib.J.VOL.18　　13.དབུ་མའི་རྩ་བའི་འགྲེལ་པ་ག་ལས་འཇིགས་མེད།

13.中觀根本無畏釋　　(86—61)

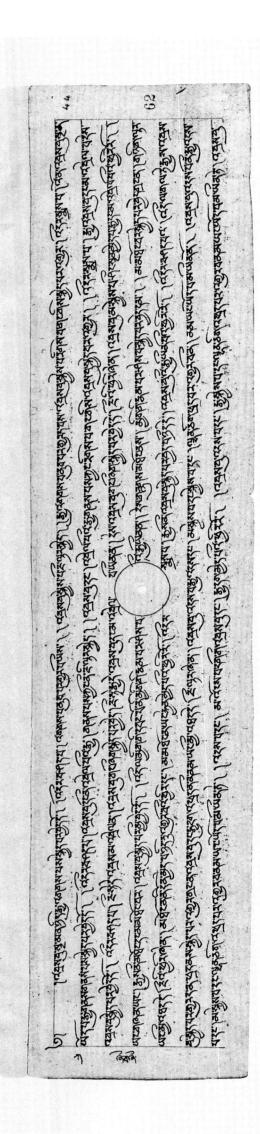

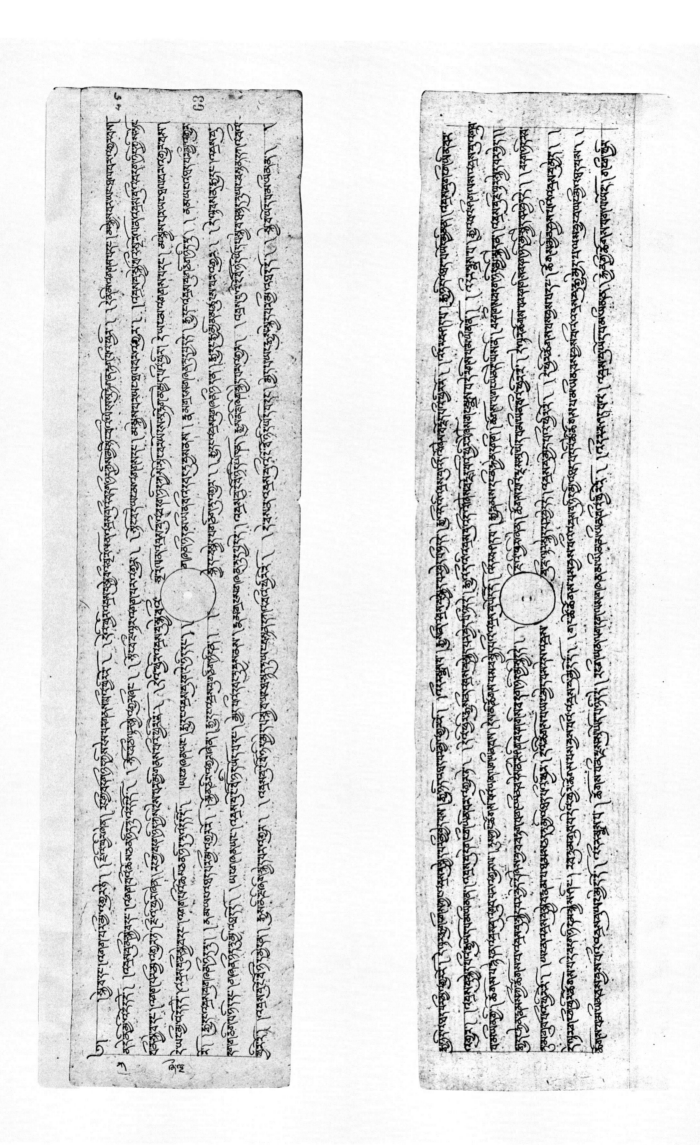

英 IOL.Tib.J.VOL.18　　13.དབུ་མའི་རྩ་བའི་འགྲེལ་བ་ག' ལས་འཇིགས་མྱེད།

13.中觀根本無畏釋　　　(86—63)

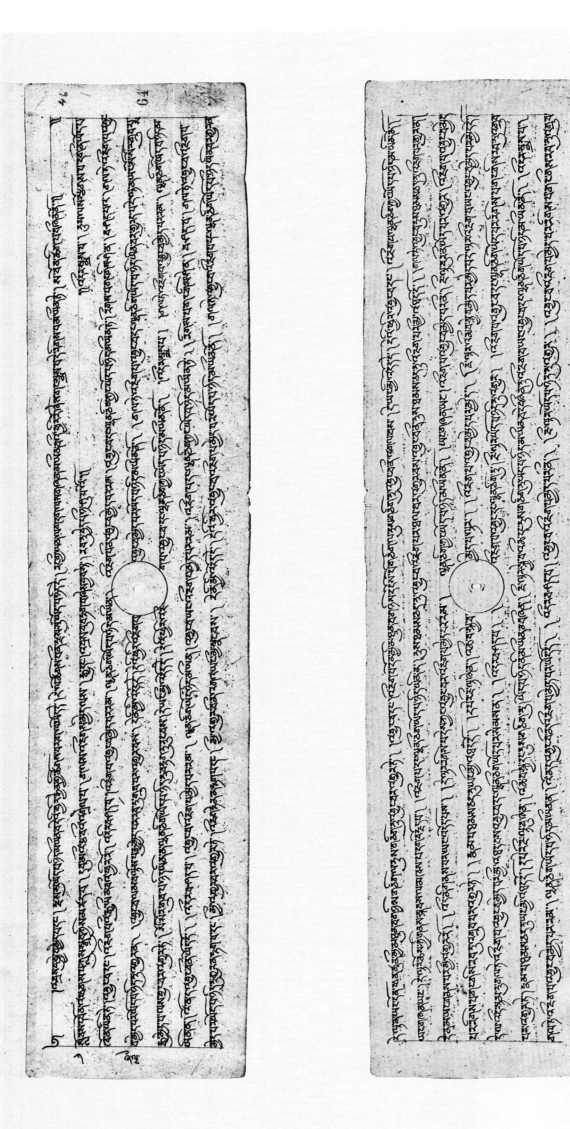

英 IOL.Tib.J.VOL.18　　13.དབུ་མའི་རྩ་བའི་འགྲེལ་བ་ག་ལས་འཇིགས་མེད།

13.中觀根本無畏釋　　　(86—64)

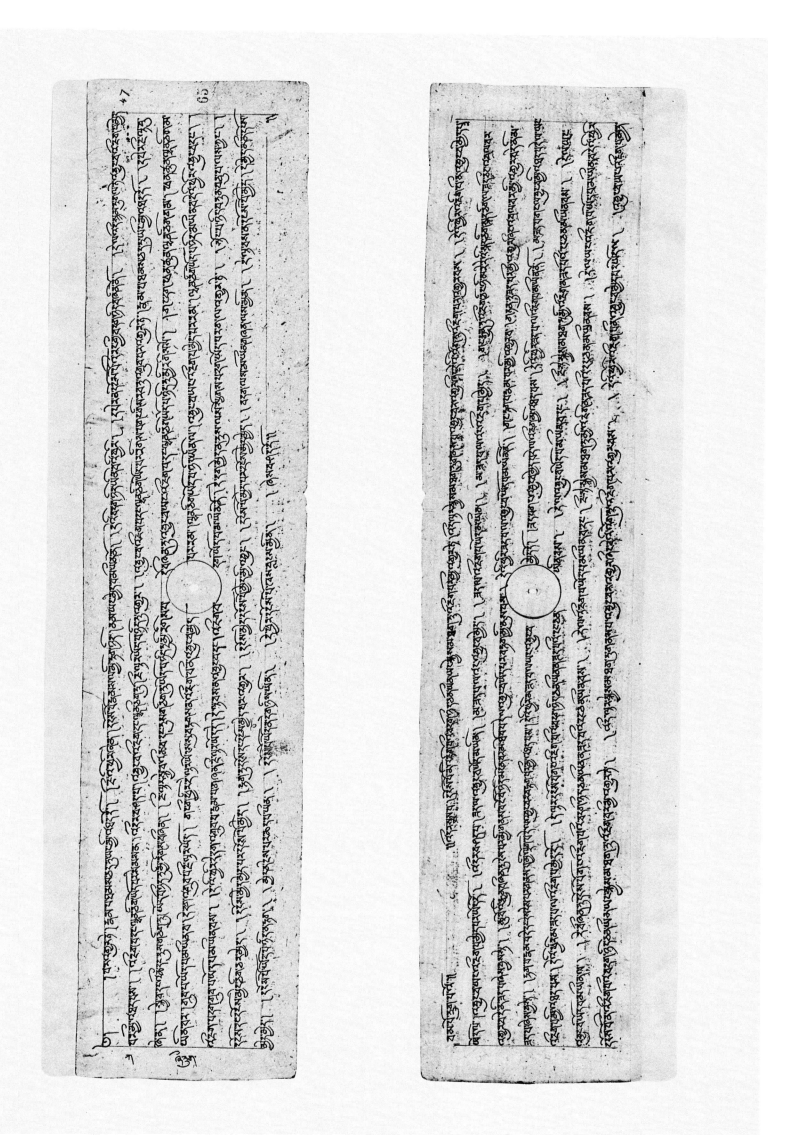

英 IOL.Tib.J.VOL.18   13.དབུ་མའི་རྩ་བའི་འགྲེལ་པ་ག་ལས་འཇིགས་སྐྱེད།

13.中觀根本無畏釋   (86—65)

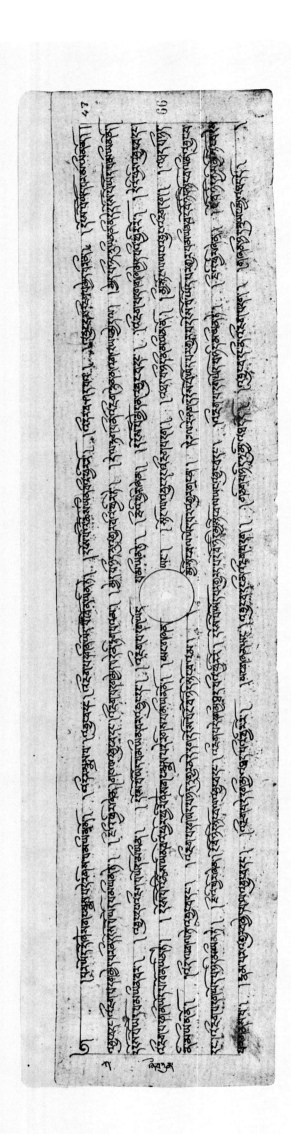

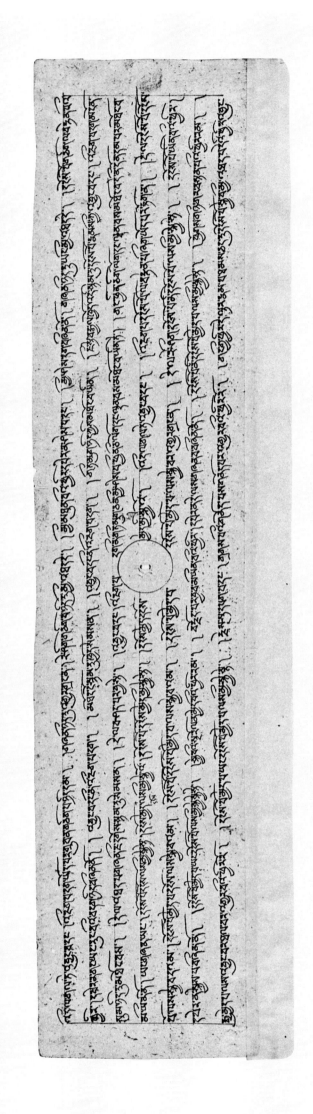

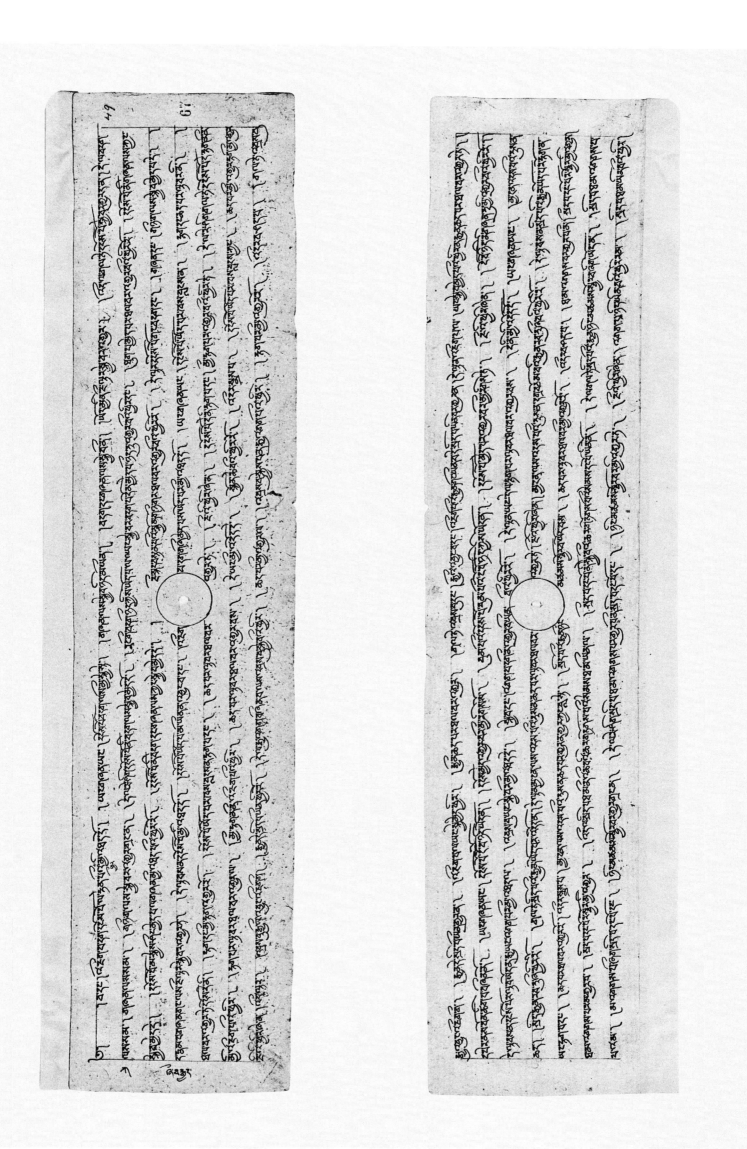

英 IOL.Tib.J.VOL.18　　13.དབུ་མའི་རྩ་བའི་འགྲེལ་བ་ག་ལས་འཇིགས་མྱེད།

13.中觀根本無畏釋　　(86—67)

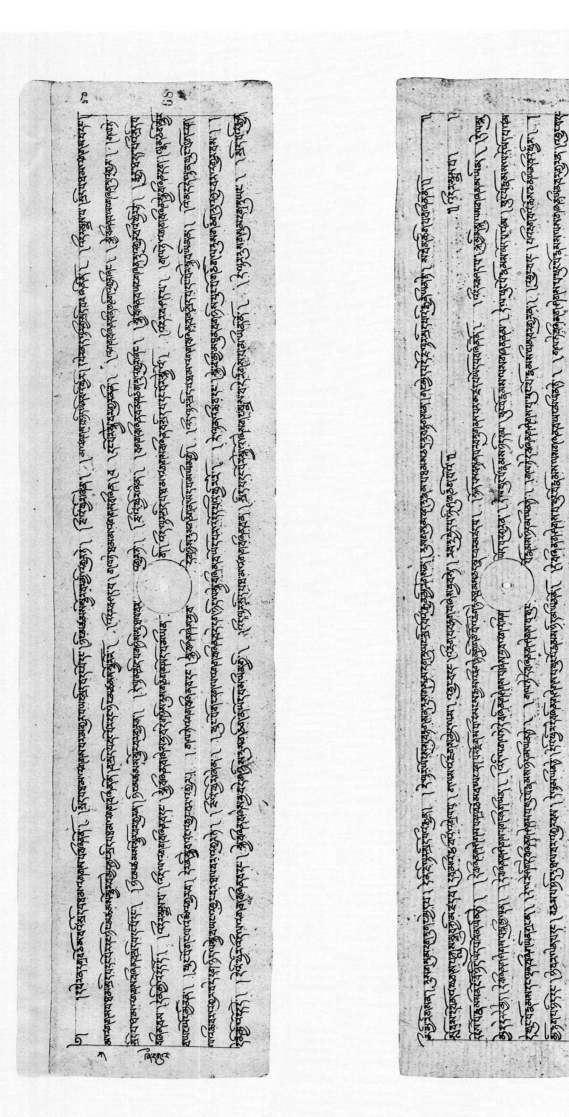

英 IOL.Tib.J.VOL.18　　13.དབུ་མའི་རྩ་བའི་འགྲེལ་པ་ག་ལས་འཇིགས་མེད།

13.中觀根本無畏釋　　　(86—68)

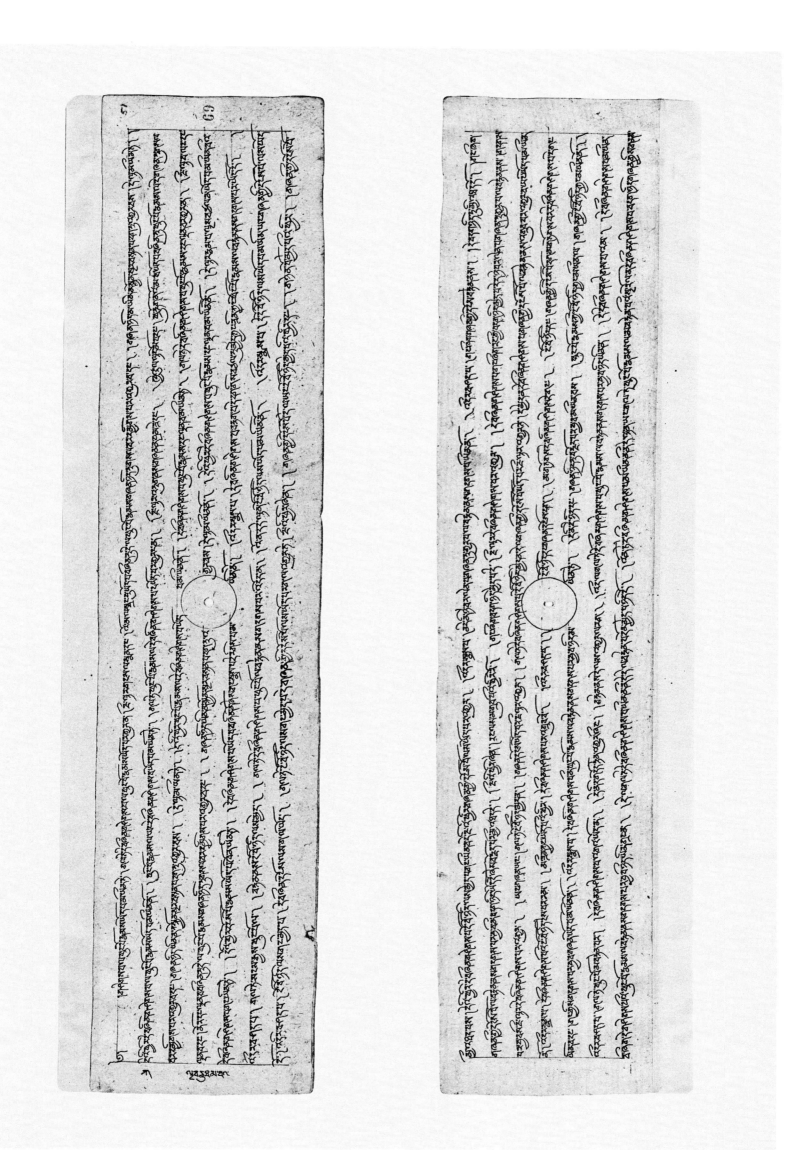

英 IOL.Tib.J.VOL.18　　13.དབུ་མའི་རྩ་བའི་འགྲེལ་བ་ག? ལས་འཇིགས་ཤྱེ་ད།

13.中觀根本無畏釋　　　(86—70)

306

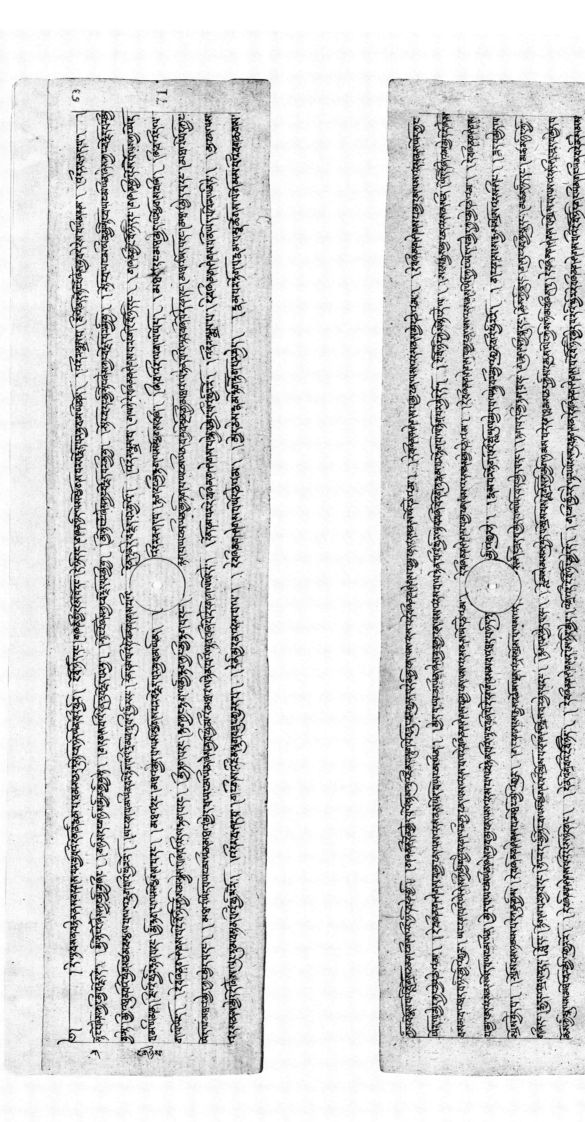

英 IOL.Tib.J.VOL.18　　13.དབུ་མའི་རྩ་བའི་འགྲེལ་པ་ག་ལས་འཇིགས་མེད།

13.中觀根本無畏釋　　　(86—71)

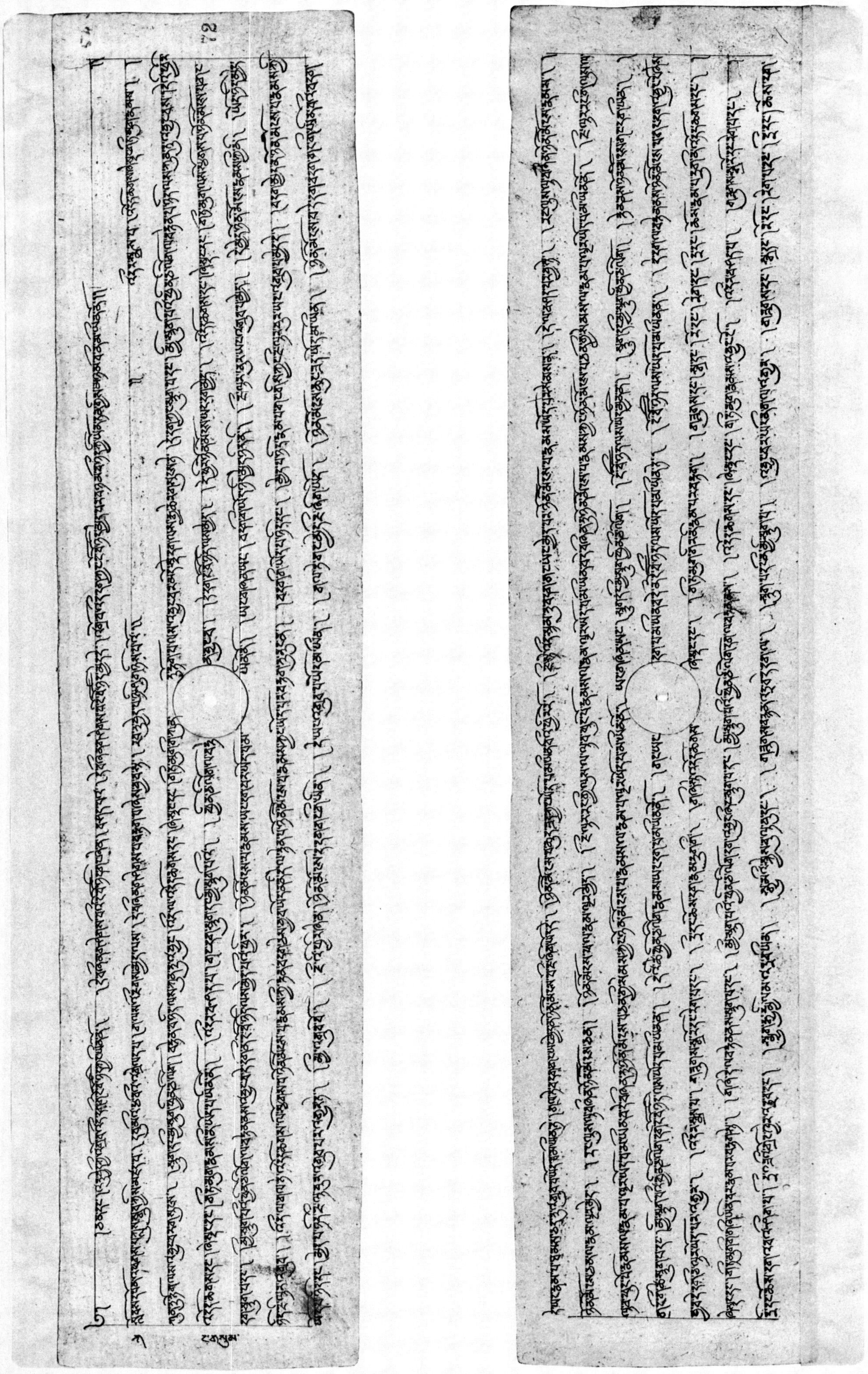

英 IOL.Tib.J.VOL.18　13.དབུ་མའི་རྩ་བའི་འགྲེལ་པ་ག་ལས་འཇིགས་མེད།
13.中觀根本無畏釋　(86—72)

英 IOL.Tib.J.VOL.18   13.དབུ་མའི་རྩ་བའི་འགྲེལ་པ་ག་ལས་འཇིགས་མྱེད།

13.中觀根本無畏釋   (86—73)

309

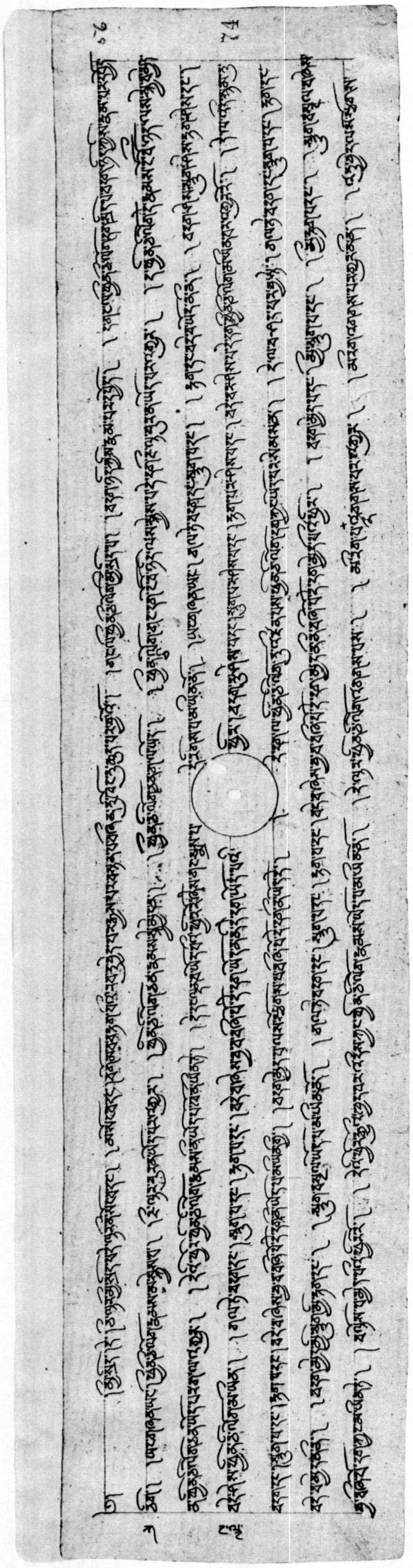

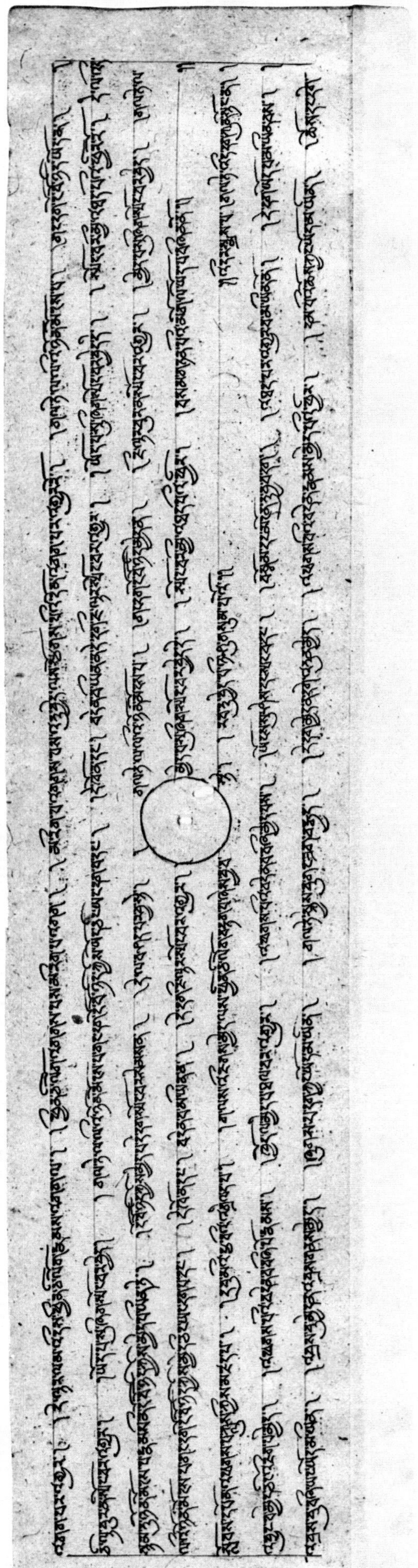

英 IOL.Tib.J.VOL.18　13.དབུ་མའི་རྩ་བའི་འགྲེལ་པ་ག་ལས་འཇིགས་མེད།
13.中觀根本無畏釋　(86—74)

英 IOL.Tib.J.VOL.18　　13.དབུ་མའི་རྩ་བའི་འགྲེལ་པ་ག་ལས་འཇིགས་མྱེད།

13.中觀根本無畏釋　　(86—75)

英 IOL.Tib.J.VOL.18　　13.དབུ་མའི་རྩ་བའི་འགྲེལ་བ་ག་ལས་འཇིགས་མེད།

13.中觀根本無畏釋　　　(86—77)

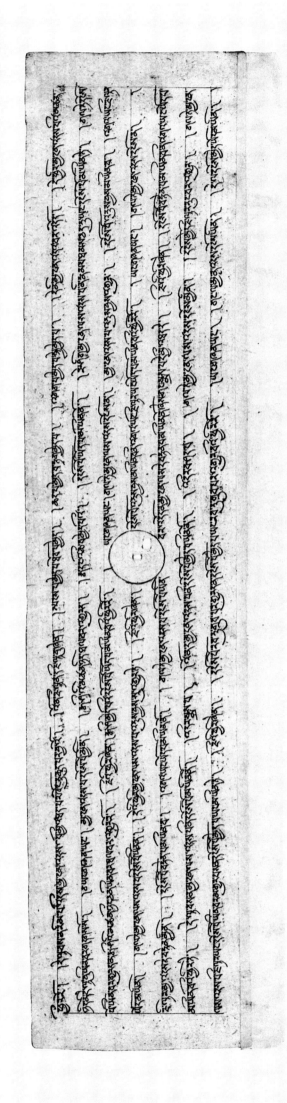

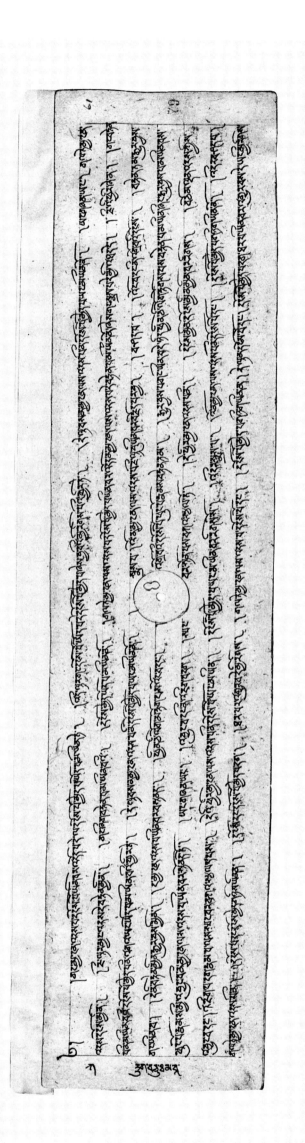
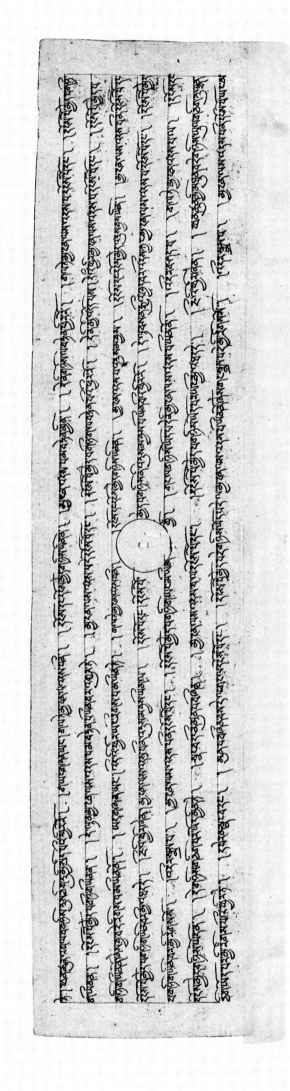

英 IOL.Tib.J.VOL.18　　13.དབུ་མའི་རྩ་བའི་འགྲེལ་པ་ག་ལས་འཇིགས་སྐྱེད།

13.中觀根本無畏釋　　　(86—79)

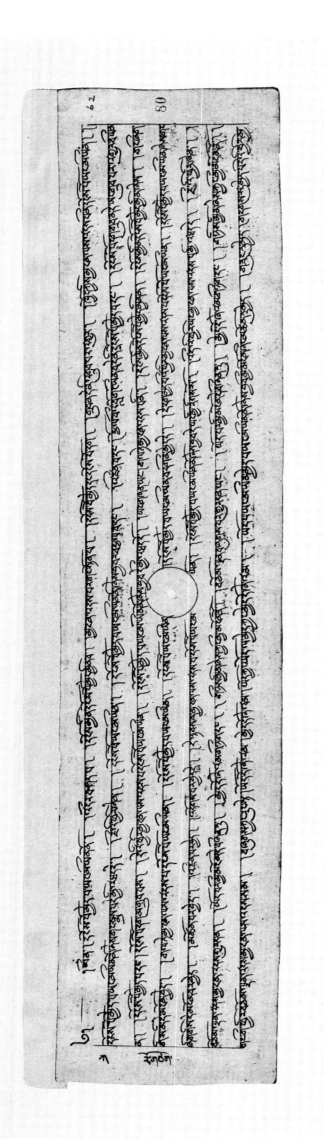
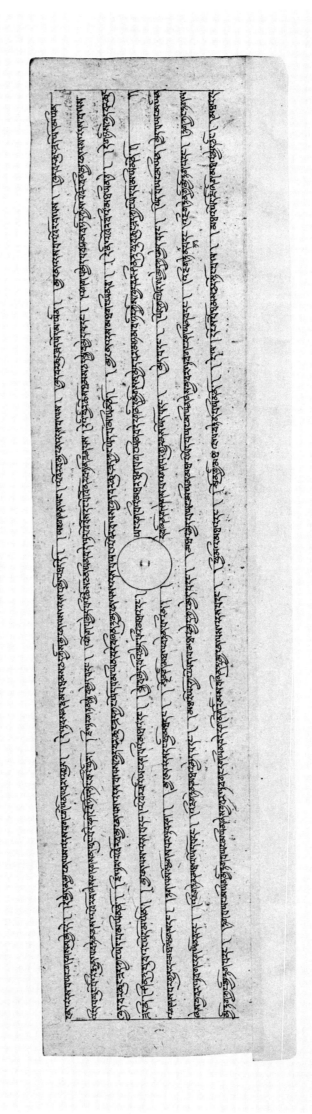

英 IOL.Tib.J.VOL.18　　13.དབུ་མའི་རྩ་བའི་འགྲེལ་བ་ག་ལས་འཇིགས་ཉིད།

13.中觀根本無畏釋　　　(86—80)

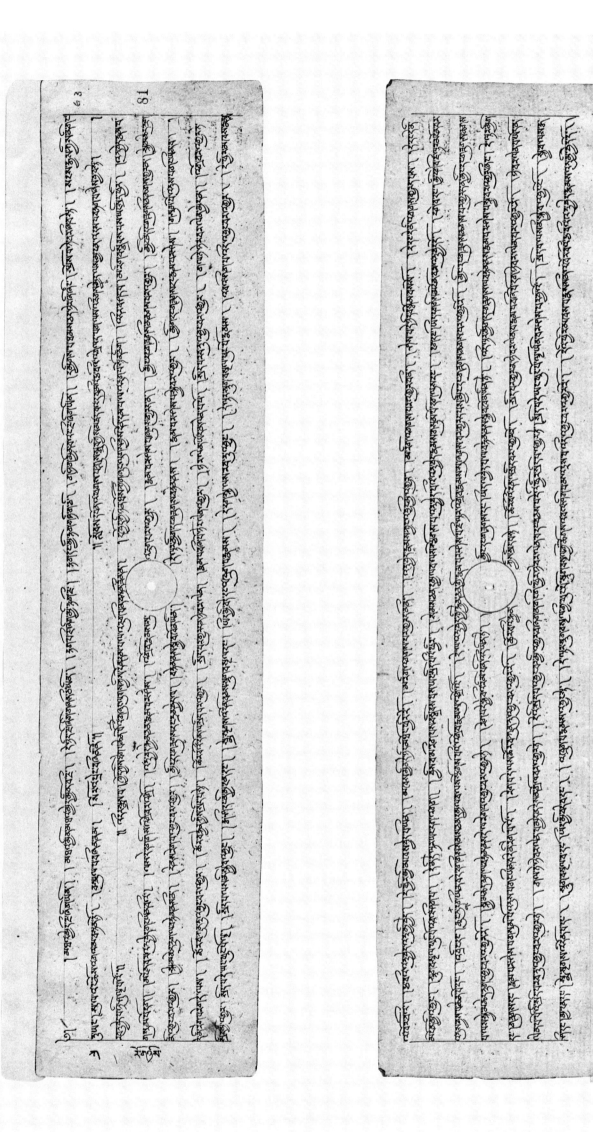

英 IOL.Tib.J.VOL.18　　13.དབུ་མའི་རྩ་བའི་འགྲེལ་པ་ག་ལས་འཇིགས་བྱེད།

13.中觀根本無畏釋　　　(86—81)

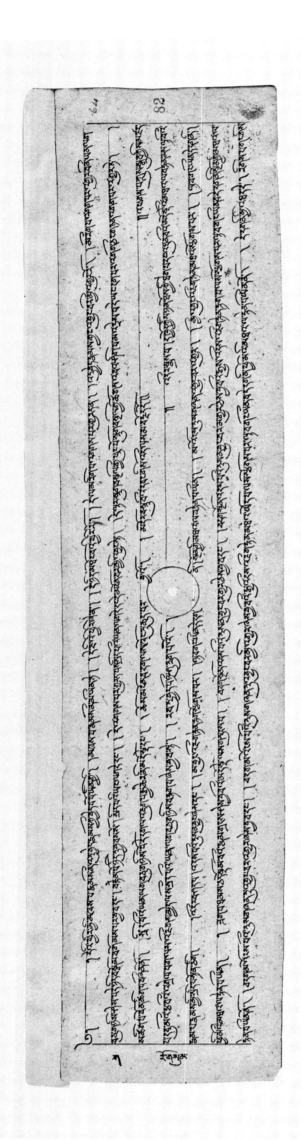

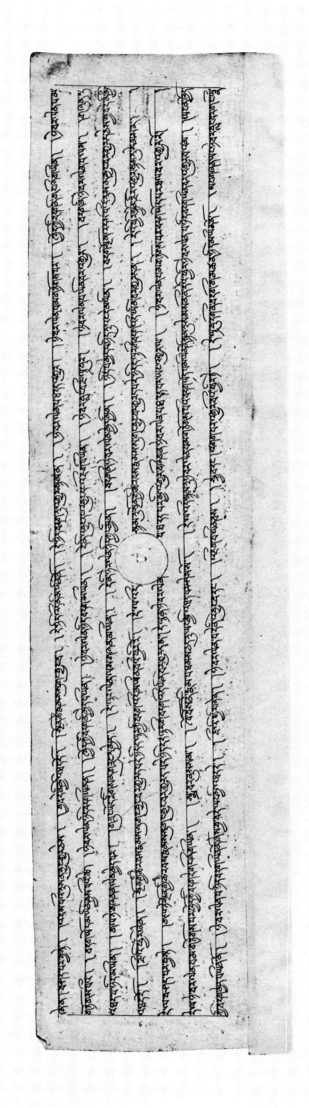

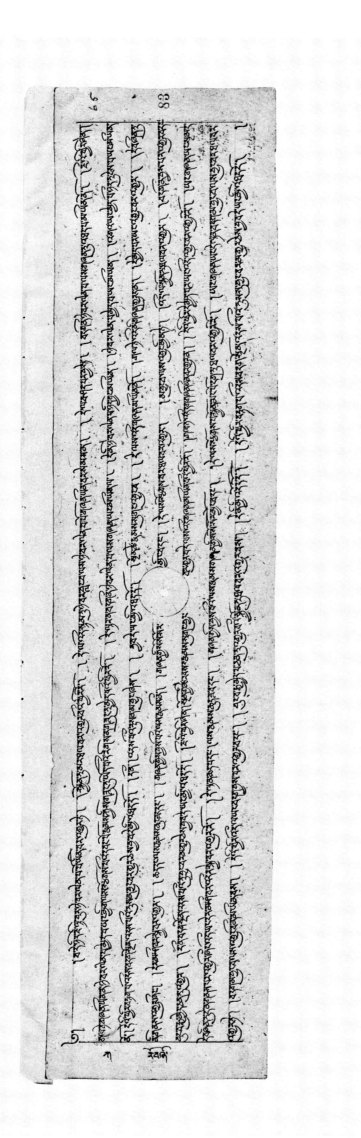

英 IOL.Tib.J.VOL.18　　13.དབུ་མའི་རྩ་བའི་འགྲེལ་པ་ག་ལས་འཇིགས་མེད།

13.中觀根本無畏釋　　(86—83)

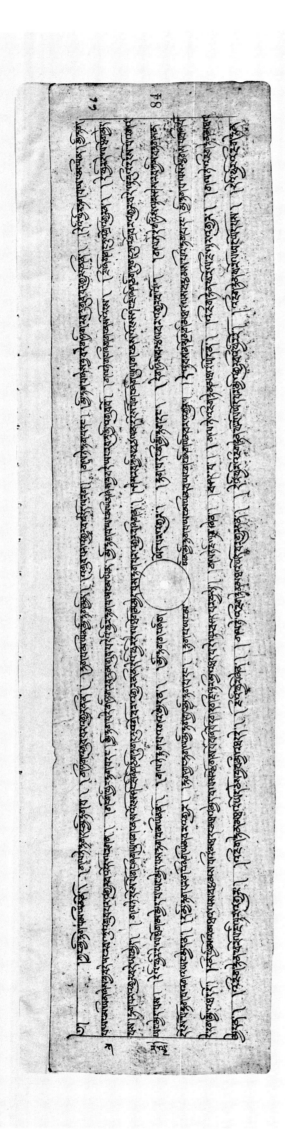

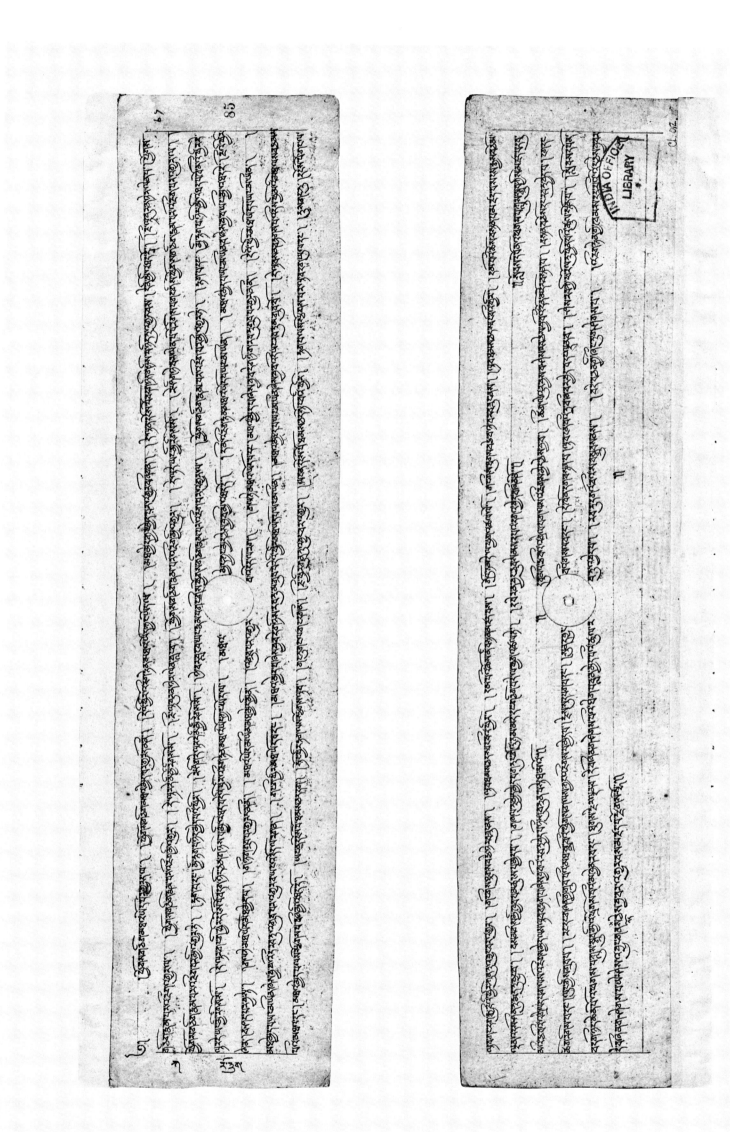

13.དབུ་མའི་རྩ་བའི་འགྲེལ་པ་ག་ལས་འཇིགས་མྱེད།

13.中觀根本無畏釋　　　(86—85)

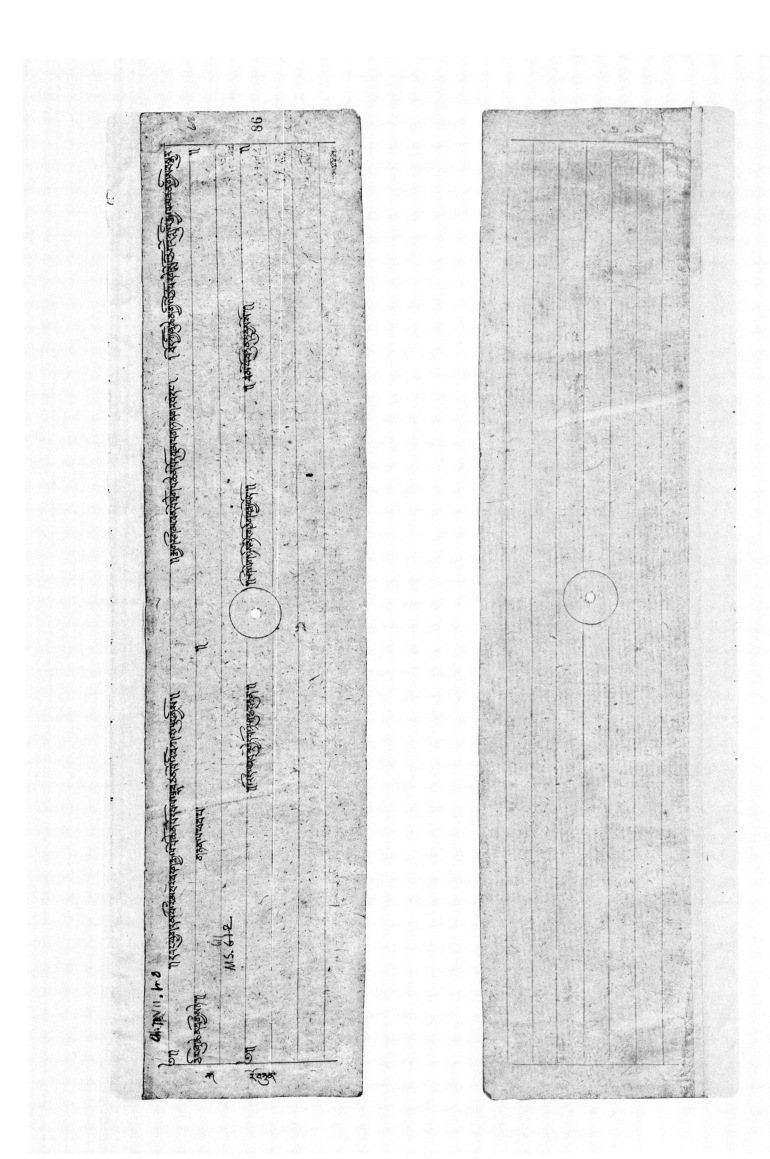

英 IOL.Tib.J.VOL.18　　13.དབུ་མའི་རྩ་བའི་འགྲེལ་པ་ག་ལས་འཇིགས་མེད།

13.中觀根本無畏釋　　　(86—86)

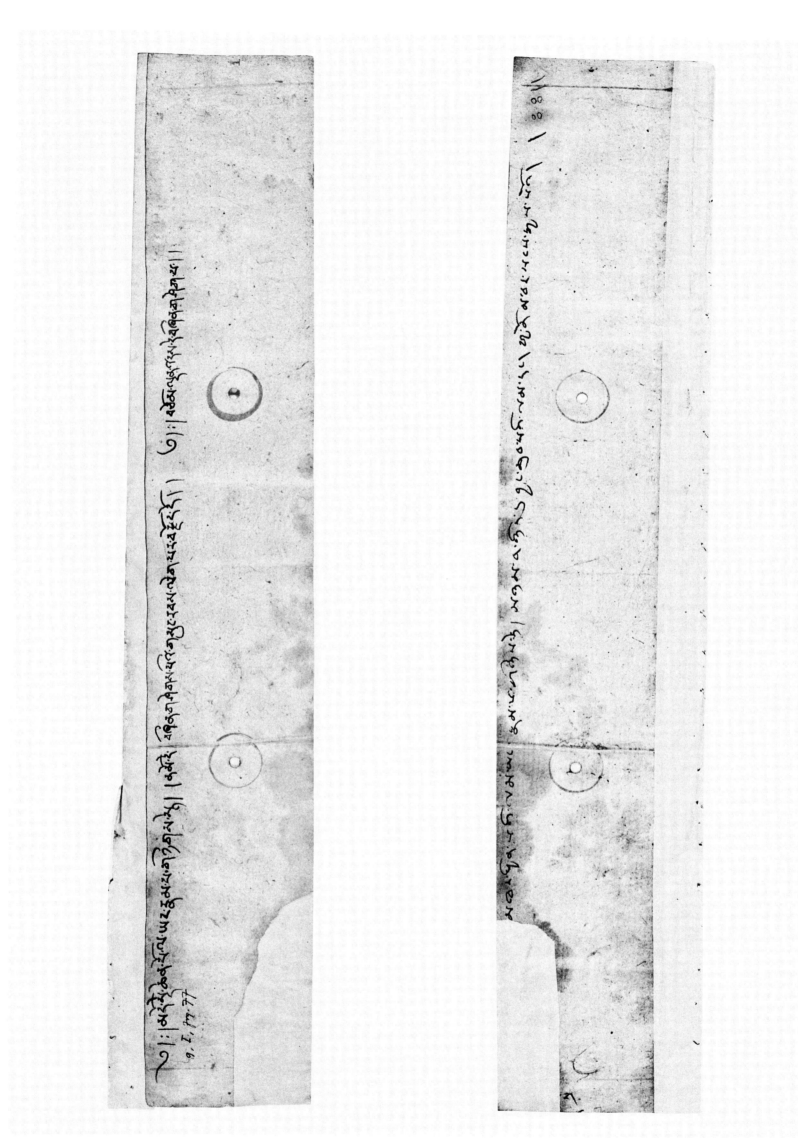

英 IOL.Tib.J.VOL.19　　1.དམ་ཆོས་ཐོར་བུ།

1.佛經　　　(51—1)

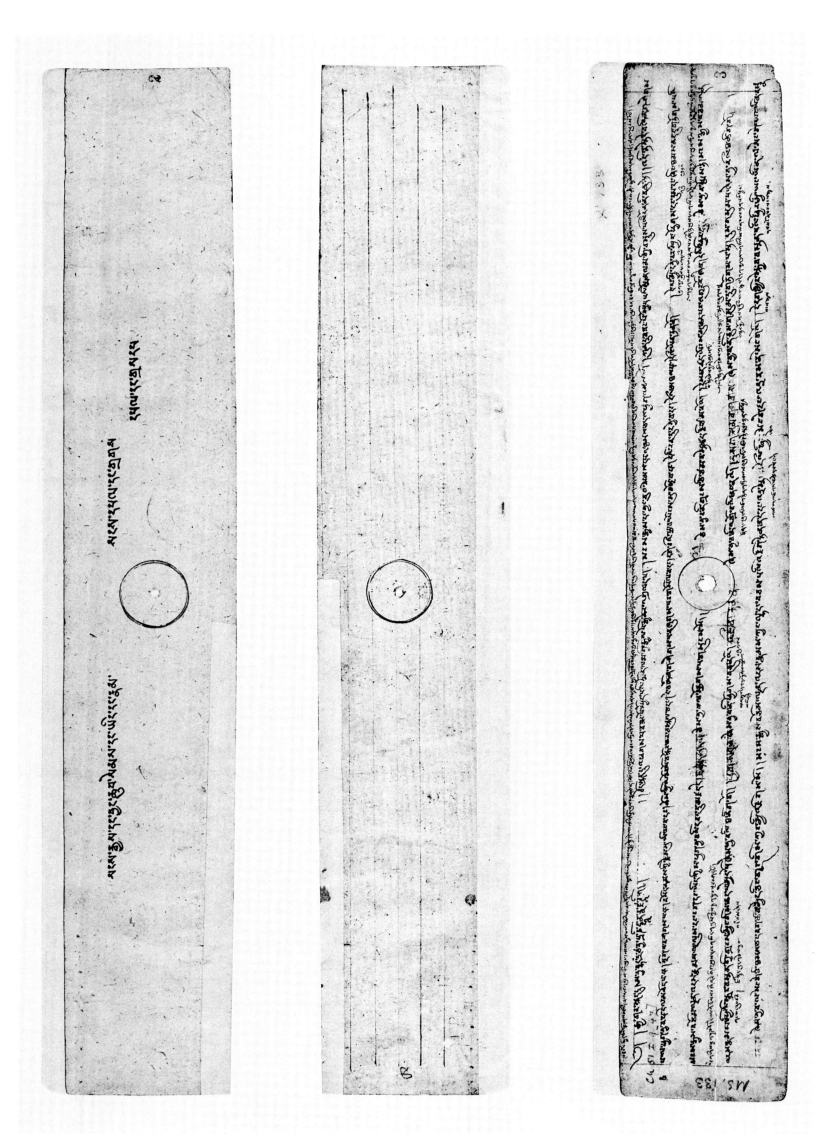

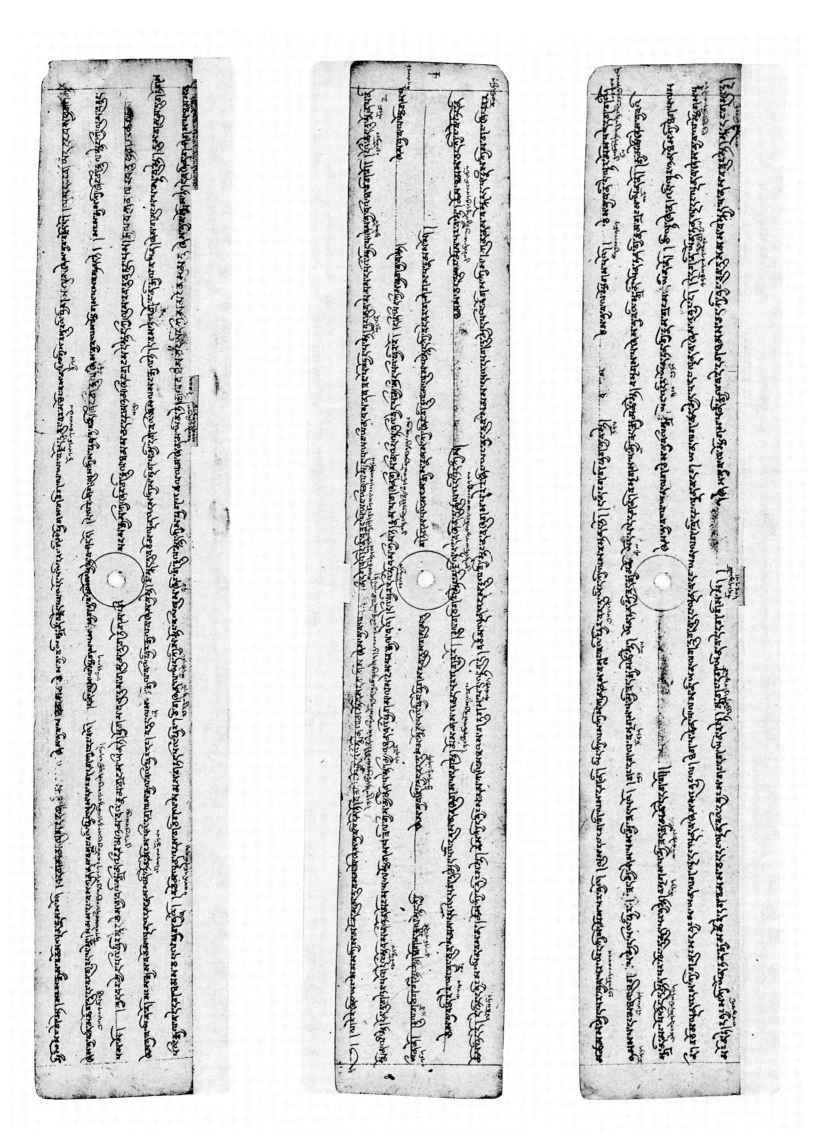

英 IOL.Tib.J.VOL.19　3.འཕགས་པ་བཟང་པོ་སྤྱོད་པའི་སྨོན་ལམ་གྱི་རྒྱལ་པོ་རྒྱ་ཆེར་འགྲེལ་ད་པ།

3.聖普賢行願王經廣釋　　　(51—3)

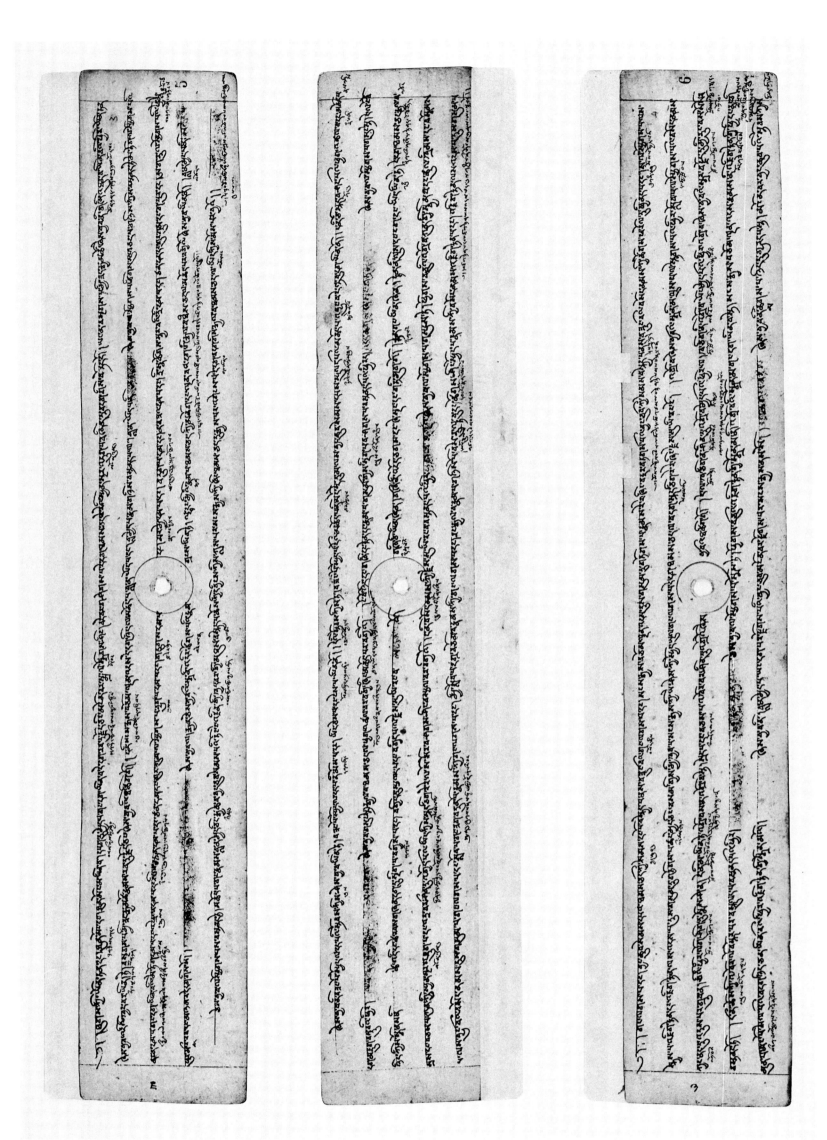

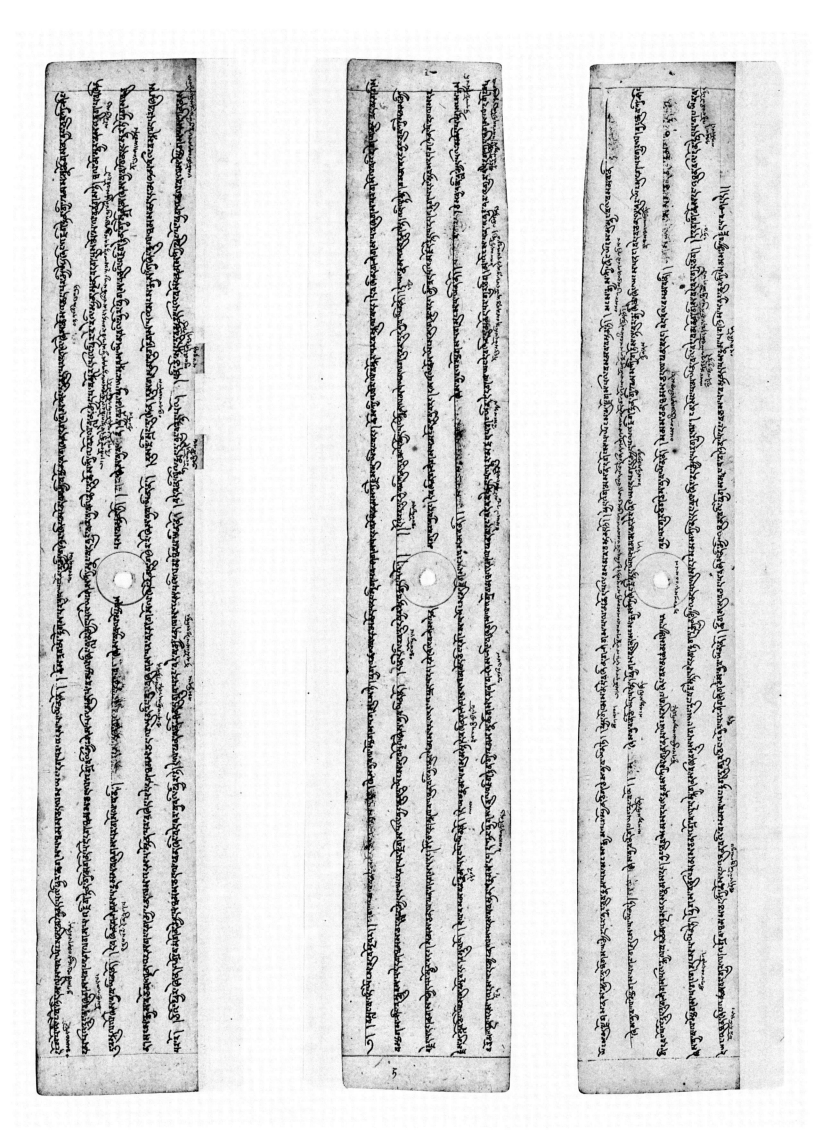

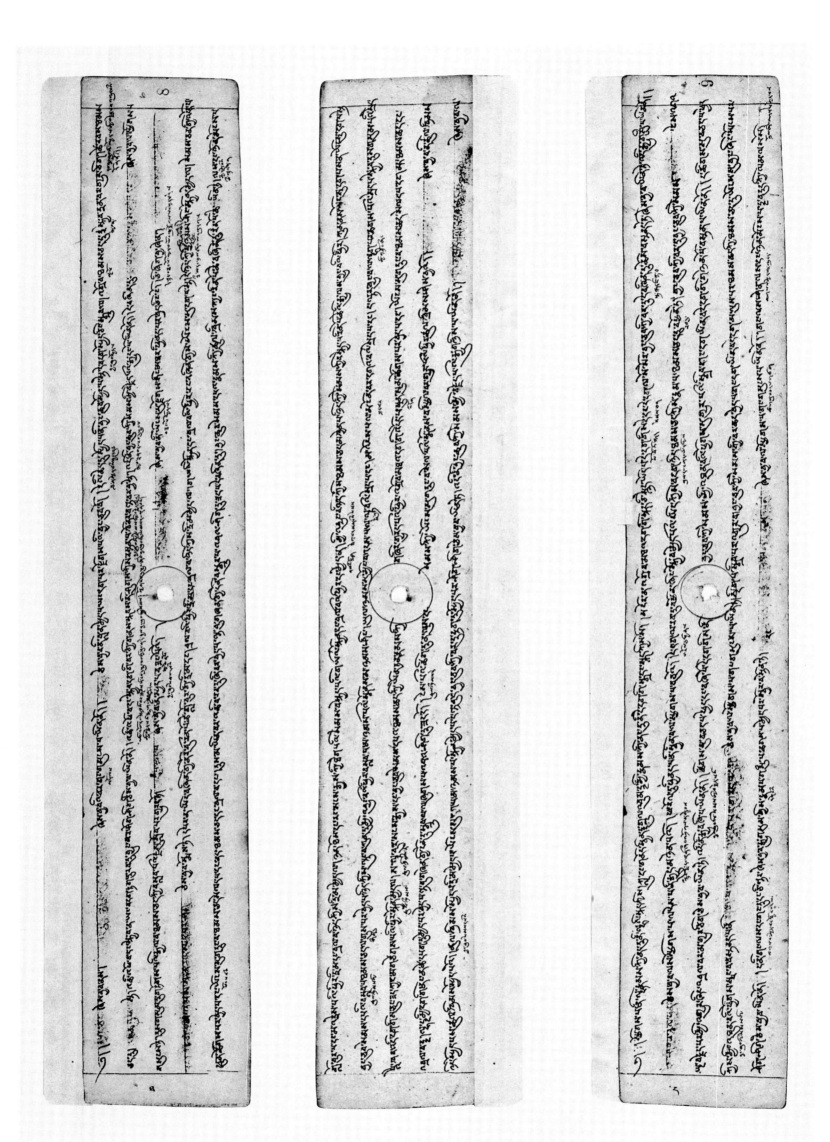

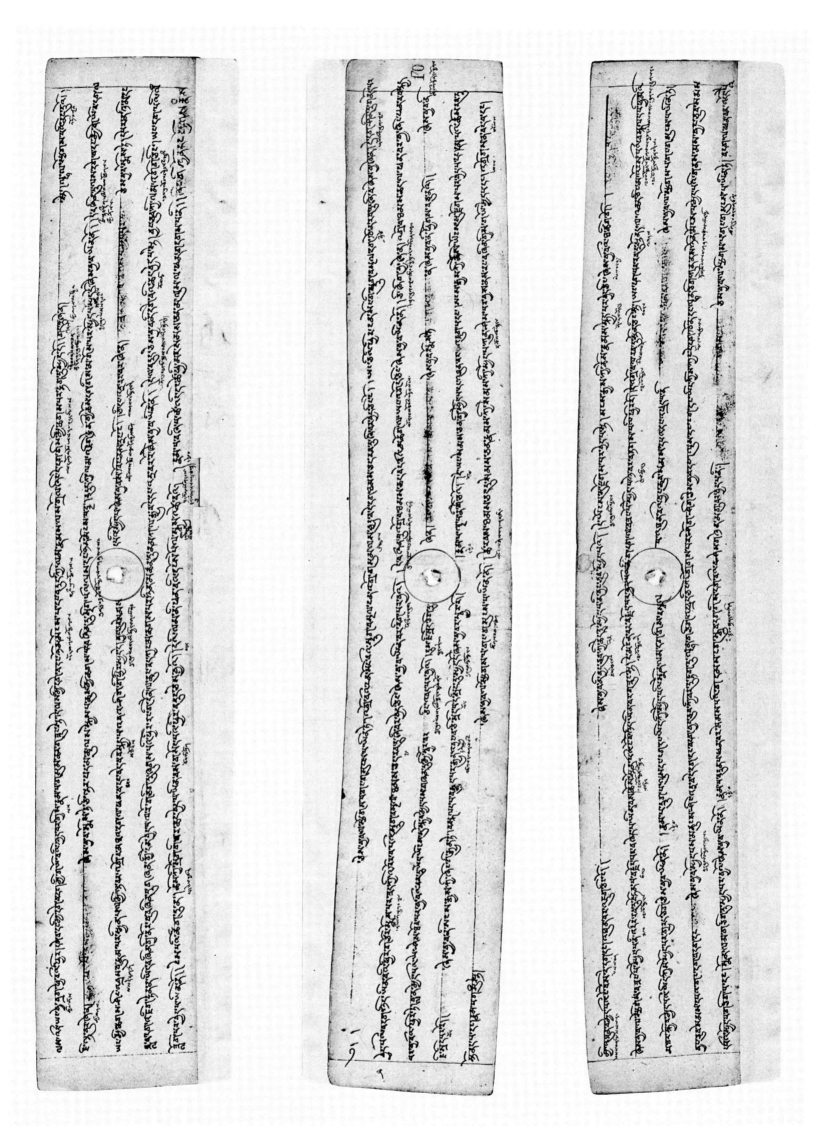

英 IOL.Tib.J.VOL.19　3.འཕགས་པ་བཟང་པོ་སྤྱོད་པའི་སྨོན་ལམ་གྱི་རྒྱལ་པོ་རྒྱ་ཆེར་འགྲེལ་བ།

3.聖普賢行願王經廣釋　　(51—7)

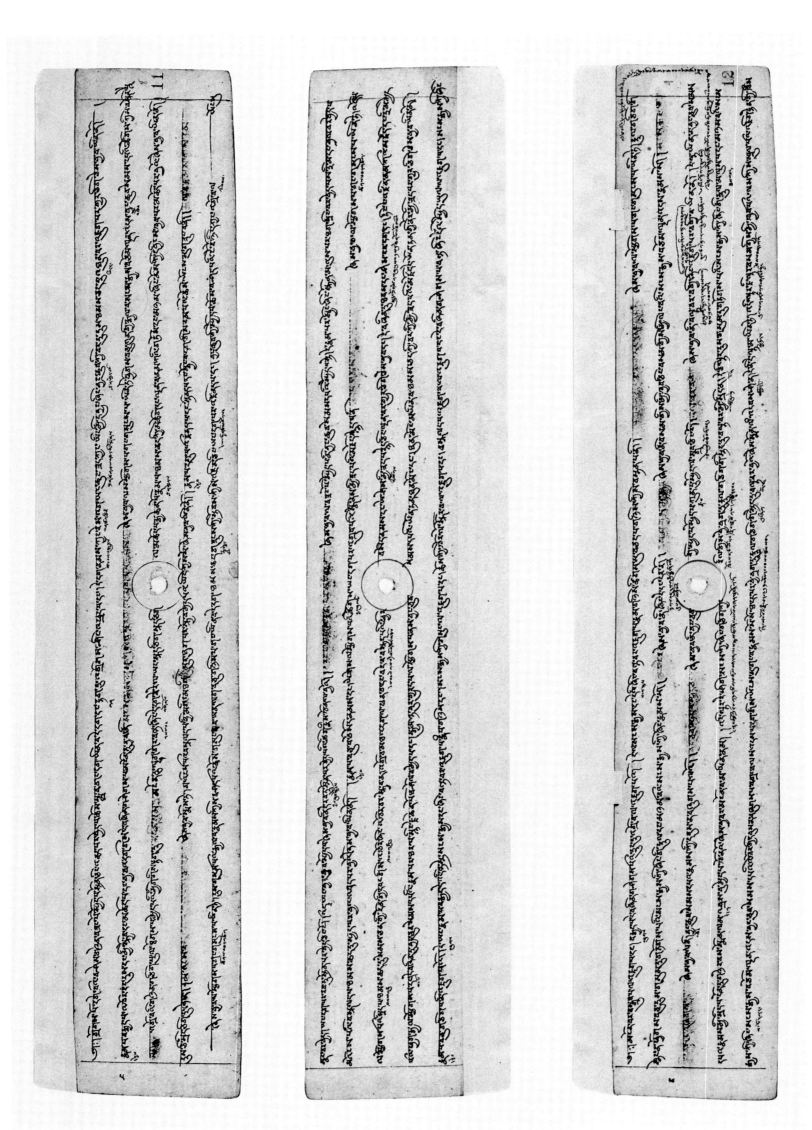

3.འཕགས་པ་བཟང་པོ་སྤྱོད་པའི་སྨོན་ལམ་གྱི་རྒྱལ་པོ་རྒྱ་ཆེར་འགྲེལ་བད་པ།

3.聖普賢行願王經廣釋 　　　(51—8)

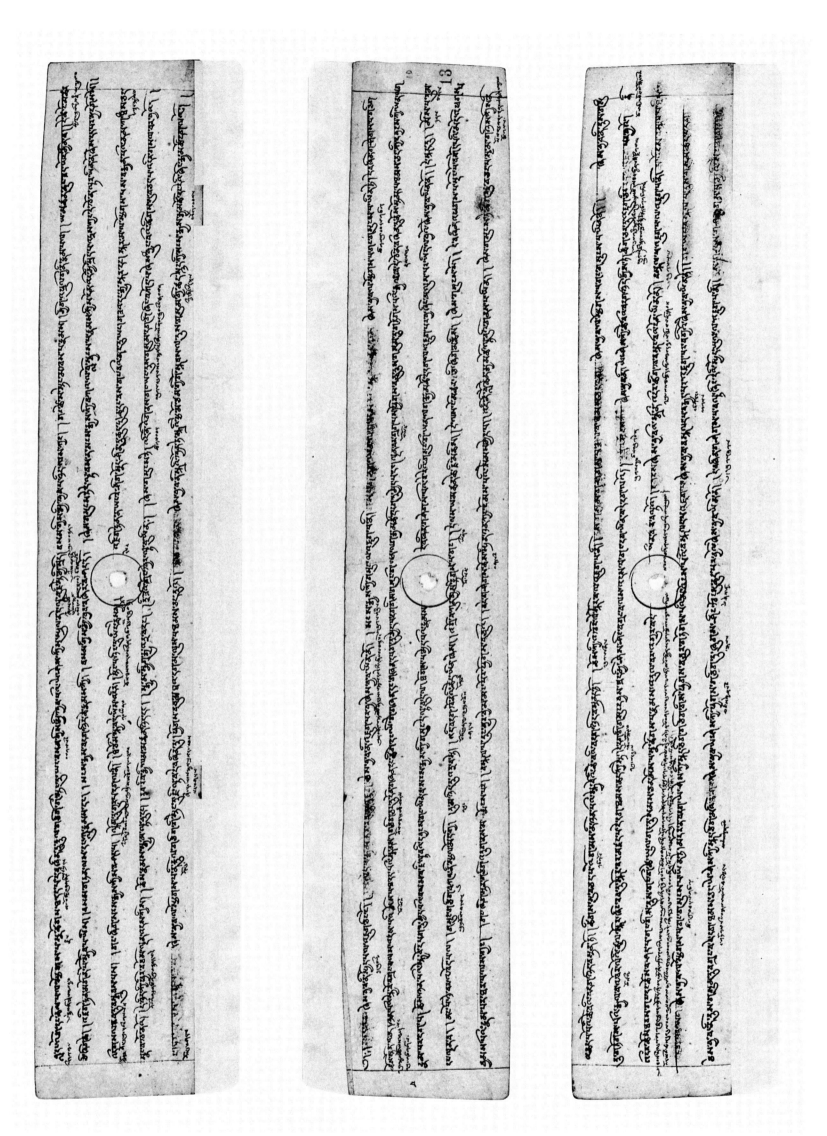

英 IOL.Tib.J.VOL.19　　3.འཕགས་པ་བཟང་པོ་སྤྱོད་པའི་སྨོན་ལམ་གྱི་རྒྱལ་པོ་རྒྱ་ཆེར་འགྲེལ་པ།

3.聖普賢行願王經廣釋　　(51—9)

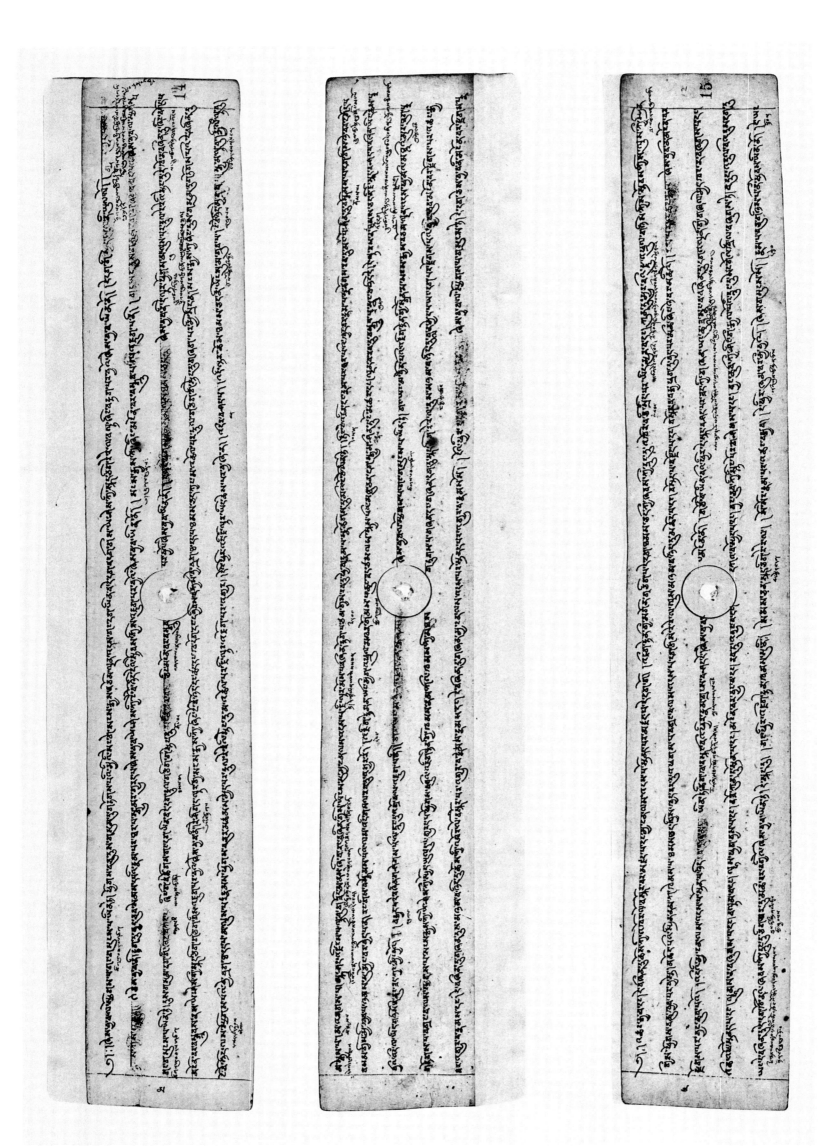

英 IOL.Tib.J.VOL.19　3.འཕགས་པ་བཟང་པོ་སྤྱོད་པའི་སྨོན་ལམ་གྱི་རྒྱལ་པོ་རྒྱ་ཆེར་འགྲེལ་བ།

3.聖普賢行願王經廣釋　　(51—10)

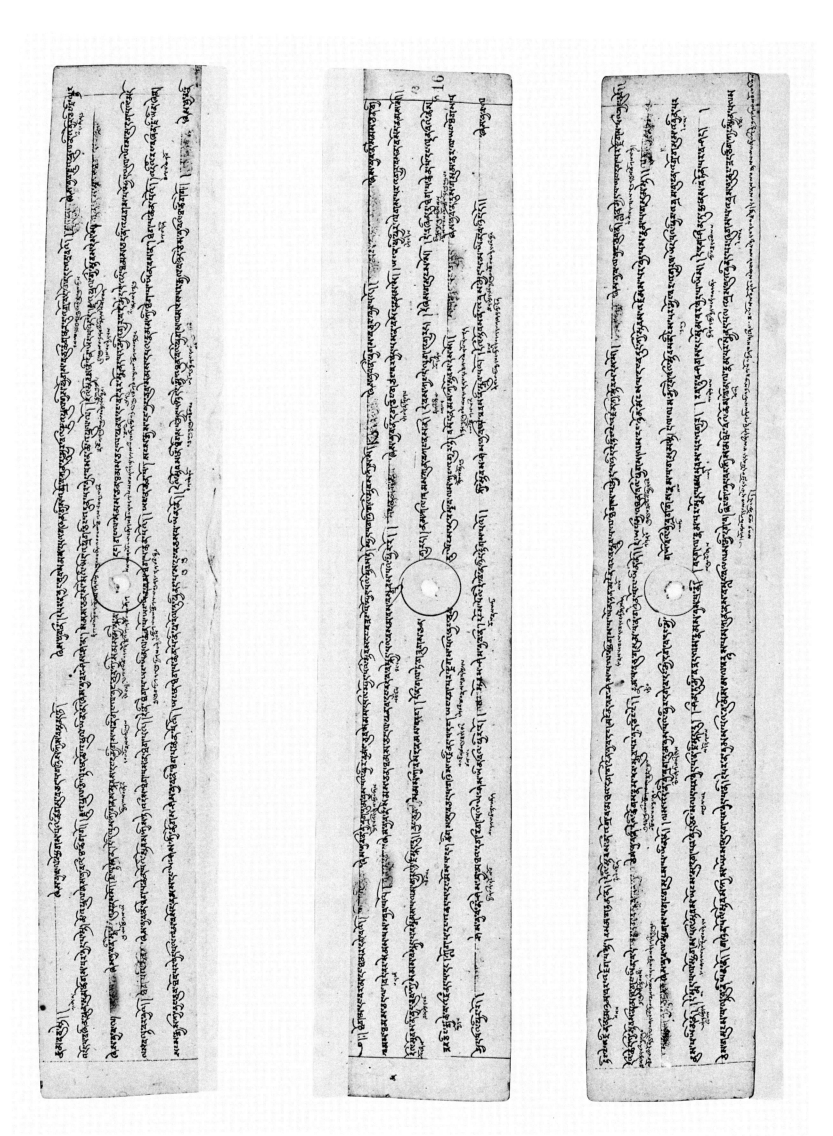

英 IOL.Tib.J.VOL.19   3.འཕགས་པ་བཟང་པོ་སྤྱོད་པའི་སྨོན་ལམ་གྱི་རྒྱལ་པོ་རྒྱ་ཆེར་འགྲེལད་པ།

3.聖普賢行願王經廣釋   (51—11)

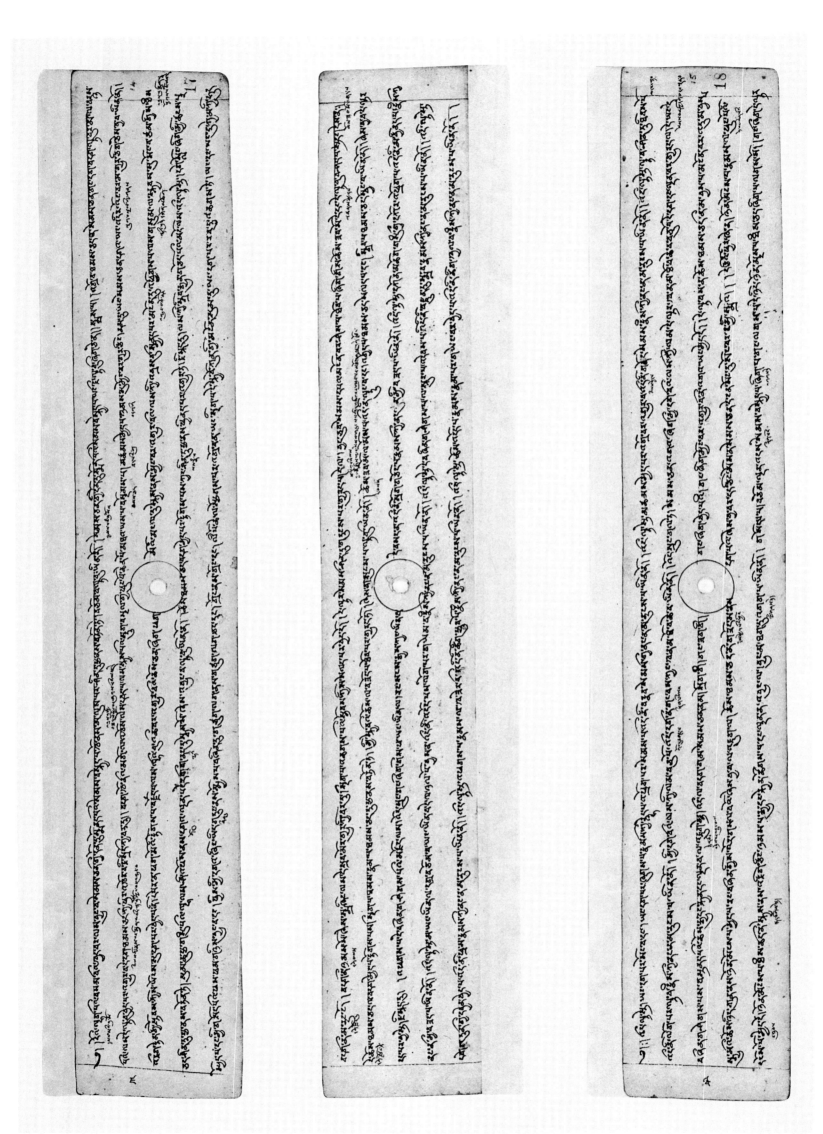

英 IOL.Tib.J.VOL.19   3.འཕགས་པ་བཟང་པོ་སྤྱོད་པའི་སྨོན་ལམ་གྱི་རྒྱལ་པོ་རྒྱ་ཆེར་འགྲེལ་པ།
3.聖普賢行願王經廣釋   (51—12)

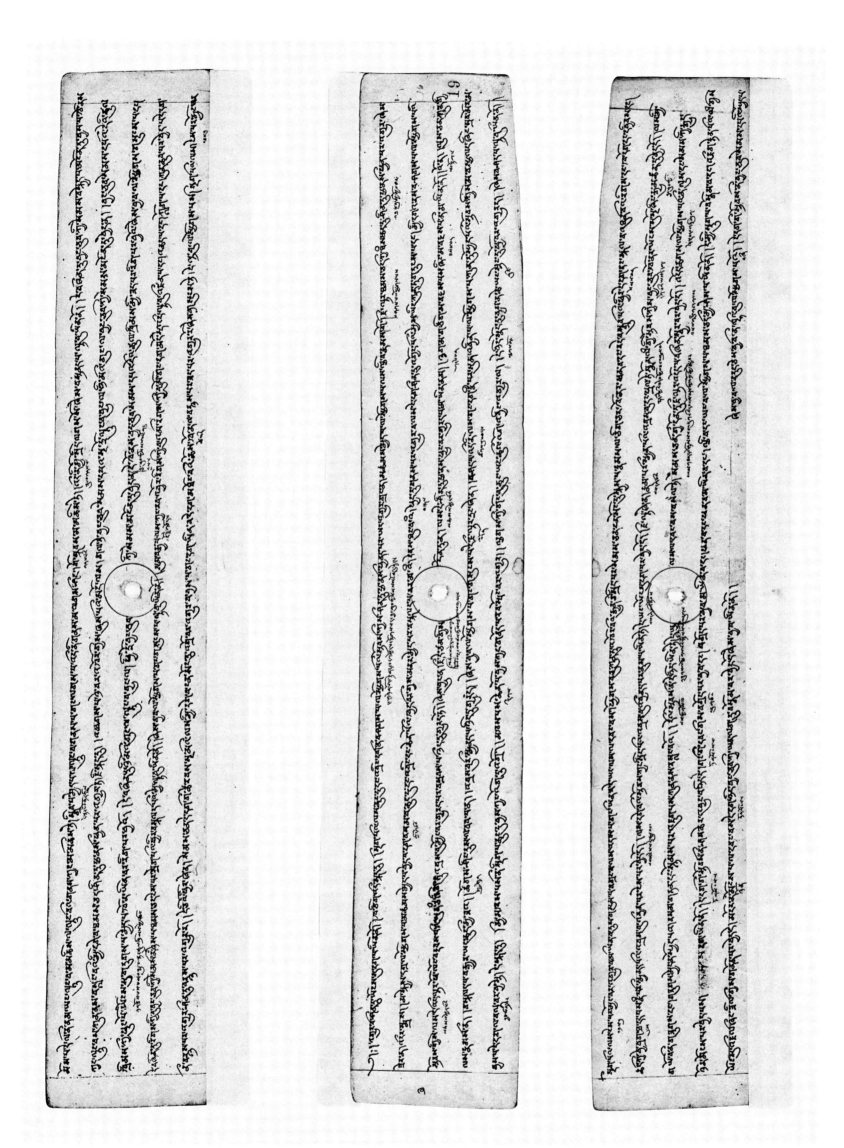

英 IOL.Tib.J.VOL.19　　3.འཕགས་པ་བཟང་པོ་སྤྱོད་པའི་སྨོན་ལམ་གྱི་རྒྱལ་པོ་རྒྱ་ཆེར་འགྲེལ་བ་དཔ|

3.聖普賢行願王經廣釋　　(51—13)

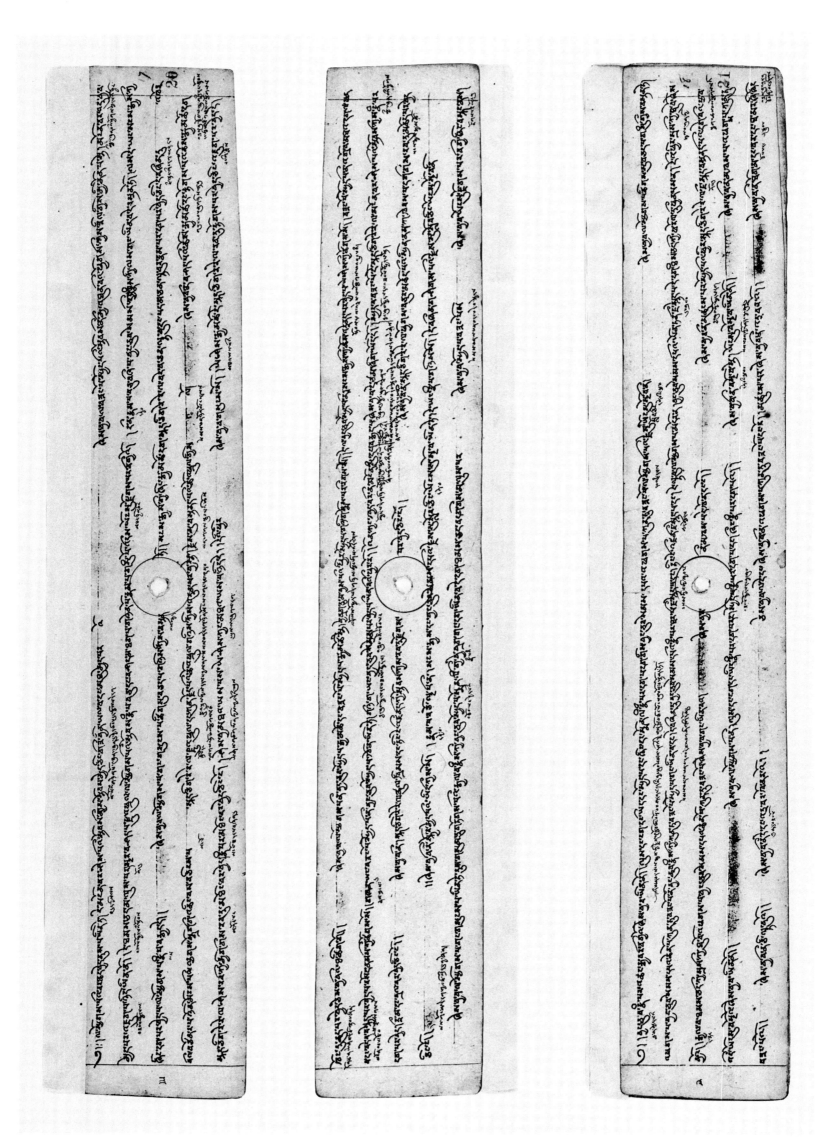

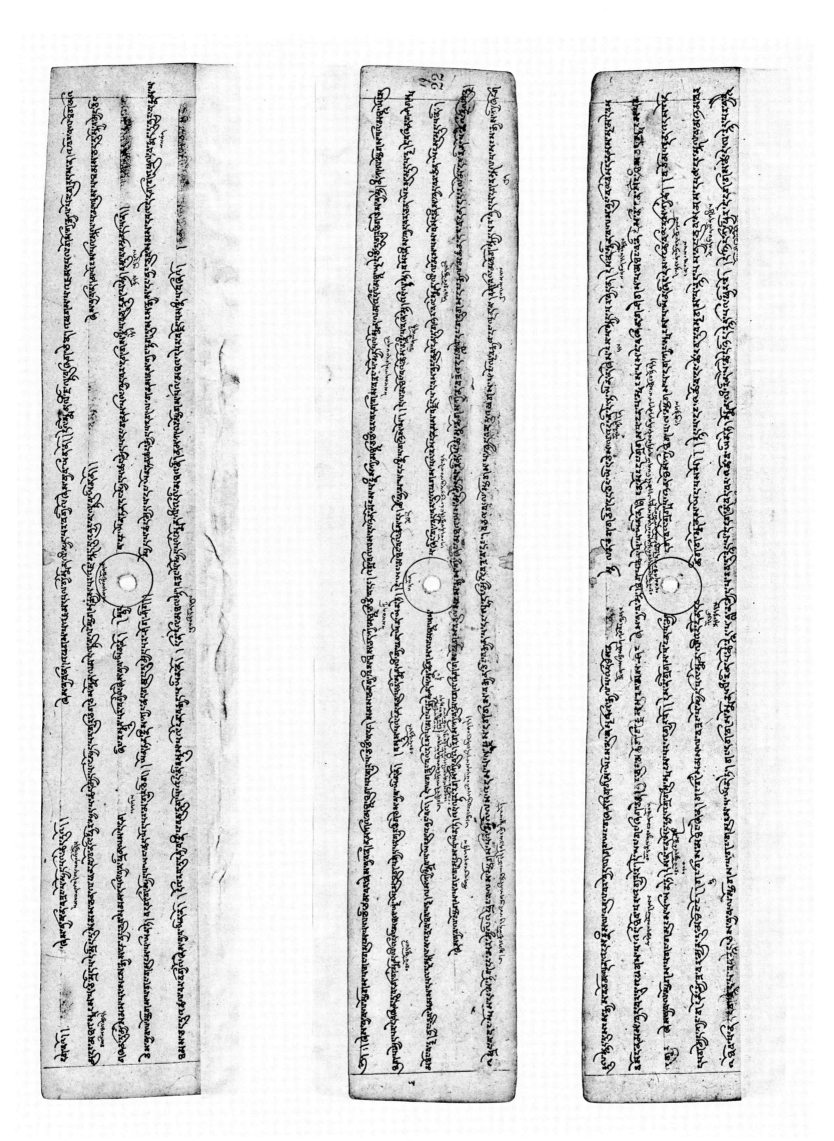

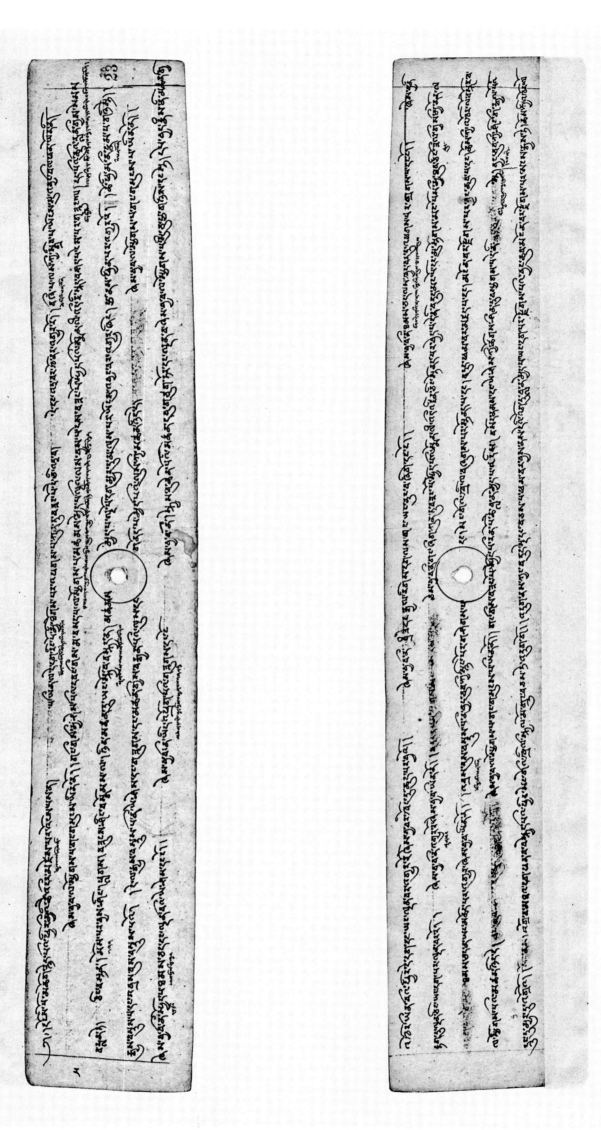

3.འཕགས་པ་བཟང་པོ་སྤྱོད་པའི་སྨོན་ལམ་གྱི་རྒྱལ་པོ་རྒྱ་ཆེར་འགྲེལ་བ།

3.聖普賢行願王經廣釋　　(51—16)

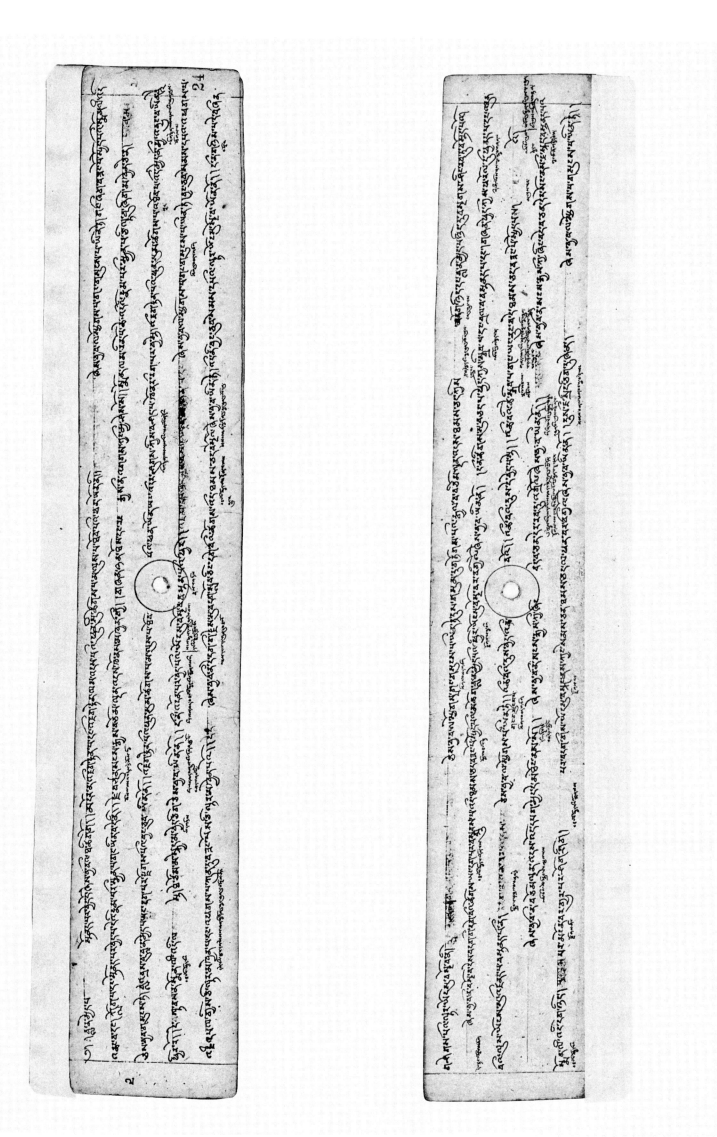

英 IOL.Tib.J.VOL.19　3.འཕགས་པ་བཟང་པོ་སྤྱོད་པའི་སྨོན་ལམ་གྱི་རྒྱལ་པོ་རྒྱ་ཆེར་འགྲེལ་པ།

3.聖普賢行願王經廣釋　　(51—17)

4.འཕགས་པ་དྲི་མ་མྱེད་པར་གྲགས་པས་བསྟན་པ་ཞེས་བྱ་བ་ཐེག་པ་ཆེན་པོའི་མདོ།

4.聖無垢稱所説大乘經　　(51—18)

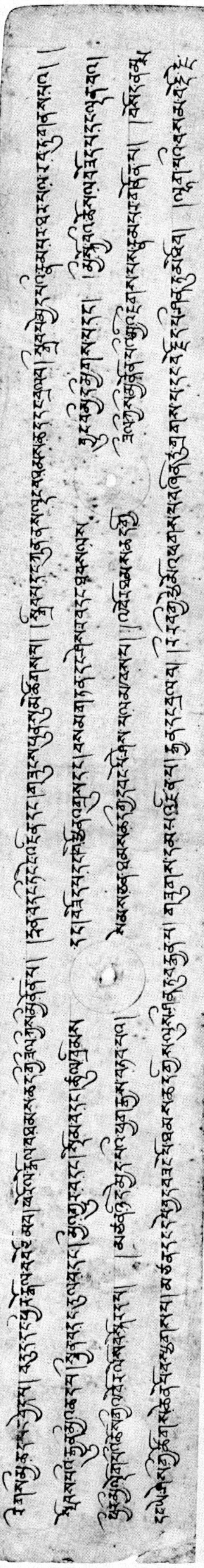

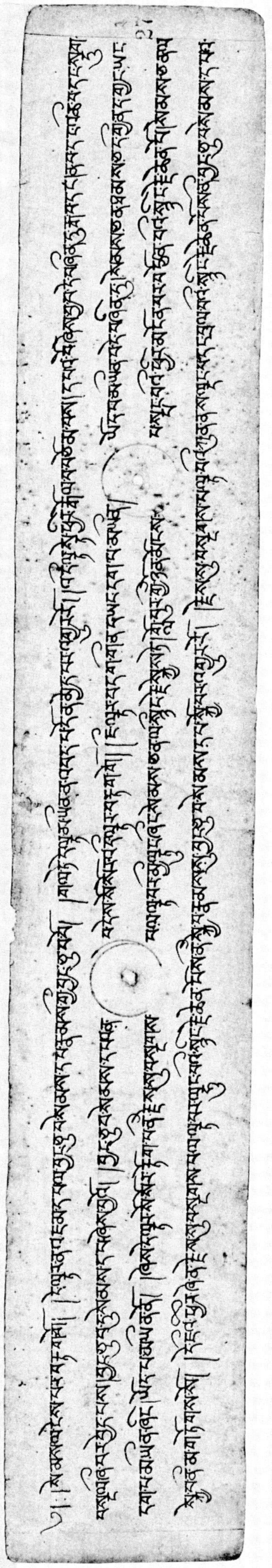

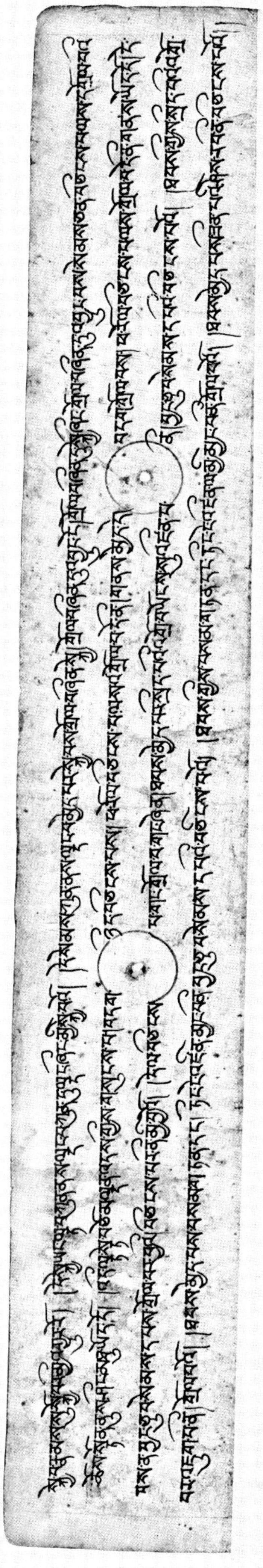

英 IOL.Tib.J.VOL.19 4.འཕགས་པ་དྲི་མ་མེད་པར་གྲགས་པས་བསྟན་པ་ཞེས་བྱ་བ་ཐེག་པ་ཆེན་པོའི་མདོ།

4.聖無垢稱所説大乘經 (51—19)

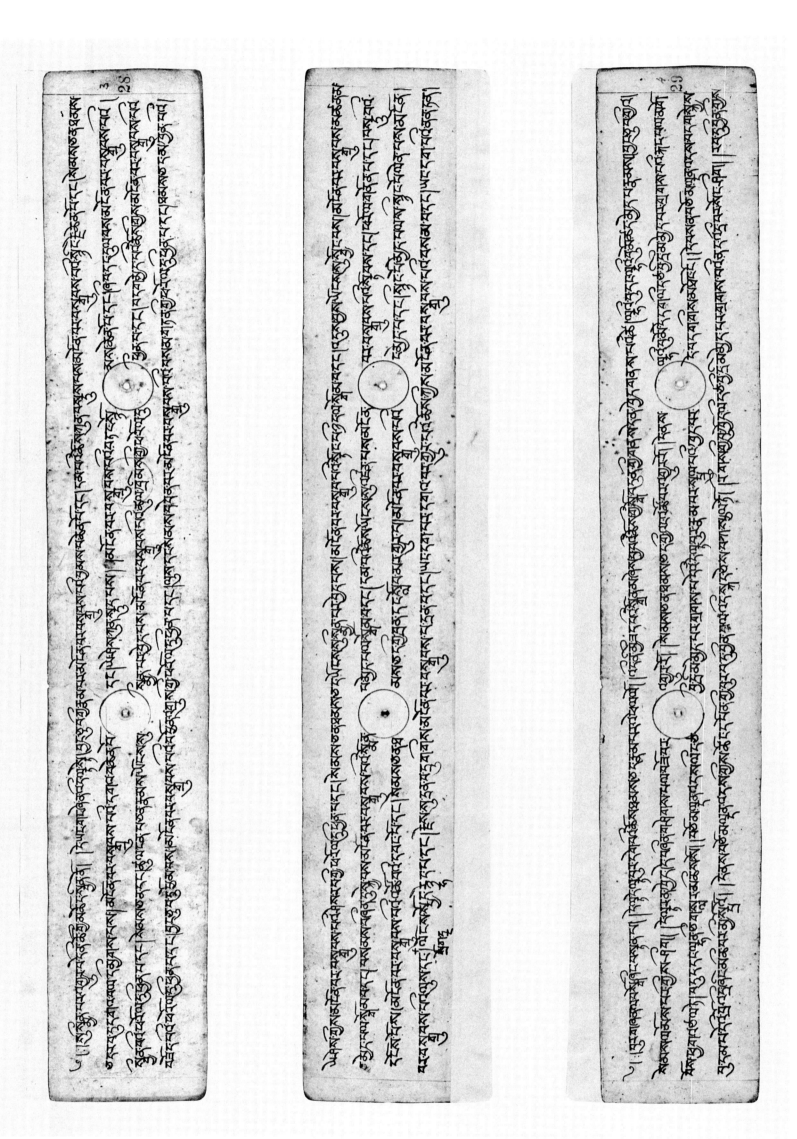

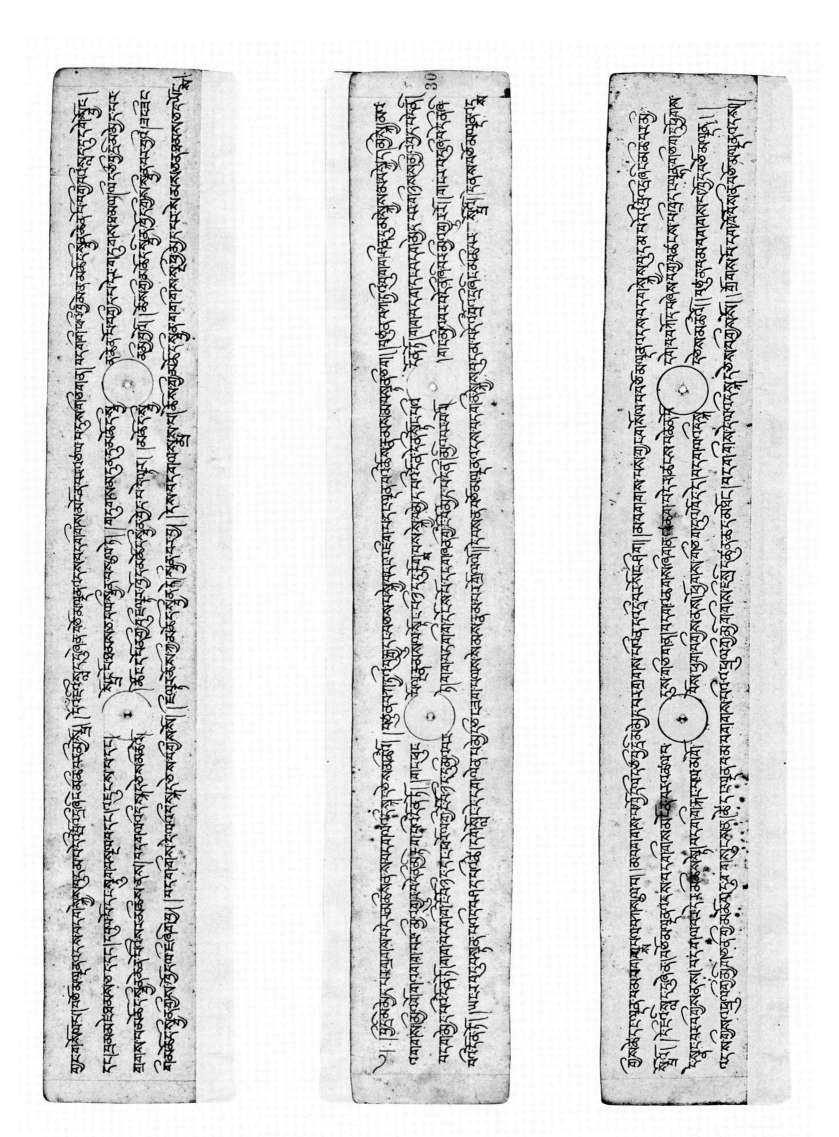

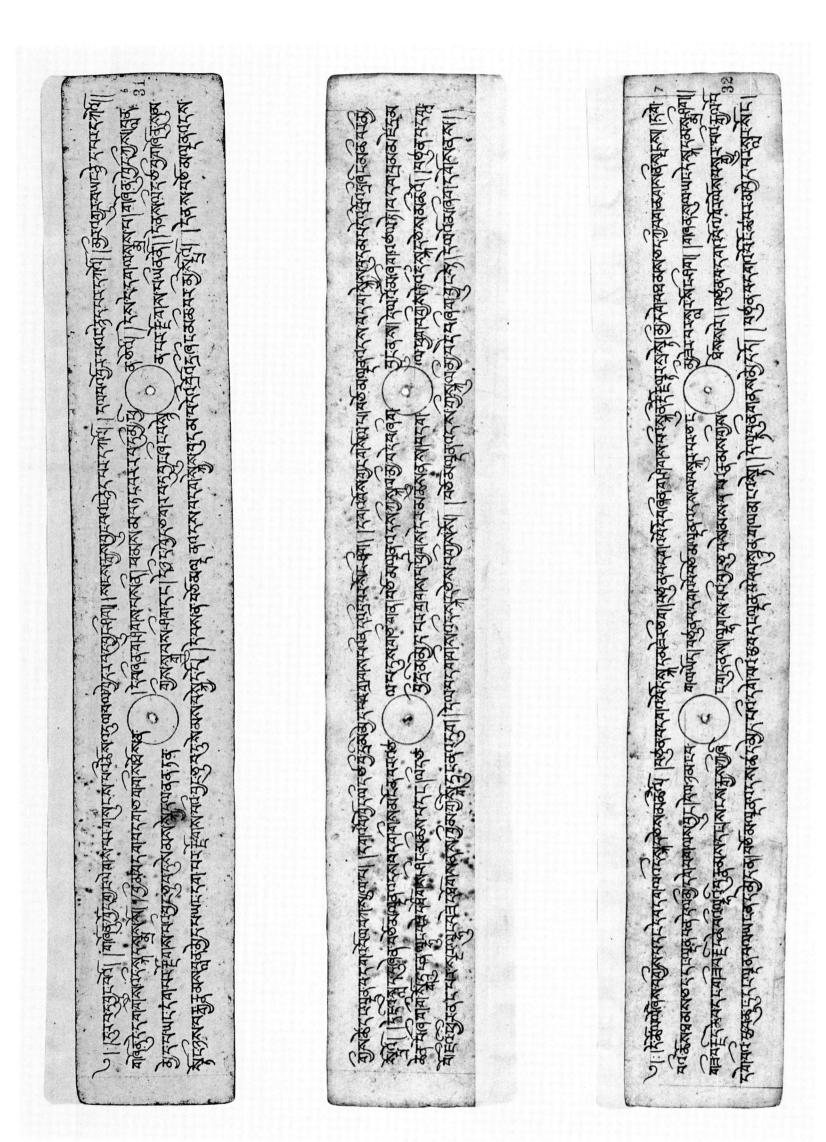

4.འཕགས་པ་དྲི་མ་མྱེད་པར་གྲགས་པས་བསྟན་པ་ཞེས་བྱ་བ་ཐེག་པ་ཆེན་པོའི་མདོ།

4.聖無垢稱所説大乗經　　　(51—22)

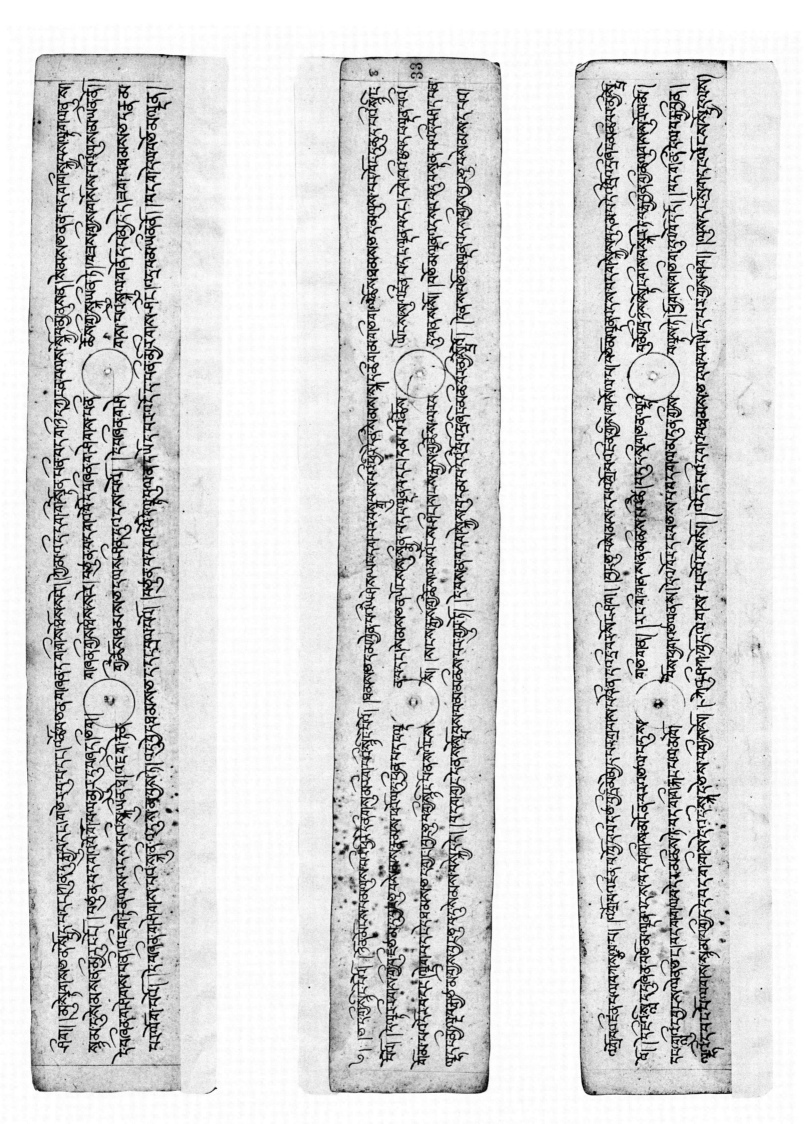

英 IOL.Tib.J.VOL.19　　4.འཕགས་པ་དྲི་མ་མྱེད་པར་གྲགས་པས་བསྟན་པ་ཞེས་བྱ་བ་ཐེག་པ་ཆེན་པོའི་མདོ།

4.聖無垢稱所説大乘經　　(51—23)

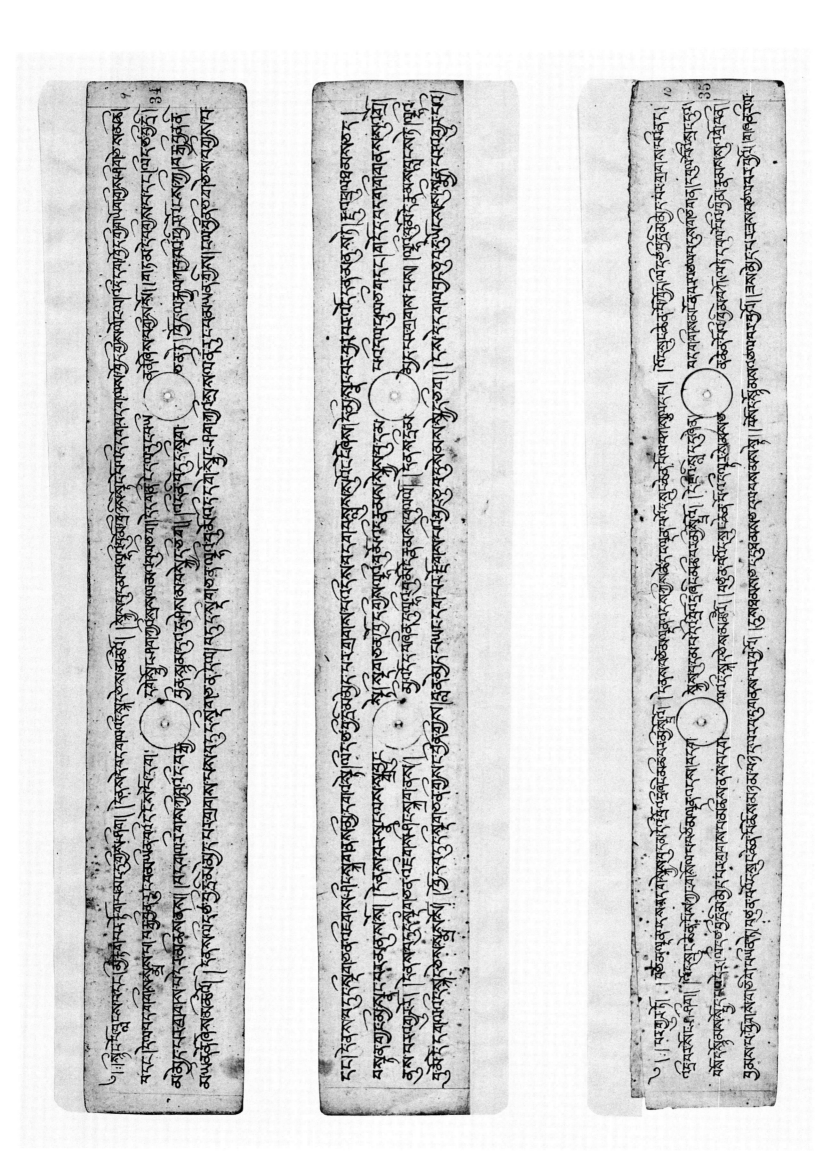

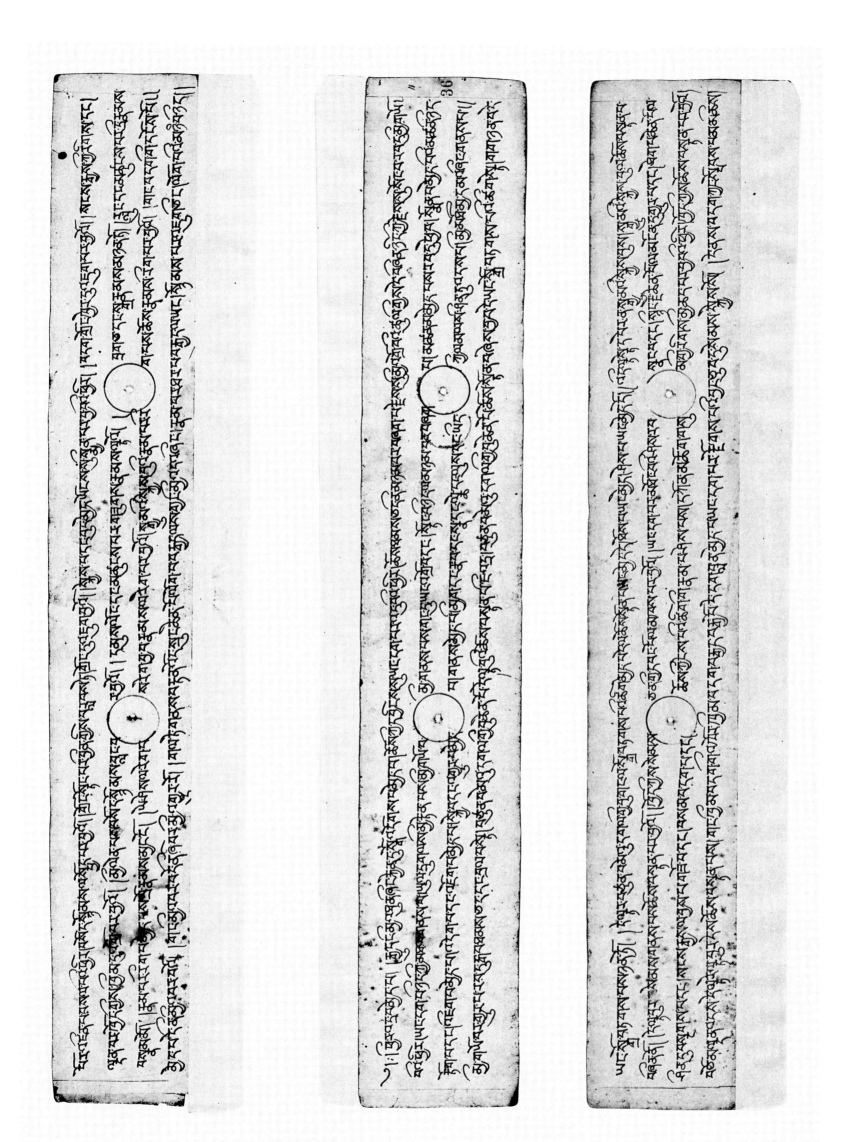

英 IOL.Tib.J.VOL.19　　4.འཕགས་པ་དྲི་མ་མྱེད་པར་གྲགས་པས་བསྟན་པ་ཞེས་བྱ་བ་ཐེག་པ་ཆེན་པོའི་མདོ།

4.聖無垢稱所説大乘經　　　(51—25)

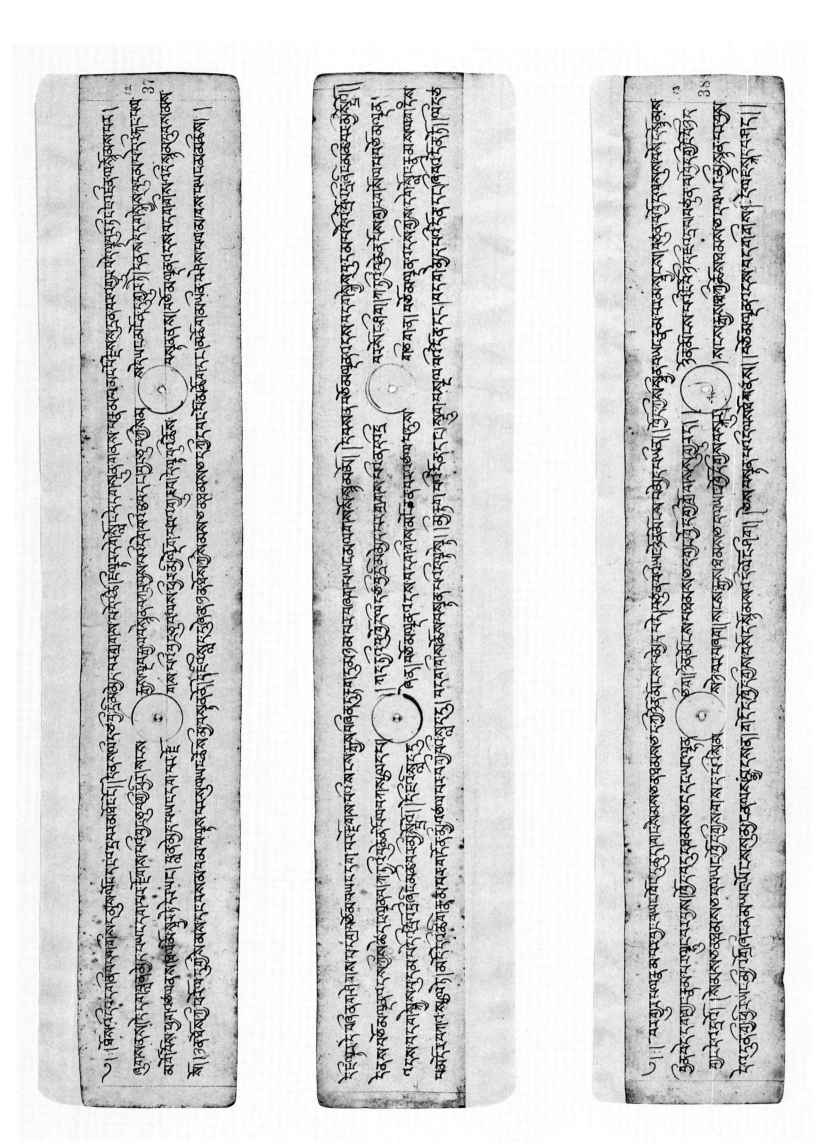

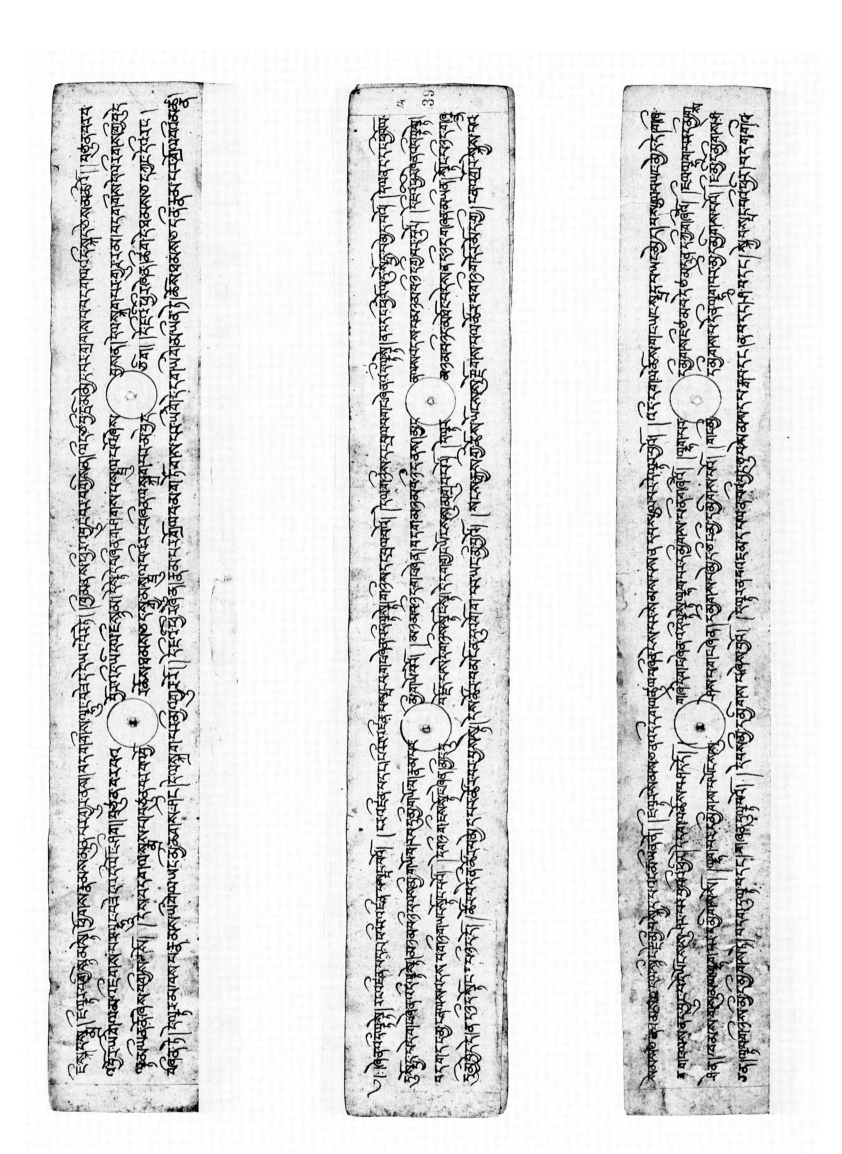

英 IOL.Tib.J.VOL.19　4.འཕགས་པ་དྲི་མ་མྱེད་པར་གྲགས་པས་བསྟན་པ་ཞེས་བྱ་བ་ཐེག་པ་ཆེན་པོའི་མདོ།

4.聖無垢稱所説大乘經　　(51—27)

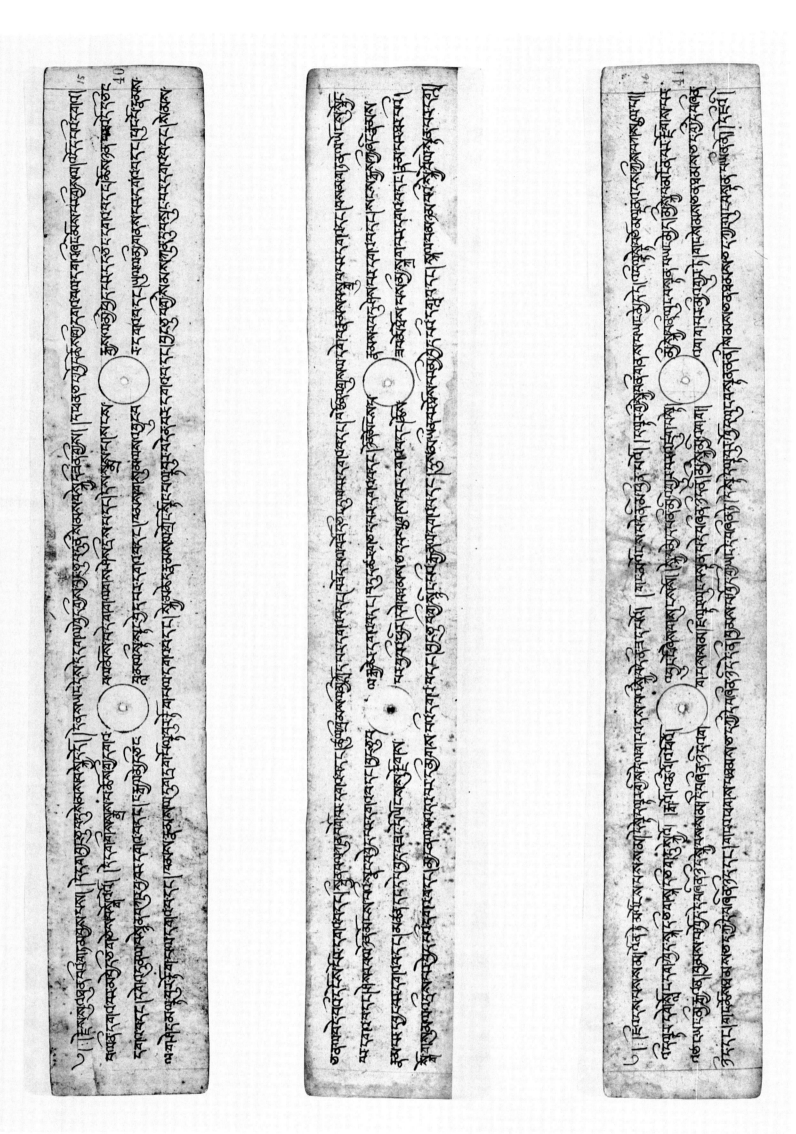

英 IOL.Tib.J.VOL.19　4.འཕགས་པ་དྲི་མ་མྱེད་པར་གྲགས་པས་བསྟན་པ་ཞེས་བྱ་བ་ཐེག་པ་ཆེན་པོའི་མདོ།

4.聖無垢稱所説大乘經　　(51—28)

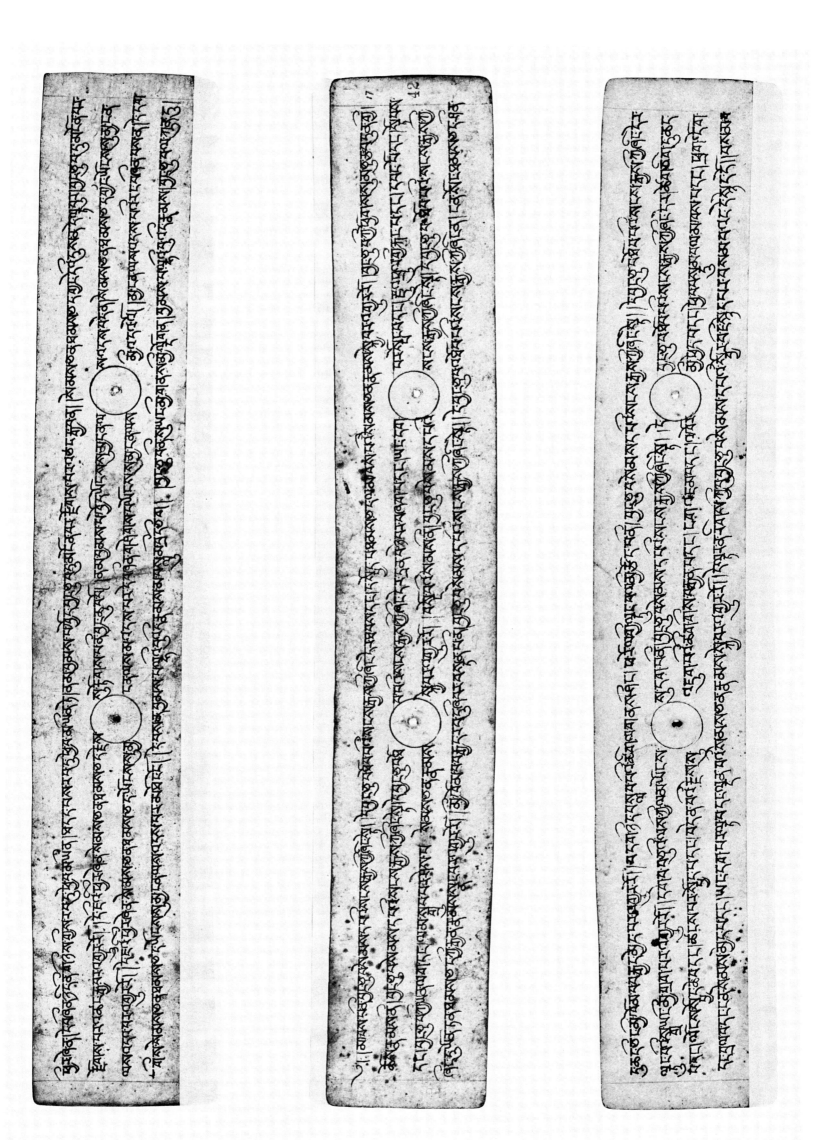

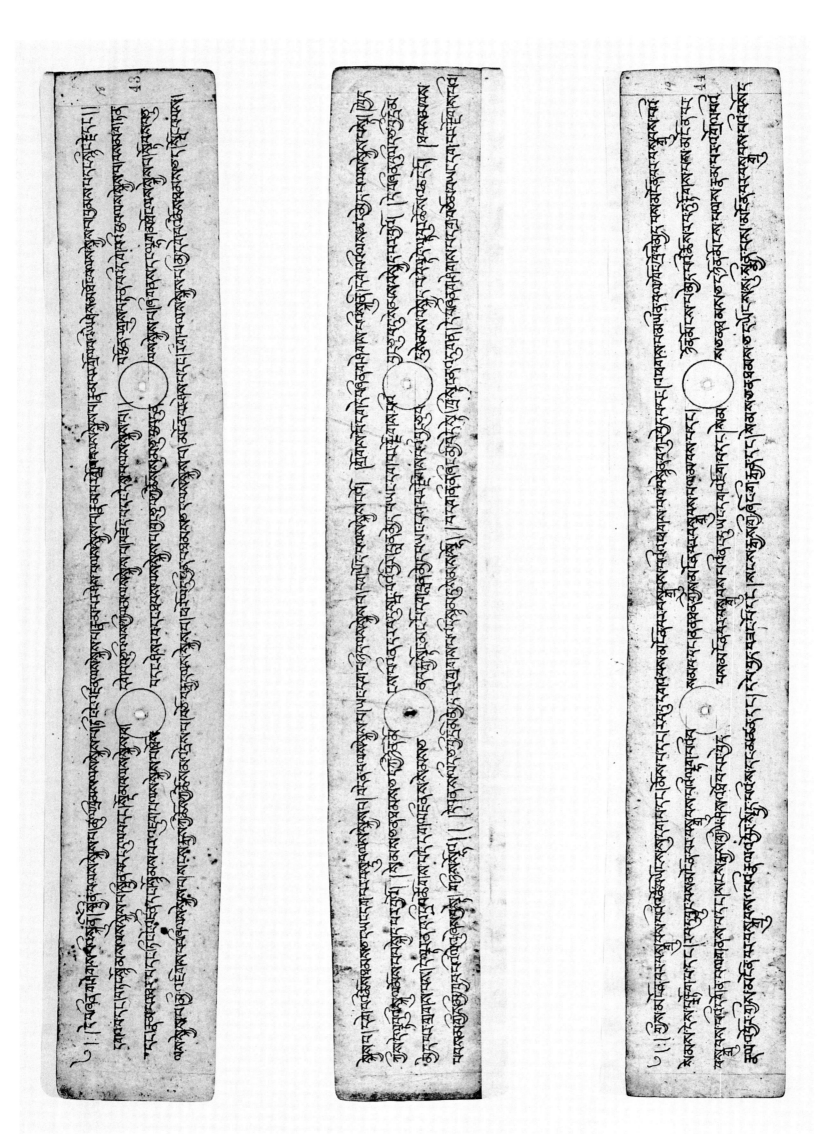

4.འཕགས་པ་དྲི་མ་མེད་པར་གྲགས་པས་བསྟན་པ་ཞེས་བྱ་བ་ཐེག་པ་ཆེན་པོའི་མདོ།

4.聖無垢稱所説大乘經　　(51—30)

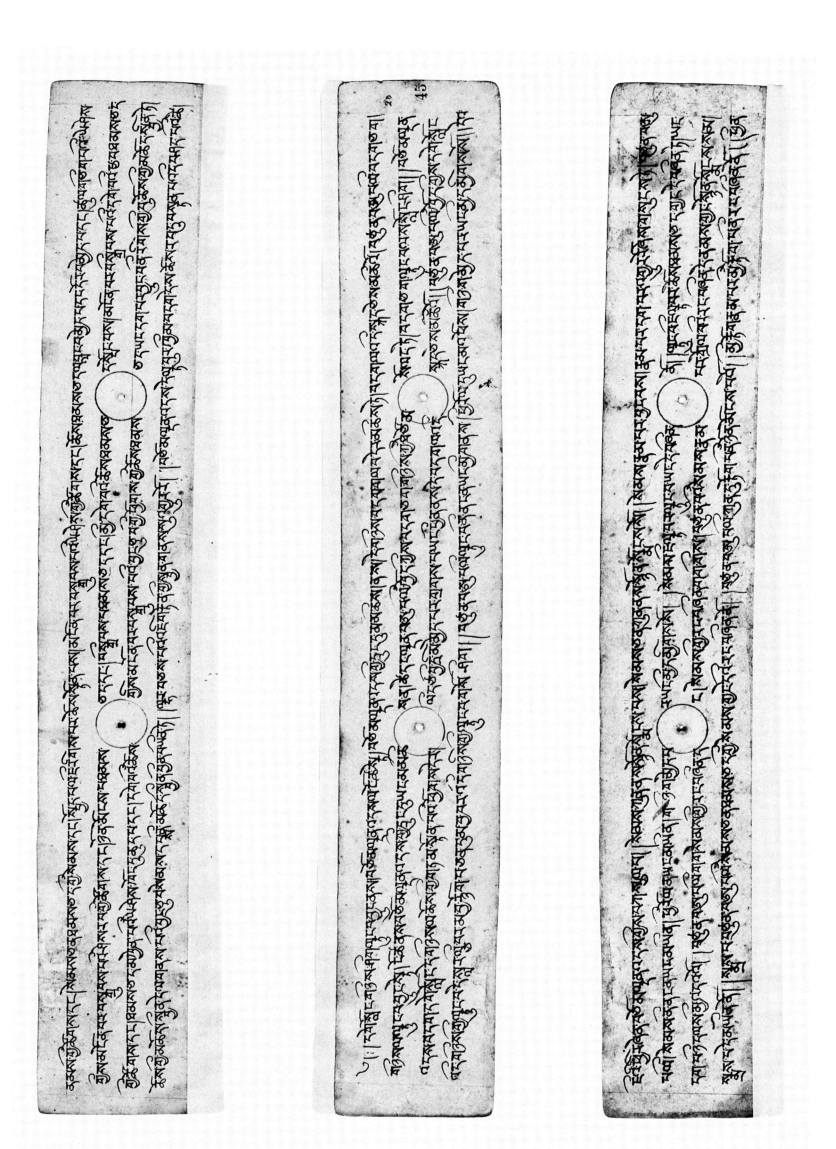

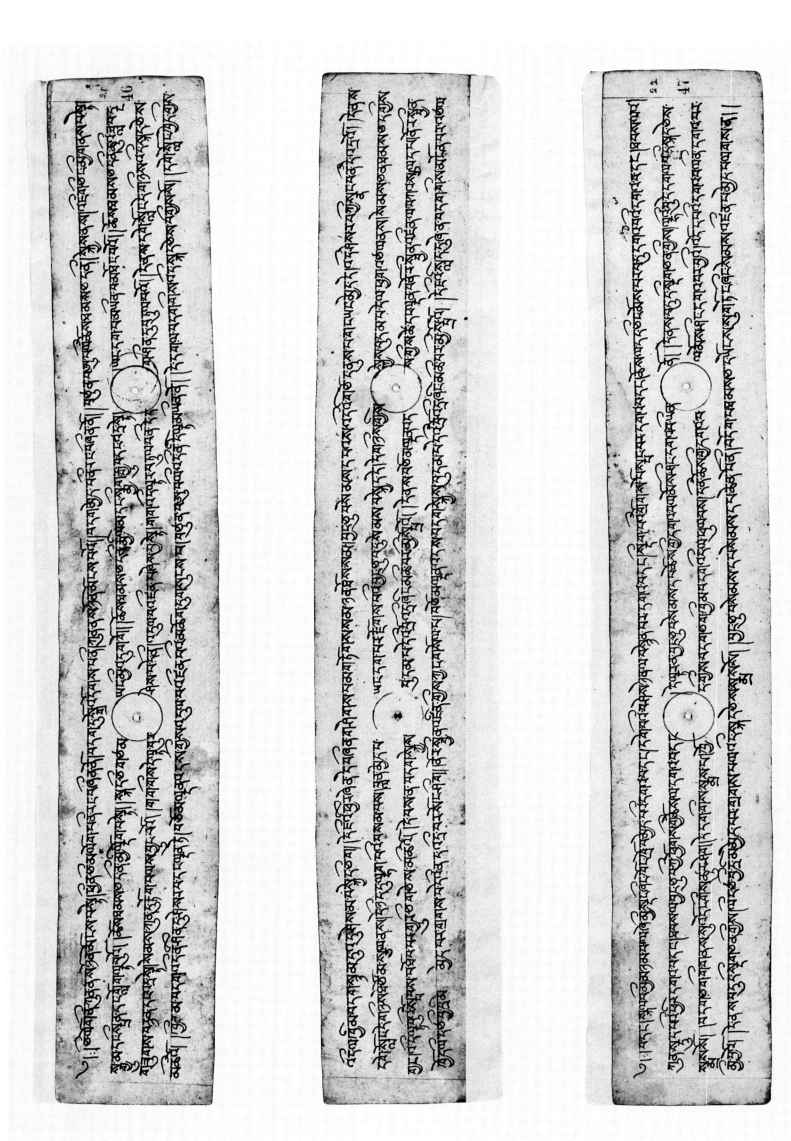

4.འཕགས་པ་དྲི་མ་མྱེད་པར་གྲགས་པས་བསྟན་པ་ཞེས་བྱ་བ་ཐེག་པ་ཆེན་པོའི་མདོ།

4.聖無垢稱所説大乘經　　(51—32)

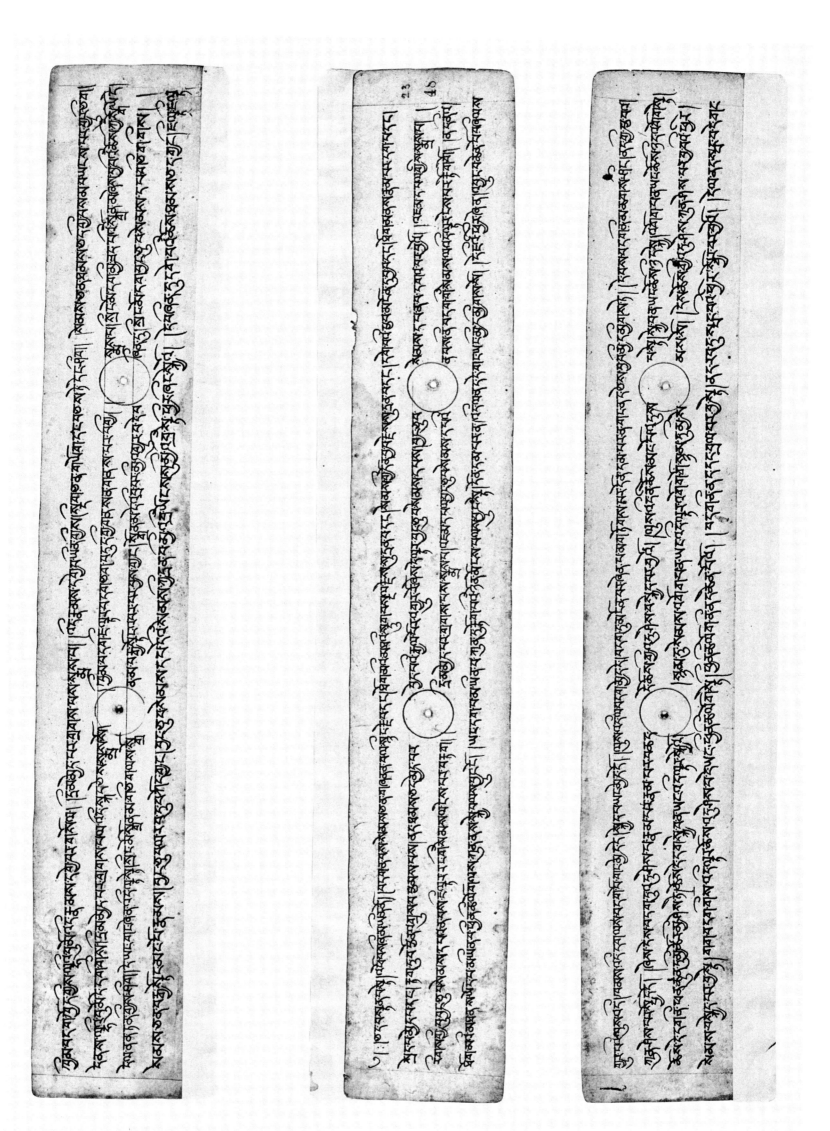

英 IOL.Tib.J.VOL.19　　4.འཕགས་པ་དྲི་མ་མྱེད་པར་གྲགས་པས་བསྟན་པ་ཞེས་བྱ་བ་ཐེག་པ་ཆེན་པོའི་མདོ།

4.聖無垢稱所説大乘經　　(51—33)

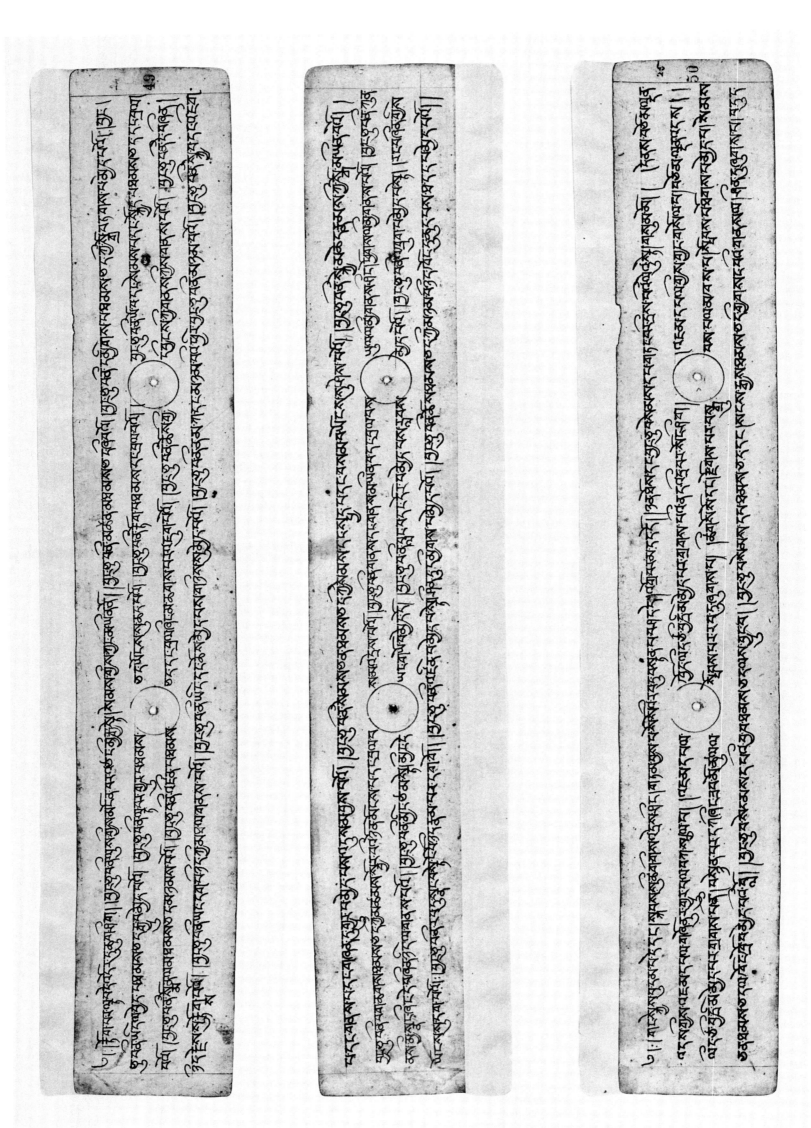

4.འཕགས་པ་དྲི་མ་མྱེད་པར་གྲགས་པས་བསྟན་པ་ཞེས་བྱ་བ་ཐེག་པ་ཆེན་པོའི་མདོ།

4.聖無垢稱所説大乘經　　　(51—34)

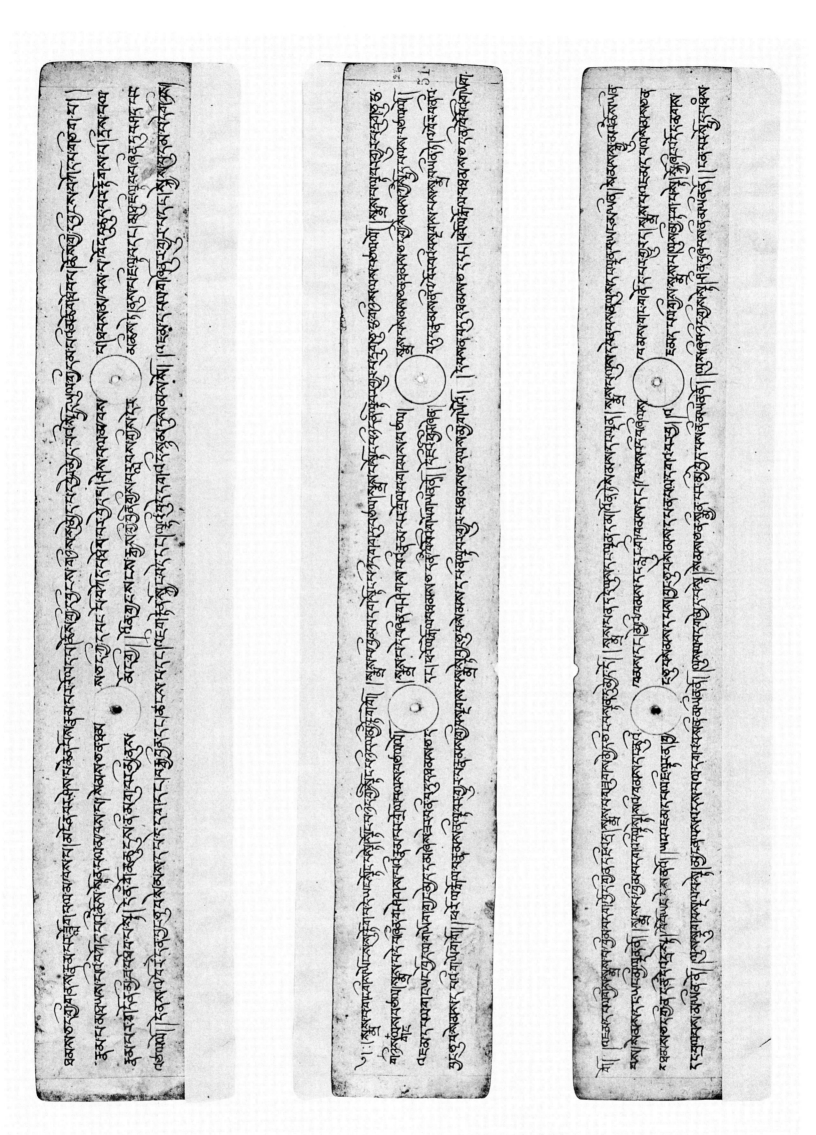

英 IOL.Tib.J.VOL.19　4.འཕགས་པ་དྲི་མ་མྱེད་པར་གྲགས་པས་བསྟན་པ་ཞེས་བྱ་བ་ཐེག་པ་ཆེན་པོའི་མདོ།

4.聖無垢稱所説大乘經　　(51—35)

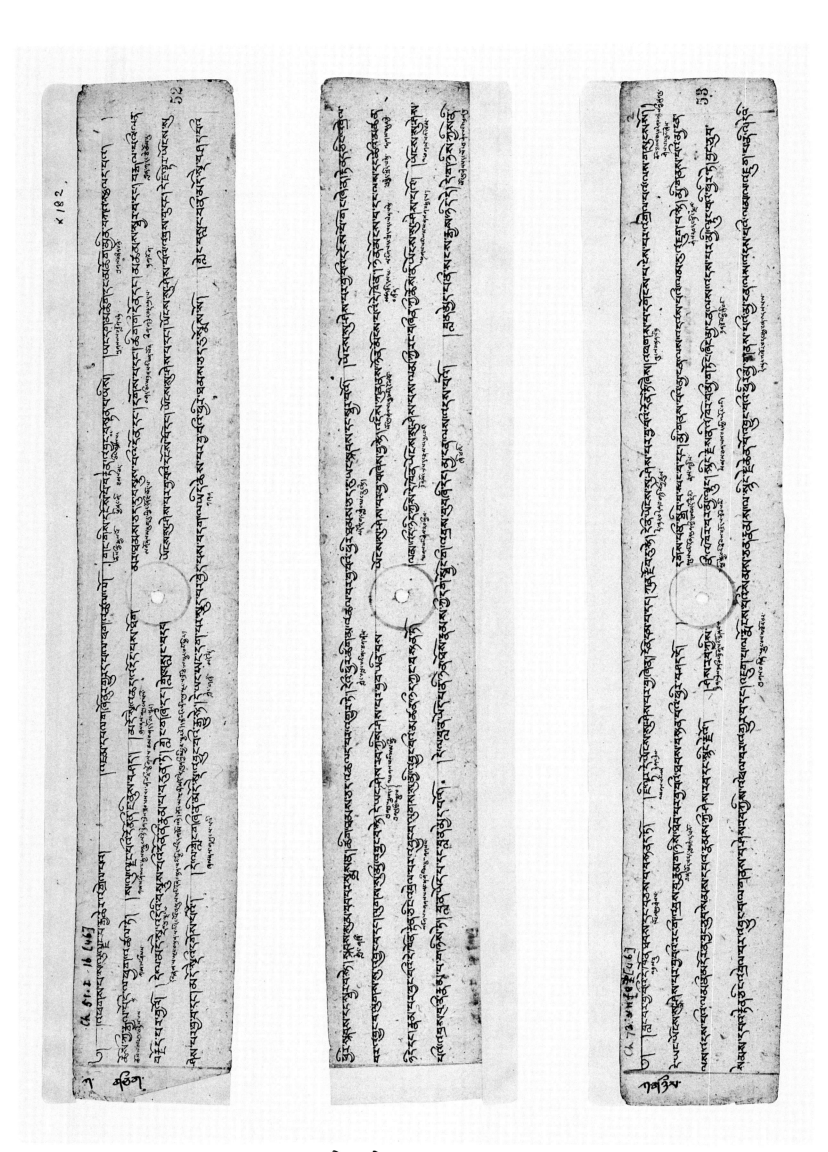

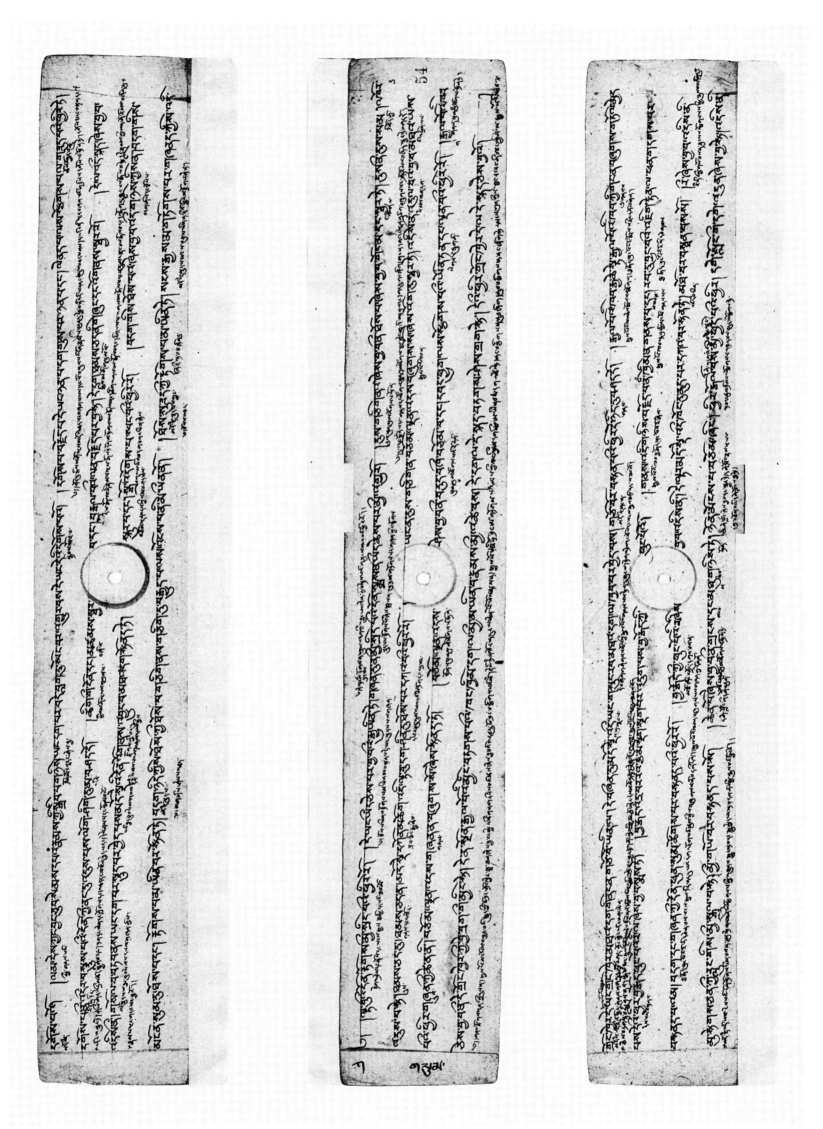

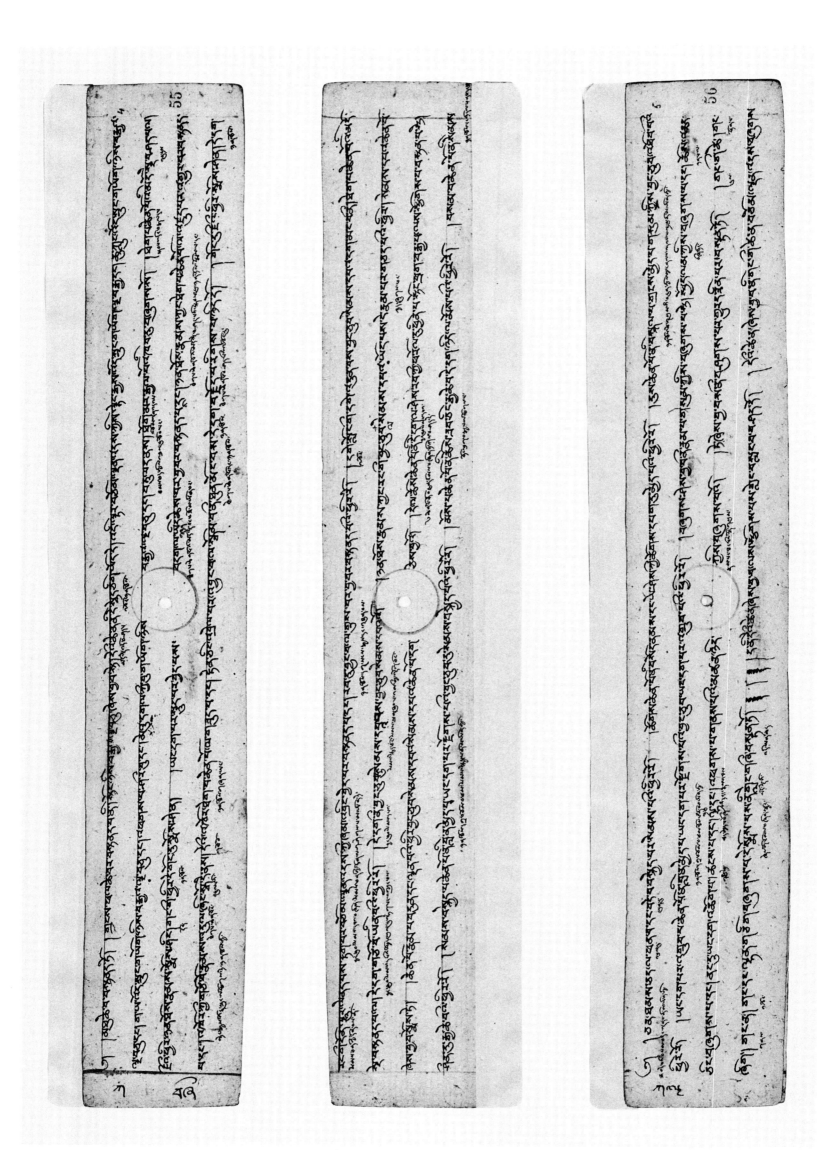

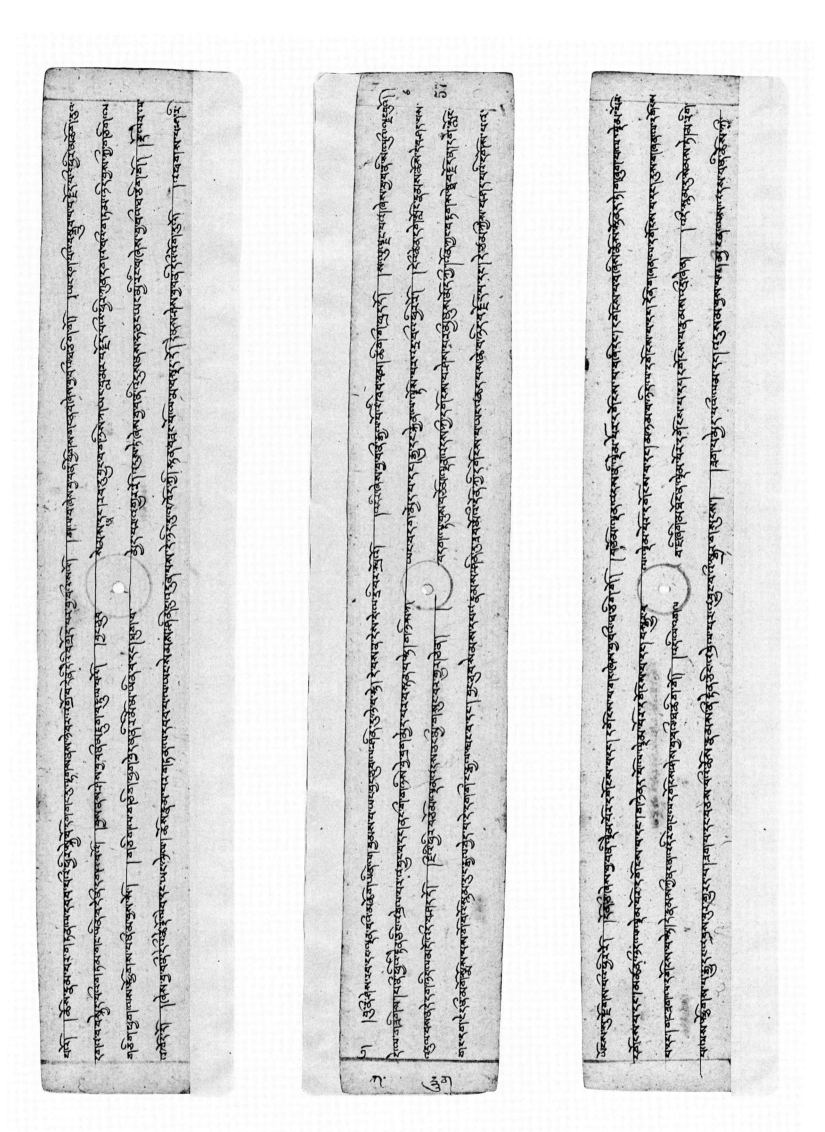

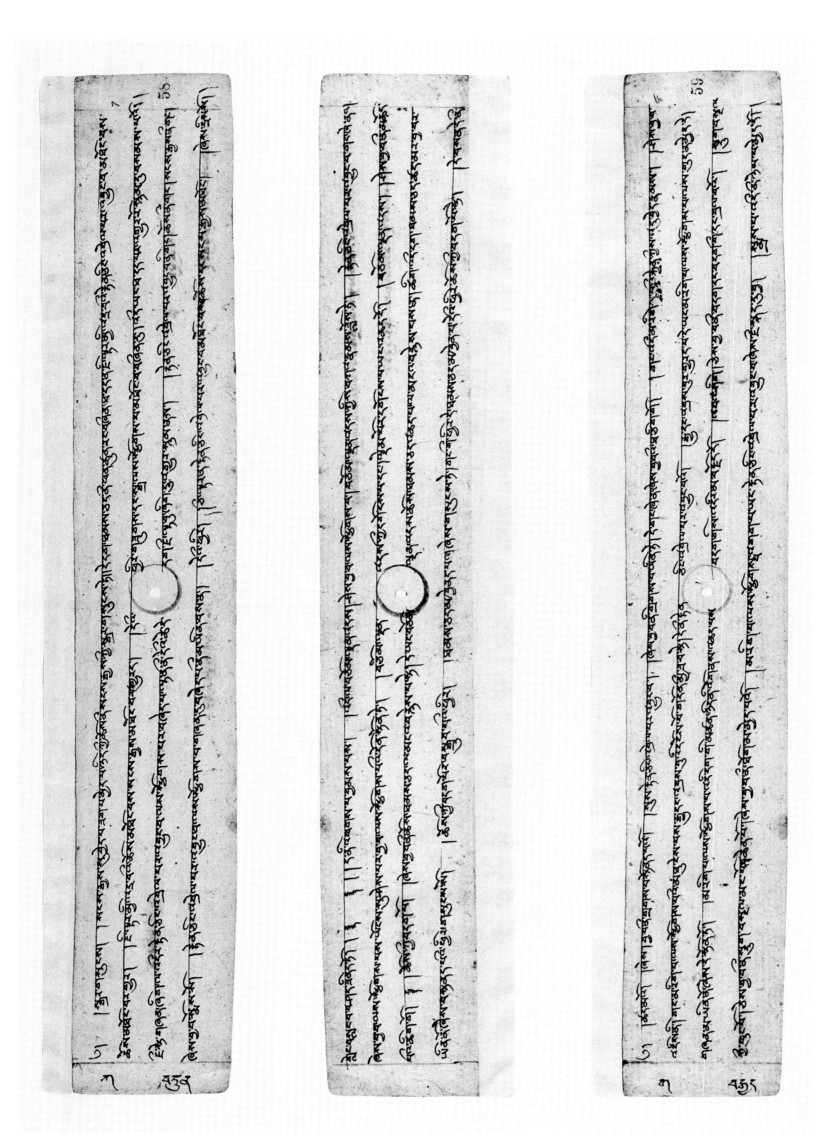

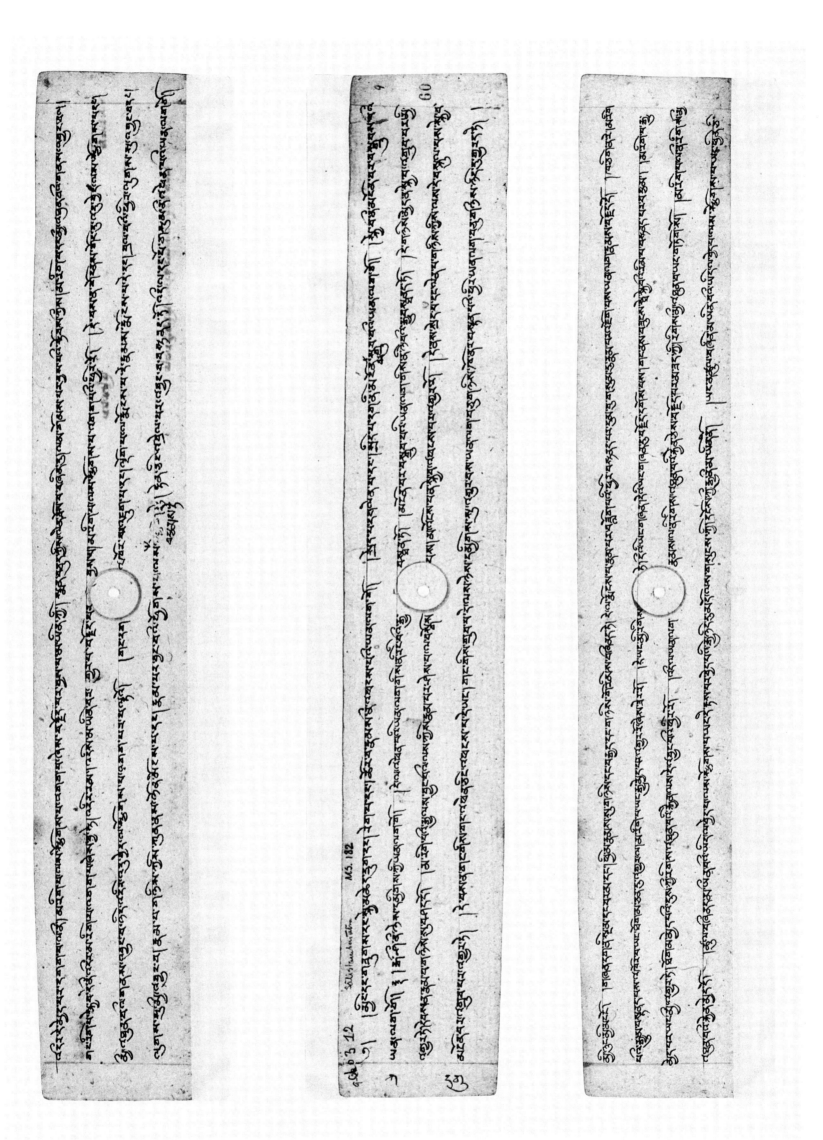

英 IOL.Tib.J.VOL.19　　5.འཕགས་པ་ས་ལུ་ལྗང་པ་རྒྱ་ཆེར་འགྲེལ་པའ།

5.聖大乘稻芋經廣釋　　　(51—41)

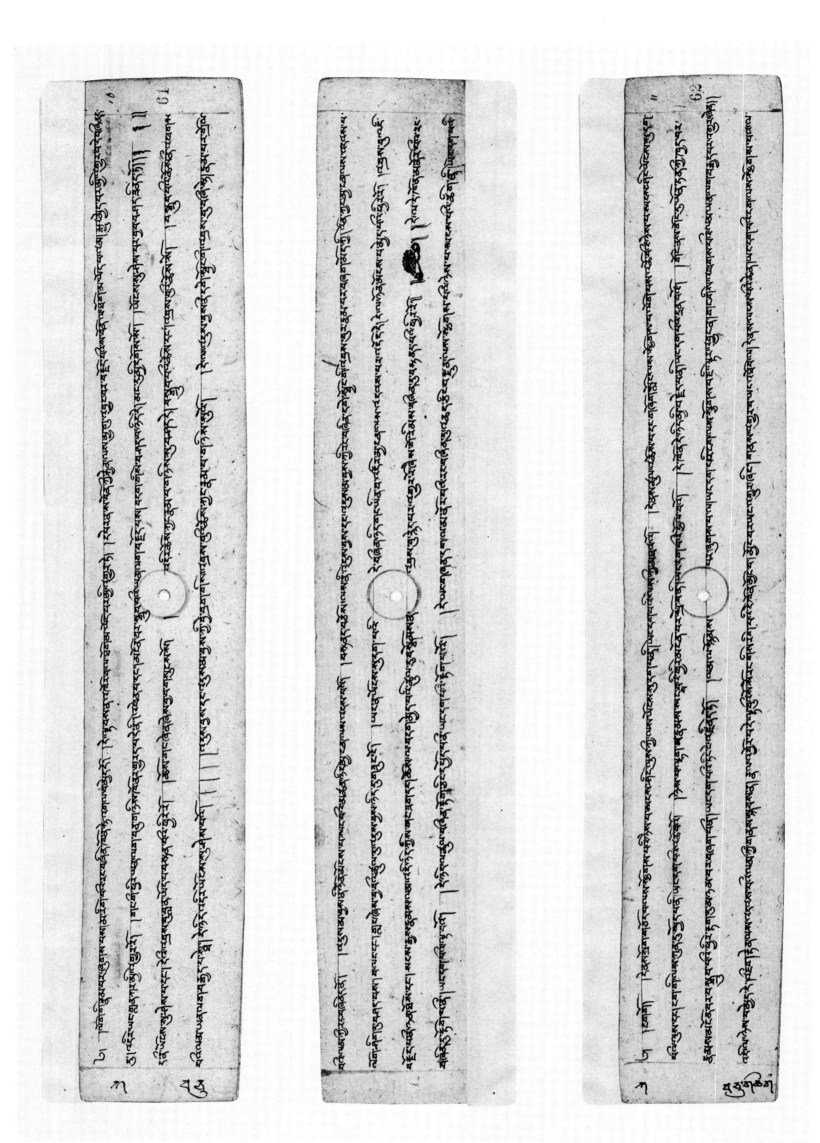

英 IOL.Tib.J.VOL.19　　5.འཕགས་པ་ས་ལུ་ལྗང་པ་རྒྱ་ཆེར་འགྲེལ་པ།

5.聖大乘稻芉經廣釋　　(51—42)

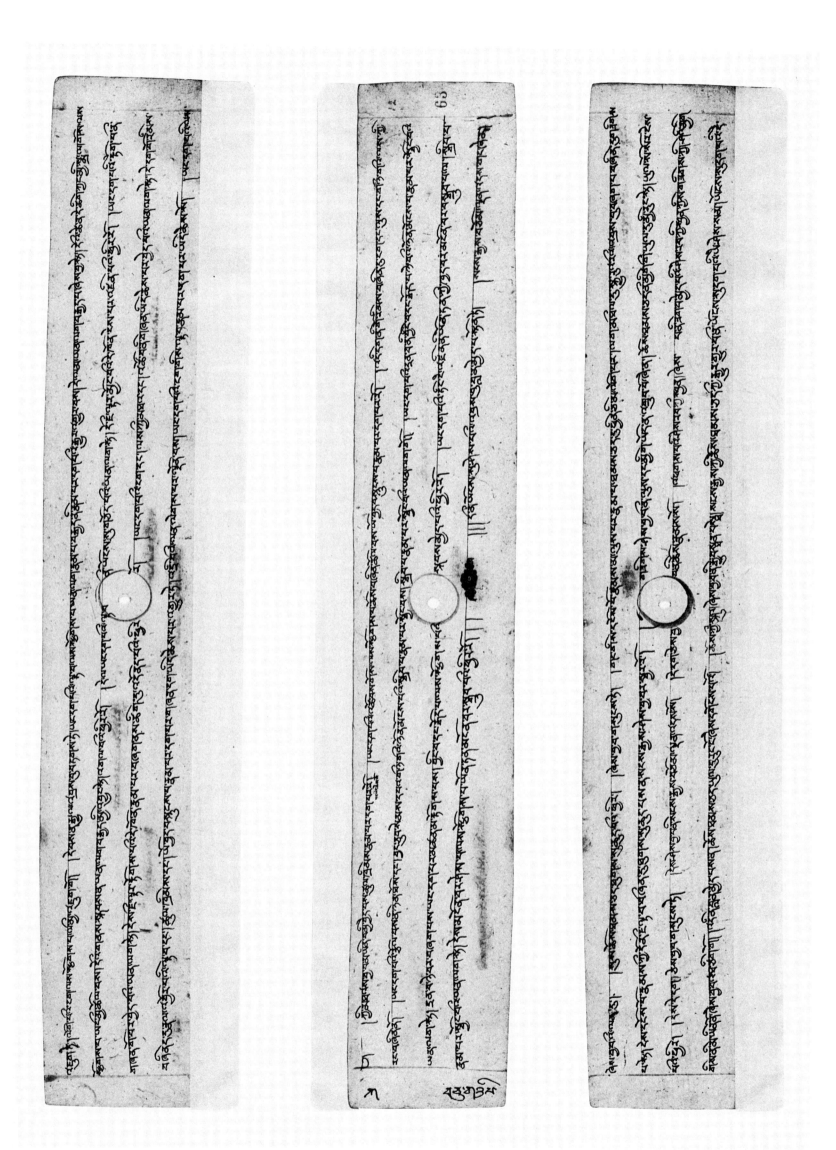

英 IOL.Tib.J.VOL.19   5.འཕགས་པ་ས་ལུ་ལྗང་པ་རྒྱ་ཆེར་འགྲེལ་བའ།

5.聖大乘稻芉經廣釋   (51—43)

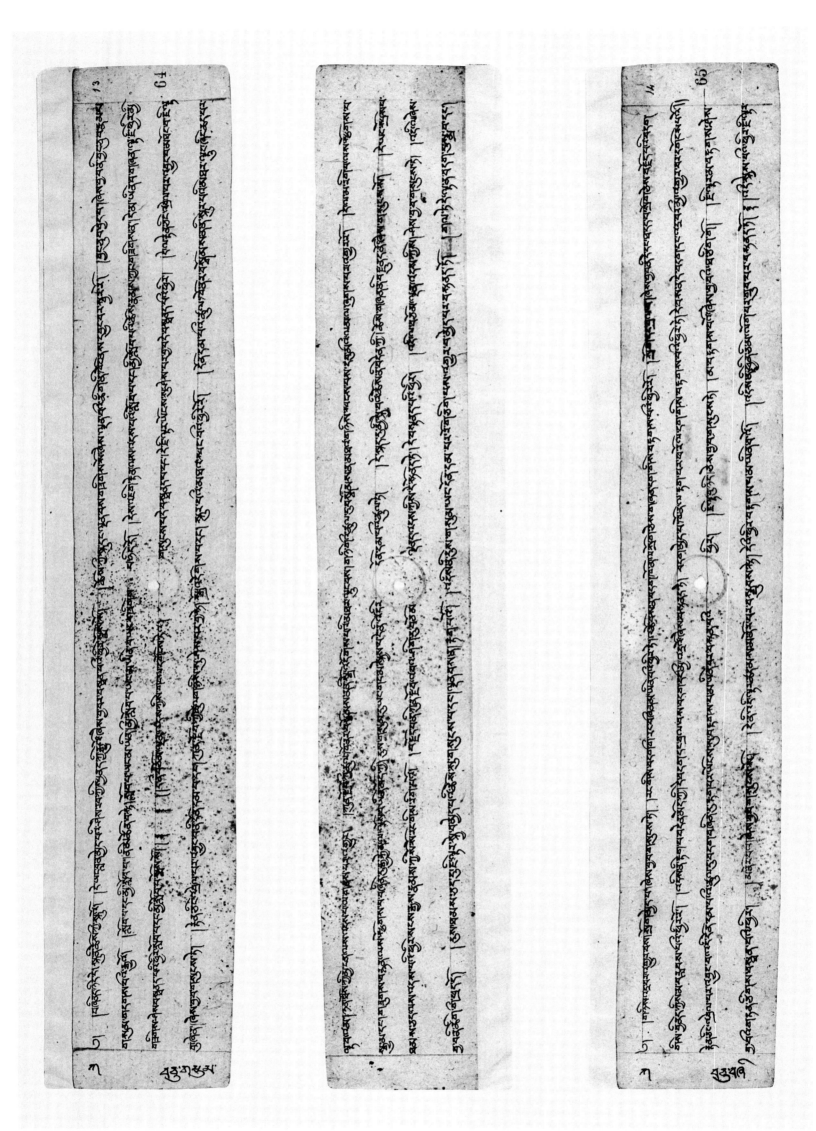

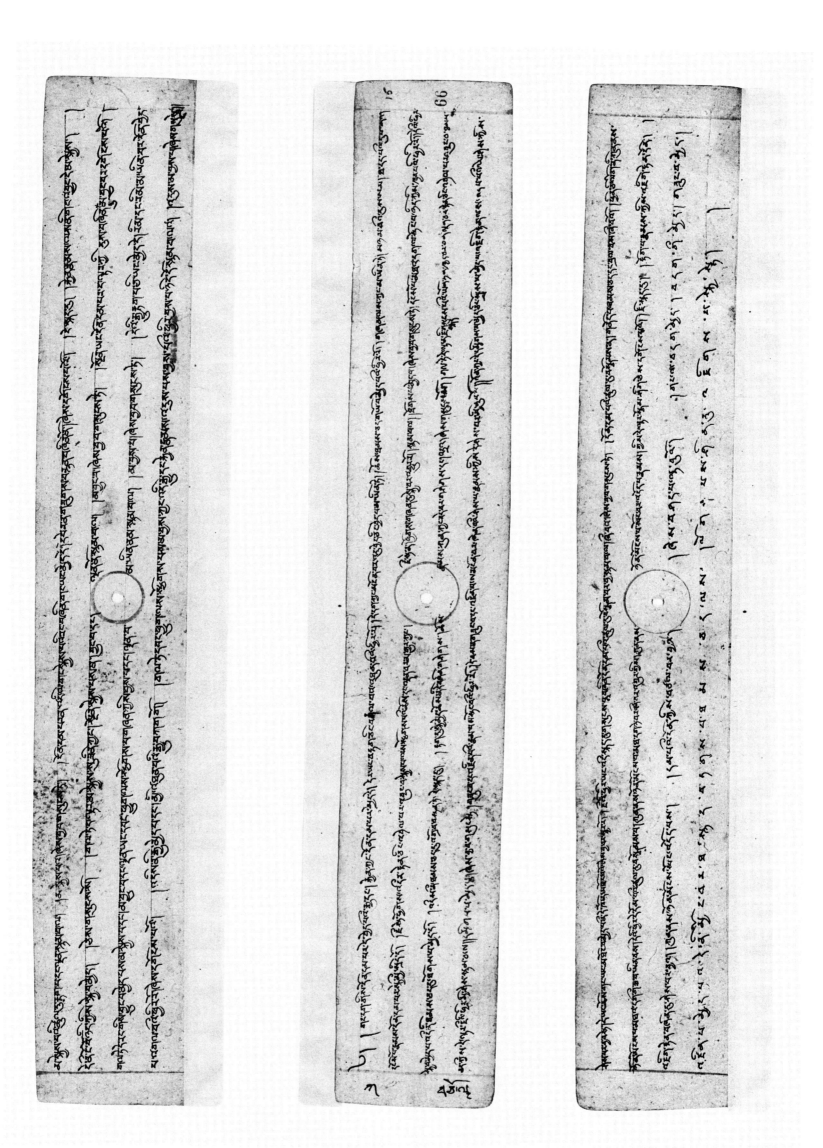

英 IOL.Tib.J.VOL.19　　5.འཕགས་པ་ས་ལུ་ལྗང་པ་རྒྱ་ཆེར་འགྲེལ་བའ།

5.聖大乘稻芉經廣釋　　　(51—45)

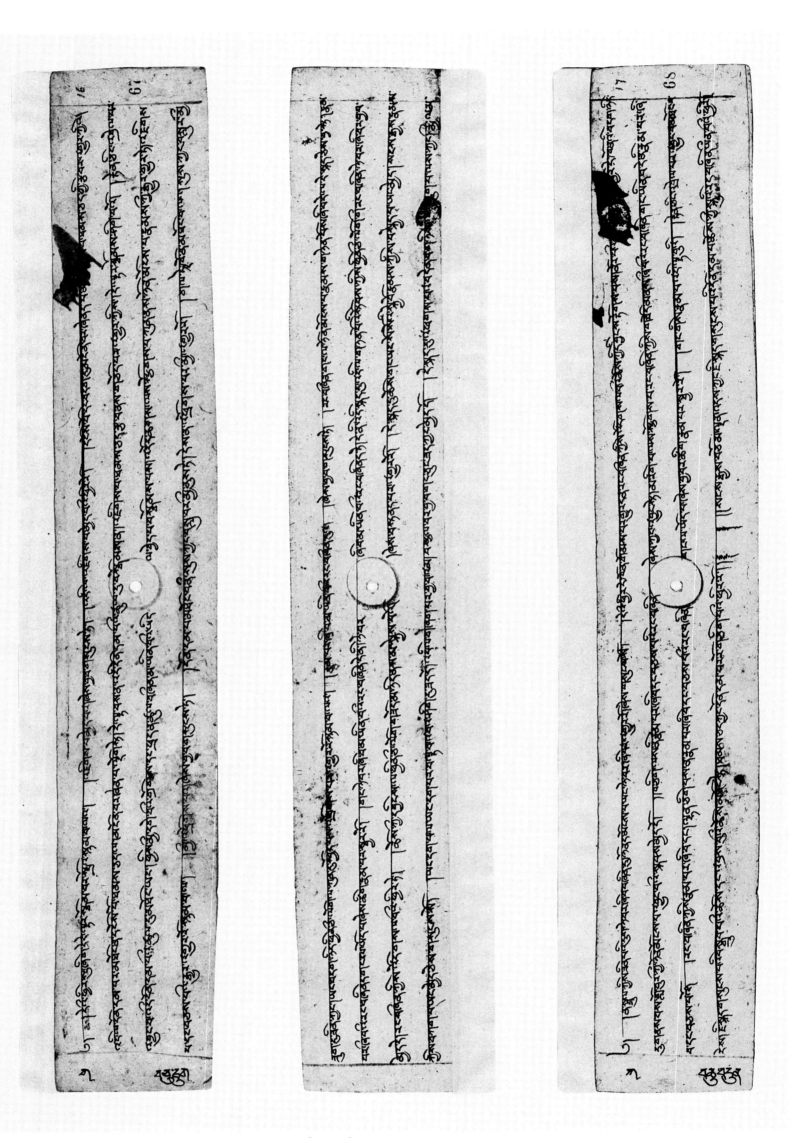

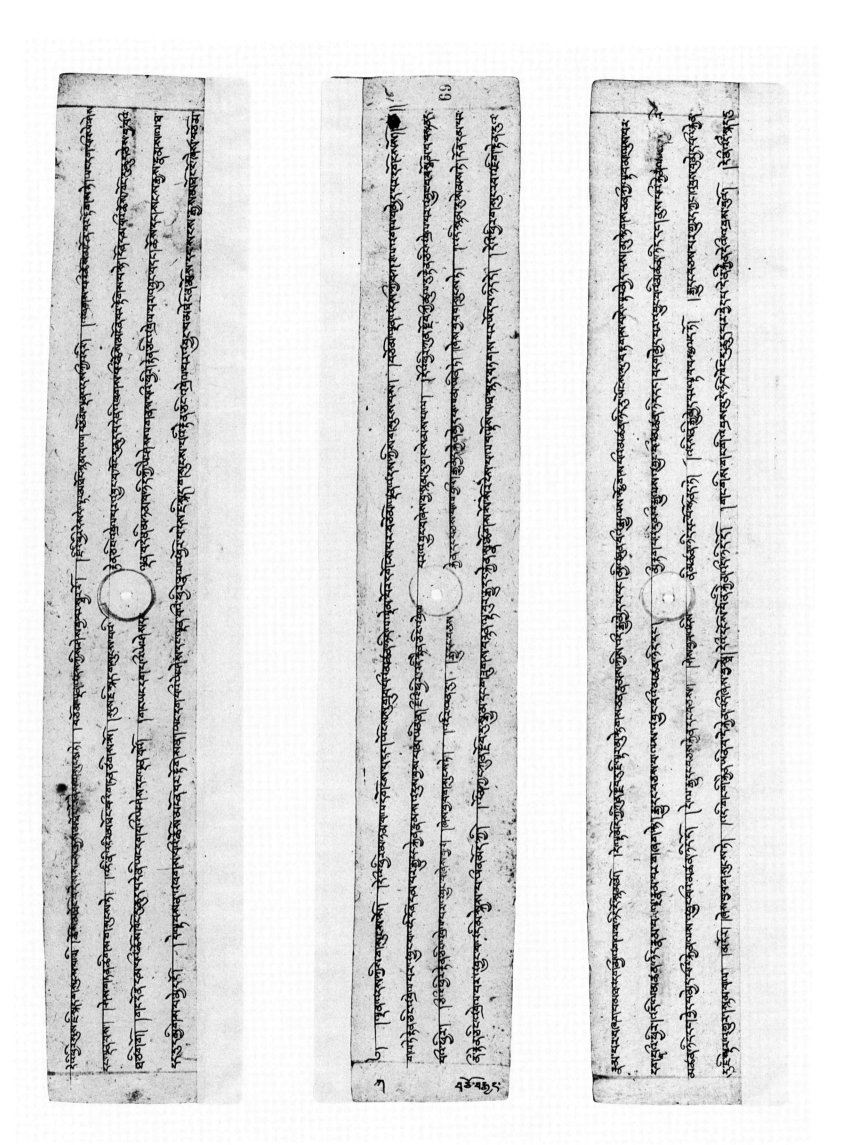

英 IOL.Tib.J.VOL.19　　5.འཕགས་པ་ས་ལུ་ལྗང་པ་རྒྱ་ཆེར་འགྲེལ་བའ།

5.聖大乘稻芊經廣釋　　　(51—47)

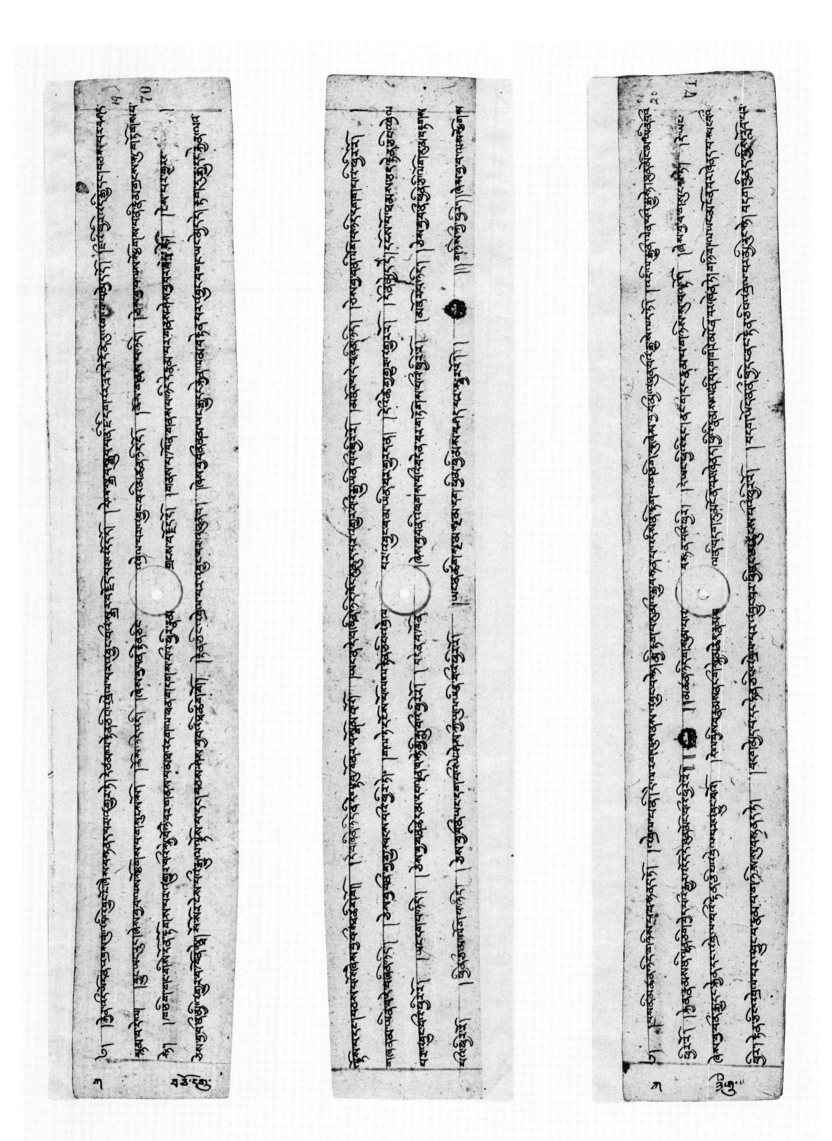

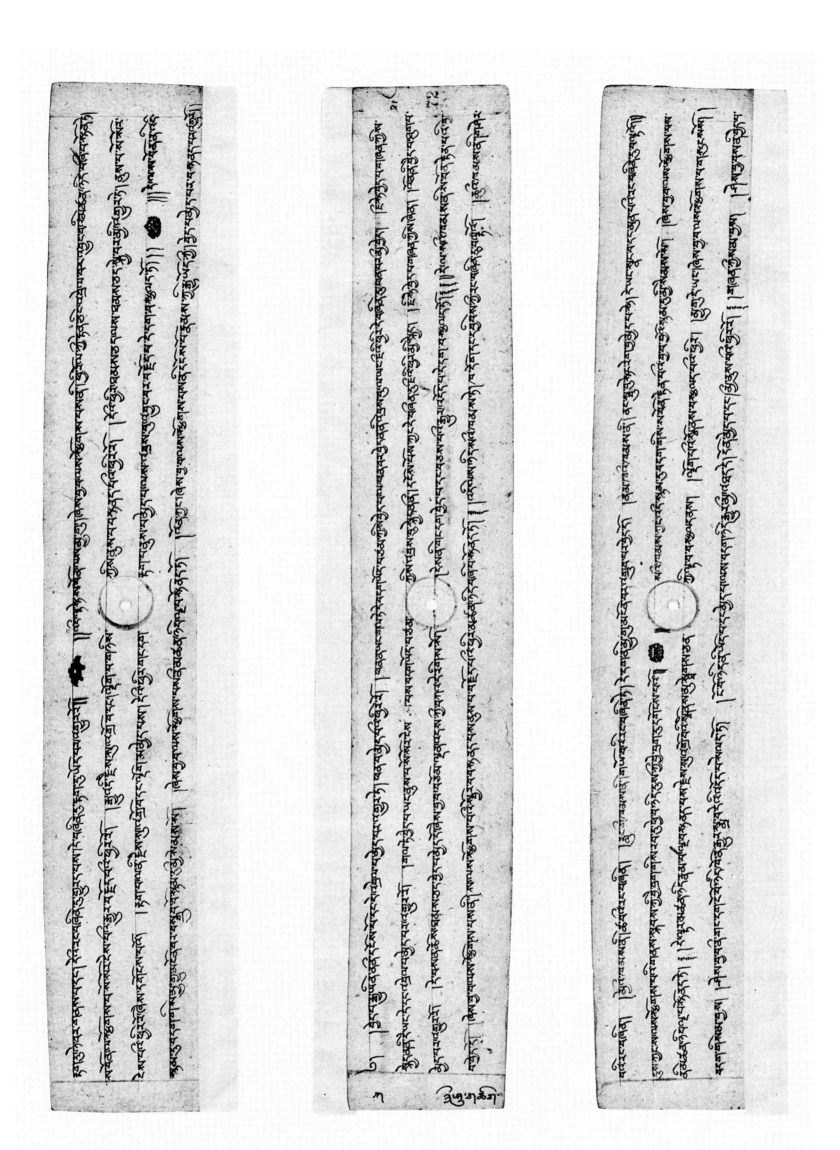

英 IOL.Tib.J.VOL.19　　5.འཕགས་པ་ས་ལུ་ལྗང་པ་རྒྱ་ཆེར་འགྲེལ་པའ།

5.聖大乘稻芉經廣釋　　　(51—49)

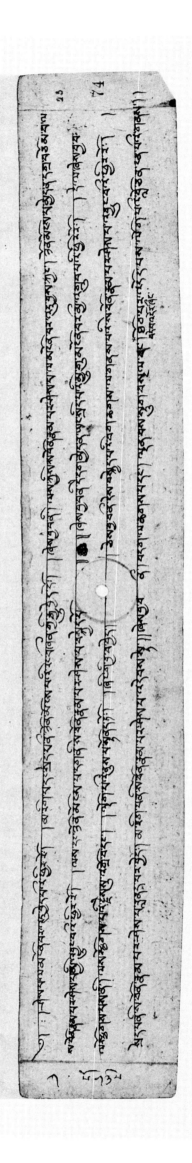

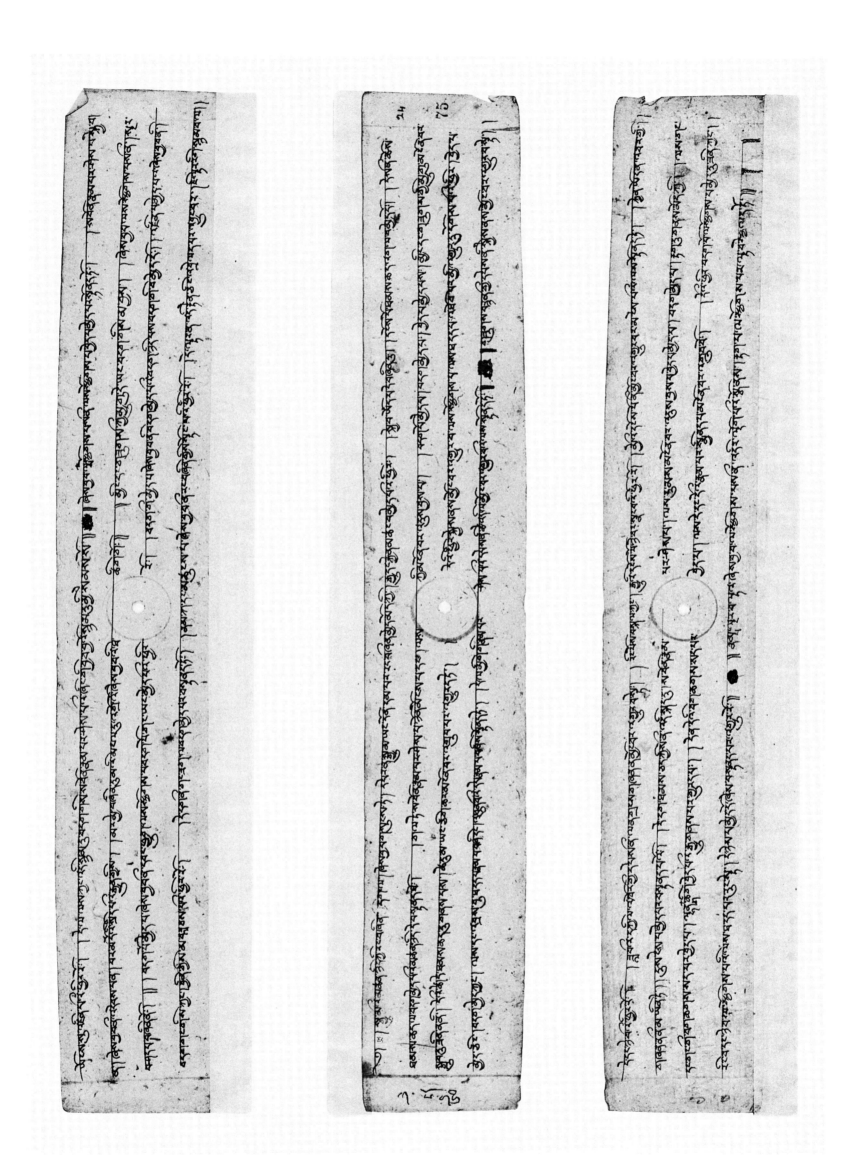

英 IOL.Tib.J.VOL.19　5.འཕགས་པ་ས་ལུ་ལྗང་པ་རྒྱ་ཆེར་འགྲེལ་བའོ།

5.聖大乘稻芊經廣釋　　(51—51)

ཕྲ་རན་སིའི་རྒྱལ་ཡོངས་དཔེ་མཛོད་ཁང་དུ་ཉར་བའི་ཧྥུན་ཏོང་བོད་ཡིག་ཡིག་ཆགས། ③

སྒྲིག་སྦྱོར་མཁན།
ནུབ་བྱང་མི་རིགས་སློབ་གྲྭ་ཆེན་མོ།
ཧྲང་ཧེ་དཔེ་རྙིང་དཔེ་སྐྲུན་ཁང་།
ཕྲ་རན་སིའི་རྒྱལ་གཉེར་དཔེ་མཛོད་ཁང་བཅས་ཀྱིས་བསྒྲིགས།

པར་སྐྲུན་མཁན།
ཧྲང་ཧེ་དུས་རབས་པར་སྐྲུན་མ་ཀྲང་ཚད་ཡོད་ཀྱིང་སི།
ཧྲང་ཧེ་དཔེ་རྙིང་དཔེ་སྐྲུན་ཁང་།
ཧྲང་ཧེ་གྲོང་ཁྱེར་ཏོ་ཅིན་ལམ་ཨང་རྟགས་༡༥༩པའི་ཕོག་ཁང་A པའི་ཚོགས་ཁྲ་པ།
སྤུག་ཨང་། 201101   བརྟེན་སྐྱེལ་སྒྲོག་འཕྲིན། (86－21) 53201888
www.guji.com.cn   www.ewen.co   guji1@guji.com.cn
དཔར་ཁང་།
ཧྲང་ཧེ་ཀྲི་ཅི་ཅ་ཅིན་གྲངས་འབོར་ཆ་འཕྲིན་ལག་རྩལ་ཚད་ཡོད་ཀྱིང་སི།

དེབ་ཚད། 787×1092   1/8   དཔར་གོག 47   བར་བཅུག 18
2012 ལོའི་ཟླ་11 པར་པར་གཞི་དང་པོ་བསྒྲིགས།   2023 ལོའི་ཟླ་6 པར་དཔར་ཐེངས་བཞི་པ་བཏབ།
དཔེ་ཌུགས། ISBN   978-7-5325-6233-6/K.1493
རིན་གོང་། སྒོར་ 2200

TIBETAN DOCUMENTS FROM DUNHUANG AND OTHER CENTRAL ASIAN IN THE BRITISH LIBRARY
③

Participating Institutions
The British Library
Northwest University for Nationalities
Shanghai Chinese Classics Publishing House
Publisher
Shanghai Century Publishing Co., Ltd.
Shanghai Chinese Classics Publishing House
Building A,5F,159 Haojing Road,Shanghai, China 201101   Fax （86－21）53201888
www.guji.com.cn
guji1@guji.com.cn
www.ewen.co
Printer
Shanghai C-PRO Digital Information Tech. Corp.Limited

8 mo 787×1092mm
printed sheets 47   insets 18
First Edition: Nov. 2012   Fourth Printing: Jun. 2023
ISBN   978-7-5325-6233-6/K.1493
RMB 2200.00

圖書在版編目（CIP）數據

英國國家圖書館藏敦煌西域藏文文獻.3/
西北民族大學，上海古籍出版社，英國國家圖書館編纂.
－上海：上海古籍出版社，2012.11（2023.6 重印）
ISBN 978-7-5325-6233-6

Ⅰ.①英… Ⅱ.①西… ②上… ③英… Ⅲ.敦煌學－文獻－藏語 Ⅳ.①K870.6

中國版本圖書館 CIP 數據核字（2012）第 012592 號

本書出版得到國家古籍整理出版專項經費資助

英國國家圖書館藏敦煌西域藏文文獻 ③
編 纂
西北民族大學　上海古籍出版社　英國國家圖書館
出 版
上海世紀出版股份有限公司
上海古籍出版社
上海市閔行區號景路 159 弄 1-5 號 A 座 5F
郵編 201101　傳真（86－21）53201888
網址：　www.guji.com.cn
電子郵件：　guji1@guji.com.cn
易文網：　www.ewen.co
印 刷
上海世紀嘉晉數字信息技術有限公司

開本：787×1092　1/8　印張：47　插頁：18
版次：2012 年 11 月第 1 版　印次：2023 年 6 月第 4 次印刷
ISBN　978-7-5325-6233-6/K.1493
定價：2200.00 元

མངའ་རིས་གུ་གེའི་རྒྱལ་རབས་དུས་ཀྱི་དགོན་སྡེ།

阿里古格王朝寺廟群

བྱམས་པ་འབུམ་སྐྱིང་དུ་བཞུགས་པའི་ཐང་རྒྱལ་རབས་དུས་ཀྱི་རྒྱལ་བ་བྱམས་པ།

永靖炳靈寺唐代彌勒大佛